汽车波形与数据流分析

第 4 版

于海东　张捷辉　编著

机 械 工 业 出 版 社

本书从科学修车的需要出发，首先从讲解汽车电路信号入手，对传感器波形分析及执行器波形分析进行了全面阐述。接下来从汽车数据流认识入手，讲述了汽车数据流的分析方法，然后分车型分别介绍了大众/奥迪车系、丰田凯美瑞车系、丰田卡罗拉/雷凌混合动力车型、日产新天籁车系以及小鹏 G9 电动汽车的数据流分析，最后通过案例的形式详细讲解了通过汽车数据流判断汽车故障并进行维修的方法。

本书内容全面，概念清楚，图文并茂，可操作性强。全书在编写时注意了理论的系统性和各部分相对的独立性，理论阐述由浅入深，适合于大、中专院校汽车维修行业相关专业及培训班的师生使用，也适合于汽车维修技术人员、驾驶员以及汽车爱好者参考阅读。

图书在版编目（CIP）数据

汽车波形与数据流分析/于海东，张捷辉编著. —4 版. —北京：机械工业出版社，2024. 4

ISBN 978-7-111-75520-3

Ⅰ. ①汽…　Ⅱ. ①于…　②张…　Ⅲ. ①汽车-电子系统-控制系统-故障诊断　Ⅳ. ①U472. 41

中国国家版本馆 CIP 数据核字（2024）第 066725 号

机械工业出版社（北京市百万庄大街 22 号　邮政编码 100037）

策划编辑：谢　元　　　　责任编辑：谢　元

责任校对：马荣华　李　杉　　封面设计：马精明

责任印制：单爱军

北京虎彩文化传播有限公司印刷

2024 年 7 月第 4 版第 1 次印刷

184mm×260mm · 19. 25 印张 · 476 千字

标准书号：ISBN 978-7-111-75520-3

定价：79. 90 元

电话服务　　　　　　　　网络服务

客服电话：010-88361066　　机　工　官　网：www. cmpbook. com

010-88379833　　机　工　官　博：weibo. com/cmp1952

010-68326294　　金　书　网：www. golden-book. com

　机工教育服务网：www. cmpedu. com

前　言

今天，汽车电子技术的发展相当迅猛，应用之广与日俱增，尤其是微型计算机、网络技术的发展为汽车电子技术带来了根本性的变革。当代汽车的维修不是单纯的机械维修，而是集机械与电子为一体的综合性维修。电子控制元件的原理比较抽象，给汽车维修技术人员提出了新的挑战。汽车示波器和汽车诊断仪是汽车维修人员快速判断汽车电子设备故障便捷又高效的工具，不需要任何设定和调整就可以直接观察电子元件的信号波形和读取数据流，为广大维修人员分析汽车各传感器、执行器的信号波形和数据流提供了方便。

本书主要分为汽车波形分析与数据流分析两部分，系统地总结了汽车波形和数据流的作用，以及汽车波形和数据流分析在汽车维修中的应用。

波形部分主要介绍了电控发动机各传感器、执行器、点火系统和汽车电器等电子元件的波形测试、标准特征、正常实测波形及故障波形的识别；对各个电子元件的信号波形进行分析，确定电控系统运行状态；帮助读者迅速地诊断并检修有故障的传感器和执行器。

数据流部分介绍了数据流的类型、获得方式以及数据流的分析，以市面主流车型为主，加入数据流的实测数据，方便读者进行维修工作时对照查找。

本书在编写的过程中参考了大量的同类图书，在此谨向这些作者表示深深的谢意。

编　者

目　录

前　言

第一章　汽车电路信号 …… 1

第一节　汽车电子信号 …… 1

一、汽车电子信号类型 …… 1

二、汽车电子信号的五个判定依据 …… 2

三、汽车波形识别 …… 3

第二节　汽车专用示波器的结构与工作原理 …… 6

一、外观及起始界面 …… 6

二、示波器屏幕显示和按钮功能说明 …… 7

三、示波器预先配置的测量项目 …… 10

第三节　汽车专用示波器在汽车故障诊断中的应用 …… 11

案例一　迈腾发动机怠速不稳 …… 13

案例二　速腾变速器故障导致挂档冲击及仪表板档位显示红屏 …… 16

案例三　速腾车窗升降故障 …… 17

案例四　发动机运转不稳定，松开加速踏板时偶发熄火 …… 21

第二章　传感器波形分析 …… 22

第一节　空气流量计（MAF）波形分析 …… 22

一、热线式空气流量计波形检测 …… 22

二、热线式空气流量计波形分析说明 …… 23

第二节　氧传感器波形分析 …… 24

一、氧传感器的波形检测 …… 24

二、氧传感器的波形分析 …… 25

三、不同燃油喷射系统中的氧传感器波形 …… 26

四、双氧传感器信号电压波形分析 …… 28

五、氧传感器的杂波分析 …… 29

六、氧传感器故障波形诊断分析 …… 31

第三节　其他传感器的波形分析 …… 34

一、节气门位置传感器波形分析 …… 34

二、进气压力传感器（MAP）波形分析 …… 36

三、温度传感器波形分析 …… 38

四、爆燃传感器波形分析 …… 41

五、车速传感器波形分析 …… 43

六、ABS 轮速传感器波形分析 …… 46

七、上止点（TDC）、曲轴（CKP）、凸轮轴（CMP）传感器波形分析 …… 48

八、废气再循环阀位置传感器波形分析 …… 57

第三章　执行器波形分析 …… 59

第一节　喷油驱动器波形分析 …… 59

一、喷油驱动器分类 …… 59

二、喷油驱动器的测试 …… 59

第二节　点火正时及参考信号波形的分析 …… 68

一、电子点火正时（EST）信号波形分析 …… 68

二、点火参考信号（DIST）波形分析 …… 68

三、点火参考信号和电子点火正时双踪波形分析 …… 70

四、福特分布型点火传感器 PIP 和点火输出信号 SPOUT 双踪波形分析 …… 70

第三节　控制阀波形分析 …… 71

一、怠速控制（IAC）电磁阀波形分析 …… 71

二、混合气控制阀波形分析 …… 72

三、炭罐清洗电磁阀波形分析 …… 74

四、涡轮增压电磁阀波形分析 …… 74

五、废气再循环（EGR）控制电磁阀波形分析 …… 75

六、ABS 电磁阀波形分析 …… 77

七、变速器换档控制电磁阀波形分析 …… 78

第四章　汽车数据流认识 …… 79

第一节　汽车数据流概述 …… 79

一、数据流的概念 …… 79

二、数据流参数的分类 …… 79

三、汽车数据流的作用 …… 79

第二节　获得汽车数据流的方法 …… 80

一、电脑通信方式 …… 80

二、电路在线测量方式 …… 81

三、元器件模拟方式 …… 83

第五章　汽车数据流的分析方法 …… 84

第一节　常见的数据分析方法 …… 84

一、数值分析法 …… 84

二、时间分析法 …… 85

三、因果分析法 …… 85

四、关联分析法 …… 85

五、比较分析法 …… 86
第二节 基本数据分析 …… 86
一、发动机参数分析 …… 86
二、燃油控制参数分析 …… 88
三、进气状态参数分析 …… 91
四、供电器点火参数分析 …… 93
五、排放控制参数分析 …… 96
六、变速器参数分析 …… 102
七、空调参数分析 …… 108
第六章 大众/奥迪车系数据流分析 …… 111
第一节 大众/奥迪车系发动机数据流读取 …… 111
第二节 大众/奥迪车系发动机数据流分析 …… 114
第三节 大众/奥迪车系自动变速器数据流读取 …… 145
第四节 大众/奥迪车系 ABS 数据流读取与分析 …… 154
第七章 丰田凯美瑞车系数据流分析 …… 157
第一节 发动机数据流 …… 157
第二节 自动变速器数据流 …… 169
第三节 空调系统数据流 …… 172
第四节 ABS 数据流 …… 175
第五节 SRS 数据流 …… 178
第六节 防盗系统数据流 …… 179
第八章 丰田卡罗拉/雷凌混合动力车型数据流分析 …… 181
第一节 卡罗拉/雷凌发动机系统数据流 …… 181
一、发动机系统数据流读取方法 …… 181
二、发动机系统数据流分析 …… 181
第二节 卡罗拉/雷凌混合动力系统数据流 …… 195
一、混合动力系统数据流读取方法 …… 195
二、混合动力系统数据流分析 …… 196
第三节 卡罗拉/雷凌电控制动系统数据流 …… 218
一、电控制动系统数据流读取方法 …… 218
二、电控制动系统数据流分析 …… 218
第四节 卡罗拉/雷凌电动助力转向系统数据流 …… 226
一、电动助力转向系统数据流读取方法 …… 226
二、电动助力转向系统数据流分析 …… 226
第五节 卡罗拉/雷凌智能上车系统数据流 …… 232
一、智能上车系统数据流读取方法 …… 232
二、智能上车系统数据流分析 …… 232
第六节 卡罗拉/雷凌智能起动系统数据流 …… 238

一、智能起动系统数据流读取方法…… 238
二、智能起动系统数据流分析…… 238

第九章　日产新天籁车系数据流分析…… 250
第一节　发动机数据流分析…… 250
第二节　自动变速器系统数据流分析…… 256
第三节　ABS 系统数据流分析…… 263
第四节　空调系统数据流分析…… 265

第十章　小鹏 G9 电动汽车数据流分析（2022、2023 款）…… 267
第一节　小鹏 G9 动力蓄电池系统数据流…… 267
第二节　小鹏 G9 电机控制系统数据流…… 270
第三节　小鹏 G9 充电系统数据流…… 271
第四节　小鹏 G9 自动空调系统数据流…… 272
第五节　小鹏 G9 自动驾驶系统数据流…… 273
第六节　小鹏 G9 安全气囊数据流…… 274
第七节　小鹏 G9 车身控制系统（BCM）数据流…… 276
第八节　小鹏 G9 整车控制器（VCU）数据流…… 277

第十一章　利用数据流进行故障诊断的案例分析…… 279
案例一　全新迈腾行驶时急加速不良，仪表 EPC 灯亮…… 279
案例二　全新速腾发动机怠速抖动…… 281
案例三　全新速腾发动机加速不良，转速超过 2000r/min 故障灯亮…… 283
案例四　大众 CC 轿车发动机排气系统故障警告灯亮…… 286
案例五　大众 CC 轿车行驶中发动机熄火，无法起动…… 287
案例六　全新高尔夫起停系统失效…… 289
案例七　高尔夫 GTI 发动机排气故障灯亮…… 292
案例八　迈腾 09G 自动变速器变矩器锁止离合器抖动…… 295
案例九　速腾 1.6L 自动变速器变速杆无法移动…… 298

参考文献…… 300

第一章　汽车电路信号

第一节　汽车电子信号

一、汽车电子信号类型

汽车电子信号基本可分为模拟信号和数字信号两种。

当今汽车系统中存在五种基本类型的电子信号，被称为“五要素”。

“五要素”可以看成是控制系统中各个传感器、控制单元和其他设备之间相互通信的基本语言，就像英语的字母一样，它们都有不同的“发音”。正是“五要素”各自不同的特点，构成了用于不同通信的目的。

1. 直流信号

直流信号是一种模拟信号，如图 1-1 所示。

图 1-1　直流信号图

在汽车中产生直流（DC）信号的传感器或电源装置有蓄电池电压或发动机控制模块（PCM）输出的传感器参考电压。

模拟信号传感器包括：发动机冷却液温度传感器、燃油温度传感器、进气温度传感器、节气门位置传感器、废气再循环压强和位置传感器、翼板式或热线式空气流量计、真空和节气门开关以及通用汽车、克莱斯勒汽车和一些亚洲车企采用的进气压力传感器。

2. 交流信号

交流信号是一种模拟信号，如图 1-2 所示。

在汽车中产生交流（AC）信号的传感器或装置包括：车速传感器（VSS）、轮速传感器、磁电式曲轴转角（CKP）和凸轮轴（CMP）传感器、输出发动机真空平衡波形信号的模拟压力传感器（MAP）、爆燃传感器（KS）。

3. 频率调制信号

在汽车中产生频率调制信号（图 1-3）的传感器或装置包括：数字式空气流量计、福特数字式进气压力传感器、光电式车速传感器、霍尔式车速传感器、光电式凸轮轴转角（CAM）和曲轴转角传感器、霍尔式凸轮轴转角和曲轴转角传感器。

4. 脉宽调制信号

在汽车中产生脉宽调制信号（图 1-4）的电路或装置包括：初级点火线圈、电子点火正时电路、废气再循环控制（EGR）、净化、涡轮增压和其他控制电磁阀、喷油器、怠速控制电动机和电磁阀。

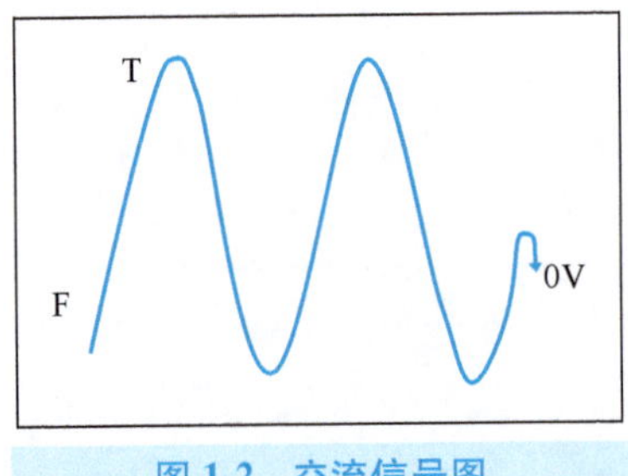

图 1-2　交流信号图

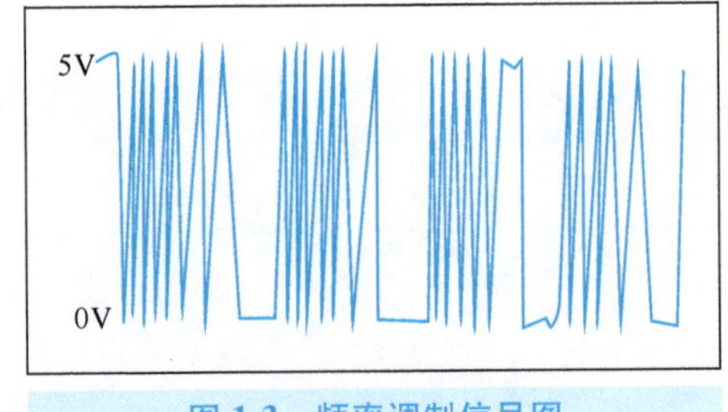

图 1-3　频率调制信号图

5. 串行数据（多路）信号

若汽车中配备有自诊断能力和其他串行数据送给能力的控制模块，则串行数据信号（图 1-5）是由发动机控制模块、车身控制模块（BCM）和防抱死制动系统（ABS）或其控制模块产生的。

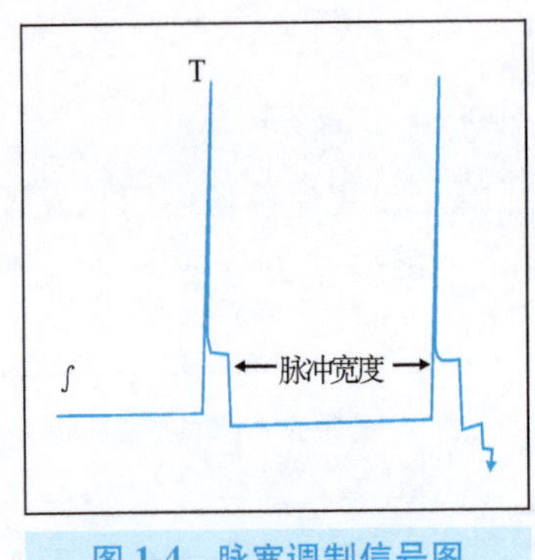

图 1-4　脉宽调制信号图

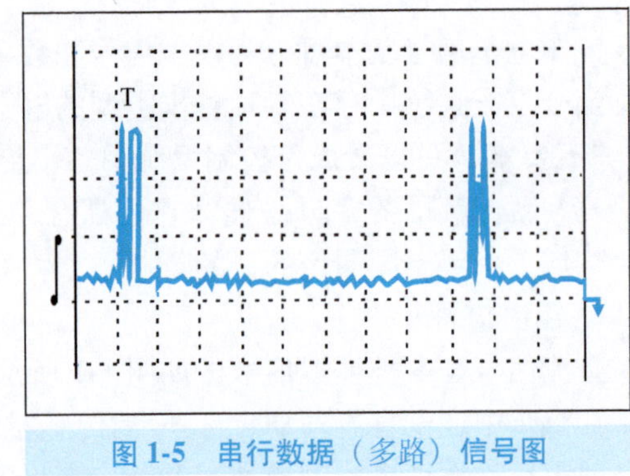

图 1-5　串行数据（多路）信号图

二、汽车电子信号的五个判定依据

汽车电子信号的“五要素”是直流、交流、频率调制、脉宽调制和串行数据信号。现在再回头看一下汽车电子语言的难题——五个判定依据，即五种判定尺度。要从五种判定信号中得到只有五种判定特征的信息类型是重要的，因为发动机控制模块需要通过分辨这些特征来识别各个传感器提供的各种信息并依据这些特征来发出各种命令，指挥不同的执行器动作，这些特征就是汽车电子信号的五种判定依据。

五个判定依据：

① 幅值——电子信号在一定点上的即时电压。

② 频率——电子信号在两个事件或循环之间的时间，一般指每秒的循环数（Hz）。

③ 形状——电子信号的外形特征，即它的曲线、轮廓和上升沿、下降沿等。

④ 脉冲宽度——电子信号所占的时间或占空比。

⑤ 阵列——组成专门信息信号的重复方式。

五个判定依据与五种信号类型的相关连带关系见表 1-1。

为了使汽车的计算机系统功能正常，必须去测量用于通信的电子信号，也就是必须能“读”与“写”计算机电子通信的通用语言，用汽车示波器就可以“截听”到汽车计算机中的电子对话。这既可以用来解决测试点问题，也可以用来验证修理工作完成后计算机系统工作是否正常。如果一个传感器、执行器或控制模块产生了不正确判定尺度的电子信号，该电路可能遭到“通信中断”的损失，它会表现为行驶能力及排放等故障码（DTC）。

表 1-1　电子信号的判断依据

电子信号的判断依据					
信号类型	判断依据				
	幅　值	频　率	形　状	脉冲宽度	阵　列
直流	√				
交流	√	√	√		
频率调制	√	√	√		
脉宽调制	√	√	√	√	
串行数据	√	√	√	√	√

每一个“五要素”电子信号都要用判定依据来确定电子通信，五个基本类型中的任何一个必然是有一个或多个判定依据来通信。

在汽车发动机控制模块和其他电子智能设备中用来通信的串行数字信号是最复杂的信号，它是包含在汽车电子信号中的最复杂的“电子句子”，在实际中，要用专门的解码器去读取。

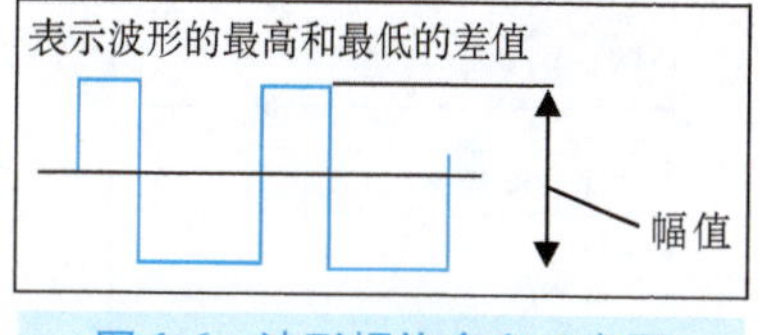

图 1-6　波形幅值含义示意图

三、汽车波形识别

1. 常见波形术语

常见的波形术语主要有幅值、频率、脉冲宽度以及占空比等。其含义如图 1-6、图 1-7 和图 1-8 所示。

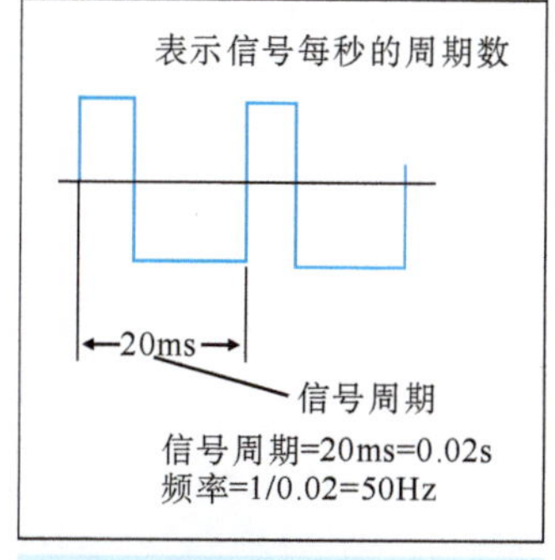

图 1-7　波形频率含义示意图

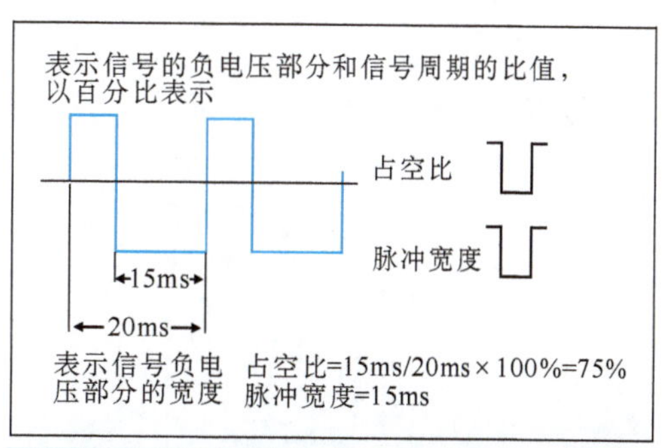

图 1-8　波形占空比、脉冲宽度含义示意图

2. 波形界面识别

1）单通道波形，如图 1-9 所示。

2）双通道波形，如图 1-10 所示。

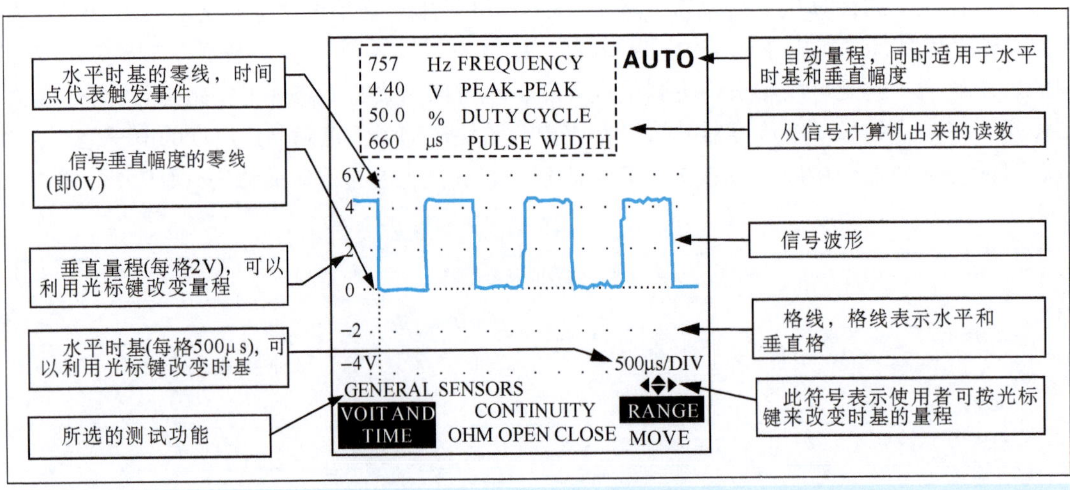

图1-9　单通道波形含义示意图

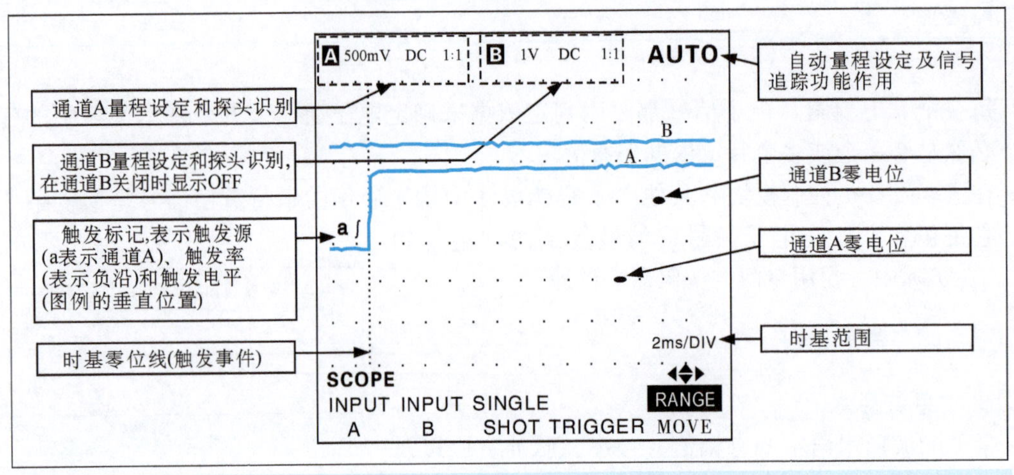

图1-10　双通道波形含义示意图

3. 波形数据的识别

1）氧传感器波形，如图1-11所示。

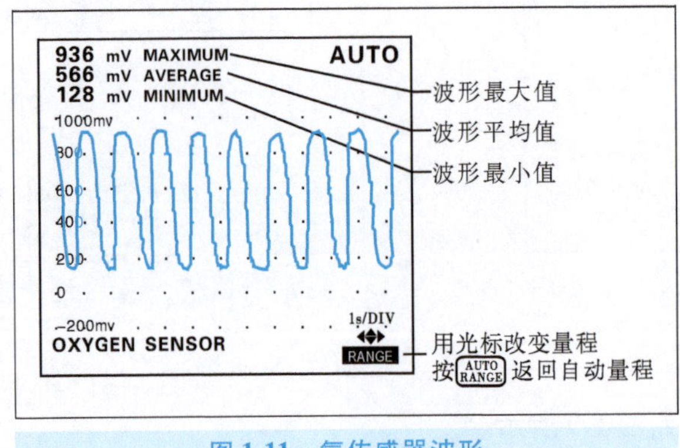

图1-11　氧传感器波形

2）爆燃传感器信号，如图 1-12 所示。

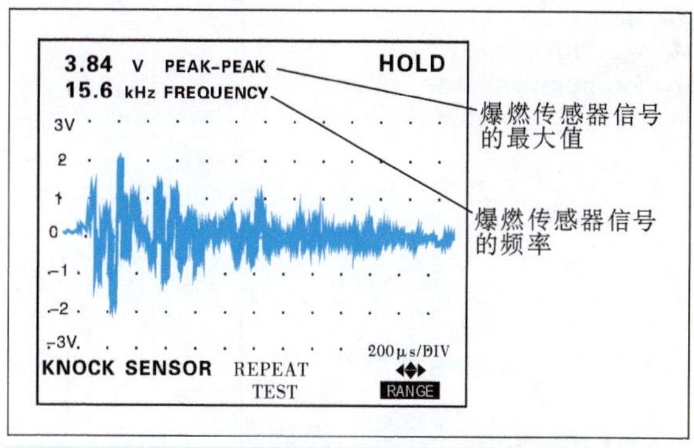

图 1-12　爆燃传感器信号

3）喷油器控制信号，如图 1-13 所示。

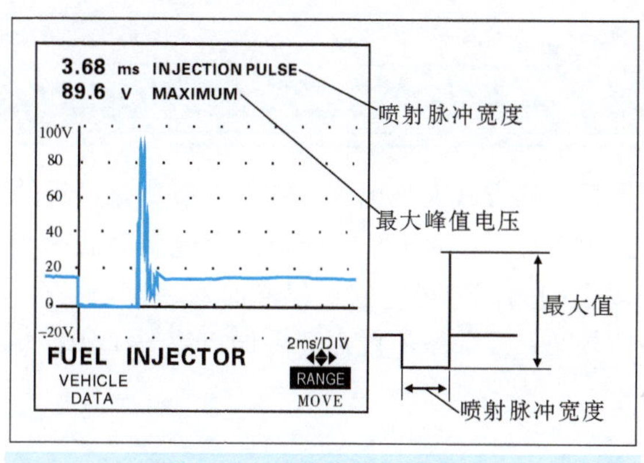

图 1-13　喷油器控制信号图

4）初级点火波形，如图 1-14 所示。

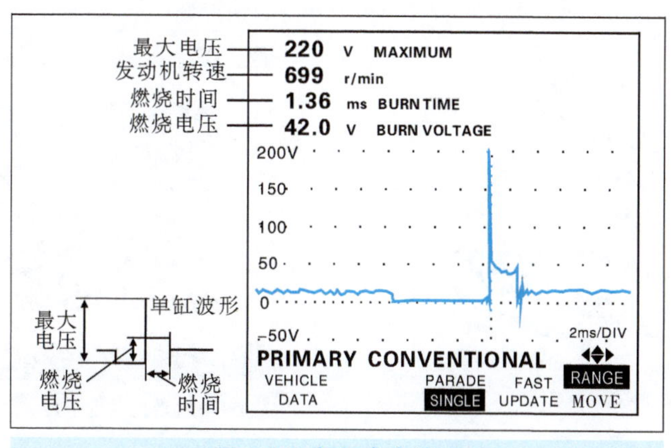

图 1-14　初级点火波形

5）次级点火波形，如图 1-15 所示。

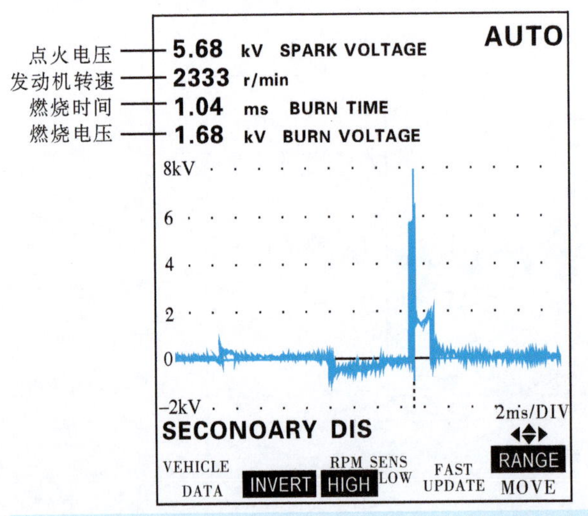

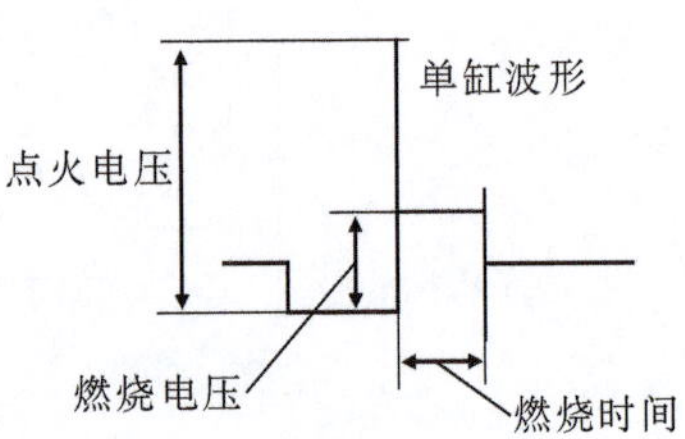

图 1-15　次级点火波形

第二节　汽车专用示波器的结构与工作原理

汽车示波器是用波形显示的方式表现电路参数的动态变化过程的专业仪器，它能够对电路上的电参数进行连续式图形显示，是分析复杂电路上电信号波形变化的专业仪器。汽车示波器通常有两个或两个以上的测试通道，它可以同时对多路电信号进行同步显示，具有高速、动态、方便分析各信号间相互关系的优点。下面以宝马 IMIB 示波器为例，介绍其使用方法。

一、外观及起始界面

宝马 IMIB 示波器的外观及起始界面见表 1-2。

表 1-2　宝马 IMIB 示波器的外观及起始界面

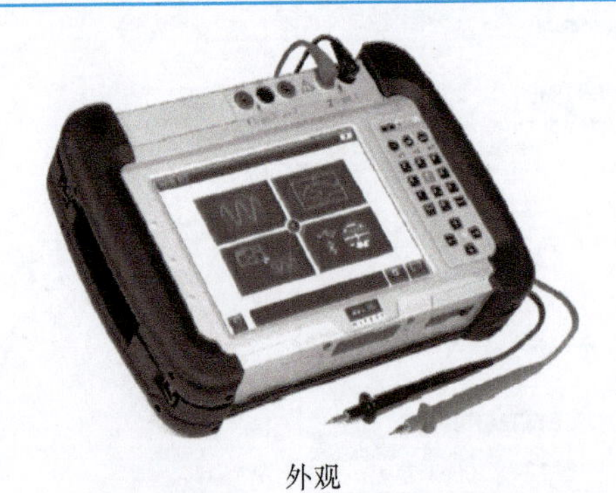 外观		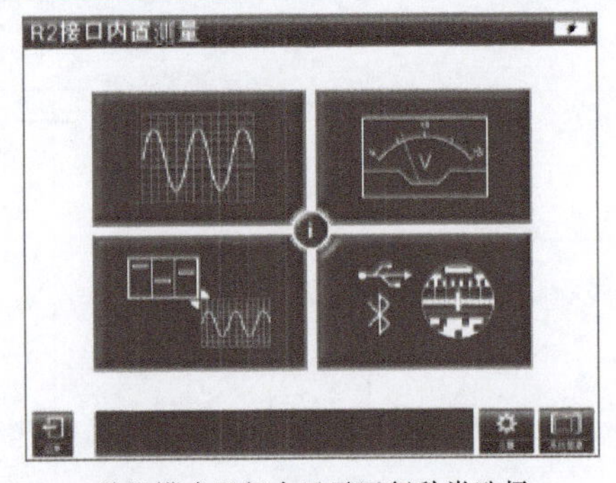 单机模式运行中显示运行种类选择	
图示	功能	图示	功能
	万用示波器		示波器，已预先配置的计量项目

（续）

图示	功能	图示	功能
	万能表		专项计量（USB-und BT-测试，视频测试画面生成器 WLAN 测试）
	信息		设置（语音、工厂数据、图标）
	系统信息		完成：IMIB R2 将执行完成

二、示波器屏幕显示和按钮功能说明

示波器的屏幕显示和各按钮的功能说明见表 1-3。

表 1-3　示波器屏幕结构和各图示功能

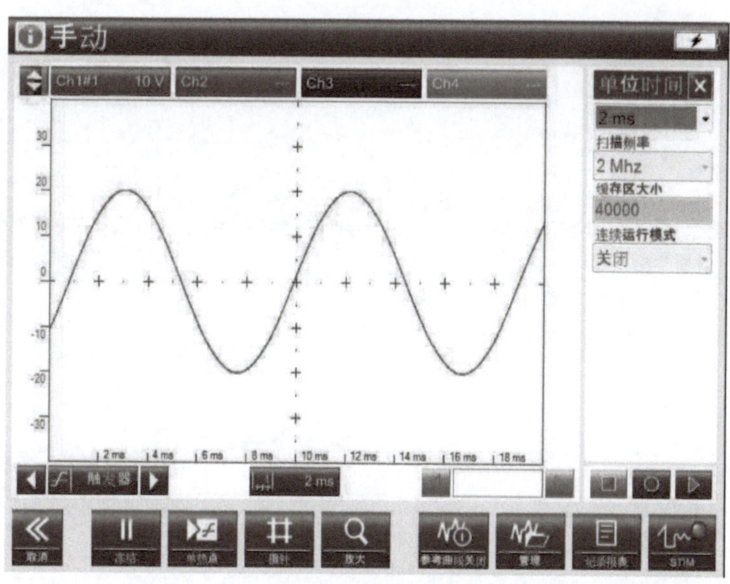

示波器屏幕结构

图示	功能	图示	功能
	信息 只在“预先配置测量项目”运行时才显示附加信息		**附加控制按钮** 给出附加按钮（例如：测量曲线上下移动，见下页）

（续）

图示	功能
	测量曲线移动 将所属曲线向上或向下移动。这些界面通过附加控制按钮，打开或关闭 每个配置通道均按各通道颜色显示一对切换界面
Ch1#3　10 A Ch2 Ch3 Ch4	**通道设置** 界面用于各通道配置 未经配置通道以“---”来表示 通道设置可在测量中进行 所有设置在右侧屏幕区进行 点击关闭按钮图标完成设置 **ChX** 接线插口可以按 4 个逻辑测量通道进行分配。设置 4 个逻辑测量通道。例如“Ch1#3 10A”意思是“插口 3 号已接通 1 号逻辑通道，10A 每格 Div” **传感器** 传感器的选择 自动识别的传感器预先设置 **耦合** 耦合选择： AC（交流）、DC（直流）或 GND（接地） **测量范围** 测量范围的选择，例如：10A/每格 Div **过滤器** 开/关
	结束设置模式 始终显示“预先配置测量项目”下通过指针测算所得到的数值及分析 时间光标 9.1 ms 频率光标 110.0 Hz 幅度光标 Ch1　45.1　A Ch2　---　- Ch3　---　- CH4　---　-
触发器	**触发器设置** 触发器设置可在测量中进行 所有设置在右侧屏幕区进行 点击关闭按钮图标完成设置 点击控制按钮、，可将触发器时间点按 5%步幅延迟 **触发器** 开/关 **标尺** 触发器标尺开/关 **触发源** Ch1～Ch4，未经配置通道不能选择 **脉冲** 上升沿/下降沿/两者都有 **超时** 超出规定时间 如果超时的时间选得过小，则不能释放新的触发 >0 时为自动运行模式 =0 时为标准运行模式 **预触发器** 预触发器预先设在 50% 如果数值过小，则信号出现过早，即在屏幕上的显示偏左 数值过大时会使信号显示偏右
2 ms	**时基设置** 时间设置可在测量中进行 所有设置在右侧屏幕区进行 点击关闭按钮图标完成设置
98 / 100	**页面存储器** 只用于暂停，即“冻结”测试计量时（控制按钮冻结） 点击控制按钮和就可在页面存储器内翻页 测量结果在屏幕右侧显示 显示当前页面 可存储页面最大数量： 100 页（非过采样） 10 页（100 倍过采样），4 个通道
	记录、播放器 允许对数据不间断记录 数据连同记录中已有设定值一起连续写入一个文件中 播放时相关的设定值在屏幕右侧显示 开始记录数据 结束记录数据 播放记录数据

（续）

图示	功能
	结束当前测量并回到先前画面
	可对当前测量显示进行暂停，即“冻结”或继续 被暂停“已冻结”的测量值显示可在页面存储器中浏览，见前所述
	一旦满足触发条件，就显示已记录的数据 不进行新的触发
	打开或关闭振幅或时间指针 通过“拖拽”黑色小方框（在指针线的两端）就可改变指针的位置 使用按键、、和同样也可以对指针进行精确定位 振幅指针： 用于确定两个指针位置之间的振幅 时间指针： 用于确定两个指针位置以及等效频率指针位置之间的时间间隔
	放大测量值显示 左上出现一个放大区域，预览画面
x2	放大倍数选择
	放大镜推进（放大）
	放大镜缩回（缩小）
	放大区域向上移动
	放大区域向下移动
	放大区域向右移动
	放大区域向左移动
	回到标准大小
	打开或关闭参考曲线 激活或禁用参考曲线选择 显示一条符合当前测量选择的标准参考曲线 **确认曲线** 标准参考曲线将保存 **选择目录** 左边区域出现一个保存文件夹目录，可选择相应文件夹 **显示内容** 显示文件夹内已有、与当前测量相符的所有参考曲线，点击其中一项，参考曲线便在右侧区域显示 **关闭** 在不确定参考曲线情况下关闭选择窗口

图示	功能
	参考曲线管理 可以新建和管理参考曲线 提前显示一条与当前测量相符的参考曲线。但不能对这条曲线进行管理（改动） **保存** 可将单条（多条）设置曲线保存在根目录中。名称可自由选择 **删除** 将已选定的参考曲线保存到另一个文件夹中 **新建** 创建一个文件夹。名称可自由选择 **显示内容** 列出该文件夹内所有与当前测量相符的参考曲线。点击一条参考曲线，这条曲线就在右侧预览显示 **关闭** 在不做任何改动的情况下关闭参考曲线管理
	结果报表 测量结果以 PDF 格式文件存档 **编辑** 可对报表添加评价 **保存** 将该 PDF 格式文件保存到一个预先定义的文件夹中 从那儿可以调取集成服务信息显示器 ISID 上的报表 报表名称由测量名称和报表创建时间构成 例如： 控制路径：20121213-1412.pdf 是指在 2012 年 12 月 13 日下午 14：12 进行控制测量

三、示波器预先配置的测量项目

预先配置的各个测量菜单可提供车辆涉及的所有重要测量项目。这些测量菜单按优先级排序，并提供相应的检测流程，如图 1-16 所示，可十分方便地从列表中选择一项测量。

首先将按钮激活，点击该按钮便打开一个提供所选测量项目附加信息的窗口。

然后，按照已选定测量项目进行，IMIB R2 便检测相应的传感器是否接好。如果没接好的话，屏幕就会出现一项正确连接传感器的提示。

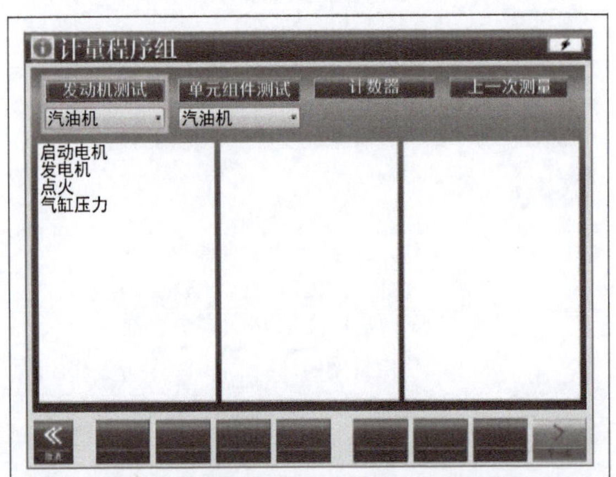

图 1-16　示波器预先配置的测量项目

1. 传感器自动识别

IMIB R2 具备传感器自动识别的能力。如果已经开始一项预先配置的测量，或者在手动运行下选择传感器，屏幕就会出现一项哪种传感器应该连接在什么位置的提示。

连接插口 3 号和 4 号：显示必须连接哪种传感器，以及哪些传感器已连接。

连接插口 1 号和 2 号：只显示必须连接哪种传感器；只出现在示波器预先配置的测量项目上。

万用示波器：一旦 3 号和 4 号输入接上相应的传感器，提示便自动消失。如果所有传感器已正确连接，屏幕就不会出现“传感器自动识别”提示。

示波器已预先配置的测量项目：如果 1 号和 2 号输入端必须连接传感器，该提示一直保留。如果点击继续图标，提示便消失。

具体实例如图 1-17、图 1-18 所示。

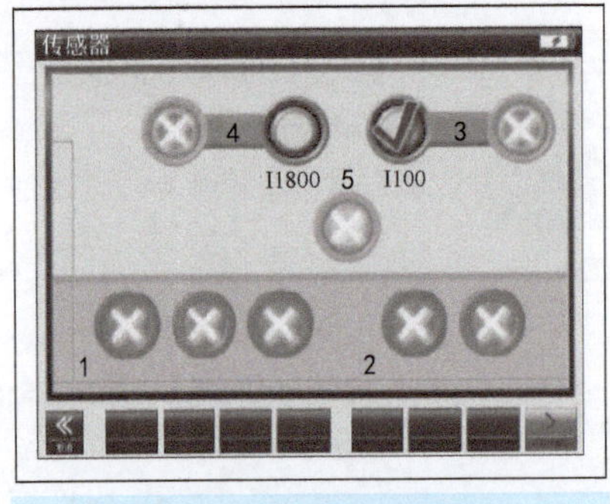

图 1-17　传感器识别实例 1

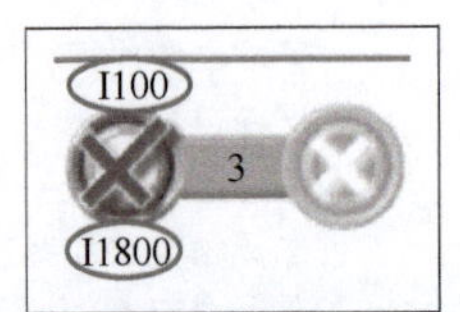

图 1-18　传感器识别实例 2

插口 3 号：传感器识别等待 100A 测电钳；测电钳已连接。

插口 4 号：传感器识别等待 1800A 测电钳；测电钳未连接。

传感器识别 3 号插口等待 1800A 测电钳，但 100A 测电钳未连接。

2. 激励

信号产生或功能生成器的设置项目包括：激励设置可以在测量中进行；设置在万用示波器中开始；如果 IMIB R2 处于起始屏幕画面，那么信号产生被禁用；点击离开便可结束设置。功能生成器界面如图 1-19 所示。

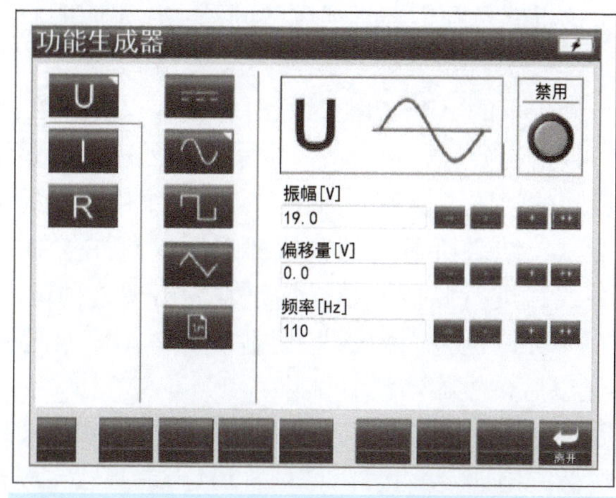

图 1-19　功能生成器界面

如果想激活功能生成器，点击 U 、 I ，以及按钮 结束激励生成器。

电压和电流：可以对直流、正弦波、矩形波和三角波波形的振幅、偏移和频率进行设置；可以对正弦波、矩形波和三角波波形的振幅、偏移和频率进行设置；另外，三角波和矩形波还可以设置扫描比例。

如果是选择某个文件的信号，那么可以设置重复频率。文件选择必须使用加载已选波形来确认。文件必须放在目录 T：/波形中。

电阻：可以设定一个固定值。

按钮 U ：选择按钮右上角有一个白色的小三角。

按钮 -- - + ++ ：以大或小步幅增大或减小设定值。

禁用/激活：开始或结束信号发生。

第三节　汽车专用示波器在汽车故障诊断中的应用

汽车维修设备的发展与汽车整车技术的发展是息息相关的，电子技术在汽车上的广泛应用，从发动机、自动变速器、安全气囊，到牵引力控制、车速稳定电子装置……微处理器及网络技术，配以大量传感器、执行器，使得原本不可想象的功能成为现实。今天的汽车更安全、环保，动力性、操纵性更好。与此同时，对于维修工作也提出了新的要求，如何快速准确地确定故障部位、找出故障原因是汽车维修诊断技术发展的方向。

汽车诊断设备在这种强大的市场需求下得到了蓬勃的发展，汽车微机控制系统检测诊断设备的发展经历了由简单的诊断仪、扫描器到汽车示波器等几个阶段。简单的诊断仪是利用配套连线和车上的电子控制单元（ECU）进行数据交流的专用仪器，只能读取与清除 ECU

存储器内的故障信息（故障码及其内容）；扫描器增加了对汽车微机控制系统数据扫描的功能，并能显示出微机控制系统传感器等元件的实际运行参数（数据流），以便检修人员快速分析问题，确定故障部位。但是对扫描工具来讲，对错误信号的判断是有局限性的，对超范围的信号往往会错误地认为是正确的，或者是由于“假信号”发生太快，扫描工具不能同步捕捉信号而无法显示。这也就是我们经常遇到的问题：汽车明明有故障，而扫描工具检测却显示系统正常。

举个简单的例子，一辆轿车的ABS功能时好时坏，客户要求维修，那么首先要连接诊断设备进行故障码读取、数据流分析，根据故障提示进行处理；可是没有读出故障信息，进行路试也没有出现客户反映的问题，检测一切正常；根据维修资料提示，连接万用表对ABS传感器进行电阻及电压测试，结果所显示的数值都在误差允许范围之内；按照维修流程对ABS控制单元供电及相关线路进行测试，结果均正常。出现这种情况的时候，制造商的诊断流程推荐更换ABS控制单元，但是因为ABS控制单元和ABS泵是一个整体，必须一起更换，更换完ABS控制单元以后，故障却没有排除。

出现这种故障的原因多半为传感器信号不良、接地不良、系统插接件连接不良等，控制单元出问题的概率相对较低。接地及插接件可以通过万用表测试完成判断工作，但是对于传感器信号的判断，万用表的表现却不是那么理想。图1-20所示为两个ABS传感器信号波形的比较，下边的传感器信号波形中间存在瑕疵，而对于这种问题万用表是无能为力的，甚至ABS控制单元也无法识别该传感器是不是真的有故障，进而为维修检测工作带来了一些麻烦。但是采用示波器测试，通过对传感器信号波形的分析，可以很容易地判断出故障所在，问题轻松得以解决。类似的例子还有很多，如曲轴转角传感器靶轮缺齿或齿受外力作用而受损，可能导致车辆加速不良甚至出现熄火现象，有瑕疵的节气门位置传感器同样会影响车辆的动力性能。

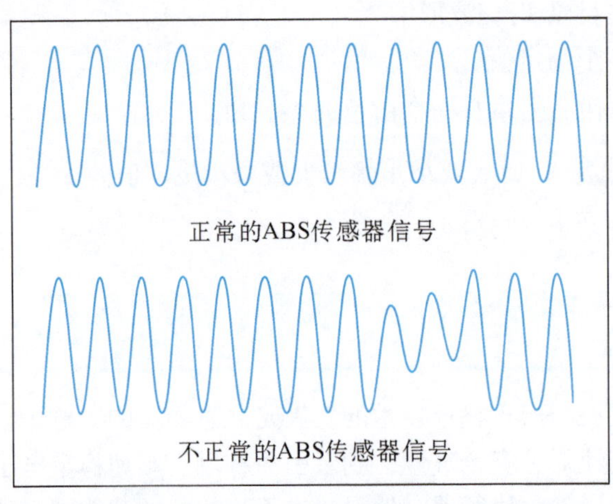

图1-20　ABS传感器信号波形对比

汽车示波器是针对汽车故障维修，为快速、准确地判断故障部位与原因而开发的。它以普通示波器功能为核心，为适应汽车检测环境而预设多种专用测试模式，配以不同的辅助插头、线缆，完成对汽车上大量传感器和执行器的测试。大部分汽车专用示波器带有数字存储功能，可通过通信接口将所测试、存储的波形图上传至个人计算机，进行下一步的分析、存

档。示波器显示的波形是对所测信号的实时显示，因为其取样的频率远远高于万用表，所以信号的每一重要细节都被显示出来，这样高的速度可在发动机运转时识别出任何可造成故障的信号。而且如果需要，任何时间都可重看波形，因为这些波形都可保存在示波器中，并在需要的时候回放所保存的波形。示波器具有双线或多线功能，即同时可在屏幕上看到两个或多个单独的信号，这样就可观察一个信号如何影响另一个信号。例如可将氧传感器电压信号输入到通道1，将喷油器脉冲输入到通道2，然后观察脉冲是否响应氧传感器信号的变化。也可将数字示波器看成一个高速可视电压表，能够看到清晰的信号波形，在图形上能捕捉到瞬间干扰、尖峰脉冲、噪声和所测部件的不正常波形。

迈腾发动机怠速不稳

故障现象：一辆行驶里程为94101km的迈腾轿车在行驶中磕碰油底壳后，发动机怠速不稳。怠速时“游车”现象严重，排气管尾部能够明显听到类似“缺缸”时发出的“突、突”的声音；加速到中速和高速时一切正常。

故障诊断：

① 用VAS6150读取发动机控制单元故障记忆，如图1-21所示，存有故障记忆：00022 P0016 000——气缸列1，凸轮轴位置传感器G40发动机转速传感器，G28布置错误。

车辆自诊断	01-发动机电子系统 06J906026CC MED17.5 编码 长的 经销商编号 00079	06J906026B H03 2064
02-查询故障		
1 检测到故障/说明		
00022　P0016　000 气缸列1，凸轮轴位置传感器-G40-/发动机转速传感器-G28-布置错误		环境要求

图1-21　读取故障记忆

② 读取数据流91组在怠速状态下调节至极端，如图1-22所示。

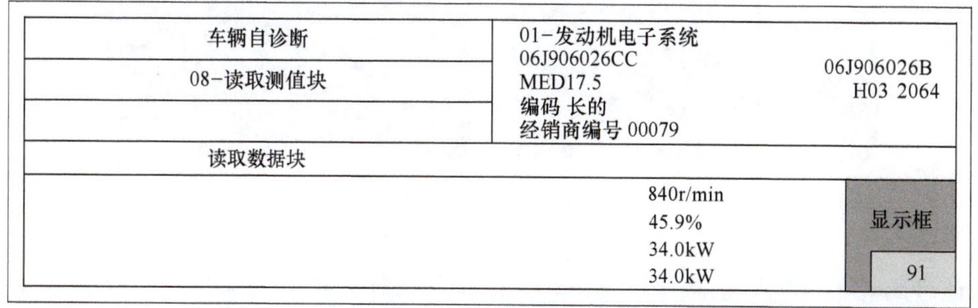

车辆自诊断	01-发动机电子系统 06J906026CC MED17.5 编码 长的 经销商编号 00079	06J906026B H03 2064
08-读取测值块		
读取数据块		
	840r/min 45.9% 34.0kW 34.0kW	显示框 91

图1-22　读取数据流

③ 检查正时状态为正常，如图1-23所示。

④ 使用VAS6356读取发动机凸轮轴位置传感器G40和发动机转速传感器G28对应的信号波形，如图1-24所示。

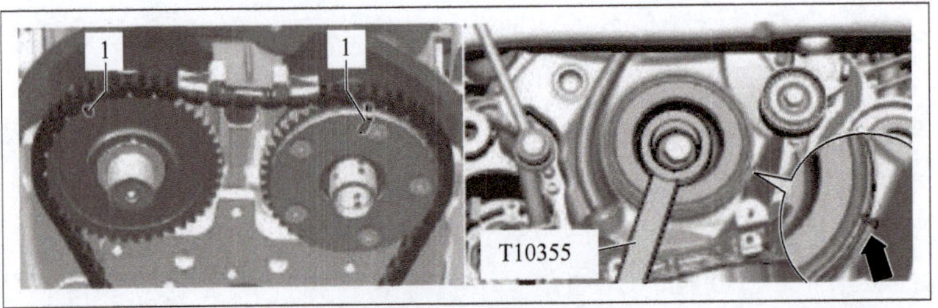

图 1-23　检查正时状态

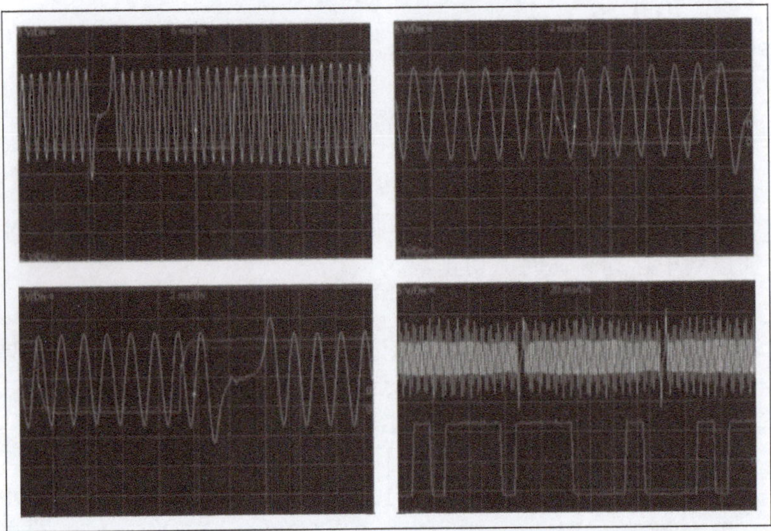

图 1-24　读取信号波形

⑤ 根据 G28 和 G40 的波形状态及对应关系，可发现 G40 的波形出现反应滞缓。检查凸轮轴调整电磁阀工作波形（该波形为 PWM 控制波形），如图 1-25 所示。

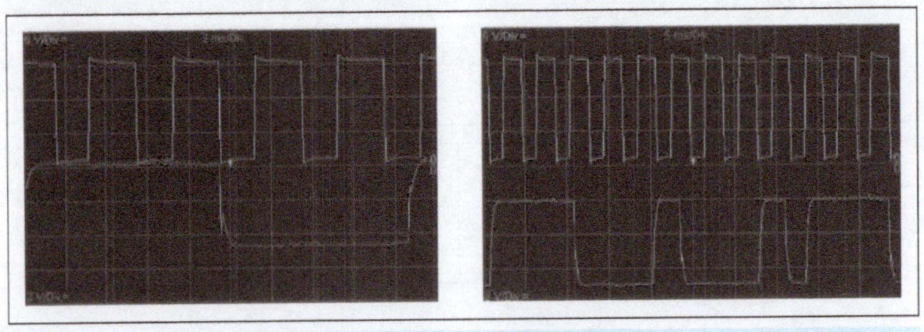

图 1-25　检查工作波形

⑥ 通过凸轮轴位置传感器 G40 与 N205 的占空比对应状态，说明 N205 的 PWM 信号正常，凸轮轴的信号杂波对应的 N205 的 PWM 信号无变化，说明是机械部件导致 G40 产生杂波。因为凸轮轴调整系统需要由机油驱动，所以要检查机油及压力状态条件。检查结果为正常，如图 1-26 所示。

⑦ 据以上分析检查，拆检凸轮轴调整的机械阀，发现机械阀中出现严重的机械卡滞。将机械阀更换后起动车辆并行驶测试，一切正常，如图 1-27 所示。

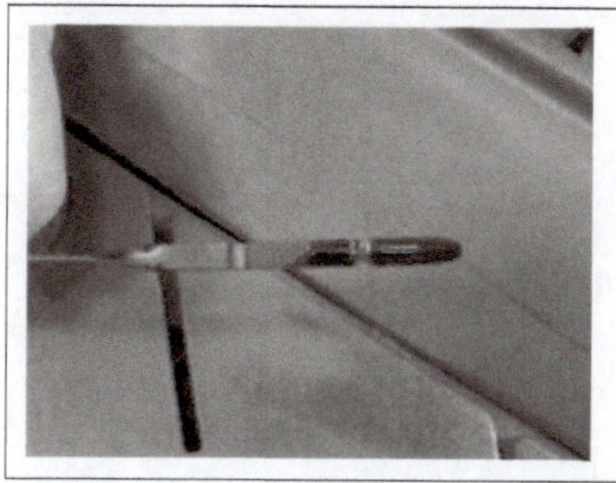

图 1-26　检查机油及压力状态条件

图 1-27　更换机械阀

原因分析：故障车由于凸轮轴调节机械阀卡滞导致配气相位错乱，引起气门关闭时刻错误，从而产生了该故障。其原理为发动机在低转速时进气门应提前关闭，以避免混合气回流进气管，此时进气凸轮轴相位应提前调整；而在高速时进气管内气流快，混合气应可继续涌入气缸，而在此时进气门延迟关闭。

这样的功能是如何实现的呢？是由机油泵提供压力油，调节单元的转子与进气凸轮轴相连（调节范围 60°曲轴转角），通过 PWM 激活电磁阀 N205 控制四位三通阀，来给不同的凸轮轴前段调整阀内的不同油腔提供压力油，以达到提前或推后开启气门的目的，如图 1-28 所示。

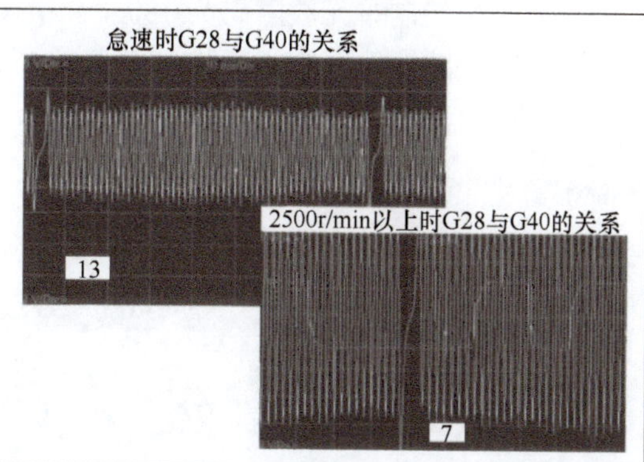

图 1-28　调节进气相位

凸轮轴调节 N205 的 PWM 信号与转速不是线性比例，N205 的占空比与凸轮轴的调整量及转速之间的对应关系如图 1-29 所示。

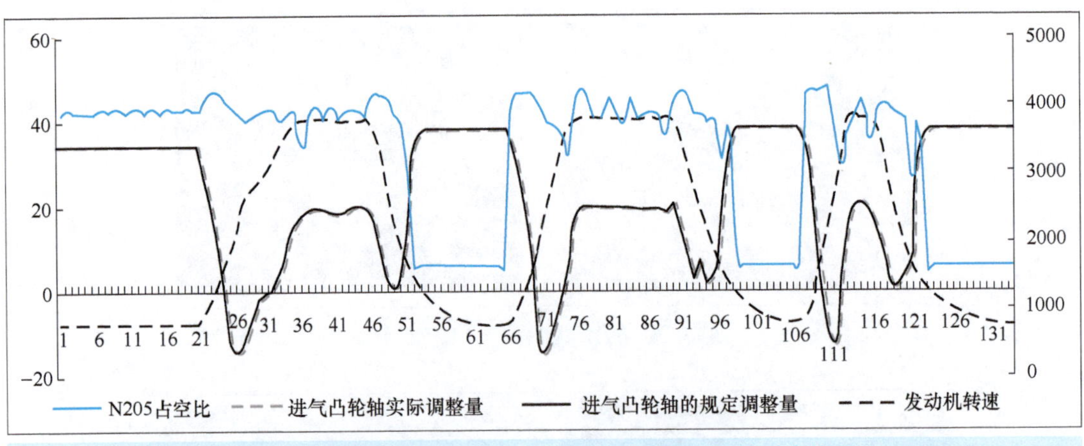

图 1-29　N205 占空比与凸轮轴调整量及转速之间的对应关系

处理方法：将故障车凸轮轴调节机械阀更换后，故障排除。

专用工具/设备：T10355、VAS6150、VAG1342、T10352。

案例点评及建议：对故障现象及故障码的内容认真分析，因为这些故障码也有可能是机械故障引起的。根据具体故障，要具体分析。

案例二

速腾变速器故障导致挂档冲击及仪表板档位显示红屏

故障现象：一辆行驶里程为 37163km 的速腾轿车在行驶中，仪表板的档位显示出现红屏故障。

故障诊断：

① 接通点火开关，发现仪表板档位显示区红屏，如图 1-30 所示。

图 1-30　档位显示区红屏

② 使用 VAS6150 读取车辆故障储存器。

a）发动机控制单元故障码为 18060，请读取安全气囊控制单元的变速器控制单元静态，如图 1-31 所示。

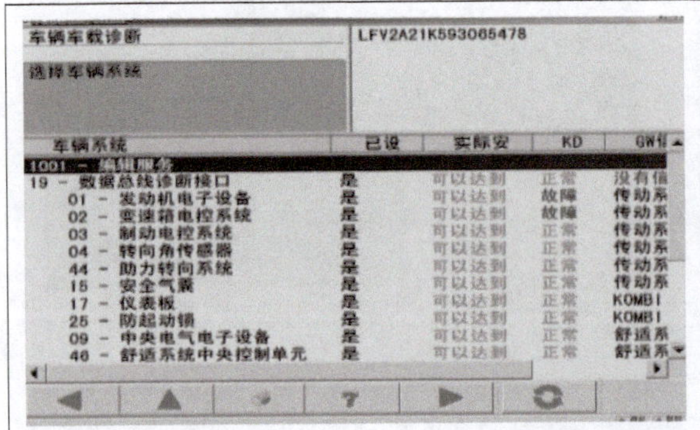

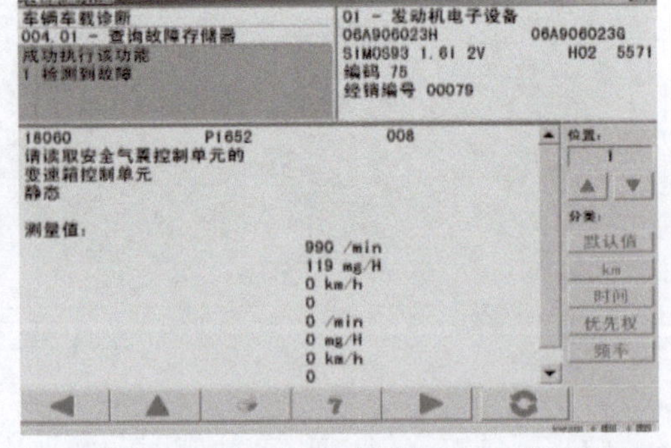

图 1-31　读取发动机故障码

b）变速器故障码为 00258，电磁阀 N88 断路对正极短路静态，00349 电磁阀 10 断路对正极短路静态，如图 1-32 所示。

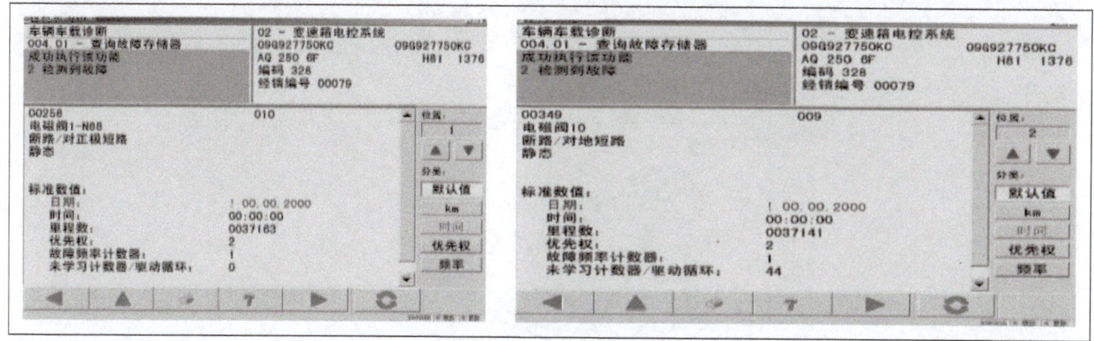

图 1-32 读取变速器故障码

③ 根据故障码，结合电路图测量变速器控制单元与电磁阀的线束连接情况，在拔下变速器上 14 芯插头时，发现线束有维修过的迹象，进一步检查发现第 9 号针脚连接线已断开，如图 1-33 所示。

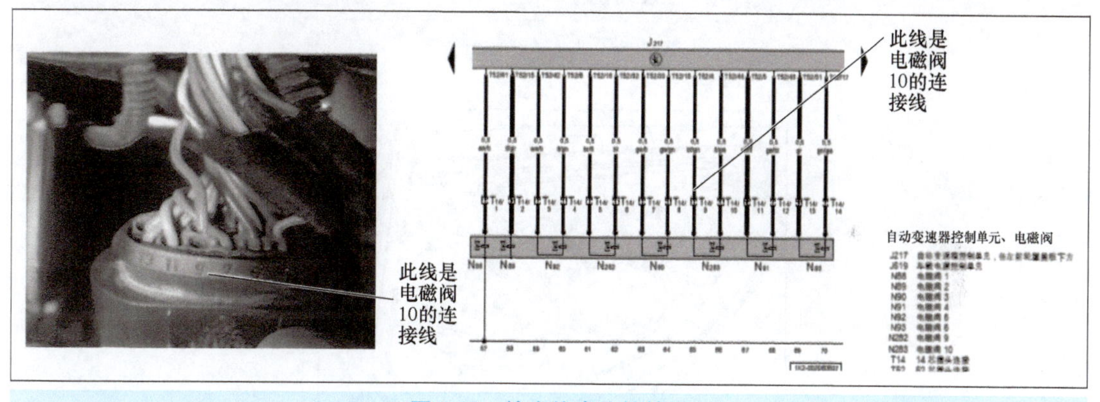

图 1-33 检查线束连接情况

原因分析： 由于变速器线束 T14/9 号线断开，导致电磁阀 N283 无法工作。

处理方法： 修复线束。

专用工具/设备： VAS6150 电路图线束修复箱。

案例点评及建议： 随着车载电子设备的广泛应用，在维修一些故障时要很好地利用专用仪器及设备，这样可以有效地提升工作效率。

案例三

速腾车窗升降故障

故障现象： 一辆行驶里程为 3000km 的速腾轿车右后门车窗升降不工作。

故障诊断：

① 事故车修复后出现故障。

② 用 VAS5051 对舒适系统进行诊断时，发现所有的舒适系统均与诊断仪无法通信。

③ 断开蓄电池接线柱后重新接上，左前门控制开关不能控制其他车门；四个车门控制开关仅能在几秒内对各自车门进行控制，之后，故障重现。

④ 断开右后门控制单元 J389 后，诊断仪与各系统（除 J389 外）能正确通信。右后门控制单元及安装位置如图 1-34、图 1-35 所示。

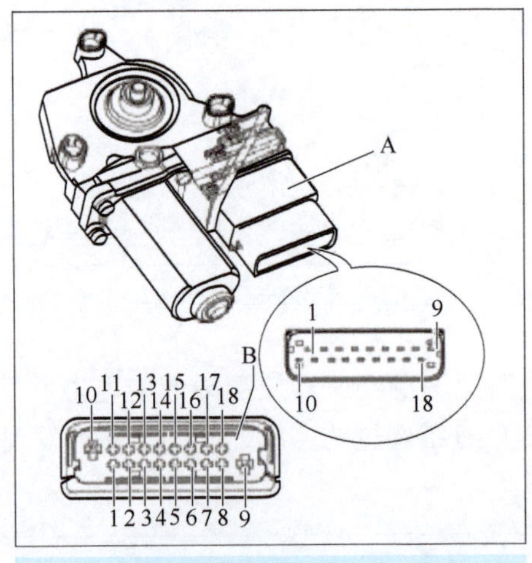

图 1-34　右后门控制单元

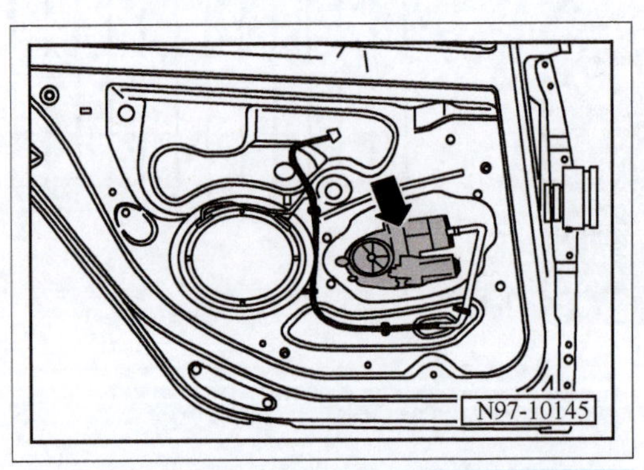

图 1-35　J389 右后门控制单元安装位置

⑤ 此车是在更换了右后门控制单元后出现问题，原零件编号是 L1K5839402B，而经销商仓库中仅有 L1K5839402G，仓库管理员表示可以通用。安装之后，出现了故障。

原因分析：

① 相关系统的电路图如图 1-36、图 1-37 所示。

② 数据线的连接情况见表 1-4。

表 1-4　数据线的连接情况

零件编号	数据传输	T18c/11			T18c/12		
		功能	电压	频率	功能	电压	频率
L1K5839402B/L	CAN	CAN-H	0~3.6V	100kbit/s	CAN-L	5~1.4V	100kbit/s
L1K5839402G/L	LIN	30a	12V	长时	LIN	[0~2]~[8~18] V	1~10kbit/s

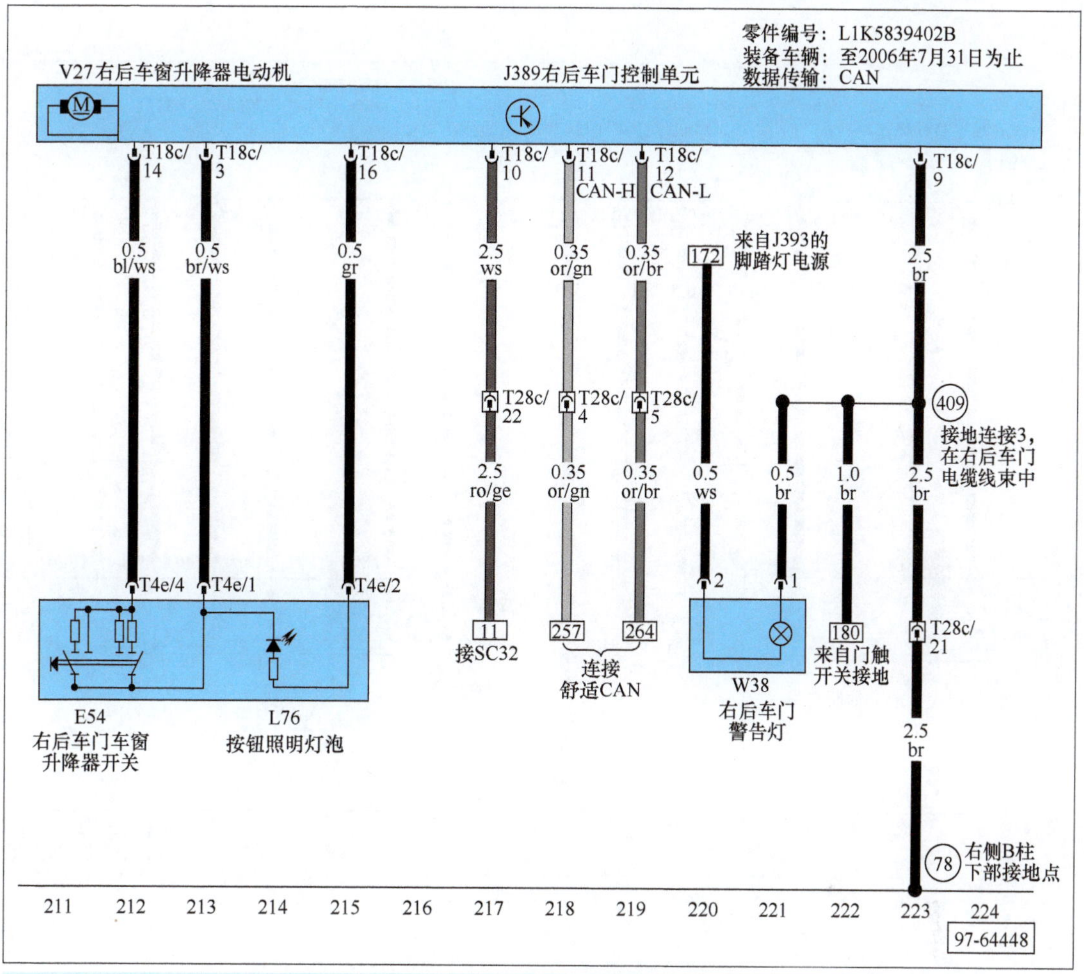

零件编号：L1K5839402B
装备车辆：至2006年7月31日为止
数据传输：CAN

V27右后车窗升降器电动机
J389右后车门控制单元

T18c/14 0.5 bl/ws T4e/4
T18c/3 0.5 br/ws T4e/1
T18c/16 0.5 gr T4e/2
T18c/10 2.5 ws T28c/22 2.5 ro/ge 11 接SC32
T18c/11 CAN-H 0.35 or/gn T28c/4 0.35 or/gn 257
T18c/12 CAN-L 0.35 or/br T28c/5 0.35 or/br 264
连接舒适CAN
172 来自J393的脚踏灯电源 0.5 ws 2
0.5 br 1
1.0 br 180 来自门触开关接地
T18c/9 2.5 br 2.5 br T28c/21 2.5 br
409 接地连接3，在右后车门电缆线束中
78 右侧B柱下部接地点

E54 右后车门车窗升降器开关
L76 按钮照明灯泡
W38 右后车门警告灯

211 212 213 214 215 216 217 218 219 220 221 222 223 224

97-64448

图 1-36 带 CAN 控制的舒适系统

从表 1-4 中可看出：

a）如果将 LIN 的控制单元装入 CAN 的舒适系统中，T18c/11 的接脚是 CAN-H，因为 J389 的 LIN 应得到 12V（相当于此接脚断路状态），所以 CAN-H 能正常传递信号；T18c/12 的接脚是 CAN-L，LIN 发出的信号与 CAN-L 波形冲突，使 CAN-L 产生错误的波形，如图 1-38 所示。

由于 CAN-H 传递正常的波形与 CAN-L 产生异常的波形同时传输给各控制单元（包括 J533），各控制单元无法区别哪根线正常、哪根线异常，只能全部停止工作。

b）如果将 CAN 的控制单元装入 LIN 的舒适系统中，T18c/11 的接脚是 12V，J389 中的 CAN-H 得到 12V 电压，不工作；T18c/12 的接脚是 LIN：J387 发出的 LIN 信号与 J389 发出的 CAN-L 信号冲突，不能工作。结果造成左前门控制开关不能控制右后门车窗，但右后门控制开关可控制本车窗动作。其他正常，因为右前门的 LIN 与右后门相连。

处理方法：按实际零件编号更换右后门控制单元。

专用工具/设备：VAS505x。

案例点评及建议：必须认真分析电路图和电路原理，才能快速准确地进行故障排除。

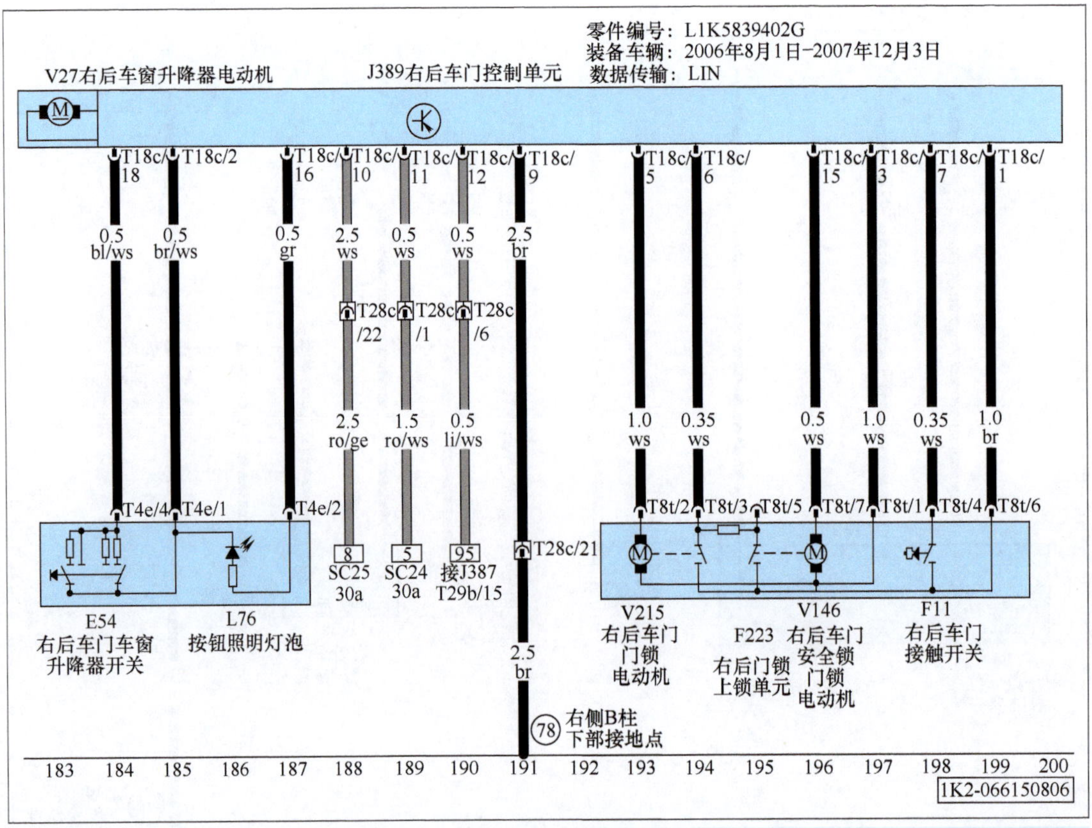

零件编号：L1K5839402G
装备车辆：2006年8月1日-2007年12月3日
数据传输：LIN
V27右后车窗升降器电动机
J389右后车门控制单元
T18c/18
T18c/2
T18c/16
T18c/10
T18c/11
T18c/12
T18c/9
T18c/5
T18c/6
T18c/15
T18c/3
T18c/7
T18c/1
0.5 bl/ws
0.5 br/ws
0.5 gr
2.5 ws
0.5 ws
0.5 ws
2.5 br
T28c/22
T28c/1
T28c/6
2.5 ro/ge
1.5 ro/ws
0.5 li/ws
1.0 ws
0.35 ws
0.5 ws
1.0 ws
0.35 ws
1.0 br
T4e/4
T4e/1
T4e/2
T8t/2
T8t/3
T8t/5
T8t/7
T8t/1
T8t/4
T8t/6
8 SC25 30a
5 SC24 30a
95 接J387 T29b/15
T28c/21
E54 右后车门车窗升降器开关
L76 按钮照明灯泡
2.5 br
78 右侧B柱下部接地点
V215 右后车门门锁电动机
F223 右后门锁上锁单元
V146 右后车门安全锁门锁电动机
F11 右后车门接触开关
183 184 185 186 187 188 189 190 191 192 193 194 195 196 197 198 199 200
1K2-066150806

图 1-37　带 LIN 控制的舒适系统

Test Instruments
DSO
Auto Mode
2 V/Div.=
0.05 ms/Div.
Channel A Amplitude
3.78 V
Channel B Amplitude
1.16 V
Time
0.149 ms
2 V/Div.=
Cursor
隐性电平
2V/Div.=
0,5ms/Div.
显性电平

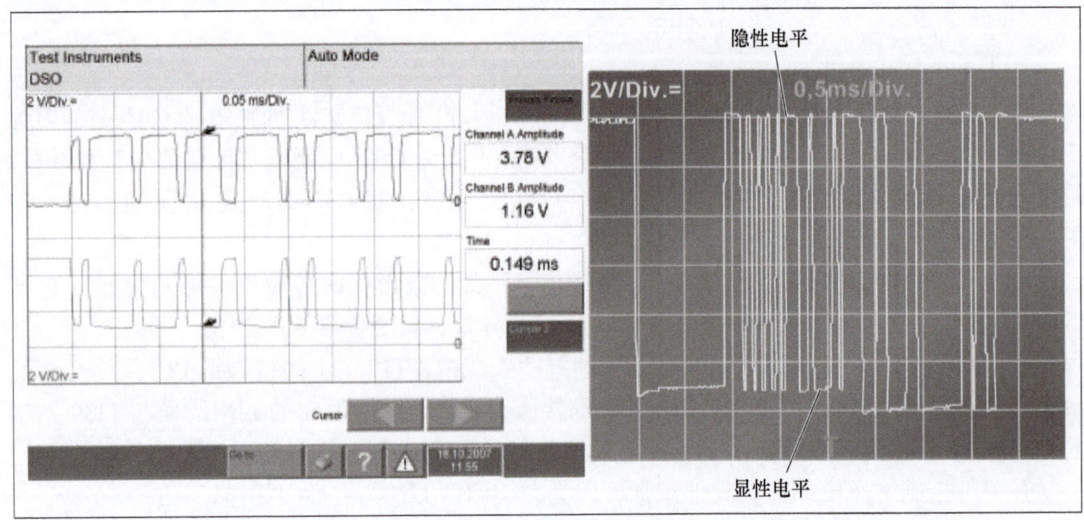

图 1-38　CAN 和 LIN 波形（左图为正常舒适 CAN 波形，右图为正常 LIN 波形）

案例四

发动机运转不稳定，松开加速踏板时偶发熄火

故障现象：一辆刚行驶了 5000km 的 EQ 7200-Ⅱ型风神蓝鸟轿车，其发动机怠速时工作不稳定，行车中松开加速踏板时发动机有时会熄火。

故障诊断：用专用故障检测仪读取故障码时，未读得故障码；数据流读数显示，除氧传感器信号电压始终在 0.7~0.9V 之间波动外，其他参数（喷油器控制信号宽度、空气流量、节气门开度和点火提前角等）值完全正常。氧传感器提供的信号电压表明，发动机始终在混合气过浓的状态下运行。对尾气的检测也证实了这一点（HC 的体积分数超过 10000×10^{-6}，而 CO 的体积分数为 4.6%）。

根据这一情况，首先检查了燃油压力，在发动机怠速时燃油压力为 250kPa，正常；然后用汽车示波器检查了各缸喷油器的控制信号，发现第 4 缸喷油器的控制信号波形（图 1-39）在发动机每次起动后均异常（在喷油器停止喷油时，没有由喷油器线圈磁场的衰减而产生的峰值电压）。在通过随后的检测确认第 4 缸喷油器、电源电路和控制电路无故障的条件下，判定该车的发动机控制模块（PCM）有故障，于是决定拆检 PCM。在拆检 PCM 时发现在电路板上有许多水珠。在对电路板进行吹风干燥处理并重新装复后，故障现象消失。

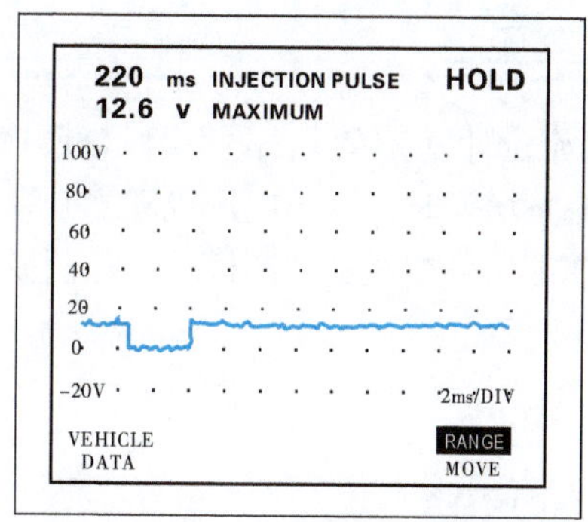

图 1-39 第 4 缸喷油器的控制信号波形

第二章　传感器波形分析

今天的汽车有着复杂的传感器网，通过传感器组成的电路和系统，从汽车运行系统的每一部分得到信息，并将信息传至计算机。传感器告诉计算机当前汽车走得有多快、发动机的转速是多少、发动机的负荷有多大、汽车是在转弯还是直行等。当所有的传感器工作正常时，汽车运行良好，排放也较干净，效率也较高。

但是，和其他设备一样，传感器也会损坏。当它损坏时，计算机便无法得到保持有效动作所需的信息。此时，必须找出哪一个传感器是坏的，修理它或更换它，让系统返回正常的工作状态。

本章将介绍如何检查波形，如何发现有故障的传感器。

第一节　空气流量计（MAF）波形分析

博世热线（热膜）式空气流量计（图 2-1、图 2-2）是模拟输出电压信号传感器，大多数博世热线式空气流量计在空气流量增大时，输出电压也随之升高。热线式空气流量计内部温度补偿电路比较复杂，输出电压模拟信号被送到控制模块，控制模块则根据这个信号来计算发动机负荷判定燃油供给量和点火正时等。

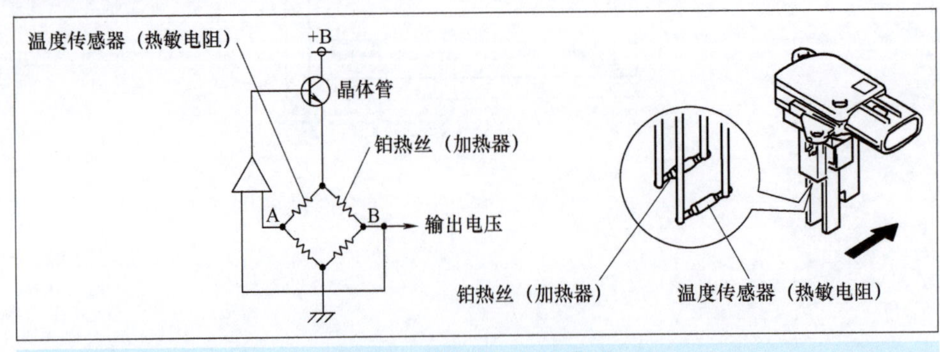

图 2-1　热线式空气流量计

一、热线式空气流量计波形检测

关闭所有附属电气设备，起动发动机，并使其怠速运转，怠速稳定后，检查怠速输出信号电压（图 2-3 中左侧波形）做加速和减速试验，应有类似图 2-3 中的波形出现。

将发动机转速从怠速增加到节气门全开（加速过程中节气门以缓加速打开）持续 2s，

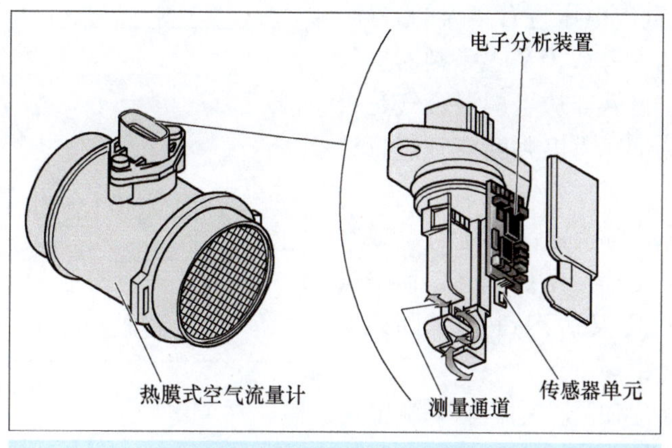

图 2-2　热膜式空气流量计

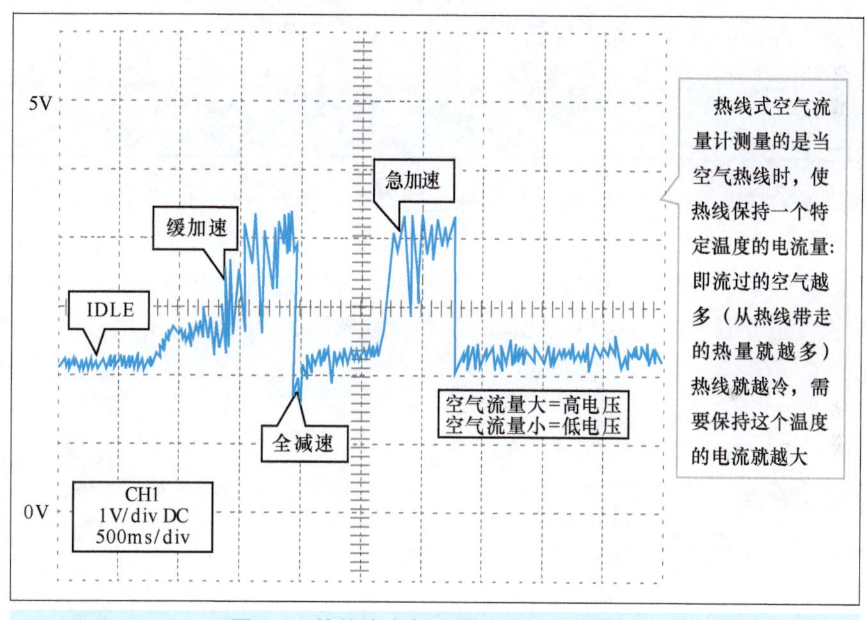

图 2-3　热线式空气流量计信号实测波形

不宜超速；再减速回到怠速状况，持续约 2s；再急加速至节气门全开，然后再回到怠速；定住波形，仔细观察空气流量计波形。

二、热线式空气流量计波形分析说明

热线式空气流量计信号波形分析如图 2-4 所示。

1）通常热线（热膜）式空气流量计输出信号电压范围是从怠速时超过 0.2V 变至节气门全开时超过 4V，当急减速时输出信号电压应比怠速时的电压稍低。

2）发动机运转时，波形的幅值看上去在不断地波动，这是正常的，因为热线式空气流量计没有任何运动部件而没有惯性，所以它能快速地对空气流量的变化做出反应。在加速时波形所看到的杂波实际是在低进气真空之下各缸进气口上的空气气流脉动，发动机 ECU 中的超级处理电路读入后会清除这些信号，所以这些脉冲没有关系。

3）不同的车型输出电压将有很大的差异，在怠速时信号电压是否为0.25V也是判断空气流量计好坏的方法，另外，从可燃混合气是否正常或排气是否冒黑烟也可以判断空气流量计的好坏。

4）如果信号波形与上述情况不符，或空气流量计在怠速时输出信号电压太高，而节气门全开时输出信号电压又达不到4V，则说明空气流量传感器已经损坏。

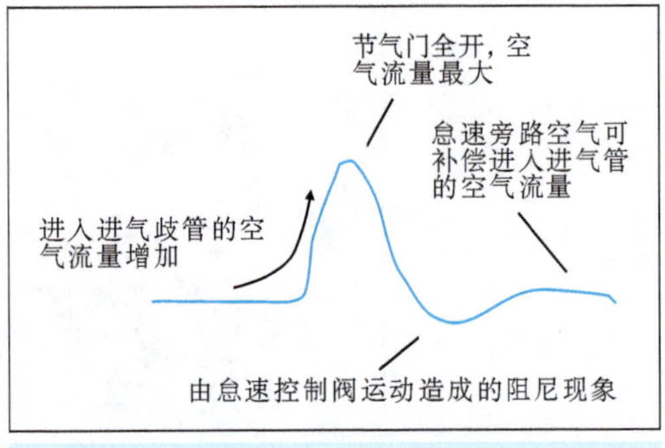

图2-4　热线式空气流量计信号波形分析

如果在车辆急加速时空气流量计输出信号电压波形上升缓慢，而在车辆急减速时空气流量计输出信号电压波形下降缓慢，则说明空气流量计的热线（热膜）脏污。

出现这些情况，均应清洁或更换热线（热膜）式空气流量计。

第二节　氧传感器波形分析

氧传感器是燃油反馈控制系统的重要部件，用汽车示波器观察到的氧传感器的信号电压波形能够反映出发动机的机械部分、燃油供给系统以及发动机控制系统的运行情况。并且，所有汽车的氧传感器信号电压的基本波形都是一样的，利用波形进行故障判断的方法也相似。

常用的氧传感器有氧化锆式和氧化钛式两种，如图2-5、图2-6所示。

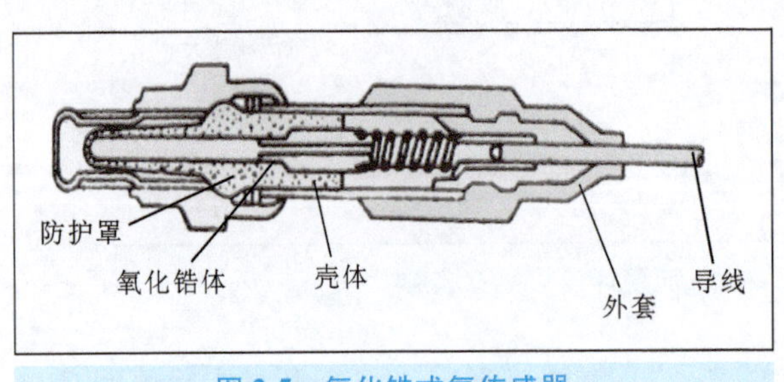

图2-5　氧化锆式氧传感器

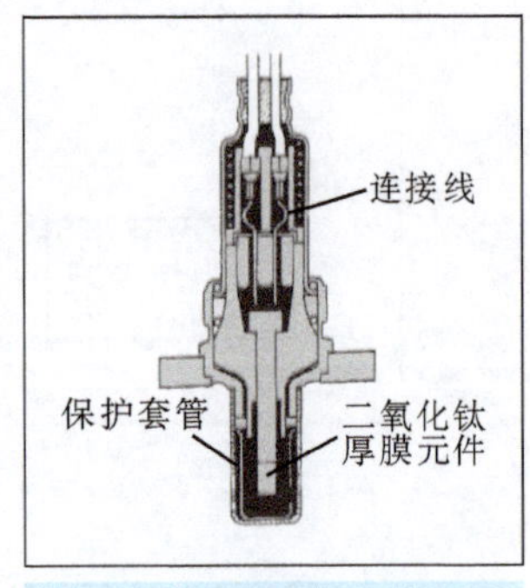

图2-6　氧化钛式氧传感器

一、氧传感器的波形检测

测试氧传感器信号波形常用的方法有两种：丙烷加注法和急加速法。

1. 丙烷加注法

氧传感器信号测试中有三个参数（最高信号电压、最低信号电压和混合气从浓到稀时信号的响应时间）需要检测，只要在这三个参数中有一个不符合规定，氧传感器就必须予以更换。更换氧传感器以后还要对新氧传感器这三个参数进行检测，以判断新的氧传感器是否完好。

测试步骤（氧化钛式传感器和氧化锆式传感器都适用）如下。

① 连接并安装加注丙烷的工具。

② 把丙烷接到真空管入口处（对于有 PCV 系统或制动助力系统的汽车应在其连接完好的条件下进行测试）。

③ 接上并设置好波形测试设备。

④ 起动发动机，并让发动机在 2500r/min 下运转 2~3min。

⑤ 使发动机怠速运转。

⑥ 打开丙烷开关，缓慢加注丙烷，直到氧传感器输出的信号电压升高（混合气变浓）。此时，一个运行正常的燃油反馈控制系统会试图将氧传感器的信号电压向变小（混合气变稀）的方向拉回。然后继续缓慢地加注丙烷，直到该系统失去将混合气变稀的能力。接着再继续加注丙烷，直到发动机转速因混合气过浓而下降 100~200r/min。这个操作步骤必须在 20~25s 内完成。

⑦ 迅速把丙烷输入端移离真空管，以造成极大的瞬时真空泄漏（这时发动机失速是正常现象，并不影响测试结果），然后关闭丙烷开关。

⑧ 待信号电压波形移动到波形测试设备显示屏的中央位置时锁定波形，测试完成。接着就可以通过分析信号电压波形来确定氧传感器是否合格。

2. 急加速法

对有些汽车，用丙烷加注法测试氧传感器信号电压波形是非常困难的，因为这些汽车的发动机控制系统具有真空泄漏补偿功能（采用速度密度方式进行空气流量的计量或安装了进气压力传感器等），能够非常快地补偿较大的真空泄漏，所以氧传感器的信号电压绝不会降低。

这时，在测试氧传感器的过程中就要用手动真空泵使进气压力传感器内的压力稳定，然后再用急加速法来测试氧传感器。

急加速法测试步骤如下。

① 以 2500r/min 的转速预热发动机和氧传感器 2~6min。然后再让发动机怠速运转 20s。

② 在 2s 内将发动机节气门从全闭（怠速）至全开操作 1 次，共进行 5~6 次。

特别提醒：不要使发动机空转转速超过 4000r/min，只要用节气门进行急加速和急减速就可以了。

③ 定住屏幕上的波形（图 2-7），接着就可根据氧传感器的最高、最低信号电压值和信号的响应时间来判断氧传感器的好坏。

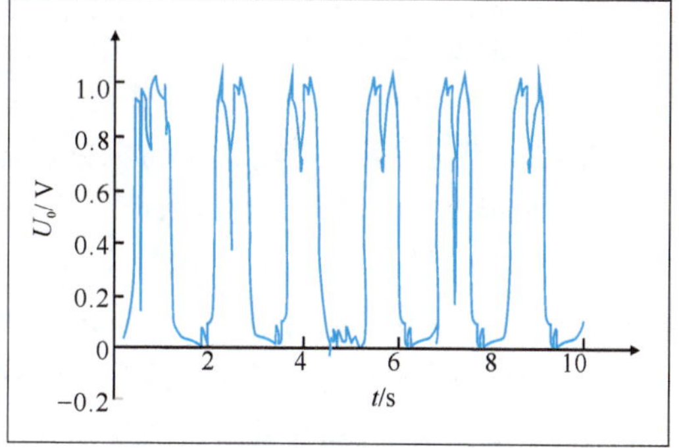

图 2-7 急加速法测试时氧传感器的信号电压波形

在信号电压波形中，上升的部分是急加速造成的，下降的部分是急减速造成的。

二、氧传感器的波形分析

一个好的氧传感器应输出图 2-8 所示的信号电压波形，其三个参数值必须符合表 2-1 所列的值。一个已损坏的氧传感器可能输出图 2-9 所示的信号电压波形，其中，最高信号电压下降至427mV，最低信号电压小于0V，混合气从浓到稀时信号的响应时间却延长为237ms，所以这三个参数均不符合标准。用汽车示波器对氧传感器进行测试时可以从显示屏上直接读取最高和最低信号电压值，并且还可以用示波器游动标尺读出信号的响应时间（这是汽车示波器特有的功能）。汽车示波器还会同时在其屏幕上显示测试数据值，这对分析波形非常有帮助。

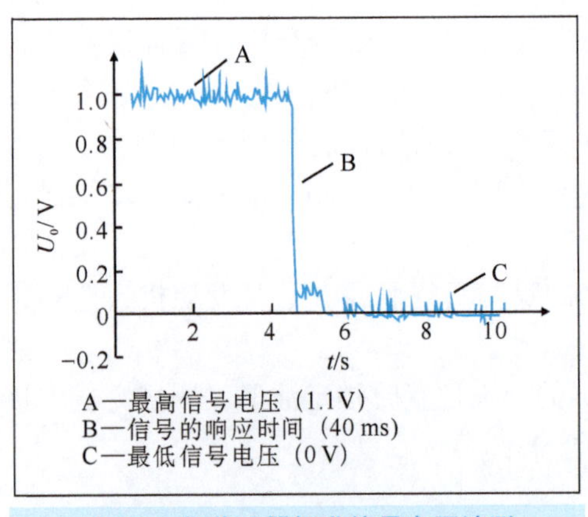

图 2-8　氧传感器标准信号电压波形

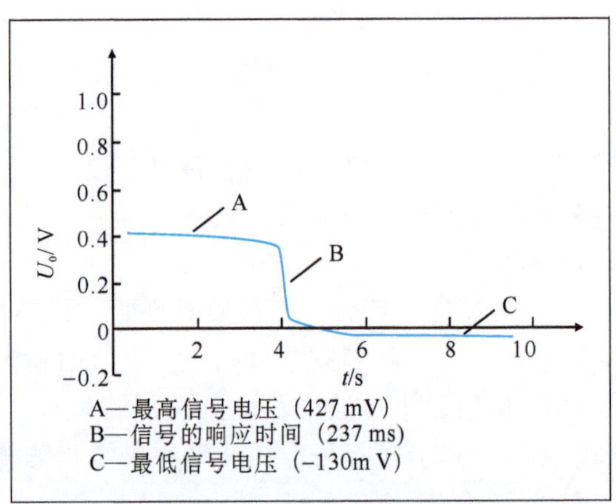

图 2-9　已损坏的氧传感器信号电压波形

表 2-1　氧传感器信号电压波形参数标准

序号	测量参数	允许范围
1	最高信号电压（左侧波形）	>850mV
2	最低信号电压（右侧波形）	75~175mV
3	混合气从浓到稀的最大允许响应时间（波形的中间部分）	<100ms（波形中在300~600mV之间的下降段应该是上下垂直的）

如果在关闭丙烷开关之前，发动机怠速运转时间（即混合气达到过浓状态的时间）超过25s，则可能是氧传感器的温度太低，这不仅会使信号电压的幅值过低，而且还会使输出信号下降的时间延长，造成氧传感器不合格的假象。因此，在检测前应将氧传感器充分预热（即让发动机在2500r/min下运转2~3min）。如果发动机仅怠速运转5s，就可能有一个或多个参数不合格，而这个不合格并不说明氧传感器是坏的，只是测试条件没有满足的缘故。

多数损坏的氧传感器都可以从其信号电压波形上明显地分辨出来，如果从信号电压波形上还无法准确地断定氧传感器的好坏，则可以用示波器上的游动标尺读出最大和最小信号电压值以及信号的响应时间，然后用这三个参数来判断氧传感器的好坏。

三、不同燃油喷射系统中的氧传感器波形

通常有两种不同的燃油喷射系统：节气门体燃油喷射（TBI）系统和多点式燃油喷射（MFI）系统。由于它们的结构、原理不同，其氧传感器的信号也稍有不同。

1. 节气门体燃油喷射系统氧传感器信号电压波形

节气门体燃油喷射系统（又称单点式燃油喷射系统）只有一个喷油器，因为系统的机

械元件少了，所以它只需较少的时间就可以响应系统的燃油控制命令，较迅速地改变喷油器的喷油量。

因此，在相同的时间内，该系统氧传感器信号电压变化的频率较高，其频率为0.2（怠速时）~3Hz（2500r/min时），如图2-10所示。

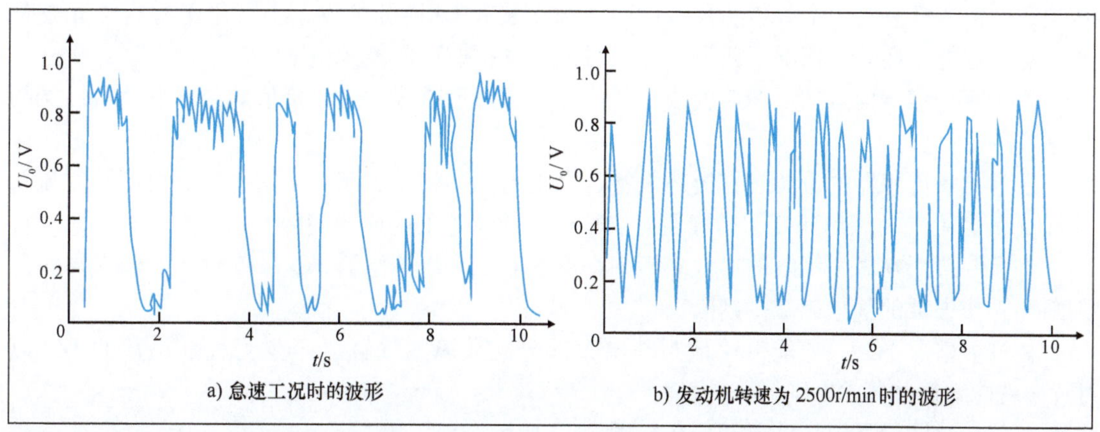

图2-10　典型单点式燃油喷射系统氧传感器的信号电压波形

2. 多点式燃油喷射系统氧传感器信号电压波形

多点式燃油喷射系统大大改变了电子与机械部分设计，因而其性能超过节气门体（单点式）燃油喷射系统。

该系统的进气通道明显缩短，从节气门体燃油喷射系统的喷油器到进气门的距离没有了，氧传感器信号电压变化的频率为0.2（怠速时）~5Hz（2500r/min时），如图2-11所示。

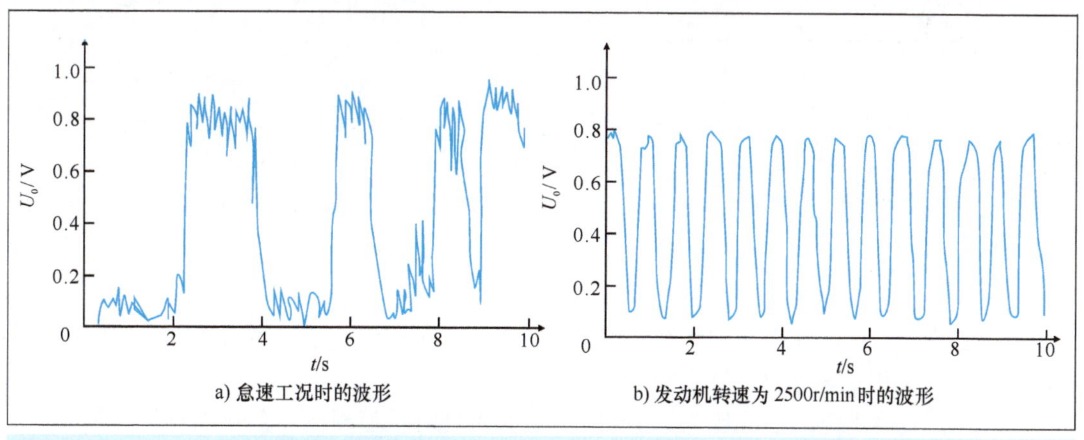

图2-11　典型多点式燃油喷射系统氧传感器的信号电压波形

因此，该系统对燃油的控制更精确，氧传感器的信号电压波形更标准，三元催化转化器的效果更好。

但因该系统分配至各气缸的燃油也不完全相等，所以氧传感器的信号电压波形会产生杂波或尖峰。

四、双氧传感器信号电压波形分析

在许多汽车发动机的燃油反馈控制系统中，安装了两个氧传感器。

为适应美国环境保护署（EPA）对废气控制的要求，从1994年起有些汽车在三元催化转化器的前后都装有1个氧传感器，这种结构在装有OBD-Ⅱ的汽车上可用于检查三元催化转化器的性能，在一定情况下还可以提高对混合气空燃比的控制精度。

由于氧传感器信号的反馈速度快，其信号电压波形就成为最有价值的判断发动机性能的依据之一。

通常，氧传感器的位置越靠近燃烧室，燃油控制的精度就越高，这主要是由尾气气流的特性（例如尾气的流动速度、排气通道的长度和传感器的响应时间等）决定的。

许多制造厂在每个气缸的排气歧管中都安装有1个氧传感器，这就使汽车维修人员容易判断出工作失常的气缸，减少判断失误。

在许多情况下，只要能迅速地判断出大部分无故障的气缸（至少为气缸总数的1/2以上），就能缩短故障诊断时间。

双氧传感器信号电压波形及分析如图2-12所示。

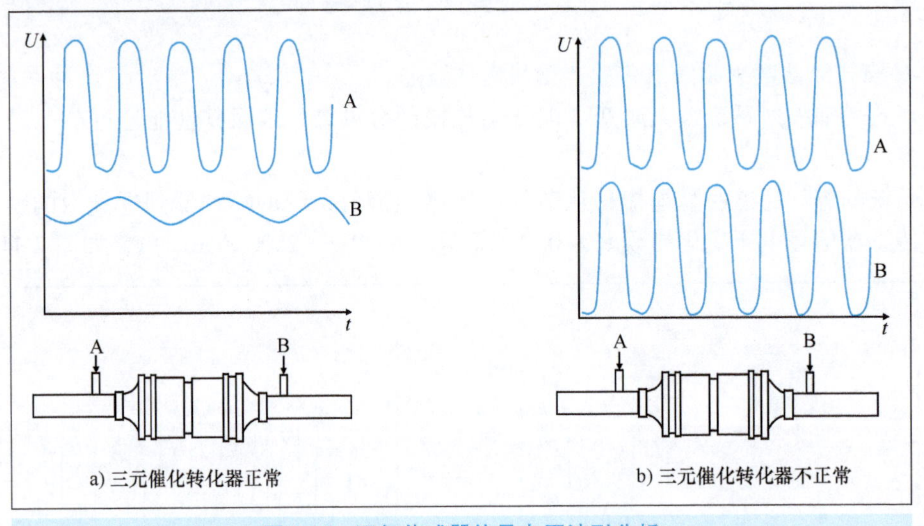

图2-12 双氧传感器信号电压波形分析

一个工作正常的三元催化转化器，再配上燃油反馈控制系统后，就可以保证将尾气中的有害成分转变为相对无害的二氧化碳和水蒸气。

但是，三元催化转化器会因温度过高（如点火不良时）而损坏（催化剂有效表面减少和板块金属烧结），也会因受到燃油中的磷、铅、硫或发动机冷却液中的硅的化学污染而损坏。

OBD-Ⅱ诊断系统的出现改进了三元催化转化器的随车监视系统。

在汽车匀速行驶时，安装在三元催化转化器后的氧传感器信号电压的波动应比装在三元催化转化器前的氧传感器（前氧传感器）信号电压的波动小得多（图2-12a），因为正常运行的三元催化转化器在转化碳氢化合物（HC）和CO时要消耗氧气。

OBD-Ⅱ监视系统正是根据这个原理来检测三元催化转化器转化效率的。

当三元催化转化器损坏时，三元催化转化器的转化效率丧失，这时在其前后的排气管中

的氧气含量十分接近（几乎相当于没有安装三元催化转化器），前、后氧传感器的信号电压波形就趋于相同（图 2-12b），并且电压波动范围也趋于一致。

出现这种情况应更换三元催化转化器。

五、氧传感器的杂波分析

杂波可能是燃烧效率低造成的，它反映了发动机各缸工作性能以及三元催化转化器工作效率降低的状况。

对杂波的分析是尾气分析中最重要的内容，因为杂波会影响燃油反馈控制系统的正常运行，使反馈控制程序失去控制精度或“反馈节奏”，导致混合气空燃比超出正常范围，从而影响三元催化转化器的工作效率以及尾气排放和发动机性能。

杂波信号的幅度越大，各个燃烧过程中氧气含量的差别越大。

在加速方式下，能够与碳氢化合物相对应的氧传感器杂波（波形的峰值毛刺）是一种非常重要的信息，因为它表示发动机在加大负荷的情况下出现了断火现象。

杂波还说明进入三元催化转化器的尾气中的氧含量升高而造成 NO_x 的增加，因为在浓氧环境（稀混合气条件）下三元催化转化器中的 NO_x 无法减少。

在燃油反馈控制系统完全正常时，氧传感器信号电压波形上有少量杂波是允许的，而大量杂波则是不能忽视的。

需要学会区分正常杂波和不正常杂波的方法，而最好的学习方法就是观察在不同行驶里程下不同类型轿车氧传感器的信号电压波形。

所修轿车的标准氧传感器信号电压波形图，能帮助维修人员了解什么样的杂波是允许的、正常的，而什么样的杂波是应该注意的。

关于杂波的标准：在发动机性能良好的状态下（没有真空泄漏，尾气中的 HC 和氧含量正常），氧传感器信号电压波形中所含的杂波是正常的。

1. 杂波产生的原因

氧传感器信号电压波形上的杂波通常是由发动机点火不良、结构原因（如各缸的进气歧管长度不同）、零件老化及其他各种故障（如进气管堵塞、进气门卡滞等）引起的。其中，由点火不良引起的杂波呈高频毛刺状。造成点火不良的原因有以下几种。

1）点火系统本身有故障，如火花塞、高压线、分电器盖、分火头和点火线圈初级绕组的损坏等。

2）混合气过浓（空燃比约为 13）或过稀（空燃比约为 17）。

3）发动机的机械故障，如气门烧损、活塞环断裂或磨损、凸轮磨损和气门卡住等，引起气缸压力过低。

4）1 个气缸或几个气缸有真空泄漏故障（真空泄漏会造成混合气过稀）。

5）在多点式燃油喷射发动机中各喷油器喷油量不一致（喷油器堵塞或卡死），造成个别气缸内的混合气过浓或过稀。

在判断点火不良的原因时，应首先检查点火系统本身是否有故障，然后检查气缸压力是否正常，再检查是否有气缸真空泄漏现象。如果这三项均正常，则对于多点式燃油喷射发动机来说，点火不良的原因一般就是各喷油器的喷油量不一致。

点火系统本身的故障和气缸压力过低的故障可以用汽车示波器检查，而气缸真空泄漏故

障可以通过在所怀疑的区域或周围加丙烷的方法检查（观察汽车示波器上的氧传感器信号电压波形是否变多且尖峰消失）。

2. 氧传感器杂波的判断原则

如果氧传感器信号电压波形上的杂波比较明显，则它通常与发动机的故障有关，在发动机修理后应消失。

如果氧传感器信号电压波形上的杂波不明显，并且可以断定进气歧管无真空泄漏，排气中的 HC 含量和氧气含量正常，发动机的转动或怠速运转比较平稳，则该杂波是正常的，在发动机修理中一般不可能消除。

3. 杂波的三种类型

（1）增幅杂波

增幅杂波是指在氧传感器的信号电压波形中经常出现在 300~600mV 的一些不重要的杂波，如图 2-13 所示。

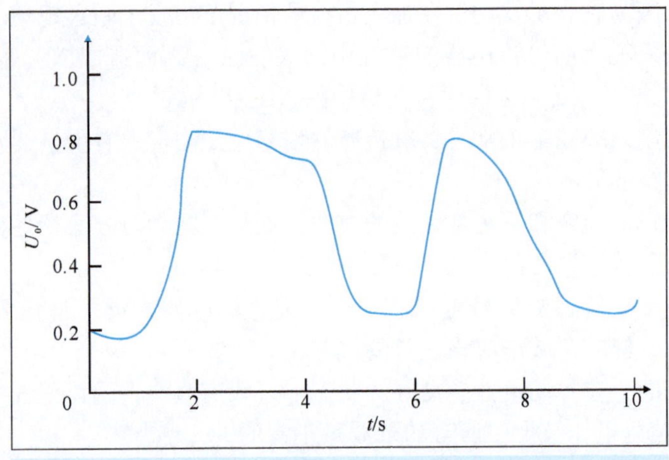

图 2-13 发动机怠速工况时氧传感器信号电压波形中的增幅杂波

增幅杂波大多是由氧传感器自身的化学特性引起的，而不是由发动机的故障引起的，因此又称为开关型杂波。由此可见，明显的杂波是指高于 600mV 和低于 300mV 的杂波。

（2）中等杂波

中等杂波是指在信号电压波形的高电压段向下冲的尖峰。中等杂波尖峰幅度不大于 150mV。当氧传感器的波形通过 450mV 时，中等杂波会大到 200mV（图 2-14）。

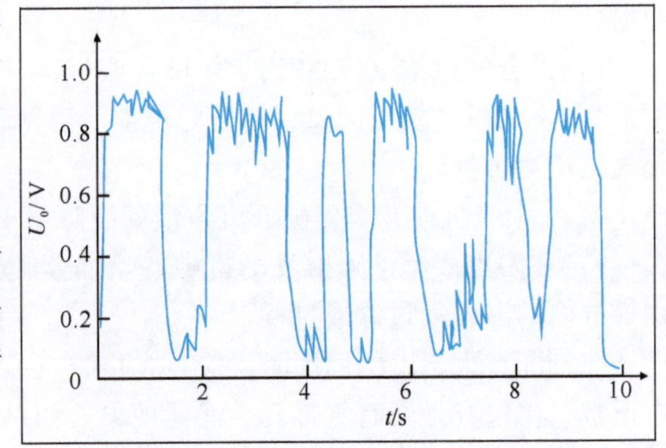

图 2-14 信号电压波形的高电压段的中等杂波

中等杂波对特定的故障诊断可能有用，它与燃油反馈系统的类型、发动机的运行方式（如在发动机怠速运转时氧传感器信号电压波形上的杂波比较多）、发动机或氧传感器的类型有很大关系。

（3）严重杂波

严重杂波是指振幅大于 200mV 的杂波，

在波形测试设备上表现为从氧传感器的信号电压波形顶部向下冲（冲过 200mV 或达到信号电压波形的底部）的尖峰，并且在发动机持续运转期间它会覆盖氧传感器的整个信号电压范围。

发动机处在稳定的运行状态时，例如稳定在 2500r/min 时，如果严重杂波能够持续几秒，则意味着发动机有故障，通常是点火不良或各缸喷油器喷油量不一致（图 2-15）。因此，这类杂波必须予以排除。

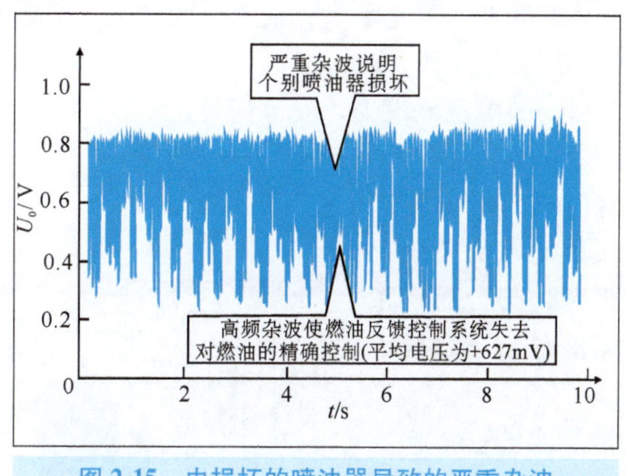

图 2-15　由损坏的喷油器导致的严重杂波

六、氧传感器故障波形诊断分析

1. 个别缸喷油器堵塞造成各缸喷油不均衡的故障现象

① 怠速非常不稳。

② 加速迟缓。

③ 动力下降。

在冷起动后或重新热起动后的开环控制期间情况稍好，一旦燃油反馈控制系统进入闭环控制，症状就变得显著。

用示波器检测氧传感器，检测发动机在 2500r/min 和其他稳定转速下的氧传感器波形，以检查燃油反馈控制系统。氧传感器在所有的转速、负荷下都显示了严重的杂波（图 2-16）。

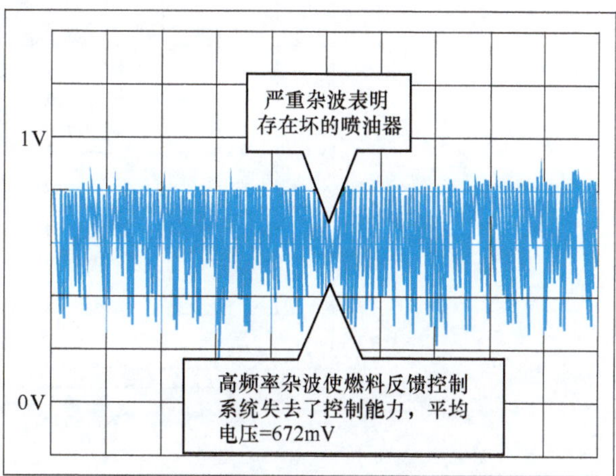

图 2-16　个别缸喷油器堵塞造成各缸喷油不均衡时的氧传感器信号电压波形

波形故障分析：

严重的杂波表明排气氧含量不均衡或存在缺火。这些杂波彻底毁坏了燃油反馈控制系统对混合气的控制能力。

通常可以采用排除其他故障可能性的方法（即排除法）来判定喷油不均衡。包括用示波器检查、判断点火系统和气缸压缩压力以排除其可能性；用人为加浓或配合其他仪器等方法排除真空泄漏的可能性。总之，对于多点喷射式发动机，如果没有点火不良、压缩泄漏、真空泄漏问题引起的缺火，则可假定是喷射不均衡引起的缺火。

此例中，进一步检查了上述点火、压缩、真空各方面的情况，结果表明可以排除这些方面存在问题的可能性。因此，判断为喷油器损坏。

还应注意到，上述“在冷起动后或重新热起动后的开环控制期间情况稍好”进一步说明了有个别缸喷油器存在堵塞问题。这是因为，在当时的情况下，喷油脉宽稍长，加浓了混合气，多少起到一些补偿作用。

当更换了好的喷油器后，故障现象消失，波形恢复正常。

2. 间歇性点火系统缺火故障

图 2-17 所示为发动机在 2500r/min 时的氧传感器波形。波形反映出点火系统存在间歇性缺火故障。波形两边部分显示正常，但波形中段严重的杂波显示燃烧极不正常甚至缺火。

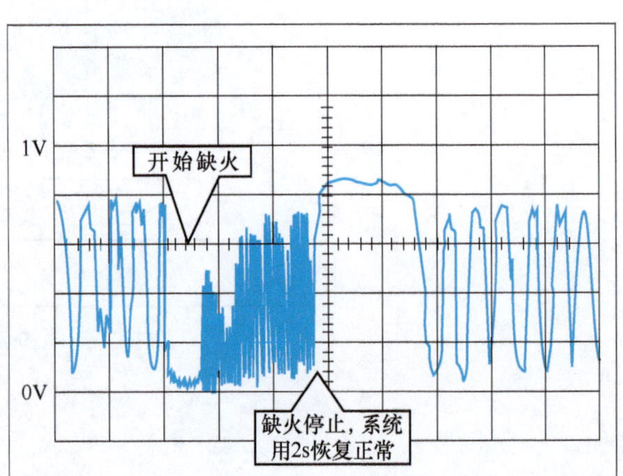

图 2-17　间歇性点火系统缺火故障波形

3. 氧传感器配合喷油脉宽检查分析

图 2-18 所示为发动机在 2500r/min 时的氧传感器波形和喷油脉宽波形。

氧传感器波形显示为不正常的持续浓混合气信号（上边波形），而微机控制系统能正确地发出较短的喷油脉宽指令（下边波形，正常应为 5ms）试图使混合气变稀。两个波形的关系是正确的负反馈关系。这说明故障不在燃油反馈控制系统，可能是燃油压力过高或喷油器存在漏油等导致的。

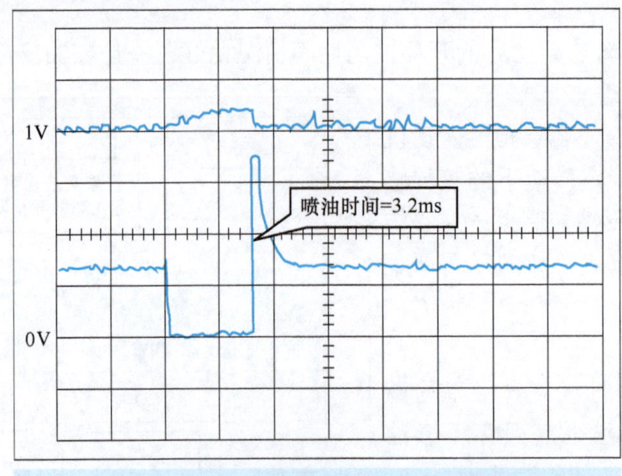

图 2-18　氧传感器配合喷油脉宽波形

若氧传感器波形显示为不正常的持续稀混合气信号（低电压），而微机控制系统能发出较长的喷油脉宽指令（例如 6ms），这两个波形的关系也是正确的负反馈关系。这同样说明故障不在燃油反馈控制系统，可能是燃油压力过低或喷油器存在堵塞等导致的。

图 2-19 所示为发动机在 2500r/min 时的氧传感器波形和喷油脉宽波形（浓氧传感器信号，长喷油脉宽信号）。

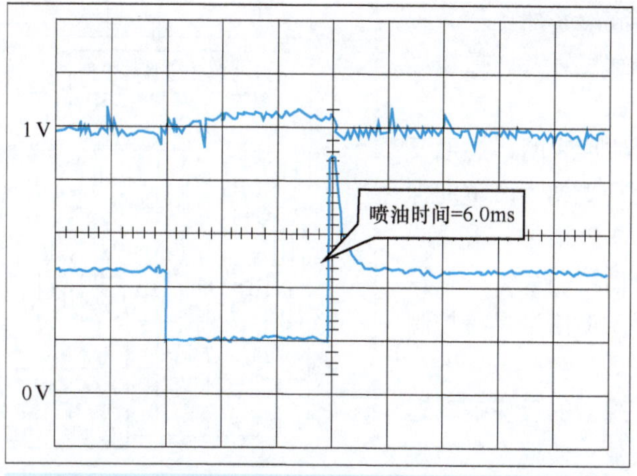

图 2-19　浓氧传感器信号配合喷油脉宽波形

氧传感器波形显示为不正常的持续浓混合气信号（上边波形），而微机控制系统正在发出的仍然是要加浓混合气的较长的喷油脉宽指令（下边波形，正常应为 5ms），即两个波形的关系出现方向性错误。这说明故障存在于燃油反馈控制系统内部，例如可能是微机控制系统接收了错误的进气流量信号或错误的发动机冷却液温度信号等导致的。

4. 进气真空泄漏

图 2-20 所示为发动机在 2500r/min 时的氧传感器波形。故障为个别气缸的进气歧管真空泄漏。

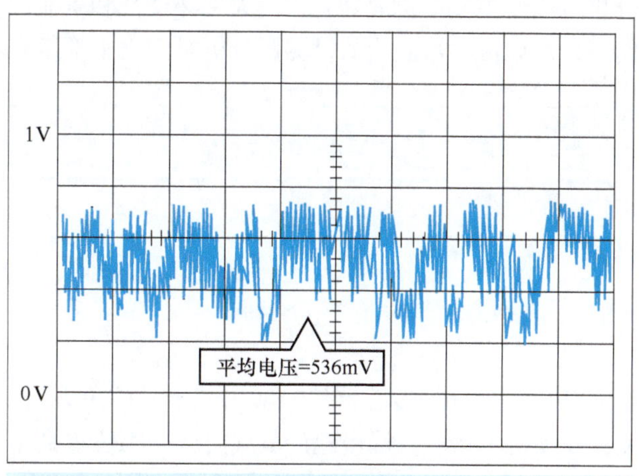

图 2-20　进气真空泄漏波形

真空泄漏使混合气过稀，每当真空泄漏的气缸排气时，氧传感器就产生一个低电压尖峰。一系列的低电压尖峰在波形中形成了严重的杂波。

而平均电压高达 536mV 则可解释为，当氧传感器向微机控制系统反馈低电压信号时，燃油反馈控制系统使气缸内的混合气立即加浓，排气时氧传感器对此给出高电压信号。这说明燃油反馈控制系统的反应是正确的。

5. 氧传感器良好与损坏的波形比较

图 2-21 所示为良好的氧传感器波形与损坏的氧传感器波形叠加比较。

振幅大的波形表示良好者，振幅小的表示损坏者。

损坏的氧传感器波形表明，燃油反馈控制系统的正常运行受到了严重的抑制。但从其波形中的“稍浓、稍稀”振动来分析，燃油反馈控制系统一旦接收到正确的氧传感器反馈信号是有控制空燃比能力的。

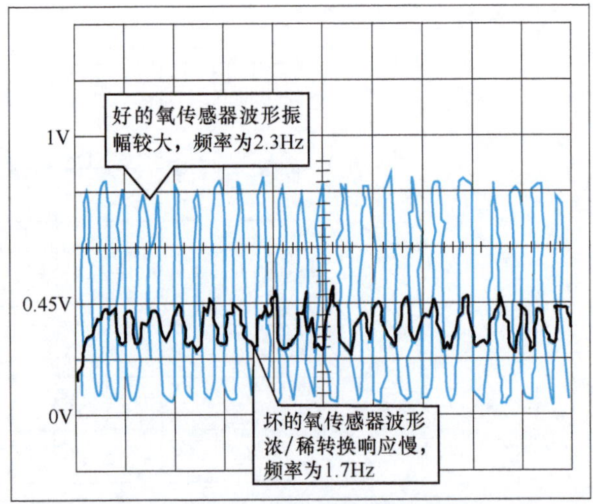

图 2-21　氧传感器好坏的波形比较

由于损坏的氧传感器的反应速率迟缓限制了浓稀转换次数，使混合气空燃比超出了三元催化转化器要求的范围，故此时排放指标恶化。图中良好的氧传感器波形反映的是更换了氧传感器之后的情况。

6. 氧传感器波形在电控汽车故障检修中的应用总结

上述几例显示了在部分发动机故障中氧传感器信号反映的情况，或显示了故障维修前后的波形对比情况，以及叙述了对波形的分析。

随着汽车排放法规的不断收严和汽车控制技术、汽车维修检测技术的相应发展，汽车上增加了许多传感器和诊断传感器故障的仪器。

因此，采用波形分析方法检测发动机故障有了更大的必要性和可能性。其中，由于氧传感器本身所具有的特殊作用，对氧传感器波形的检测和分析对于汽车维修有着更重要的意义。

第三节　其他传感器的波形分析

一、节气门位置传感器波形分析

1. 线性输出型节气门位置传感器信号波形分析

（1）波形检测方法

1）连接好波形测试设备，探针接传感器信号输出端子，鳄鱼夹搭铁。

2）打开点火开关，发动机不运转，慢慢地让节气门从关闭位置到全开位置，并重新返回至节气门关闭位置。慢慢地重复这个过程几次。这时波形应如图 2-22 所示铺开在显示屏上。

（2）波形分析

线性输出型节气门位置传感器信号波形如图 2-23 所示。查阅车型规范手册，以得到精确的电压范围，通常传感器的电压应从怠速时的低于 1V 到节气门全开时的低于 5V。波形上不应有任何断裂、对地尖峰重大跌落。应特别注意在前 1/4 节气门开度中的波形，这是在驾驶中最常用到传感器膜片的部分。传感器的前 1/8~1/3 的膜片通常首先磨损。

有些车辆有两个节气门位置传感器。一个用于发动机控制，另一个用于变速器控制。发

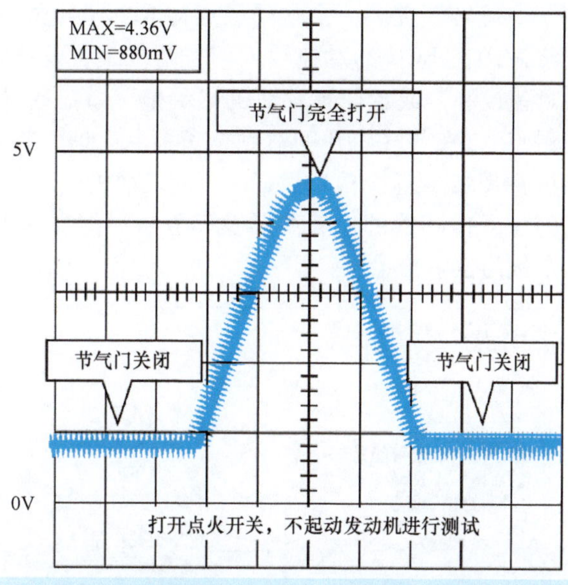

图 2-22　线性输出型节气门位置传感器信号波形分析

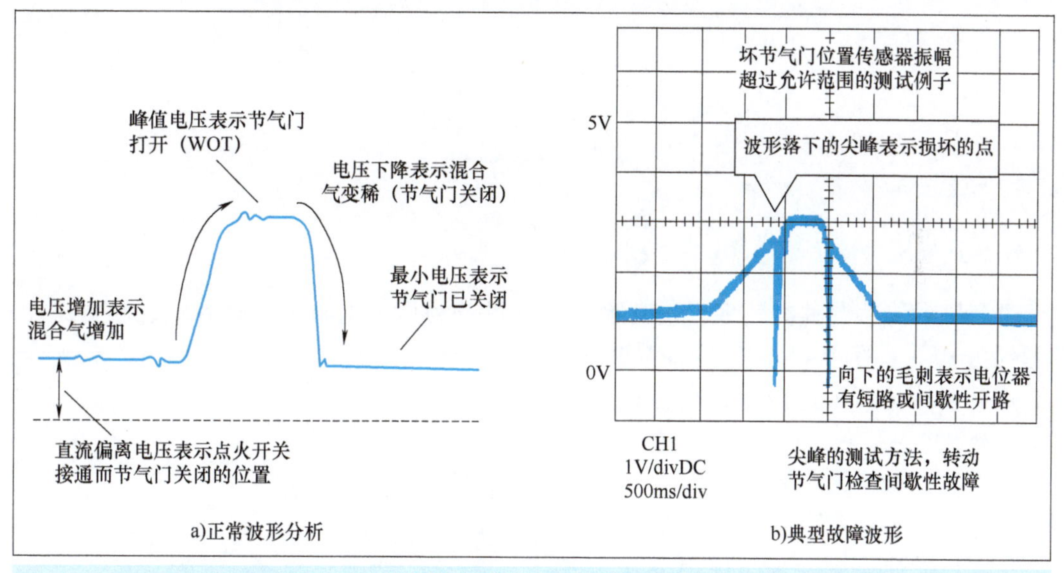

图 2-23　线性输出型节气门位置传感器信号波形

动机节气门位置传感器传来的信号与变速器节气门位置传感器操作相对应。

变速器节气门位置传感器在怠速运转时产生低于 5V 电压，在节气门全开时变到低于 1V。特别应注意达到 2. 8V 处的波形，这是传感器的膜片容易损坏或断裂的部分。

在传感器中磨损或断裂的膜片不能向发动机 ECU 提供正确的节气门位置信息，所以发动机 ECU 不能为发动机计算正确的混合气命令，从而引起汽车驾驶性能问题。

如果波形异常，则更换线性输出型节气门位置传感器。

2. 开关量输出型节气门位置传感器信号波形分析

开关量输出型节气门位置传感器的信号波形检测同线性输出型节气门位置传感器。它是由两个开关触点构成的一个旋转开关。一个常闭触点构成怠速开关，节气门处在怠速位置时，它位于闭合状态，将发动机 ECU 的怠速输入信号端接地，发动机 ECU 接到这个信号后，即可使发动机进入怠速控制，或者控制发动机“倒拖”状态时停止喷射燃油；另一个常开触点（构成全功率触点），在节气门开度达到全负荷状态时，将发动机 ECU 的全负荷输入信号端接地，发动机 ECU 接到这个信号后，即可使发动机进入全负荷加浓控制状态。

开关量输出型节气门位置传感器的信号波形及其分析如图 2-24 所示。如果波形异常，则应更换开关量输出型节气门位置传感器。

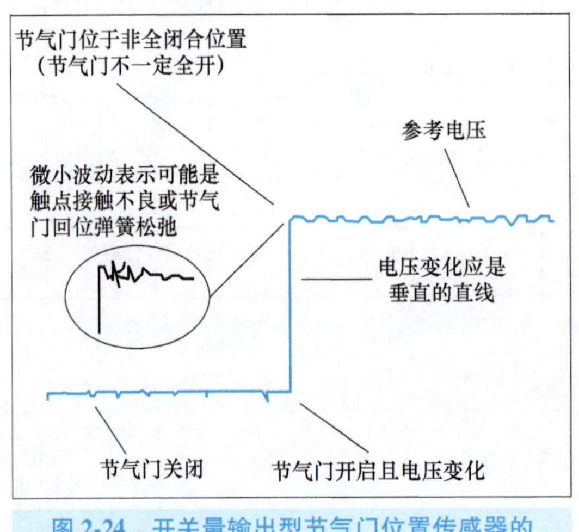

图 2-24　开关量输出型节气门位置传感器的信号波形及其分析

二、进气压力传感器（MAP）波形分析

进气压力传感器种类较多，按其检测原理可分为压敏电阻式、电容式、膜盒式、表面弹性波式等。在 D 型电控燃油喷射系统中应用最多的是压敏电阻式、电容式两种。如图2-25、图2-27 所示。

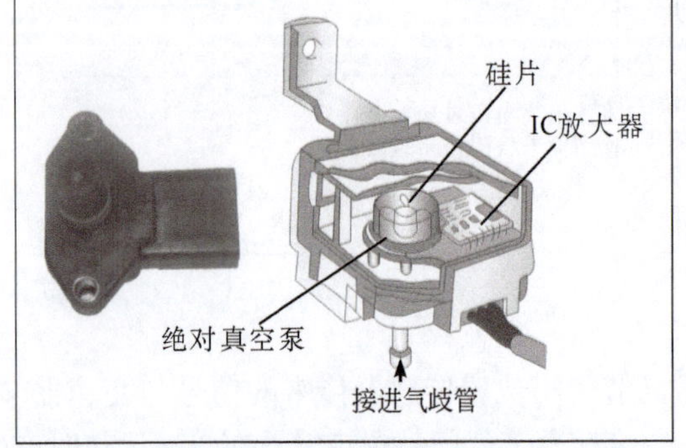

图 2-25　压敏电阻式进气管绝对压力传感器

1. 模拟式进气压力传感器

模拟式进气压力传感器在发动机感测到的真空度直接对应产生可变的电压输出信号。它是一个三线传感器，有5V 参考电源，其中两条线是参考电源的正负极，另一条是给电脑的输出信号。

（1）模拟式进气压力传感器测试

关闭所有附属电气设备，起动发动机，并使其怠速运转，怠速稳定后，检查怠速输出信号电压。做加速和减速试验，应有如图 2-26 所示的波形出现，试验步骤如下。

① 将发动机转速从怠速增加到节气门全开（加速过程中节气门缓速打开），并持续 2s，不宜超速。

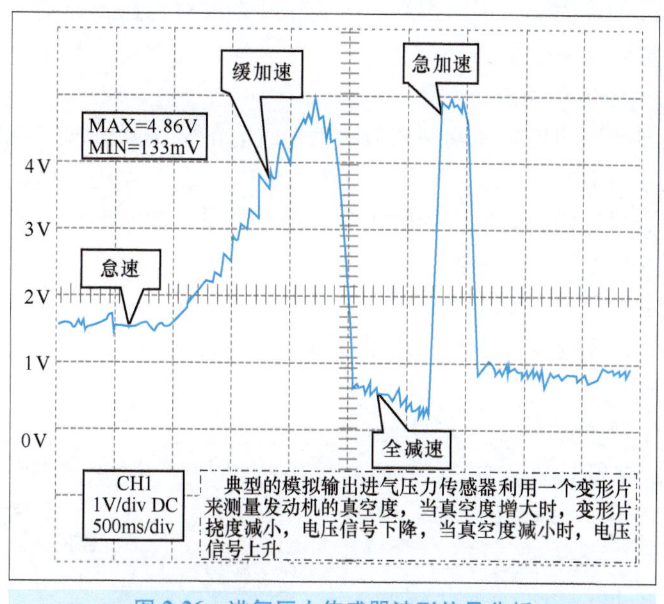

图 2-26　进气压力传感器波形信号分析

② 再减速回到怠速状况，持续约 2s。

③ 再急加速至节气门全开，然后再回到怠速。

④ 将波形定位在屏幕上，观察波形并与波形图比较。

也可以用手动真空泵对其进行抽真空测试，观察真空表读数值与输出电压信号的对应关系。

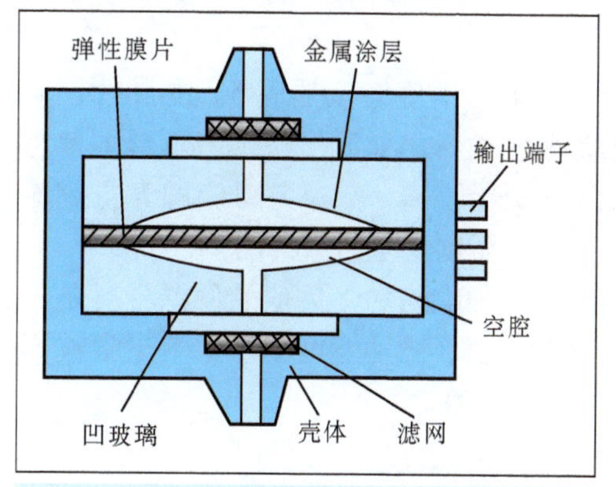

图 2-27　电容式进气管绝对压力传感器

（2）模拟式进气压力传感器波形分析

从汽车资料中可查到各种不同车型在不同的真空度下的输出电压值，将这些参数与示波器显示的波形进行比较。通常进气压力传感器的输出电压在怠速时是 1. 25V，当节气门全开时略低于 5V，全减速时接近 0V。

大多数进气压力传感器在真空度高时（全减速时是 24inHg，1inHg = 3386. 39Pa）产生低的电压信号（接近 0V），而真空度低时（全负荷时接近 3inHg）产生高的电压信号（接近 5V），也有些进气压力传感器设计成与此相反的方式，即当真空度增高时输出电压也增高。

当进气压力传感器有故障时，可以查阅维修手册，波形的幅度应保持在接近特定的真空度范围内，波形幅度的变化不应有较大的偏差。当传感器输出电压不能随发动机真空值变化时，在波形图上可明显看出来，同时发动机将不能正常工作。

有些克莱斯勒汽车的进气压力传感器在损坏时，不论真空度如何变化输出电压不变。

有些系统，如克莱斯勒汽车，通常显示出许多电子杂波，甚至在 NORMAL 采集方式，在波形上还有许多杂波，通常四缸发动机有杂波，因为在两个进气行程间真空波动比较多，通用汽车进气压力传感器杂波最少。

如果波形杂乱或干扰太大，不用担心。因为这些杂波在传送到控制模块后，控制模块中的信号处理电路会清除杂波干扰。

2. 数字输出进气压力传感器

这种压力传感器产生的是频率调制式数字信号，它的频率随进气真空而改变，当没有真空时，输出信号频率为160Hz，怠速时真空度为19inHg，它产生约150Hz的输出，检测时应按照维修手册中的资料来确定真空度和输出频率信号关系。数字输出进气压力传感器也是一个三线传感器，用5V电源给它供电。

（1）数字输出进气压力传感器测试

打开点火开关，但不起动发动机，用手动真空泵给进气压力传感器施加不同的真空度，并观察示波器的波形显示。

确定判定参数：幅值、频率、形状是相同的，精确性和重复性好，幅值接近5V，频率随真空度变化，形状（方波）保持不变。

确定在给定真空度的条件下，传感器能发出正确的频率信号。

（2）数字输出进气压力传感器波形分析

波形的幅值应该是满5V的脉冲，同时形状正确，例如波形稳定、矩形主角正确、上升沿垂直。频率与对应的真空度应符合维修资料给定的值（图2-28）。

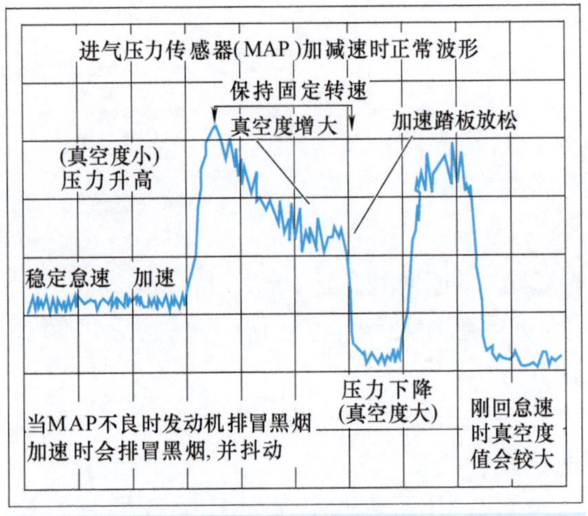

图2-28　正常波形

可能的缺陷和参数值的偏差主要是不正确频率值、脉冲宽度变短、不正常波形等（图2-29）。

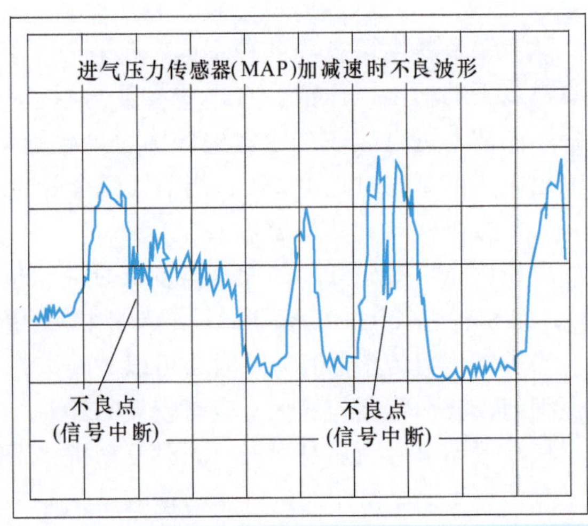

图2-29　不正常波形

三、温度传感器波形分析

大多数温度传感器，例如燃油温度传感器（FT）、进气温度传感器（IAT）和发动机冷却液温度传感器（ECT）是负温度系数（NTC）的热敏电阻，用半导体材料做成的电阻。这种传感器的电阻随着传感器温度的增加而减小，部分传感器用它们外壳作为接地，因此只有一条信号线。

这些传感器由发动机控制模块（PCM）提供5V参考电源供电，同时它们将与温度成比例的电压反送给发动机控制模块。典型的FT、IAT和ECT传感器的电阻变化范围是，在-40℃时约为10kΩ，在130℃时约为50Ω。

1. 燃油温度传感器

燃油温度传感器通常用于检测发动机的燃油管道中的温度，当用示波器或万用表测量燃油温度传感器时，你所读出的是 NTC 电阻两端的电压降，当温度较低时传感器两端电阻及电压降比较高，而温度高时，传感器电阻及两端电压降则变低。

燃油温度传感器的波形测试。除了故障与温度有关外，应从发动机完全冷的状况下开始测试，当得到故障与温度有关时，从被怀疑的温度范围开始可能是比较好的方法。

起动发动机，然后加速至 2500r/min，并保持，让示波器中的波形从左向右在屏幕上完全显示出来（图 2-30），定住波形，停止检测，这时传感器已经通过了汽车全部的运行范围，如果故障是间或发生在行驶中的，可能还将有必要在路试中测试。

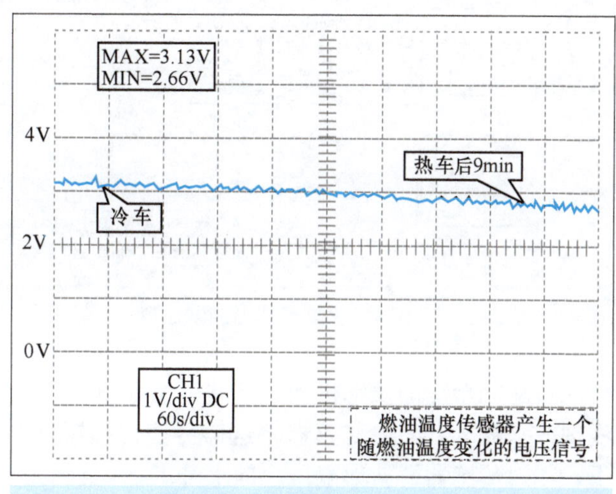

图 2-30　燃油温度传感器波形

传感器的电压显示范围在≤5V（当发动机完全是冷机时），在运行温度范围内大约下降 1~2V，这个直流（DC）信号的判定的关键尺度是电压幅度，这个传感器在任何温度下都应该发出平稳幅度的电压信号。

当燃油温度传感器开路时将出现向上直到参考电压值的尖峰。

当燃油温度传感器对地短路时将出现向下直到接地电压值的尖峰。

2. 进气温度传感器

进气温度传感器（图 2-31）通常用于检测进气管中的空气温度，当用示波器或万用表测试时，从表中读出的是传感器热敏电阻两端的电压降，进气温度低时，传感器电阻值及电压降就高，进气温度高时，传感器的电阻值和电压降就低。

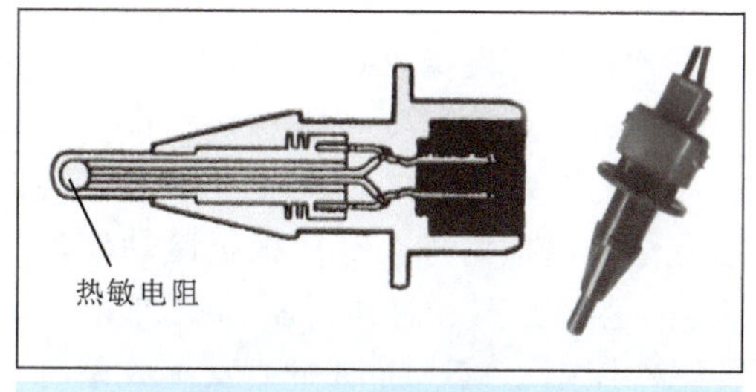

图 2-31　进气温度传感器

（1）进气温度传感器波形测试

除非发现的故障依赖于温度，否则应在发动机完全冷的情况下开始进行测试。用这种方法，可以更好地从怀疑有故障的温度段开始测试。

起动发动机加速至 2500r/min，稳住转速，看示波器屏幕上波形从左端开始直到右端结

束，示波器上时间轴每格5s，总共一次记录传感器工作为50s，将屏幕上的波形定住，停止测试。波形如图2-32所示。

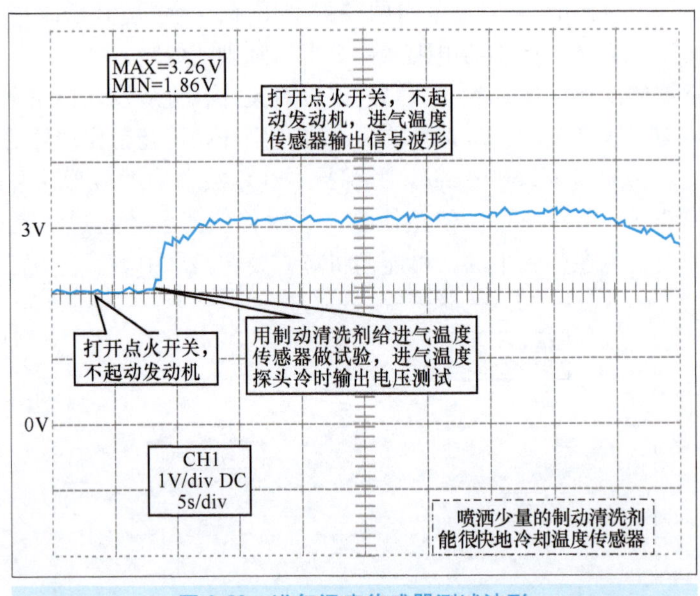

图2-32　进气温度传感器测试波形

此时，传感器已经通过从完全冷的发动机到全部的工作范围，测试进气温度传感器的另一种方法是用喷射清洗剂或水喷雾器喷射传感器，这样会使传感器降温，当打开点火开关，发动机又转动的情况下，喷射传感器，波形电压会向上升。

（2）进气温度传感器波形分析说明

按照制造厂的资料确定输出电压范围，通常传感器的电压应在3~5V（完全冷车状态）之间，在运行温度范围内电压降在1~2V之间，这个直流信号的关键是电压幅度，在各种不同温度下传感器必须给出对应的输出电压信号。

当进气温度传感器电路开路时将出现电压向上直到接地电压值的尖峰。

当进气温度传感器电路对地短路时将出现电压向下直到参考电压值为0。

3. 冷却液温度传感器

发动机冷却液温度传感器（图2-33）安装在冷却液出口处，它向ECU提供一个随冷却液温度变化的模拟信号。ECU根据冷却液温度信号来确定点火正时、怠速控制和喷油量。另外，氧传感器控制、减速断油和蒸发排放系统等功能也基于发动机冷却液温度传感器的输出信号系统进行工作。

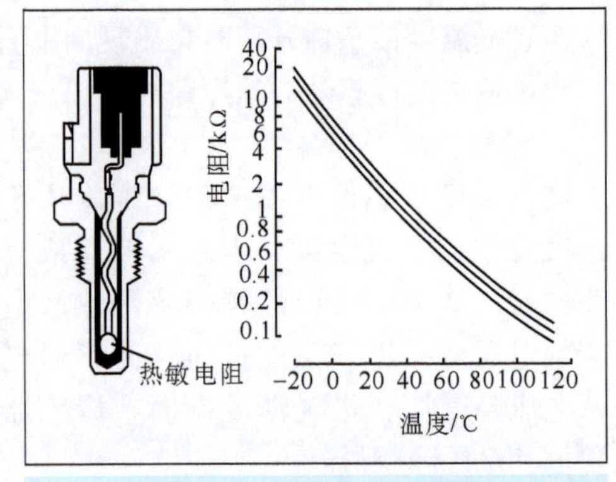

图2-33　冷却液温度传感器

（1）冷却液温度传感器波形测试

如果你正观察的问题与温度有关，可以从全冷态的发动机开始试验步骤。如果故障与温

度的变化无关，直接从怀疑的温度范围（从顾客处了解到的等）开始试验是较好的。起动发动机，在2500r/min下保持节气门不变，直至波形从屏幕的左侧至屏幕右侧，在6s/D下，看起来好像不变，但这仅仅10min后按示波器上RUN/HOLD按钮以冻结显示的波形，传感器现已通过整个运行范围，从全冷态至正常工作温度。

（2）冷却液温度传感器波形分析说明

图2-34所示为冷却液温度传感器波形分析。通常冷车时传感器的电压应在3~5V（全冷态）之间，然后随着发动机运转减少至正常运行温度时的1V左右。直流信号的判定性度量是幅度。在任何给定温度下，好的传感器必须产生稳定的反馈信号，发动机冷却液温度电路的开路将使电压波形出现向上的尖峰（到参考电压值），发动机冷却液温度电路的闭路将产生向下的尖峰（到接地值）。

缩短时基轴转速至200ms/D或更短对捕获在正常采集方式下快速和间歇性故障是有用的。

一些克莱斯勒公司和通用汽车公司生产的轿车在52℃时（约1.25V）串进一个1kΩ电阻回路，这使得波形先开始呈约1.25V，形成一向上的阶跃，波形上跳至3.7V，然后继续下降至完全升温，电压约2V。通常，这对克莱斯勒公司和通用汽车公司生产的轿车来说是正常的。

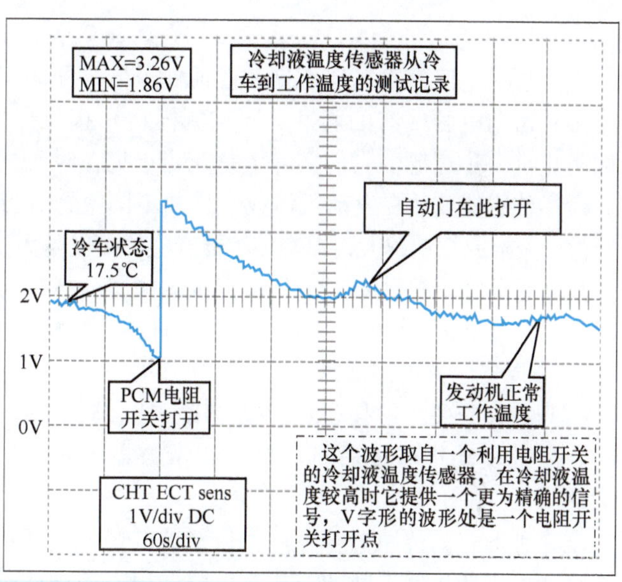

图2-34　冷却液温度传感器波形分析

四、爆燃传感器波形分析

爆燃传感器的结构如图2-35~图2-37所示，它们是交流信号发生器，但又与其他大多数汽车交流信号发生器大不相同。除了像磁电式曲轴和凸轮轴位置传感器一样探测转轴的速度和位置，它们也探测振动或机械压力。与定子和磁阻器不同，它们通常是压电装置。它们是由能感知机械压力或振动（例如发动机爆燃时能产生交流电压）的特殊材料构成。

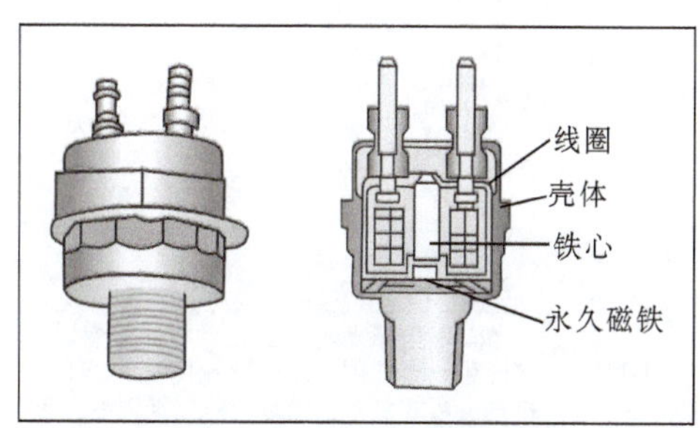

图2-35　电感式爆燃传感器

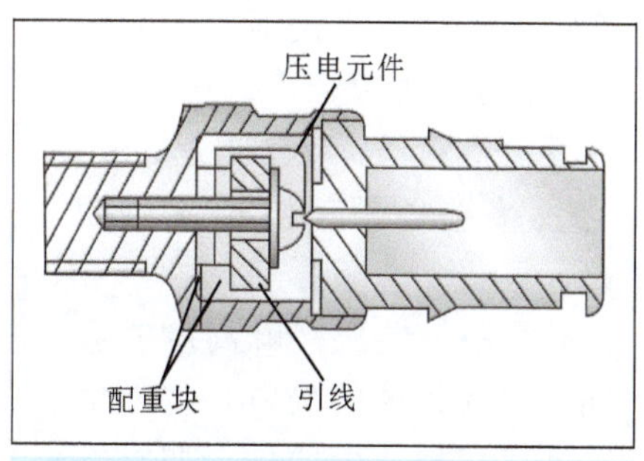

图2-36　电压式非共振型爆燃传感器

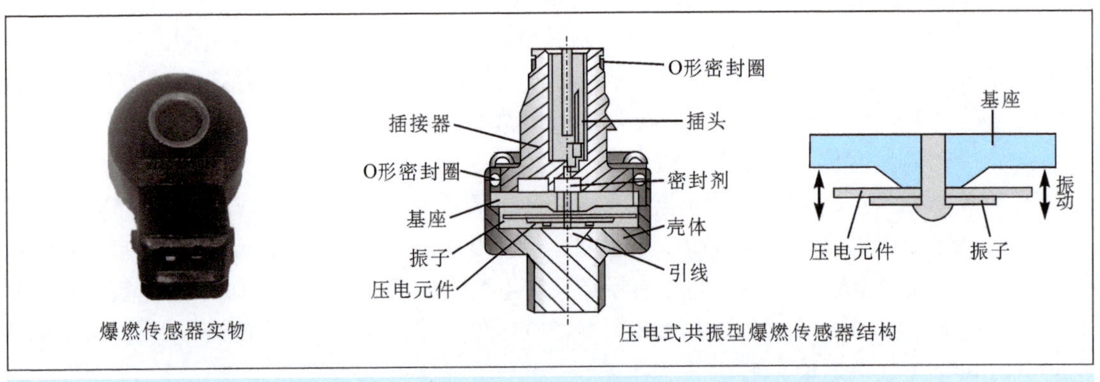

图 2-37 压电式共振型爆燃传感器实物与结构

点火过早、废气再循环不良和燃油标号低等原因引起的发动机爆燃会造成发动机损坏。爆燃传感器向电脑（有的通过点火控制模块）提供爆燃信号，使得电脑能重新调整点火正时以阻止进一步爆燃。它们实际上是充当点火正时反馈控制循环的“氧传感器”角色。

爆燃传感器安放在发动机体或气缸的不同位置。当振动或敲缸发生时，它产生一个小电压峰值，敲缸或振动越大，爆燃传感器产生峰值就越大。一定高的频率表明是爆燃或敲缸，爆燃传感器通常设计成测量 5~15kHz 范围的频率。当控制单元接收到这些频率时，电脑重修正点火正时，以阻止继续爆燃。爆燃传感器通常十分耐用，所以传感器只会因本身失效而损坏。

1. 爆燃传感器波形测试

打开点火开关，不起动发动机，用一些金属物敲击发动机（在传感器附近的地方）。

在敲击发动机体之后，紧接着在示波器显示上应有一振动，敲击越重，振动幅度就越大。

从一种形式的传感器至另一种传感器的峰值电压将有些变化。爆燃传感器是极耐用的。最常见的爆燃传感器失效的方式是传感器根本不产生信号——这通常是因为某些东西碰伤，它会造成传感器物理损坏（传感器内晶体断裂，这就使它不能使用）。波形显示只是一条直线，但如果你转动发动机或敲击传感器时的波形是平线，检查传感器和示波器的连接，确定该回路没有接地，然后再判断传感器是否失效。

2. 爆燃传感器顶部波形分析

爆燃传感器顶部波形分析如图 2-38所示。

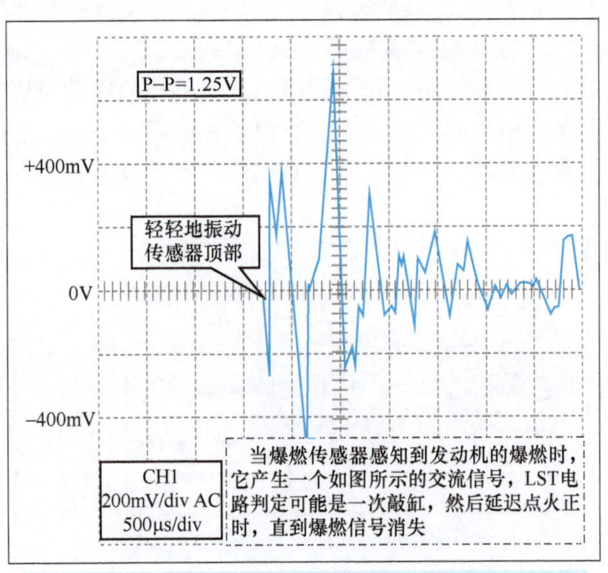

图 2-38 爆燃传感器顶部波形分析

波形的峰值电压（峰高度或振幅）和频率（振荷的次数）将随发动机的负载和转速而增加，如果发动机因点火过早、燃烧温度不正常、

废气再循环不正常流动等引起爆燃或敲击声，其幅度和频率也增加。

为进行关于爆燃传感器的试验，必须改变示波器的电压分度至 50mV/D。

五、车速传感器波形分析

车速传感器检测电控汽车的车速，控制模块用这个输入信号来控制发动机怠速、自动变速器的变矩器锁止、自动变速器换档及发动机冷却风扇的开闭和巡航定速等其他功能。车速传感器的输出信号可以是磁电式交流信号，也可以是霍尔式数字信号或者是光电式数字信号。车速传感器通常安装在驱动桥壳或变速器壳内，车速传感器信号线通常装在屏蔽的外套内，这是为了消除高压电线及车载电话或其他电子设备产生的电磁及射频干扰，用于保证电子通信不产生中断，防止造成驾驶性能变差或其他问题。在汽车上，磁电式及光电式传感器是应用最多的两种车速传感器，在欧洲、北美和亚洲的各种汽车上比较广泛采用车速传感器（VSS）、曲轴转角（CKP）传感器和凸轮轴转角（CMP）传感器来共同进行车速的控制，同时还可以用它来感受其他转动部位的速度和位置信号等，例如压缩机离合器等。

1. 磁电式车速传感器

磁电式车速传感器（图 2-39）是一个模拟交流信号发生器，它们产生交变电流信号，通常由带两个接线柱的磁心及线圈组成。这两个线圈接线柱是传感器输出的端子，当由铁质制成的环状翼轮（有时称为磁阻轮）转动经过传感器时，线圈里将产生交流电压信号。

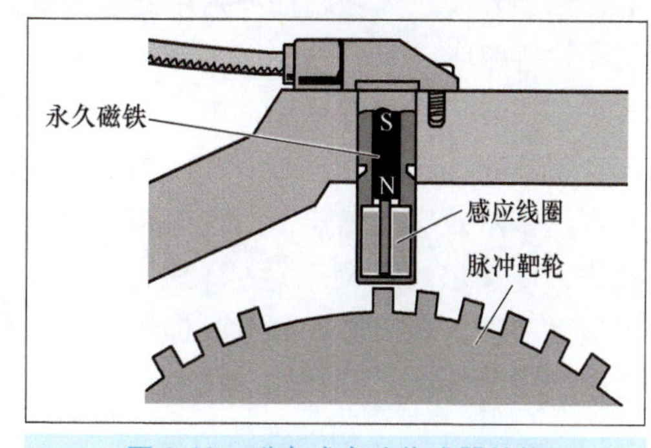

图 2-39 磁电式车速传感器结构

磁阻轮上的轮齿将逐个产生一一对应的系列脉冲，其形状是一样的。输出信号的振幅（峰对峰电压）与磁阻轮的转速成正比，信号的频率大小正比于磁阻轮的转速大小。传感器磁心与磁阻轮间的气隙大小对传感器的输入信号的幅度影响极大，如果在磁阻轮上去掉一个或多个齿就可以产生同步脉冲来确定上止点的位置。这会引起输出信号频率的改变，而在齿减少时输出信号幅度也会改变，发动机控制模块或点火模块正是靠这个同步脉冲信号来确定触发点火时间或燃油喷射时刻的。

（1）磁电式车速传感器波形测试

可以将系统驱动轮顶起，来模拟行驶时的条件，也可以将汽车示波器的测试线加长，在行驶中进行测试。

（2）磁电式车速传感器波形分析说明

磁电式车速传感器波形如图 2-40 所示，车轮转动后，波形信号在示波器显示中心处的 0V 线上开始上下跳动，并随着车速的提高跳动越来越高。波形显示与例子十分相似，这个波形是在大约 30mile/h(1mile/h≈1.6km/h）的速度下记录的，它又不像交流信号波形，车速传感器产生的波形与曲轴和凸轮轴传感器的波形的形状特征是十分相似的。

2. 霍尔式车速传感器

霍尔效应传感器（开关）在汽车应用中是十分特殊的，这主要是由于变速器周围空间位置冲突。霍尔效应传感器是固体传感器，它主要应用在曲轴转角传感器和凸轮轴位置传感

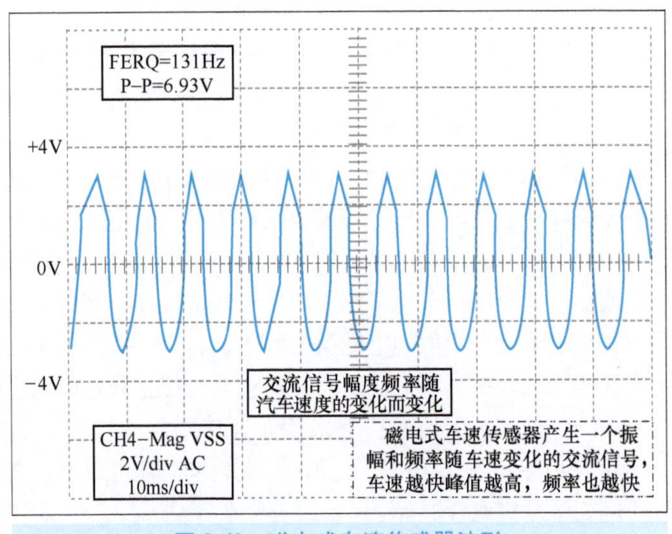

图 2-40　磁电式车速传感器波形

器上，用于开关点火和燃油喷射电路触发，它还应用在其他需要控制转动部件的位置和速度控制模块电路中。

霍尔效应传感器或开关，由一个几乎完全闭合的包含永久磁铁和磁极部分的磁路组成，一个软磁铁叶片转子穿过磁铁和磁极间的气隙，在叶片转子上的窗口允许磁场不受影响地穿过并到达霍尔效应传感器，而没有窗口的部分则中断磁场。因此，叶片转子窗口的作用是开关磁场，使霍尔效应像开关一样地打开或关闭，这就是一些汽车厂商将霍尔效应传感器和其他类似电子设备称为霍尔开关的原因，该组件实际上是一个开关设备，而它的关键功能部件是霍尔效应传感器。

（1）霍尔式车速传感器波形测试

将驱动轮顶起模拟行驶状态，也可以将汽车示波器测试线加长进行行驶的测试。

（2）霍尔式车速传感器波形分析说明

霍尔式车速传感器波形如图 2-41 所示，当车轮开始转动时，霍尔效应传感器开始产生一连串的信号，脉冲个数将随着车速增加而增加，与图例相像。这是大约 30mile/h 时记录的，车速传感器的脉冲信号频率将随车速的增加而增加，但位置的占空比在任何速度下保持恒定不变。车速越高，传感器在示波器上的波形脉冲也就越多。

确认从一个脉冲到另一个脉冲的幅度、频率和形状是一致的，这就是说幅度的大小通常等于传感器的供电电压，两脉冲间隔一致，形状一致，且与预期的相同。

确定波形的频率与车速同步，并且占空比没有变化，还要观察如下内容：观察波形的一致性，检查波形顶部和底部尖角；观察幅度的一致性，波形高度应相等，因为给传感器的供电电压是不变的。有些实例表明波形底部或顶部有缺口或不规则。这里关键是波形的稳定性不变，若波形对地电位过高，则说明电阻过大或传感器接地不良。

还要观察由行驶性能问题的产生和故障码出现而诱发的波形异常，这样可以确定与顾客反映的故障或行驶性能故障产生的根本原因直接有关的信号问题。

虽然霍尔效应传感器一般设计能在高至 150℃下运行，但它们的工作仍然会受到温度影

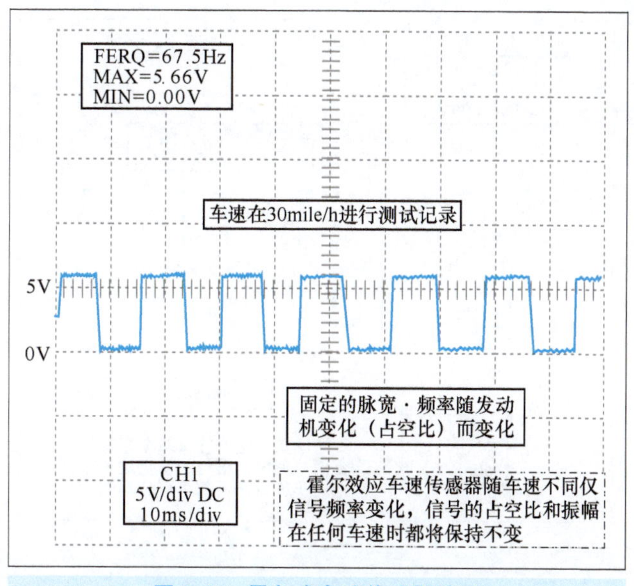

图 2-41　霍尔式车速传感器波形

响，许多霍尔效应传感器在一定的温度下（冷或热）会失效。如果示波器显示波形不正常，检查被干扰的线或连接不良的线束，检查示波器和连线，并确定有关部件转动正常（如：输出轴、传感器转轴等）。当示波器显示故障时，摇动线束，这可以提供进一步的判断，以确认霍尔效应传感器是否是有故障。

3. 光电式车速传感器

光电式车速传感器是固态的光电半导体传感器，它由带孔的转盘和两个光导体纤维、一个发光二极管、一个作为光传感器的光敏晶体管组成。

一个以光敏晶体管为基础的放大器为发动机控制模块或点火模块提供足够功率的信号，光敏晶体管和放大器产生数字输出信号（开关脉冲）。发光二极管透过转盘上的孔照到光敏晶体管上实现光的传递与接收。转盘上间断的孔可以开闭照射到光敏晶体管上的光源，进而触发光敏晶体管和放大器，使之像开关一样地打开或关闭输出信号。

从示波器上观察光电式车速传感器输出波形（图 2-42）的方法与霍尔式车速传感器完全一样，只是光电传感器有一个弱点，即它们对油或脏物十分敏感，所以光电传感器的功能元件通常被密封得非常好，但损坏的分电器或密封垫容器在使用中会使油或脏物进入敏感区域，这会引起行驶性能问题并产生故障码。

（1）使用示波器测试光电车轮速度传感器

可使用示波器显示可疑车轮速度传感器的输出信号与电压，从而使维修技术人员能通过波形查看与脉冲环相关的车轮速度传感器故障，否则用其他工具很难检测出此类故障。

（2）光电式车速传感器波形分析说明

如图 2-43 所示，正常的车速传感器信号将产生一个正弦波（图 2-43a），其波幅高度 *A* 和频率宽度 *B* 与车轮速度成正比。如果脉冲环不圆或者未正确对准车轮速度传感器，则车轮速度传感器与脉冲环之间的空气间隙会随车轮旋转而变化，该故障条件会产生一个幅值变化的车速传感器信号（图 2-43b）。如果脉冲环缺齿或坏齿，示波器显示的正弦波波形会出现平点（图 2-43c），这表示脉冲环齿缺损。

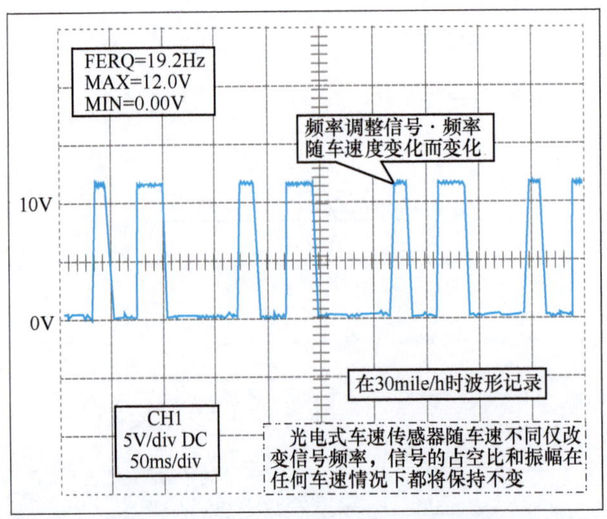

图 2-42　光电式车速传感器输出波形

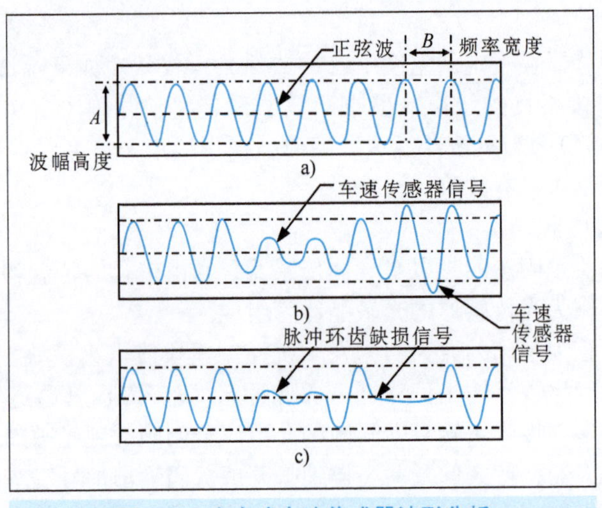

图 2-43　光电式车速传感器波形分析

六、ABS 轮速传感器波形分析

防抱死系统（ABS）车轮速度传感器是交流信号发生器，这就是说它们产生交流电流信号，防抱死系统车轮速度传感器是模拟传感器。这些传感器安装在轮盘内侧或前轴上，它们是两线传感器，而两线常封装于屏蔽编织线的导管中，这是因为它们的信号有些敏感，用电子术语说，容易被高压电线、车载电话或轿车上其他电子设备来的电磁辐射或射频干扰。从安全的角度看，防抱死系统车轮速度传感器更是十分重要的。电磁干扰和射频干扰会扰乱信号的标准度量，并使“电子通信”中断。它会使防抱死系统失效或产生诊断故障码（DTC）。

如果电磁干扰或射频干扰在错误的时间扰乱该传感器信号，会引起防抱死系统失效，在这里的编织屏蔽保证在防抱死系统传感器和防抱死系统控制模块间的“电子通信”不中断，在测试控制模块发出信号时，不能损坏线的外表屏蔽。

两个最常见的探测转轴转速的方法是用磁电式或光电式传感器，在许多北美、亚洲和欧洲生产的轿车和载货汽车上，从最便宜的型号到最豪华的，都用磁阻或磁感应传感器来探测防抱死系统的车轮速度，它们也可以用来探测其他转动部件的速度或位置，例如车速传感器、曲轴和凸轮轴位置传感器等。

它们通常由线圈及带两个端子的软棒状磁体构成。它们的两个线圈插头是传感器的输出端子，当一环状齿轮（有时称为尺度轮）使铁质金属转动通过传感器时，它在线圈中感应出一电压。在环状轮上单一的齿形会产生单一的正弦形状的输出，振幅（峰值电压）与尺度轮的转速成正比（轮毂或轴），信号的频率是基于磁阻器的转动速度的，传感器的磁舌和磁阻器轮之间的气隙对传感器信号幅度有较大的影响。

1. ABS 轮速传感器波形测试

在测试安装于驱动轮上的 ABS 轮速传感器时，将车辆举升，然后使用插针将轮速传感器信号引出至示波器探头上。随后，将车辆挂入前进档，使驱动轮空转，这样便能获得图 2-44 所示的波形。对于非驱动轮上的 ABS 轮速传感器，同样可以使用上述方法，通过插针将轮速传感器信号引出至示波器探头上。此时，只需将车辆举升，然后手动转动该车轮，即可测得相应的波形。

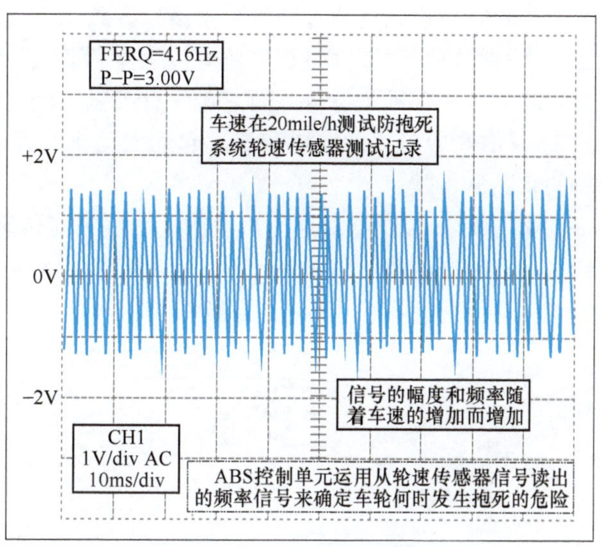

图 2-44　ABS 轮速传感器波形

2. ABS 轮速传感器波形分析说明

当轮子开始转动时，在示波器中部的水平直线开始在零线的上下摆动，当转速增加时，摆动将越来越高。与本例十分相似的波形将会出现。这个波形是在约 20mile/h 时记录的，它不像一些其他交流信号发生器波形（例如曲轴和凸轮轴位置传感器），但十分像车速传感器。防抱死系统车轮转速传感器形成的波形形状看上去都相似，通常摆动（波形的“上”“下”）相互对应于零线，零线的上和下十分符合对称关系。

当轿车加速时，轮速传感器的交流信号幅值增加。速度越快，波形越高，当车速增加时，频率增加，意味着在示波器显示上有较多的摆动。确定振幅、频率、形状的标准度量正确，重复性好，并与预见的一致，这意味峰值的幅度应足够，两个脉冲间的时间不变，形状不变且可预见，锯齿形尖峰是由传感器磁体碰击轮壳上的磁阻环所致的，这是轮轴承磨损或轴弯曲所造成的，尖峰的缺少表明磁阻环物理损坏。

不同形式的传感器峰值电压将有些改变。另外，由于传感器的整体部分是线圈或绕组，它的损坏与温度或振动有关，在大多数情况下，波形将变短很多或十分无序，这将导致产生 DTC。通常最普通的防抱死系统轮速传感器的损坏是传感器根本不产生信号，但是，如果波形是好的，检查传感器和示波器连线，确定回路没有接地，检查传感器的气隙是否正确，确定旋转的部件在转动（磁阻环存在等），然后再对传感器进行判断。

七、上止点（TDC）、曲轴（CKP）、凸轮轴（CMP）传感器波形分析

1. 基本传感器波形分类

（1）霍尔效应传感器

霍尔效应传感器在汽车中的应用上是有特殊意义的，它是固态半导体传感器，可以用在曲轴和凸轮轴上来通断点火和燃油喷射触发电路的开关，它们也应用在控制模块需要了解转动部件的位置和速度的其他电路上，例如车速传感器等。

霍尔效应传感器（或开关）由一个永久磁铁或磁极的几乎完全闭合的磁路组成，一个软磁叶轮转过磁铁和磁极之间的空隙，当在叶轮上的窗口允许磁场通过，并不受阻碍地传到霍尔效应传感器上的时候，磁场就中断了（因叶片是传导磁场到传感器上的媒体），叶轮在窗口开和闭时允许磁场通过和遮断磁场，导致霍尔效应传感器像开关一样接通和关断，这就是为什么一些汽车制造商将霍尔效应传感器和其他一些类似的电子设备称为霍尔开关。这个装置实际上是一个开关设备，而它包含有关键功能的部件霍尔效应传感器。

① 霍尔效应传感器波形测试。起动发动机，让发动机怠速运转或让汽车在行驶能力有故障的状况下行驶。

② 霍尔效应传感器波形分析说明。霍尔效应传感器波形如图 2-45 所示。确认从一个脉冲到另一个脉冲的幅值、频率和形状等判定性尺寸是一致的，这意味着数值脉冲的幅度足够高（通常等于传感器供电电压），脉冲间隔一致（同步脉冲除外）、形状一致且可预测。

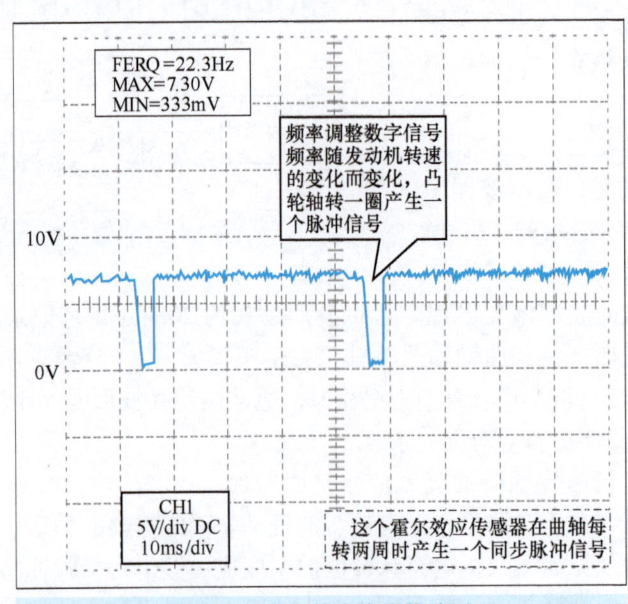

图 2-45　霍尔效应传感器波形

确认频率紧跟发动机转速，当同步脉冲出现时占空比才改变，能使占空比改变的唯一理由是不同宽度的转子叶片经过传感器，除此之外，脉冲之间的任何其他变化都意味着故障。

了解波形形状的一致性，检查波形上下沿部分的拐角，检查波形幅值的一致性。由于传感器供电电压不变，因此所有波形的高度应相等，实际应用中有些波形有缺痕，或上下各部分有不规则形状，这也许是正常的。在这里关键是一致性，确认波形离地不是太高，若太高

说明电阻太大或接地不良。

检查标准波形异常是否是由于发动机异响或行驶能力故障，这能证实与行驶性能故障有直接关系的是信号问题。

虽然霍尔效应传感器通常被设计在150℃高温下运行，但它们的运行还是会受温度影响。许多霍尔效应传感器在一定温度下（冷或热）会失效。

如果在示波器上显示波形不正常，查找不良的线束和插头，也要检查示波器的接线，确认相关部件（分电器等）在转动，当故障出现在示波器上时，摆动线束，这可以进一步判断霍尔效应传感器有故障的根本原因。

如果霍尔效应传感器电路包含同步脉冲，试接入第一缸触发信号来稳定波形，从第一缸火花塞高压线的触发输入信号，可以帮助稳定示波器上的波形。没有第一缸触发信号，在同步脉冲、频率不一致时，触发器通常给示波器的工作造成麻烦，如波形跳动或变得杂乱。

（2）磁电式传感器

有两种最普通的探测转动轴的信号的方法：一种是磁电式，一种是光电式。

磁电式传感器是模拟交流信号发生器，这意味着它们产生交流信号，它们一般由绕着线圈的磁铁和两个接线端组成。这两个线圈端子就是传感器的输出端子，当铁质环状齿轮（有时称为磁阻轮）转动经过传感器时，线圈里会产生电压。

磁阻轮上相同齿形会产生相同形式的连续脉冲，脉冲有一致的形状幅值（峰对峰电压）与曲轴、凸轮轴磁阻轮的转速成正比，输出信号的频率基于磁阻轮的转动速度，传感器信号的幅值受磁极与磁阻轮间气隙影响极大，靠除去传感器上一个齿或两个相互靠近的齿所产生的同步脉冲，可以确定上止点的信号。这会引起输出信号频率的变化，而在齿减少的情况下，幅值也会变化。固体电子控制装置，例如控制模块或点火模块，可以测出同步脉冲并用它去触发点火或燃油喷射器。

磁电式曲轴或凸轮轴位置传感器可以安装在分电器内，也可以安装在曲轴和凸轮轴中部、前部和后部。它们是双线传感器，但它们的两条线被裹在屏蔽线中间，这是因为它们的信号有些敏感，容易受高压点火线，车载电话等电子设备的电磁干扰（EMI）或射频干扰（RF），会改变信号判定性尺度，并在“电子通信”中产生故障，引起行驶性能故障或产生故障码。

① 磁电式传感器波形测试。起动发动机，让发动机怠速运转或让汽车在行驶能力有故障的状况下行驶。

② 磁电式传感器波形分析说明。磁电式传感器波形如图2-46所示。不同形式的凸轮轴和曲轴位置传感器产生多种形状的交流波形，分析磁电式传感器的波形，一个参考波形是会

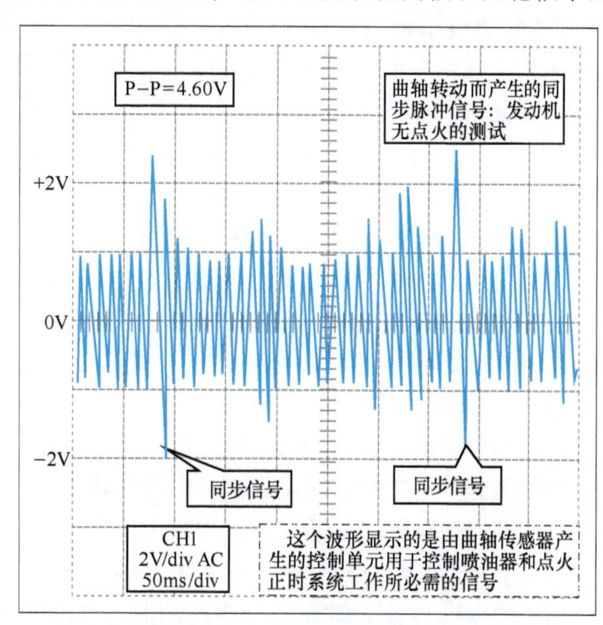

图2-46　磁电式传感器波形

有很大帮助的，波形的上下波动，不可能在0V电平的上下完美对称，但大多数传感器是相当接近的，磁电式曲轴或凸轮位置传感器的幅值随转速的增加而增加，转速增加，波形高度相对增加。

确定幅值、频率和形状在确定的条件下（转速等）是一致的、可重复的、有规律的和可预测的，这意味着峰值的幅度应该足够高，两脉冲时间间隔（频率）一致（除同步脉冲），形状一致并可预测。

确认波形的频率同发动机转速同步变化，两个脉冲间隔只是在同步脉冲出现时才改变，能使两脉冲间隔时间改变的唯一理由是磁阻轮上的齿数缺少或特殊齿经过传感器，任何其他改变脉冲间隔时间的情况都意味着故障。

检查发动机异响和行驶性能故障与波形的异常是否有关。不同类型的传感器的波形峰值电压和形状并不相同，因为线圈是传感器的核心部分，所以故障往往与温度关系密切。大多数情况是波形峰值变小或变形，同时出现发动机失速、断火或熄火。通常最常见的交流传感器故障是根本不产生信号。

如果波形出现异常，检查不良的线路和接线插头，确认线路没有接地，检查示波器和传感器连线，确认相关的部件（分电器、凸轮轴、曲轴等）是转动的，当摇动线束时故障出现，则可以进一步证明磁电式传感器出现故障的根本原因。

如果磁电式传感器电路包括同步脉冲，试用第一缸触发来稳定波形，从第一缸火花塞高压电线上引入触发信号帮助稳定显示波形，如果没有第一缸触发信号，同步脉冲波形的频率变化会使示波器出现问题，即波形跳动不稳。

（3）光电式传感器

光电式传感器在汽车中应用是因为它可以探测转动元件的位置（甚至在发动机不转的情况），同时它还可以使脉冲信号的幅值在速度变化时仍保持不变。光电式传感器波形如图2-47所示。近来高温光导纤维技术的发展使得光电传感器在汽车方面的应用增加了。光电传感器另一个优点是不受电磁干扰（EMI）的影响，它们是固体光电半导体传感器，被用在曲轴和凸轮轴上去控制点火和燃油喷射电路的开关。光电式传感器的功能元件通常被密封得很好，但损坏的分电器组套或密封垫，以及维修不当，都可能使油污和污物进入敏感区域造成污损，就可能引起不能起动、失速和断火。

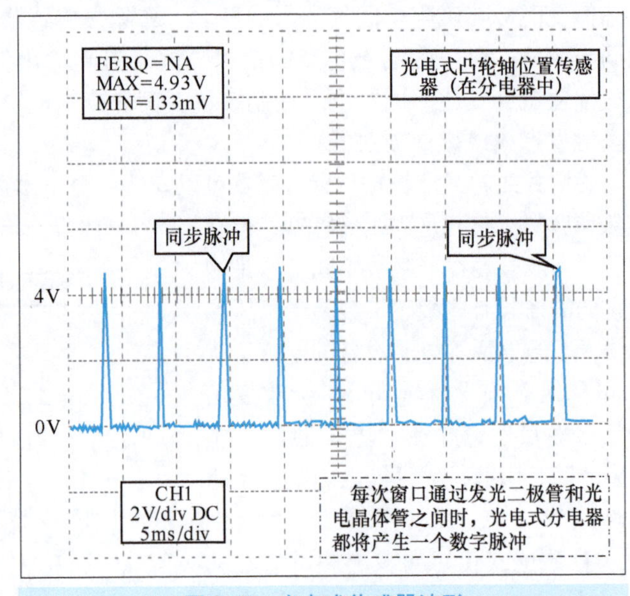

图2-47　光电式传感器波形

如果示波器显示波形异常，检查不良的线路和线束插头，检查示波器和传感器的连线，确认相应的零件（分电器等）是在转动的，当故障出现在示波器上的时候，摇动线束，这可以提供进一步的证据，证明光电传感器是产生故障的根本原因。

2. 起动试验

起动时，遇到曲轴转动但发动机不能发动的情况可以进行起动试验。对于行驶性能、排放及顾客反映的问题，应考虑以下三个方面。

① 什么是故障产生的重要原因。
② 检查这个故障的难易程度。
③ 故障电路或元件维修的难易程度。

对于不能起动故障的诊断可以遵循以下规律，通常发动机不能起动可能是由于：

① 燃油不能进入气缸。
② 火花塞不能点火。
③ 机械系统故障。

如果机械故障不存在的话，示波器就能够避开不必要的步骤，直接确定故障的根本原因。示波器可以迅速可靠地查出燃油喷射系统电路和曲轴转角传感器电路以及点火初、次级电路故障。

(1) 磁电式上止点、曲轴位置、凸轮轴位置传感器

当怀疑磁电式上止点（TDC）位置、曲轴（CKP）位置、凸轮轴（CKP）位置传感器有故障时，可以应用这个示波器试验步骤来检查。

1）磁电式上止点传感器波形如图 2-48 所示。

2）磁电式曲轴转角传感器波形如图 2-49 所示。

3）磁电式上止点、曲轴转角传感器波形分析。在进行起动试验时，观察示波器。在大多数情况下，如果传感器或电路有故障，示波器将完全没有信号，在示波器中间零电位上是一条直线，这是很重要的诊断资料。

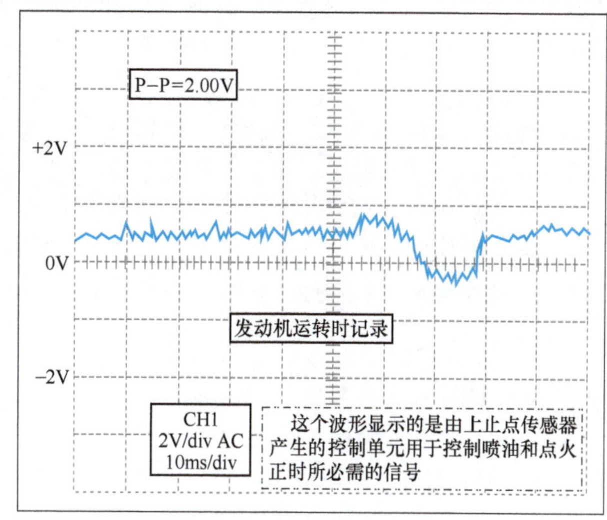

图 2-48　磁电式上止点传感器波形

如果示波器显示在零电位的是一条直线，那么：

① 确定示波器到传感器的连接是正常的。
② 确定相关的零件（分电器轴、曲轴、凸轮轴）是否旋转。
③ 检查传感器是否损坏及磁电式传感器的空气间隙是否适当。

通常可以查阅厂商提供的气隙允许值范围，这是很重要的。如果传感器的接线和示波器的接线良好，传感器轴是旋转的，气隙也是正常的，那么很可能是传感器出现了故障。在比较少见的例子中，点火模块或发动机控制模块被传感器内部电路接地，这可以用拔下传感器插头后再用示波器测试的方法来判断。

如果可以观察到一个脉冲信号，就可以分析它的波形，不同形式的凸轮轴和曲轴传

感器会产生多种交流信号波形，当分析磁电式传感器波形时，有一个能用来比较的参考波形是很有帮助的。因为磁电式传感器信号振幅与发动机转速成正比，所以许多磁电式传感器在发动机起动时（100~200r/min）输出的信号振幅很低。确定发动机起动的信号幅度是适当的，因为发动机起动的速度低会影响传给点火模块或发动机控制模块的信号，使其幅值达不到规定的值。

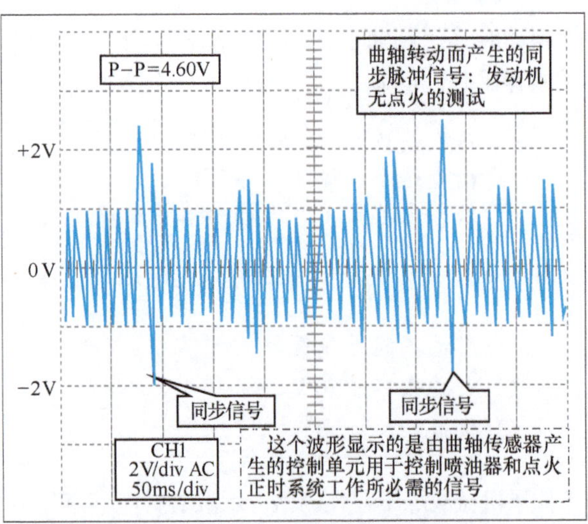

图 2-49　磁电式曲轴转角传感器波形

通常波形中上升和下降的波形不完全对称于零线，但大多数传感器都是相当接近的，上止点和曲轴位置及磁电式传感器振幅将随着适当的转速增加而增加，转速越快、波形的幅值越高，而且转速增加，波形频率也增加，这意味着示波器上会有更多的波形显示出来。确认根据振幅、频率、形状来判定在相同条件下（发动机转速等）脉冲是有重复性的、有规律的、可预测的。这意味着波形幅值足够高，两脉冲间隔，即频率可重复（同步脉冲除外），形状可重复和可预估。

波形的频率与发动机转速保持同步，两个脉冲间隔时间只在同步脉冲出现时才有变化，有一种可能使得两脉冲间隔时间变化，那就是当角度齿轮经过传感器时丢失或多出齿数。

注意：发动机起动时旋转速度不可能是不变的，在压缩行程和进气行程之间曲轴实际上在加速和减速，这使得波形的频率和幅值随转速改变而同时增加或减少，在脉冲之间的其他任何变化都可能意味着故障。

不同形式的传感器的波形峰值电压和形状是不同的，许多磁电式传感器在起动时产生很小的信号。如果传感器出故障则可能根本不产生信号。

如果示波器显示不正常波形，应先检查线路和接线端，确认线路没有接地，再检查示波器和传感器的连线，还要确认机械转动部分（分电器、凸轮轴、曲轴）转动是否正常。当故障出现在示波器上时，摇动线束，这可以进一步判断磁电式传感器是否是产生故障的根本原因。

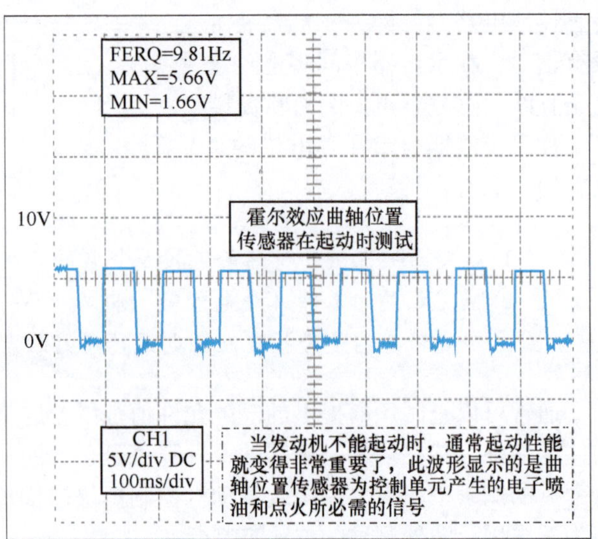

图 2-50　霍尔式曲轴位置传感器波形

（2）霍尔式曲轴位置传感器

霍尔效应传感器（波形如图 2-50 所示）在自动化应用中具有特殊意

义，它安装在凸轮轴与曲轴处，用于触发点火和燃油喷射电路的开关。它也用在控制模块需要控制速度和位置的地方，如汽车速度传感器上。

（3）光电式曲轴位置传感器

汽车上应用光电式传感器波形（图 2-51）是因为它可以在发动机不运转的情况下探测传动部件的位置，并且在任何转速下脉冲幅度都保持不变。最近高温光导纤维技术方面的进步，使得光电式传感器在汽车中的应用增加了，光电式传感器另一方面的优点是它不受电磁干扰（EMI）的影响。

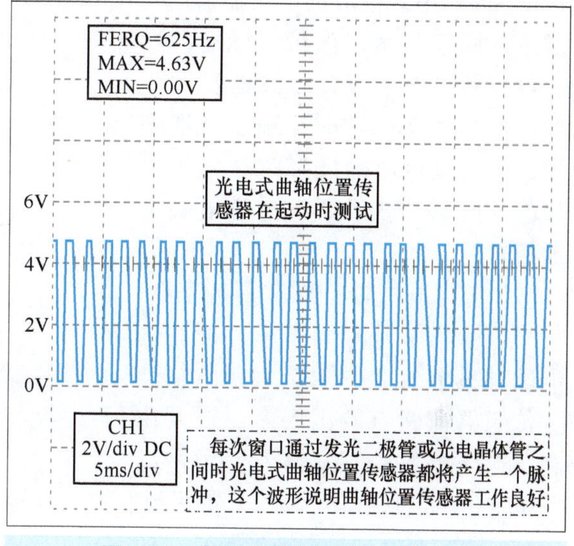

图 2-51 光电式曲轴位置传感器波形

（4）霍尔效应和光电式传感器的波形分析

1）如果在示波器 0V 电压处显示一条直线。

① 确认示波器和传感器连接良好。

② 确认相关的元件（分电器、曲轴、凸轮轴等）都在转动。

③ 用示波器检查传感器的电源电路和控制模块的电源及接地电路。

④ 检查电源电压和传感器参考电压。

2）如果在示波器上传感器电源电压处显示一条直线。

① 检查传感器的接地电路的完整性。

② 确认相关的元件（分电器、曲轴、凸轮轴等）都在转动。

如果传感器的电源接地良好，示波器在传感器供给电源电压处显示一条直线，那么很可能传感器损坏是主要原因。

3）如果有脉冲信号存在，确认从一个脉冲到另一个脉冲的幅度、频率、形状等判定性度量，数字脉冲的幅度必须够高（通常在起动时等于传感器供给电压）。两个脉冲间的时间不变（同步脉冲除外），并且形状是重复可预测的。

检查波形形状的一致性，检查波形顶部和底部的拐角，检查波形幅值的一致性。因为供给传感器的电压是不变的，所以波形的脉冲高度应相等。确认波形对地电压并不太高，若过高说明电阻太大或接地不良。

如果示波器上波形显示不正常，查找不良的电线或损坏的插头，检查示波器和传感器测试线，确认相关部件（分电器、转轴等）的转动正常，当问题显示在示波器上时，摇动线束可以进一步判定是否是霍尔效应或光电式传感器有问题。

3. 用第一缸触发试验

通常可以在一个曲轴或凸轮轴位置传感器上，看到各缸或某上止点的同步脉冲及标识脉冲信号，这个信号的设置会使传感器的频率和占空比在这个信号出现时发生改变，进而导致以自触发方式显示的波形失常，因此改用第一缸触发，可以圆满地解决这个问题。

（1）上止点传感器

当波形有同步脉冲或标识脉冲时，这个试验对上止点、曲轴和凸轮轴位置传感器的波形观察是很有效的，从第一缸火花塞高压电线提取的触发输入信号可以帮助稳定显示出波形（图 2-52）。如果没有第一缸触发，示波器在同步脉冲波形的频率一致时，触发会遇到麻烦，以致显示出的波形跳动像神经质似的。正确的波形要求与磁电式传感器相同。

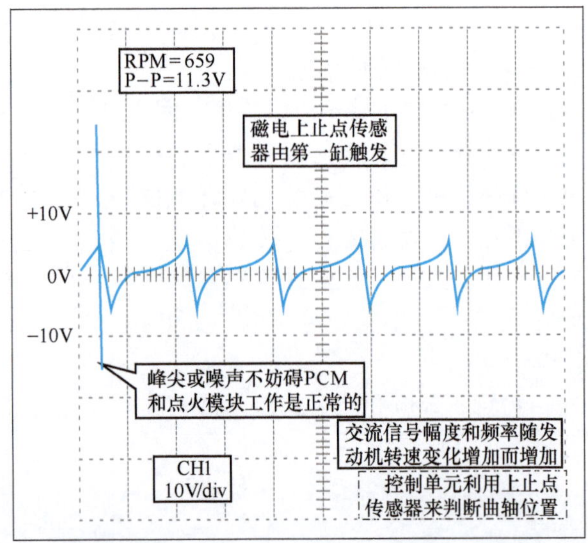

图 2-52　第一缸触发试验的上止点传感器波形

（2）霍尔式曲轴、凸轮轴传感器

当被诊断信号有同步脉冲时，这个测试对霍尔效应曲轴转角和凸轮轴位置传感器非常有效，从第一缸火花塞高压电线提取的触发输入信号可以帮助稳定显示波形（图 2-53）。如果没有第一缸触发，在波形的同步脉冲的频率变化时，示波器触发通常有麻烦，即波形跳动不稳定。正确的波形分析方法与霍尔效应传感器相同。

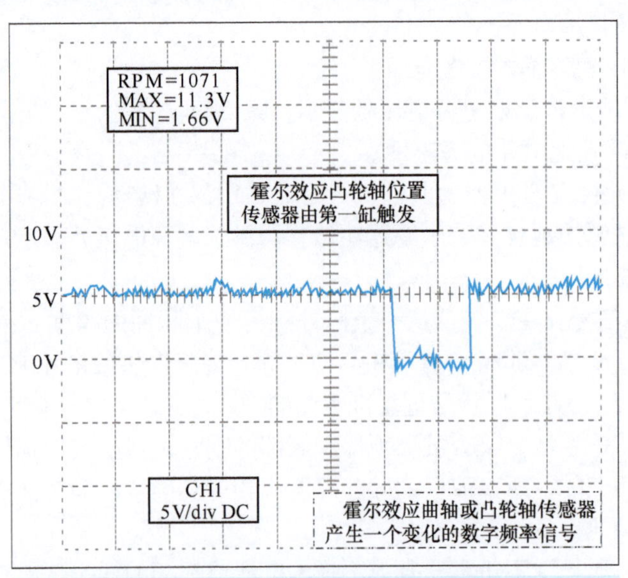

图 2-53　第一缸触发试验的霍尔式曲轴、凸轮轴传感器波形

（3）磁电式曲轴、凸轮轴传感器

当有同步脉冲和标识脉冲信号时，这个试验对磁电式曲轴和凸轮轴位置传感器非常有效，从第一缸火花塞高压电线提取的触发信号可以帮助稳定显示波形（图 2-54）。如果没有第一缸触发，在波形的同步脉冲的频率变化时，示波器触发信号出现问题，使得波形不稳定地移动。正确的波形分析方法与磁电式传感器相同。

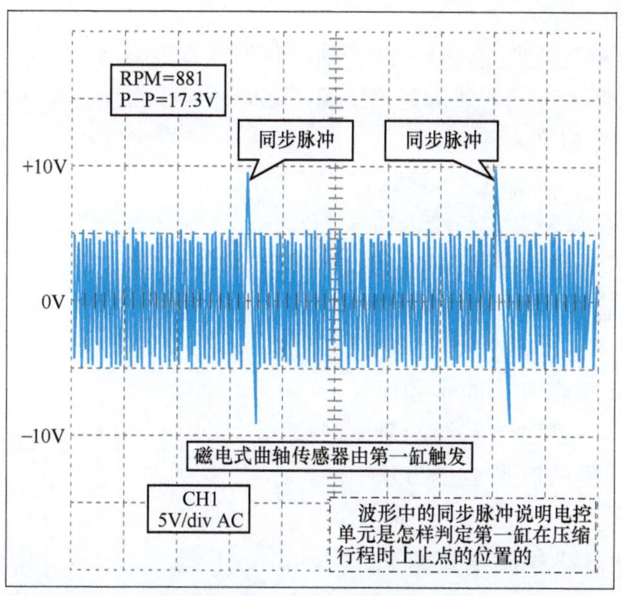

图 2-54　第一缸触发试验的磁电式曲轴、凸轮轴传感器波形

(4) 光电式曲轴、凸轮轴传感器

当反映各缸上止点的同步或标识脉冲信号出现，这个试验对光电式曲轴和凸轮轴传感器非常有效。从第一缸火花塞高压电线提取的触发输入信号能使得示波器波形（图 2-55）稳定地显示。如果没有第一缸触发信号，波形在这种情况下会产生不正常波动。正确的波形分析方法与光电传感器相同。

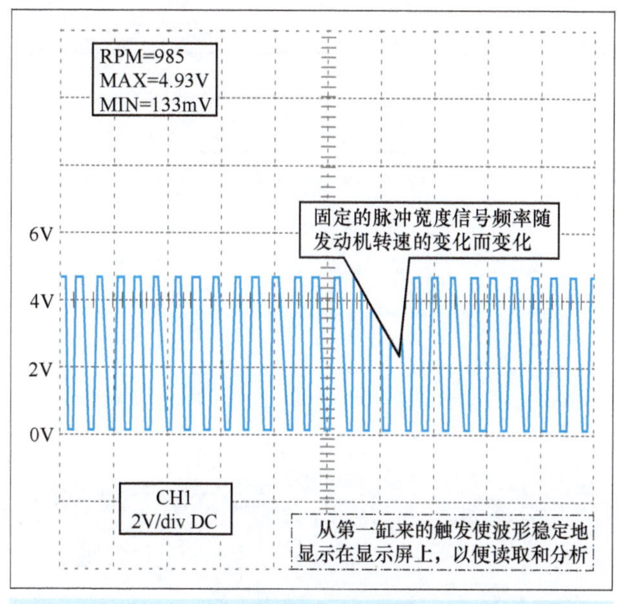

图 2-55　第一缸触发试验的光电式曲轴、凸轮轴传感器波形

4. 双通道测试

用双通道或双踪示波器来同时分析凸轮轴和曲轴位置传感器的信号，是很有用的分析方法，它不仅可以观察两个传感器波形是否正确，同时还可以帮助分析两个传感器所反映的凸轮轴和曲轴在旋转中的相位关系。

（1）磁电式凸轮轴和曲轴位置传感器

这是双踪示波器测试磁电式凸轮轴和曲轴位置传感器的波形，它可以把两个相互有着重要关系的传感器或电路的波形同时显示在示波器的屏幕上（图2-56），用这个试验可以同时诊断磁电式曲轴和凸轮轴位置传感器，或检查曲轴和凸轮轴之间的正时关系。正确的波形分析方法与磁电式传感器相同。

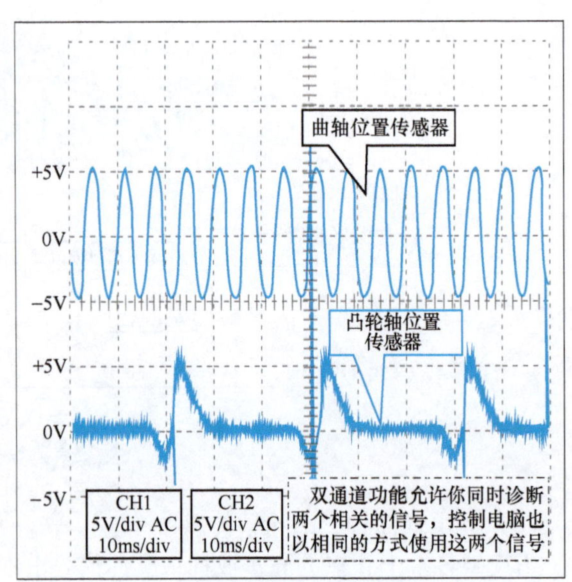

图2-56　双通道测试的磁电式凸轮轴、曲轴位置传感器波形

（2）霍尔式凸轮轴和曲轴位置传感器

如图2-57所示，这是一个双踪示波器测试，霍尔式凸轮轴和曲轴位置传感器的波形是从两个传感器上测出的两个波形，它们相互之间的重要联系同时显示在示波器上，用这个测试步骤可以同时诊断曲轴和凸轮轴之间的正时关系。正确的波形分析方法与霍尔效应传感器相同。

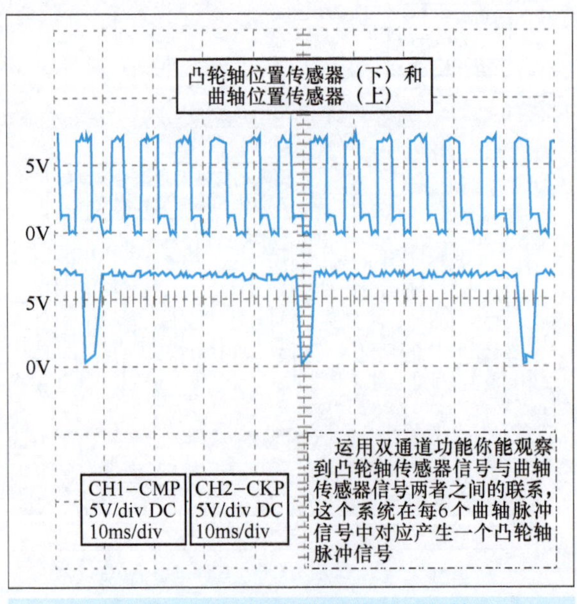

图2-57　双通道测试的霍尔式凸轮轴、曲轴位置传感器波形

八、废气再循环阀位置传感器波形分析

废气再循环系统用于减少氮氧化物（NO_x）的形成。氮氧化物是一种有害的尾气排放，在燃烧过程中，大气中的氮和可变量的氧氧化生成氮氧化合物，这通常发生在燃烧温度超过1371℃、大负荷或发动机爆燃等工况时，如图2-58所示。

排放的废气（相对惰性的气体）与进入进气管的混合气混合的结果，可提供一个在燃烧室中化学缓冲或空气和燃油分子缓冲（冷却）的方式，这导致进入气缸的混合气的燃烧受到更多的控制。它可以防止过度的速燃，甚至爆燃的产生，而过度速燃和爆燃的发生可使燃烧温度超过1371℃。

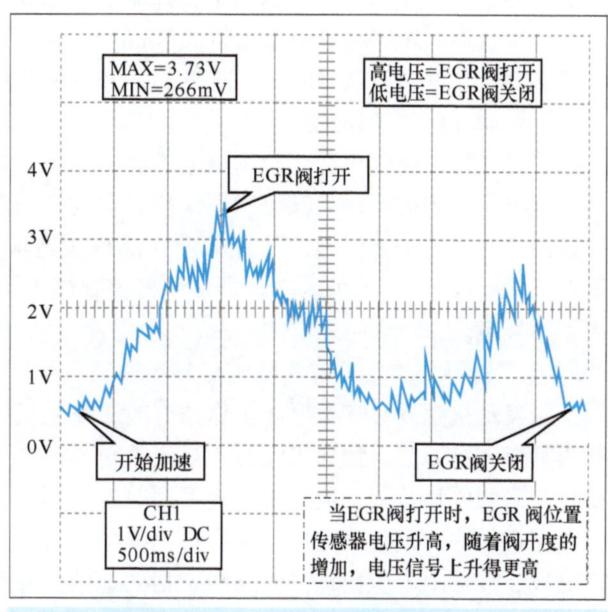

图2-58　废气再循环阀位置传感器波形

废气流入进气管，然后与新鲜的混合气混合进入燃烧室，这就限制了最初氮氧化合物的形成，然后，当燃烧后的尾气离开气缸时，三元催化转化器起作用，减少进入大气中的氮氧化合物。

废气再循环何时开始工作，以及流量多少对排放和行驶性能是非常重要的。废气再循环流量调整需要非常精确，过多的废气再循环流量会使汽车喘振或功率下降甚至熄火，没有足够的废气再循环流量会使尾气排放的氮氧化合物猛增，同时发动机也可能发生爆燃。

为正确地控制废气再循环流量，一些发动机控制系统用电子反馈控制，发动机控制模块发出开关或脉冲宽度及调制信号给废气再循环的真空电磁阀来控制流入废气再循环控制电磁阀的真空度，向废气再循环位置传感器发出一个与废气再循环阀开启成比例的信号给发动机控制模块，发动机控制模块能够将这个信号转变成废气再循环流动率。

在起动、发动机暖机，以及减速或怠速时，大多数发动机控制系统不能使废气再循环运行，在加速时，废气再循环用正确的控制去优化发动机转矩。

废气再循环阀位置传感器（EVP传感器）是一个可变电阻（电位计），这个电阻值指示着废气再循环阀转轴的位置，它常用于福特公司的EEC—Ⅳ和EEC—Ⅴ发动机系统。这是一个重要的传感器，因为它的信号输入使发动机控制模块得以计算废气再循环流量，一个损坏的EVP传感器会造成喘振现象，发动机产生爆燃、怠速不良和其他行驶性能故障，甚至使检查保养时的尾气测试也不正常。EVP传感器通常是一个三线传感器，一条是发动机控制模块来的参考电源5V电压，第二条是传感器的接地线，第三条是传感器给发动机控制模块的信号输出线。

几乎所有的EVP传感器都以相同的方式工作，所以这个示波器程序由大多数三线EVP

传感器的构造和模式来确定。通常EVP传感器在废气再循环阀关闭时会产生恰好在1V以下的电压，在废气再循环阀打开时会产生恰好在5V以下的电压。

1. 废气再循环阀位置传感器试验步骤

起动发动机保持在2500r/min转速下运转2~3min，直到发动机充分暖机，燃烧反馈系统进入闭环状态，可以在示波器上观察传感器信号来确认上述步骤。关闭所有附属电器，按以下步骤驾驶汽车，从停车状态起步、轻加速、急加速、巡航和减速。

在观察波形时用手动真空泵连接废气再循环阀去打开、关闭阀门是有帮助的。

确认判定性幅值是适当的、可重复的，并在废气再循环流动的条件下所存在的传感器信号与废气再循环阀的动作成正比例。

确认进气管、废气再循环阀真空电磁阀的进出管道均完好无损且安装正常，并无泄漏，确认废气再循环阀的膜片能够正确地保持真空度（看制造厂资料），确认废气再循环进入和绕过发动机的通道是清洁的，没有由于内部积炭造成堵塞（按照制造商给出的步骤执行废气再循环功能检查），这可以确认当发动机控制模块收到EVP传感器来的信号时，废气实际流入了燃烧室。

2. 废气再循环阀位置传感器波形分析说明

一台发动机达到废气再循环工作条件时，发动机控制模块就开始推动废气再循环阀，当废气再循环阀打开时，波形将上升，当废气再循环阀关闭时，波形则下降，翻阅制造商的资料确定正确的电压范围，但通常在阀关闭时的电压在1V以下，当阀打开时的电压接近5V。

在正常加速时废气再循环阀需要打开得特别大，在怠速和减速时阀是关闭的，不需要废气再循环，波形上不应出现任何断线、指向地的尖峰和波形下掉等，特别注意波形开始上升时的形状（在第一次阀运动时1/2段）。这是传感器最经常动作的碳膜段，通常首先损坏。

许多汽车在没有开动或行驶中还没有踩过制动踏板的条件下，不会有废气再循环流动。没有发动机控制模块给废气再循环阀的信号，所以也就没有EVP电压的变化。

第三章　执行器波形分析

第一节　喷油驱动器波形分析

一、喷油驱动器分类

喷油器的驱动器简称喷油驱动器。除了关断电压峰值的高度以外，喷油器本身并不能确定其自身波形的特点，而开关晶体管和喷油驱动器才能确定大多数波形的判定性尺度。喷油驱动器由发动机控制模块（PCM）里的一个晶体管开关及相应电路组成，它开闭喷油器，不同类型的喷油驱动器产生不同的波形，一共有四种主要的喷油驱动器类型，另外还有一些是四种驱动器类型的分支，这四种主要类型的喷油驱动器是：

① 饱和开关型。
② 峰值保持型。
③ 脉冲宽度调制型。
④ PNP 型。

其中博世峰值保持型有两种类型，PNP 型也有两种类型。了解了这四种主要喷油驱动器的波形，就可以认识和解释任何汽车喷油驱动器的波形了。

二、喷油驱动器的测试

掌握如何解释喷油驱动器波形的技巧（确定开启时间、参考峰值高度、判定喷油驱动器好坏等），对汽车行驶能力和尾气排放方面故障的修理是非常有价值的。通常，喷油驱动器开启时间的数据资料是非常难找到的，所以当要判定喷油驱动器波形是否是正确的时候，一个标准的参考波形是非常有用的。

在喷油驱动器参考波形的开启时间上有一个基本标准，但必须给出影响喷油时间的相关资料，因为知道一个孤立的喷油驱动器的开启时间（从参考波形中读出的），本身并没有太大的意义。除非它是在同样的发动机型号系列、同样的温度和发动机转速、同样的进气真空度以及其他因素完全相同的条件下，才能对比判断，否则就不能直接参考。

喷油驱动器波形的峰值高度也是一个非常有价值的诊断数据。只要参考波形是在“示波器峰值检测”方式下测得的，那么直接参考喷油驱动器波形的峰值高度也就非常有用。这是因为峰值检测模式可以正确地显示峰值高度，而标准的取样模式采集数据速度比较慢，而不能准确地去采集峰值顶点的数据，所以显示的峰值高度比实际高度低。喷油驱动器峰值高度是很重要的参数，因为它通常与喷油驱动器的感抗成正比。

同样，一些采样速度低的发动机分析仪，在喷油驱动器波形尖峰上、点火初级波形和点火次级波形的尖峰上会出现不一致的情况。下面就四种主要喷油器类型分别加以介绍。

1. 饱和开关型（PFI/SFI）喷油驱动器波形分析

饱和开关型喷油驱动器（图3-1）主要在多点燃油喷射系统中使用，这种形式的喷油驱动器用于组成顺序喷射的系统中，在节气门体燃油喷射（TBI）系统上应用不多。

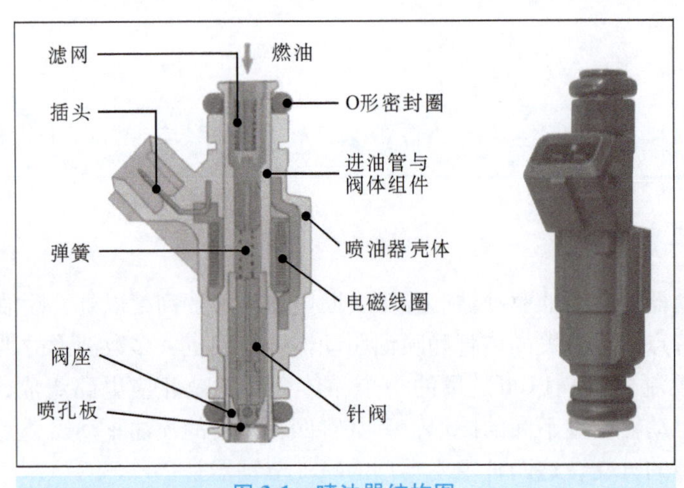

图3-1　喷油器结构图

从饱和开关型喷油驱动器的波形上读取喷油时间是相当容易的，当发动机控制模块接地电路接通后，喷油驱动器开始喷油。当控制模块断开控制电路时，电磁场会发生突变，这个线圈突变的电磁场产生了峰值。汽车示波器可以用数字的方式在显示屏上与波形一起显示出喷油时间。

（1）喷油器测试步骤

起动发动机，以2500r/min转速保持2~3min，直至发动机完全热机，同时燃油反馈系统进入闭环，通过观察示波器上氧传感器的信号确定这一点。

关掉空调和所有附属电器设备，让变速杆置于驻车档或空档，缓慢加速并观察在加速时喷油驱动器喷油持续时间的相应增加。

（2）饱和开关型喷油器波形分析说明　饱和开关型喷油器波形分析如图3-2所示。

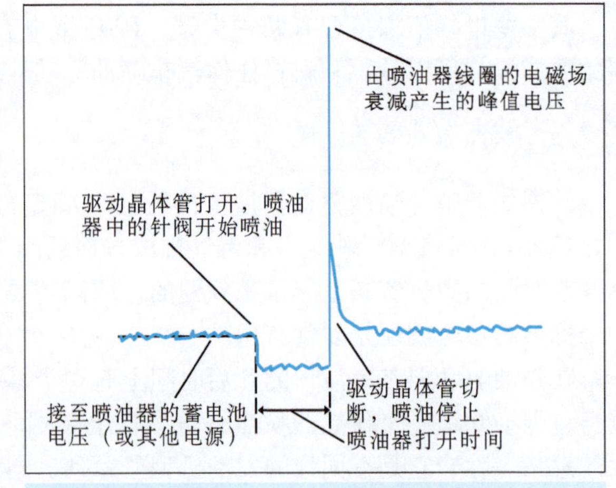

图3-2　饱和开关型（PFI/SFI）喷油器波形及分析

① 从进气管中加入丙烷，使混合气变浓。如果系统工作正常，喷油驱动器喷油时间将缩短，这是排气管中的氧传感器此时输出高的电压信号给发动机ECU，试图对浓的混合气进行修正的结果。

② 造成真空泄漏，使混合气变稀。如果系统工作正常，喷油驱动器喷油时间将延长，这是排气管中的氧传感器此时输出低的电压信号给发动机 ECU，试图对稀的混合气进行修正的结果。

③ 提高发动机转速至 2500r/min，并保持稳定。在许多燃油喷射系统中，当该系统控制混合气时，喷油驱动器的喷油时间性能被调节（改变）得从稍长至稍短。通常喷油驱动器喷油持续时间在正常全浓（高氧传感器电压）至全稀（低氧传感器电压）0.25~0.5ms 的范围内变化。

如果加入丙烷或造成真空泄漏，然后观察喷油驱动器喷油时间的变化，若喷油时间不变化，则氧传感器可能已损坏。如果氧传感器或控制模块不能察觉混合气的变化，那么喷油驱动器的喷射时间就不能改变。在检查喷油驱动器喷射时间之前，应该先确认氧传感器是否正常。

当燃油反馈控制正常时，喷油驱动器喷射时间会随着驾驶条件和氧传感器输出的信号变化而变化（增加或减少），通常喷油驱动器的喷射时间大约在怠速时的 1~6ms，到冷起动或节气门全开时的 6~35ms 变化。

与驾驶状况的要求相比，氧传感器输入电压对喷油驱动器喷射时间的影响相对要小。与输入电脑参数相比，氧传感器的输入电压对控制的作用更像“燃油修正”程序。喷油驱动器喷射时间大多数是用空气流量计或进气压力传感器、转速和其他控制模块输入信号计算出来的，输入控制模块的氧传感器电压信号是为了提高催化剂的效率，虽然氧传感器在喷油驱动器上只是相对小地改变脉冲宽度，但是这样小的变化就可以区别出行驶性能的好坏以及排放试验的通过或失效。

匝数较少的喷油器线圈通常产生较短的关断峰值电压，或甚至不出现尖峰。关断尖峰随不同汽车制造商和发动机系列而不同。正常的范围是 30~100V，有些喷油驱动器的峰值被钳位二极管限制在 30~60V。可以用尖峰上的平顶代替顶点来确认峰值，在这种情况下，匝数少的喷油器线圈并不减少峰值的高度，除非它的线圈匝数太少了。如果所测波形有异常，则应更换喷油器。

2. 峰值保持型（TBI）喷油驱动器波形分析

峰值保持型喷油驱动器应用在节气门体（TBI）喷射系统中，但有少数几种多点喷射（MFI）系统，像通用的 2.3L Quad 4 发动机系列、土星 1.9L 和五十铃 1.6L 亦采用峰值保持型喷油驱动器，安装在控制模块中的峰值保持型喷油驱动器被设计成允许大约 4A 电流供给喷油器线圈，然后减少电流至最大约 1A。

（1）峰值保持型喷油器波形测试步骤

与饱和开关型（PFI/SFI）喷油器的波形测试方法相同。

通常，一个电磁阀线圈拉动机械元件做初始运动，是保持该元件在固定位置需要电流的 4 倍以上，峰值保持驱动器的得名是因为控制模块用 4A 电流打开喷油器针阀，而后只用 1A 电流使它保持开启的状态。

（2）峰值保持型喷油器的波形及分析说明

峰值保持型喷油器的正确波形及分析说明如图 3-3 所示，从左至右，波形轨迹从蓄电池电压开始，这表示喷油驱动器关闭，当控制模块打开喷油驱动器时，它对整个电路提供接地。

控制模块继续将电路接地（保持波形踪迹在 0V）直到检测到流过喷油驱动器的电流达到 4A 时，控制模块将电流切换到 1A（靠限流电阻开关实现），电流减少引起喷油驱动器中的磁场突变，产生类似点火线圈的电压峰值，剩下的喷油驱动器喷射时间由控制模块继续保持工作，然后它通过完全断开接地电路而关闭喷油驱动器，这就产生了第二个峰值。

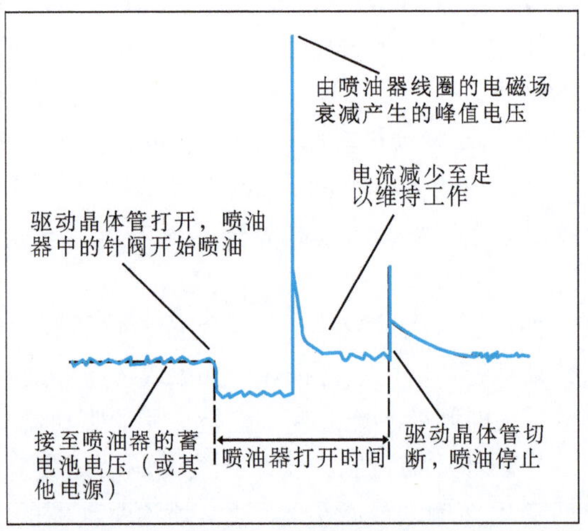

图 3-3　峰值保持型喷油器的波形及分析

当控制模块接地电路打开时，喷油器开始喷射，当控制模块接地电路完全断开时（断开的峰值最高在右侧）喷油器结束喷射，这时读取喷油器的喷射时间，可以计算控制模块从打开到关闭波形的格数来确定喷射时间。

波形的峰值部分通常不改变它的喷射时间，这是因为流入喷油器的电流和打开针阀的时间是保持不变的，波形的保持部分是控制模块增加或减少开启时间的部分。峰值保持喷油驱动器可能引起下列波形结果。

① 加速时，将看到第二个尖峰向右移动，第一个保持不动。

② 如果发动机在极浓的混合气下运转，能看到两个尖峰顶部靠得很近，如图 3-4 所示，这表明控制模块试图靠尽可能缩短喷油器喷射时间来使混合气变得更稀。

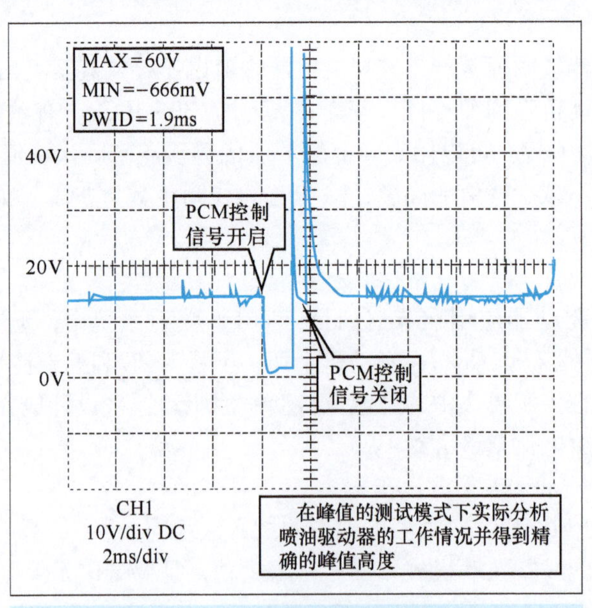

图 3-4　发动机在极浓的混合气下运转时的喷油器波形

在有些双节气门体燃油喷射系统中（通用汽车车型和一些五十铃车型），在波形的峰值之间出现许多特殊的振幅式杂波，表示发动机 ECU 中的喷油驱动器可能有故障。

3. 脉冲宽度调制型喷油驱动器波形分析

脉冲宽度调制型喷油器用在一些欧洲车型和早期亚洲车型的多点燃油喷射系统中。

脉冲宽度调制型喷油驱动器（安装在发动机 ECU 内）被设计成允许喷油器线圈流过大约 4A 的电流，然后再减少大约 1A 电流，并以高频脉动方式开、关电路。

这种类型的喷油器不同于峰值保持型喷油器，因为峰值保持型喷油器的限流方法是用一个电阻来降低电流，而脉冲宽度调制型喷油器的限流方法是脉冲开关电路。

（1）脉冲宽度调制型喷油器波形测试步骤

脉冲宽度调制型喷油器波形测试方法同前。

（2）脉冲宽度调制型喷油器的波形及分析

脉冲宽度调制型喷油器的波形及分析如图 3-5 所示。

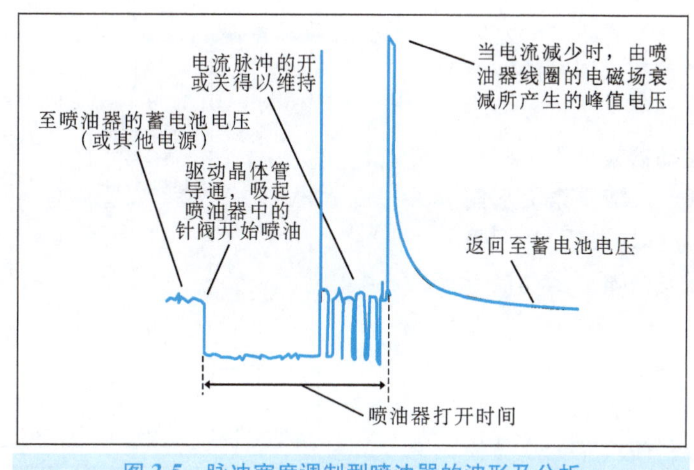

图 3-5　脉冲宽度调制型喷油器的波形及分析

通常一个线圈因需要用保持它在一个固定位置上所需电流的 4 倍以上的电流去吸动这个机械装置，峰值保持喷油驱动器是因控制模块用 4A 电流去打开喷油器针阀，又只用 1A 的电流来保持针阀的打开而得名的。

从左至右，波形开始在蓄电池电压高度，这表示喷油器关闭，当控制模块打开喷油驱动器时，它提供了一个接地使这个电路构成回路。控制模块继续接地（保持在 0V）直到探测到流过喷油器的电流在 4A 左右，控制模块靠高速脉冲电路减少电流，在亚洲车型上，磁场收缩的这个部分通常会有一个峰值（左侧峰值）。控制模块继续保持开启操作以便使剩余喷油时间可以继续得到延续，然后它停止脉冲，并完全断开接地电路使喷油器关闭，这就产生了波形右侧的那个峰值。

控制模块接地打开时，喷油时间开始，控制模块完全断开接地电路时（右侧释放峰值）喷油时间结束。

在日产汽车的例子中，喷油器打开刚好是一个格多一点（确切地说是 1.1 个格），由于时基定在 2ms/div，喷油器大概打开了 2ms，或确切地说是 2.23ms。这个例子的喷油器喷油时间是 2.23ms，可以用这个图形去观察燃油反馈控制系统是否工作。可以加入丙烷使混合气变浓，也可以造成真空泄漏使混合气变稀，然后观察喷油时间的变化。

在一些欧洲汽车上，例如捷豹车型，它的喷油驱动器波形上只有一个释放峰值，由于峰值钳位二极管的作用，第一个峰值（左侧那一个）没有出现。

4. PNP 型喷油驱动器波形分析

PNP 型喷油驱动器是由在控制模块中操作它们的开关晶体管的形式而得名的，一个 PNP 型喷油驱动器的晶体管有两个正极管脚和一个负极管脚。PNP 型驱动器与其他系统驱动器的区别就在于它的喷油器的脉冲电源端接在负极上。

PNP 型喷油驱动器的脉冲电源连接到一个已经接地的喷油器上去开关喷油器。几乎所有的喷油驱动器都是 NPN 型，它们的脉冲连接到一个已经有电压供给的喷油器上。流过 PNP 型喷油器的电流与其他喷油器上的方向相反，这就是 PNP 型喷油器释放峰值方向相反的原因。

PNP 型喷油驱动器常见于一些多点燃油喷射（MFI）系统，除了它们出现的波形方向相反以外，PNP 型喷油驱动器与饱和开关型喷油驱动器十分相像。

PNP 型喷油器的喷油时间开始于控制模块电源开关将电源电路打开时，喷油时间结束于控制模块完全断开控制电路。它的波形分析如图 3-6 所示。

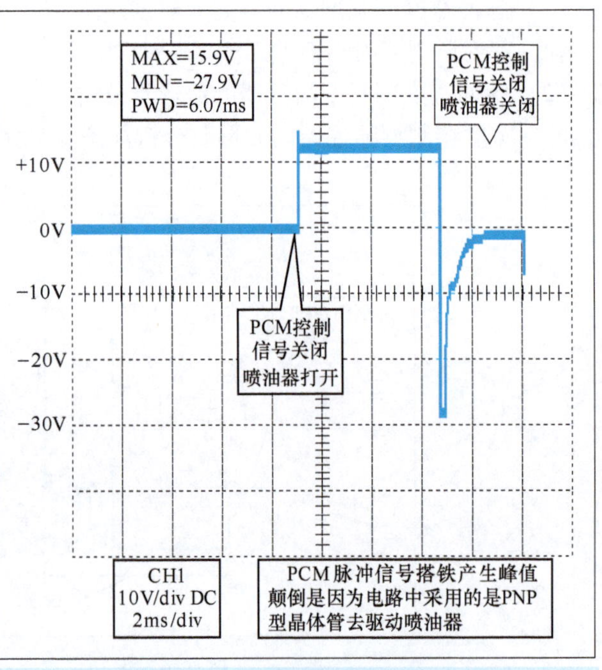

图 3-6　PNP 型喷油器波形分析

在波形实例中，喷油器喷油时间刚好是 3 个格，因为这个实例波形的时间轴为 2ms/div，所以喷油时间大约是 6ms，或精确地说是 6.07ms。可以从这个图形上观察出燃油反馈控制系统是否工作，用丙烷去加浓混合气或用造成真空的方法使混合气变稀，然后观察相应的喷油时间变化情况。

5. 喷油器电流波形分析

如果怀疑喷油器线圈短路或喷油驱动器有故障，可以用以下几种方法检查：

① 从静态测试喷油器的线圈阻值。

② 测试动态下流过线圈电流的踪迹或波形。

③ 在喷油器电流测试时，还可以检查喷油驱动器的工作（控制模块中的开关晶体管）。

喷油驱动器电流极限的测试能进一步确认控制模块中的喷油驱动器的极限电流是否合适，这个测试需要用示波器中的附加电流钳来完成，汽车示波器内部已设置（除了示波器探头设定），不需要任何修改地接受附加电流钳的输入。附加电流钳确是物有所值的，可以用它来检查大多数电磁阀、线圈（点火线圈等）或开关电路。大电流钳还可以有效地进行起动、充电，并可在汽车示波器上显示最大的电流值。

（1）喷油器电流波形测试步骤

起动发动机并在怠速下运转或驾驶汽车使故障出现，如果发动机不能起动，就在起动机

带动发动机运转的同时观察示波器上的显示。

（2）喷油器电流的波形及分析

喷油器电流的波形如图 3-7 所示。

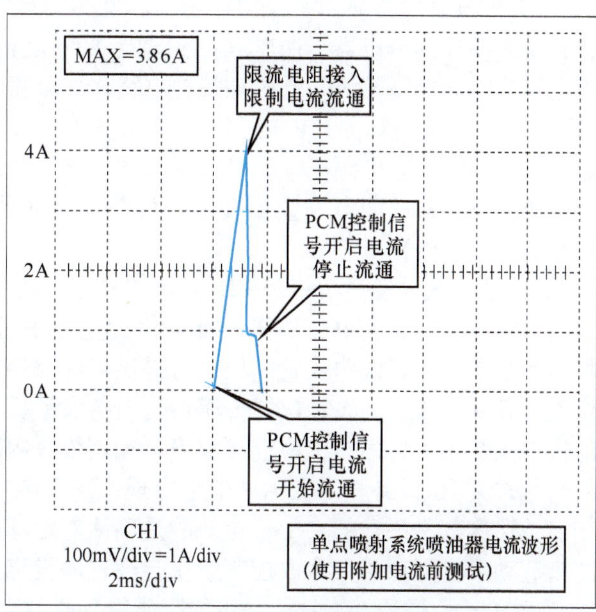

图 3-7 喷油器电流的波形及分析

当电流开始流入喷油器时，由喷油器线圈的特定电阻和电感特性，引起波形以一定斜率上升，上升的斜率是判断故障的依据。通常饱和开关型喷油器电流波形大约在 45° 角上升（在 2ms/div 时基下）。饱和开关型喷油器通常用在多点喷射（MFI）、顺序喷射（SFI）和进气道喷射（PFI）等系统中，通常峰值保持型喷油器波形大约在 60° 角斜角上升（在 2ms/div 时基），峰值保持型喷油器通常用在单点喷射（节气门体喷射 TBI）、欧亚车型多点喷射（MPI）系统和通用 2. 3L Quad 4 发动机中，在电流最初流入线圈时，峰值保持型喷油器波形比较陡，这是因为与大多数饱和开关型喷油器相比电流增大了。峰值保持型喷油器的电流通常大约在 4A，而饱和开关型喷油器电流通常小于 2A。如果电流开始流入线圈时，电流波形在左侧几乎垂直上升，这就说明喷油器的电阻太小（短路），这会产生行驶性能故障，并损坏控制模块的喷油驱动器。

也可以通过分析电流波形来检查峰值保持型喷油器的限流电路，在限流喷油器波形中，波形踪迹起始于大约 60° 角（2ms/div）并继续上升到喷油驱动器达到峰值（通常大约为 4A），在这一点上，波形成了一个尖峰（在峰值保持型里的尖峰），然后几乎是垂直下降至大约稍少于 1A。这里喷油驱动器的“保持”是指正在工作着，并且保持电流约为 1A 直到控制模块关闭喷油器的时间，当电流从线圈中消失时，电流波形慢慢回到零线。

基于电流到达峰值时间，电流波形的峰值部分通常是不变的，这是因为一个好的喷油器充满电流和打开针阀的时间保持不变（随温度有轻微变化），控制模块操纵喷油器打开时间就是波形的波形保持部分。

6. 喷油器起动试验波形分析

这个测试主要是用在发动机不能起动的状态。

对不能起动的发动机的故障诊断有一个主要的规律可循，一台发动机不能起动可能是因为气缸未得到燃油、火花塞上无点火或者机械故障，一旦机械故障排除，在确定故障根本原因和避免无效诊断步骤方面示波器就是很有价值的，示波器也能快速可靠地检查喷油器电路、曲轴和凸轮轴传感器电路及点火初级电路。

当怀疑没有喷油器脉冲信号时，可以用示波器进行下列测试：起动发动机，在大多数情况下，如果喷油器电路有故障，就一点脉冲信号都没有，可能有两种情况，一种是有一条 0V 的直线，另一种是有一条 12V 电压的水平线（喷油器电源电压）。

（1）除 PNP 型喷油驱动器外的所有电路

1）波形测试设备显示一条 0V 直线。首先确认波形测试设备和喷油器连接是否良好，确认必要的部件（分电器、曲轴及凸轮轴等）的运转，用波形测试设备检查喷油器的供电电源电路，以及控制模块的电源和接地电路，如果喷油器上没有电源电压，检查其他电磁阀（EGR 阀、EEC 控制阀等）的电源电压。

如果喷油器供电电源正常，喷油器线圈可能开路或者喷油器插头损坏，个别情况是由于控制模块中喷油器控制电路频繁接地，代替了推动脉冲，频繁地从喷油器向气缸中喷射燃油，造成发动机淹缸。

2）波形测试设备显示一条 12V 供电电压水平直线。首先确认必要部件（如分电器、曲轴及凸轮轴等）运转良好，如果喷油器供给电压正常，波形测试设备上显示一条喷油器电源电压的水平直线，说明控制模块没有提供喷油器的接地。这可能是以下原因造成的：控制模块没有收到曲轴、凸轮轴位置传感器传出的发动机转速信号或同步信号；控制模块内部或外部接地电路不良；控制模块电源故障、控制模块内部喷油驱动器损坏。

3）波形测试设备显示有脉冲信号出现。确定脉冲信号的幅值、频率、形状及脉冲宽度等判定性尺度都是一致的。十分重要的是确认有足够的喷油器脉冲宽度去供给发动机足够的燃油来起动。在起动时大多数控制模块会被程序设定发出 6~35ms 脉冲宽度。通常喷油脉冲宽度超过 50ms，燃油会淹缸，并可能阻碍发动机的起动。

检查喷油器尖峰高度幅值的一致性和正确性。喷油器释放尖峰应该有正确的高度。如果尖峰异常短可能说明喷油器线圈短路，可用欧姆表测量喷油器线圈阻值或用电流钳测量喷油器的电流值。或者用电流钳在波形测试设备上分析电流波形，确认波形从对地水平升起得不是太高，太高可能说明喷油器线圈电阻太大或者控制模块中喷油驱动器接地不良。如果出现在波形测试设备上的波形不正常，检查线路和线路插座是否损坏，检查波形测试设备的接线并确认零部件（分电器、曲轴及凸轮轴等）的运转情况，当故障显示在波形测试设备上时摇动线束和插头，这就能进一步确认喷油器电路真正的故障原因。

（2）PNP 型喷油驱动器电路

1）波形测试设备显示一条电源电压水平直线。确认喷油器的插头和喷油器接地插头良好，确认必要部件（如分电器、曲轴及凸轮轴等）的运转良好，用波形测试设备检查喷油器的接地电路和控制模块提供的电源及接地电路。比较少见的情况是控制模块内部连续对喷油器控制电路提供电源，它代替脉冲推动，造成从喷油器连续喷射燃油，这是淹缸的原因。

2）波形测试设备显示一条在地线的水平直线。首先确认必要的部件（分电器、曲轴及凸轮轴等）是运转正常的，如果喷油器接地正常，则是控制模块没有电源脉冲推动控制电路信号输出，这可能有以下几种原因：

① 控制模块没有收到曲轴、凸轮轴位置传感器传出的发动机转速信号或同步信号。

② 控制模块内部或外部电源电路损坏。

③ 控制模块接地不良。

④ 控制模块内部喷油驱动器损坏。

对照图 3-8 所示实测的典型供油压力波形，喷油器常见的几种故障波形如下，供实测时参考。

① 喷油泵不供油或喷油器针阀在开启位置“咬死”的故障波形如图 3-9 所示。

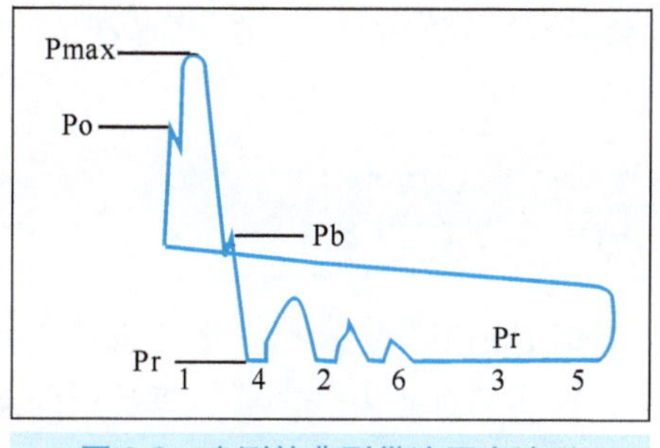

图 3-8　实测的典型供油压力波形

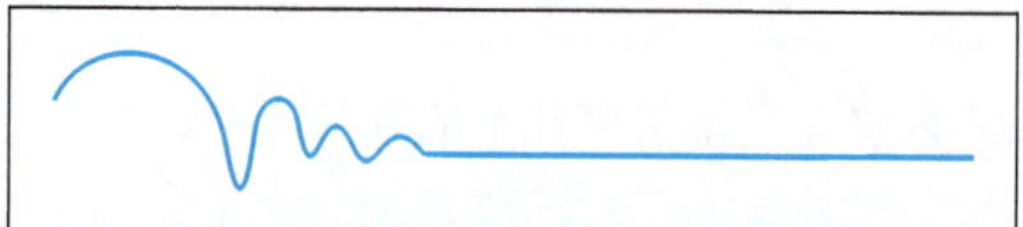

图 3-9　喷油泵不供油或喷油器针阀在开启位置“咬死”的故障波形

② 喷油器针阀在关闭位置不能开启的故障波形如图 3-10 所示。

③ 喷油器喷前滴漏的故障波形如图 3-11 所示。

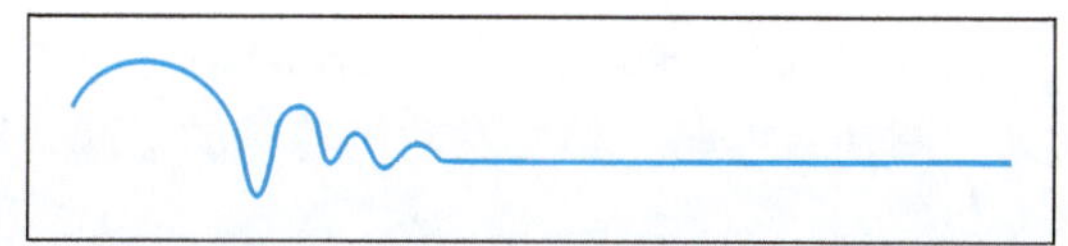

图 3-10　喷油器针阀在关闭位置不能开启的故障波形

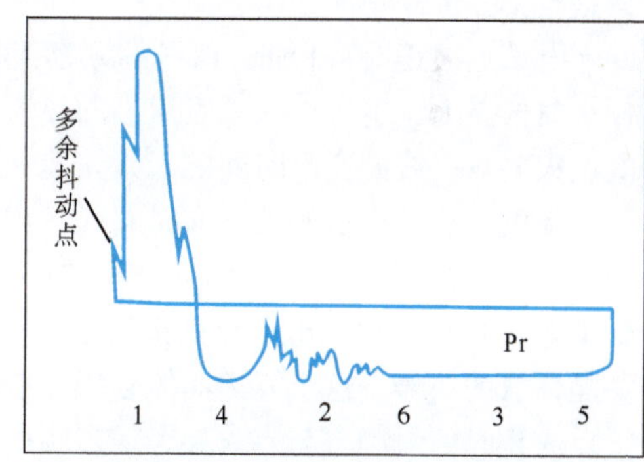

图 3-11　喷油器喷前滴漏的故障波形

④ 高压油路密封不严时的故障波形如图 3-12 所示。

⑤ 残余压力上下抖动的故障波形如图 3-13 所示。残余压力上下抖动，说明喷油器有隔次喷射现象，这是残余压力当喷油器不能喷油时升高，而在喷油时降低的缘故。

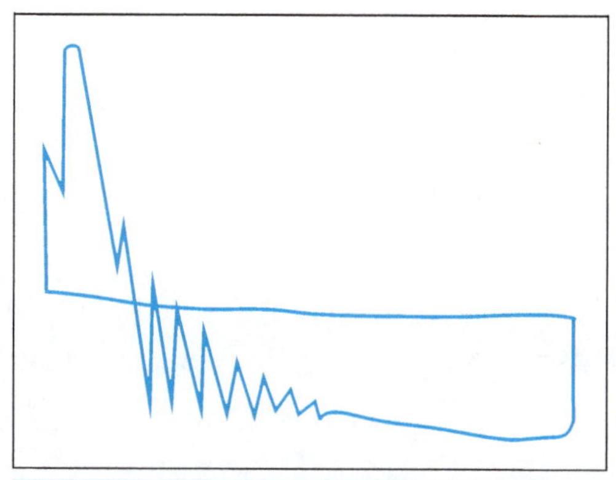

图 3-12　高压油路密封不严时的故障波形

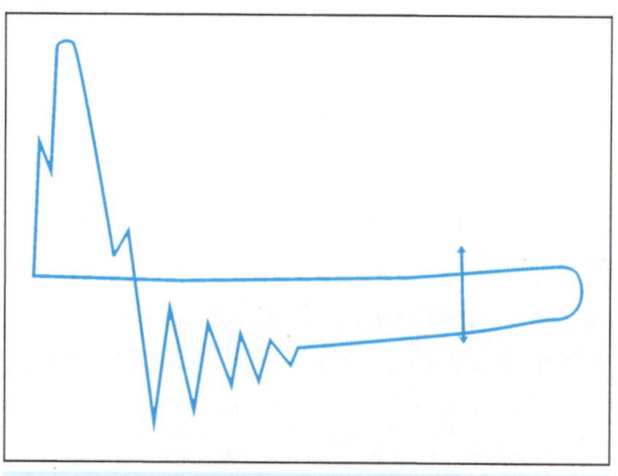

图 3-13　残余压力上下抖动的故障波形

用 WFJ-1 型微电脑发动机检测仪检测柴油机燃料系统的参数和波形，除示波器显示外，还能打印。

第二节　点火正时及参考信号波形的分析

波形点火系统需要几个输入信号才能正常工作，它需要知道什么时候点火、点火线圈通电多长，以及点火正时提前多少。在早期点火装置中，这些信息是由分电器、真空提前点火装置和白金来提供的，因此，检测部件的物理手段是最主要的诊断方法之一。

现在真空提前点火装置、分电器和白金几乎不复存在了，点火系统仍然可以通过示波器的“眼睛”来检查，电子点火正时（EST）从设计上讲是一个复杂系统，但它并不是难以诊断的。发动机控制模块发出一个 EST 信号给点火模块或直接给点火线圈，这个 EST 信号含有老式真空提前点火装置、分电器和白金所提供的全部信息，发动机控制模块（PCM）只是收集并传送不同的信息。

电子点火正时（EST）信号的频率代替了老式的分电器和白金装置——它告诉点火线圈什么时候点火，电子点火正时信号的导通时间或脉冲宽度包含着闭合角的信息，这决定了每次点火时点火线圈充电时间的长短。点火提前角信息（像老式的真空提前点火装置）也由一个新的方法，即信号的导通时间或脉冲宽度来提供。

发动机控制模块用来自点火模块的点火参考信号和其他输入信号（例如 MAP、TPS、ECT 等信号）产生了电子点火正时信号。电子点火正时信号是返送给点火模块中另一个开关晶体管的信号。这个开关晶体管用于控制点火线圈初级电路，随着发动机转速的增减，电子点火正时信号频率与点火参考信号频率同步变化。

发动机控制模块主动不断地控制电子点火正时信号的脉宽，而这个脉宽又提供了初级点火闭合角和点火正时提前角的信息。

点火模块根据曲轴位置传感器信号产生的数字信号就是点火参考信号。点火模块向发动机控制模块发送点火参考信号，发动机控制模块用这个信号正确地控制喷油时间和电子点火正时输出信号。点火参考信号是频率调制数字信号，这个信号的频率随发动机转速变化而变化。

一、电子点火正时（EST）信号波形分析

电子点火正时信号波形（图 3-14）可以用来诊断电子点火正时电路。通用汽车（GM）的许多车型，以及一些欧洲甚至亚洲生产的汽车都有相似的点火电路设计，当确定发动机失速或点火不良的原因是在点火模块、曲轴位置传感器和控制模块时，可以按照这种测试方法进行诊断。

确认波形的频率与发动机转速同步，只有当点火正时需要改变时，电子点火正时信号的占空比才发生改变。电子点火正时信号的幅值通常略小于 5V。

二、点火参考信号（DIST）波形分析

点火参考信号波形，可以诊断点火参考电路，这个电路有时又称为分电器参考电路。通用汽车的许多车型，以及欧洲或亚洲生产的一些汽车都使用相似的点火电路设计。当怀疑点

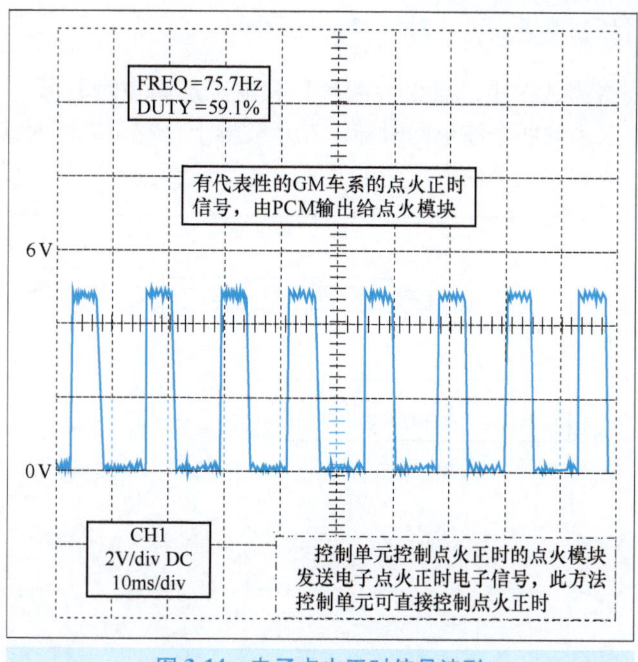

图 3-14　电子点火正时信号波形

火模块、曲轴位置传感器或控制模块是造成发动机失速或点火不良的根本原因时，使用这个示波器测试程序就很有用。根据点火模块的形式或曲轴位置传感器传送给点火模块的信号类型，点火参考信号波形（图 3-15）的幅值可能略小于 5V 或 8V。这种情况可以按照前述的测试方法进行诊断，不同的地方是要确认点火参考信号波形的频率不仅与发动机转速同步，而且在任何情况下占空比都保持不变。

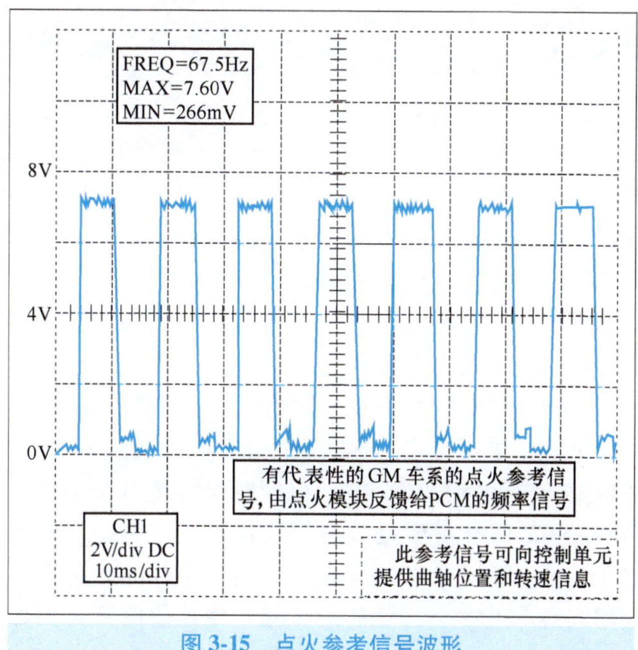

图 3-15　点火参考信号波形

三、点火参考信号和电子点火正时双踪波形分析

这是双通道示波器测试程序，点火参考信号和电子点火正时波形（图3-16）来自两条电路，它把有着重要联系的两个波形同时显示在示波器上，它可以同时诊断点火参考电路和电子点火正时电路，或检查它们两者之间的关系，进而诊断发动机控制模块的可能故障。

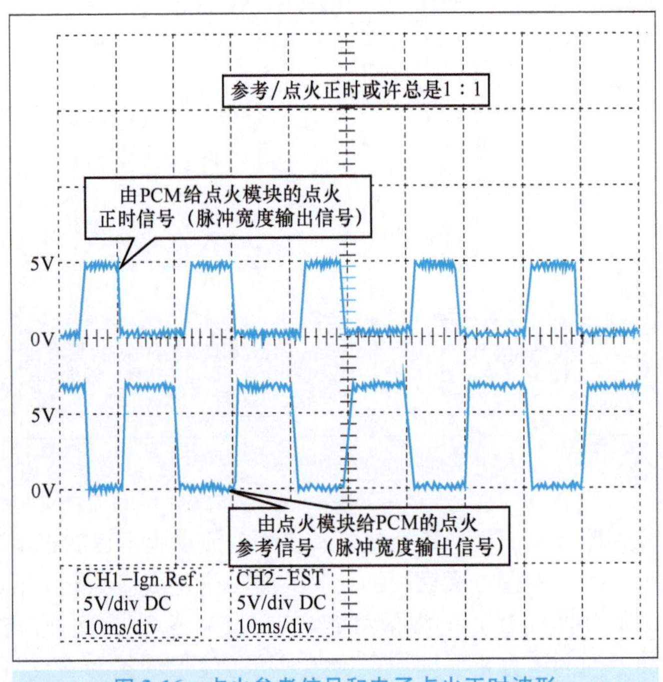

图3-16　点火参考信号和电子点火正时波形

四、福特分布型点火传感器PIP和点火输出信号SPOUT双踪波形分析

福特（FORD）分布型点火传感器PIP和点火输出信号SPOUT双踪波形如图3-17所示。用于福特林肯和水星汽车点火系统的双踪示波器测试图，把相互有着重要联系的波形同时显示在示波器上，用这个测试方法可以同时诊断分布型点火传感器PIP和点火输出信号电路或检查它们之间的联系，进而去诊断发动机控制模块或点火正时的故障。通用汽车的许多车型，以及欧洲或亚洲生产的一些轿车都使用相似的点火线路设计，但福特PIP/SPOUT设计却有其独特之处，当确定发动机失速或点火不良的根本原因可能是点火模块、霍尔效应传感器或发动机控制模块时，用这个测试步骤是很有效的。

分布型点火传感器PIP信号是数字信号，它是由厚膜集成电路点火模块TFI根据霍尔效应传感器送入的信号产生的。霍尔效应传感器安装在分电器或曲轴上，厚膜集成电路点火模块TFI发出PIP信号给发动机控制模块，发动机控制模块用这个信号正确发出燃油喷油时间、电子点火正时信号。PIP信号主要是频率调制信号，也就是说频率随发动机转速而变化，而厚膜集成电路TFI模块则根据SPOUT信号产生一个脉冲宽度的调制成分。

发动机控制模块用来自点火模块的PIP信号和一些其他信号（例如MAP、TPS等）产生SPOUT信号，然后发动机控制模块将SPOUT信号送回给TFI点火模块去控制点火初级电

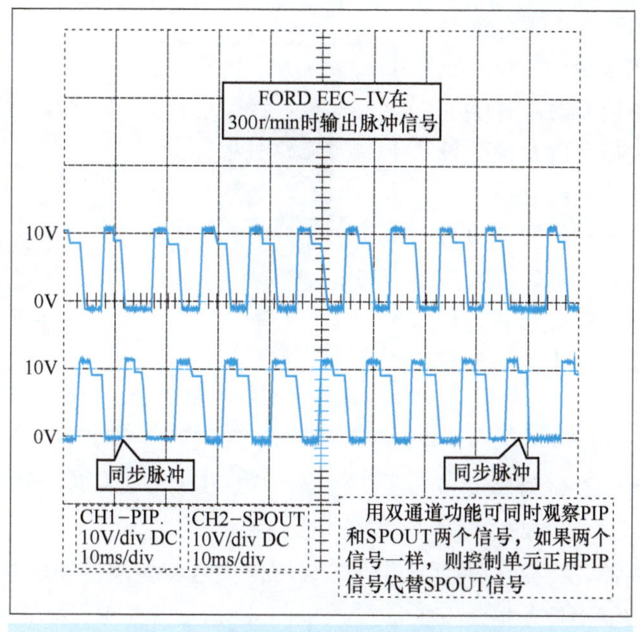

图 3-17　输出脉冲信号（FORD）波形

路。SPOUT 信号是脉冲宽度调制信号，发动机控制模块经常不断地控制 SPOUT 信号脉冲宽度调制成分（在波形上角的缺口），发动机控制模块频繁地改变 SPOUT 信号脉冲宽度，这个宽度提供初级点火闭合角和点火提前角的资料。随发动机转速的变化，SPOUT 信号的频率跟着 PIP 信号频率而变化。

可以按照前面的测试步骤进行分析，但要注意每一个 PIP 脉冲都会对应一个 SPOUT 脉冲，在示波器上显示的脉冲并不是直接地在相互的顶部的位置，这意味着它们不是同时发生的。在 SPOUT 脉冲上的缺口脉宽将随着节气门开启而变化，由计算机控制闭合角（CCD）系统中缺口宽度的改变量来确定点火正时提前角和点火闭合角。

当 SPOUT（设定正时）插头插上时，造成 PIP 信号的直角顶部和底部的小缺口，显示出从控制模块到厚膜集成电路点火模块，然后再返回控制模块的监视环是完整的。当拔下 SPOUT 插头，缺口就消失了，这是因为它破坏了厚膜集成电路 TFI 点火模块将 PIP 信号编成 SPOUT 信号的能力。

第三节　控制阀波形分析

一、怠速控制（IAC）电磁阀波形分析

电子控制怠速电磁阀（图 3-18）可以防止怠速的失速，增强怠速的稳定性，在减速时采用分级减速手段减少碳氢化合物（HC）的排放。怠速电磁阀可以保持尽可能低的怠速而不熄灭，甚至在打开空调、发电机、动力转向等附属设备对发动机增加负载时，也可以保持尽可能的平稳性。

怠速由发动机转速传感器来检测，怠速被调整在预定的程序设定的保持段内。控制模块

从诸如空调压缩机的开关、蓄电池充电指示、动力转向开关和空档/驻车档开关等附属设备中接受数字开关的输入信号，每个开关都会触发预先设定的怠速补偿命令并传送给怠速控制器。当节气门关闭，发动机转速至最低值以下或车速稳定时，怠速控制系统通常开始起作用，电控怠速阀允许空气绕过节气门流动，产生类似于打开节气门的效果。

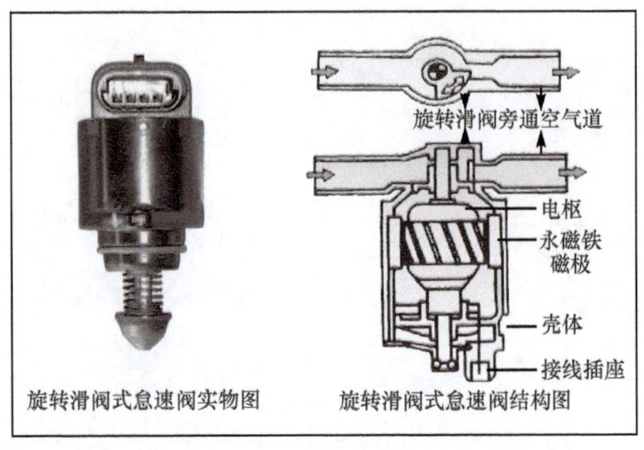

图 3-18　电子控制怠速电磁阀

1. 怠速控制电磁阀波形测试

使发动机怠速运转并将附属设备（空调、风扇、刮水器）开或关，如果该车装有自动变速器，在驻车档与前进档之间切换。这将会改变发动机负荷，引起发动机控制模块给怠速阀的输出命令信号改变。

2. 怠速控制电磁阀波形分析说明

确认对各种怠速补偿模式波形的幅值、频率、形状、脉冲宽度等判定性尺度都在正确范围内，并且有可重复性和一致性（图 3-19）。

确认当控制模块的命令信号改变时，电磁阀有反应，并且发动机转速也跟着改变，观察下列情况的出现。

当附属电气设备开关开启闭合时或变速器脱档入档时，控制模块的怠速控制输出命令将改变。怠速改变时，怠速控制阀应开闭节气门旁通孔，若怠速不变，应怀疑怠速阀损坏或旁通道阻塞。

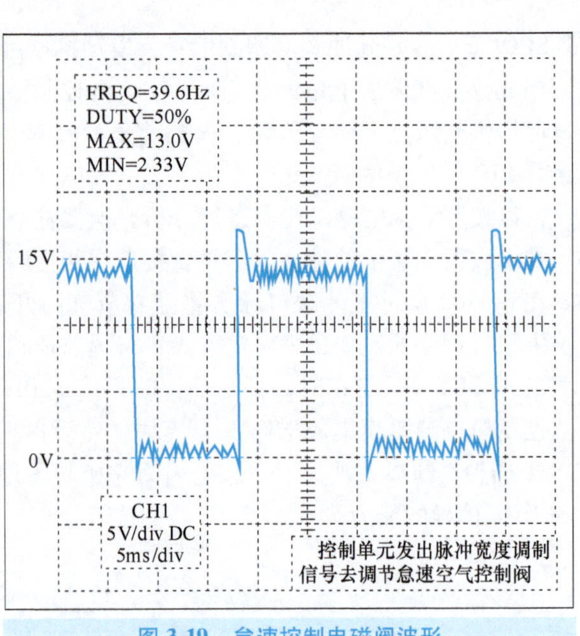

图 3-19　怠速控制电磁阀波形

在诊断怠速控制阀和控制电路之前，应先确定节气门开关自如，最低怠速符合制造厂商的标准，检查真空泄漏或不合适的空气泄漏，它们会使怠速控制系统出问题。

二、混合气控制阀波形分析

通用公司的混合气控制阀应用比较广泛，它与其他反馈型混合气控制阀的波形在外观上略有不同，但它们的信号显示出相同的判定尺度，并以十分相像的形式出现。在化油器燃油反馈控制系统中混合气控制信号是最重要的输出信号，在通用汽车上，这个电路的脉冲大约为 10 次/s，每个单独脉冲（脉冲宽度或开启时间）的变化，依据此时燃油混合气的需要而定。

在通用汽车中，这个电路控制化油器中处于低位置的主喷量孔针阀每次脉冲的时间。在其他系统中，混合气控制电路控制空气电磁阀，它动作时空气进入主喷量孔通道或进入管道使混合气变稀。大多数反馈化油器系统都以相同方式工作，即较长的混合气控制开启时间意味着发出变稀的混合气命令。通常，从发动机控制模块发出的控制命令，都围绕在占空比大于50%的范围内波动，这意味着系统被控制在稀的混合气状态下对长期浓的情况起着补偿作用（例如化油器浓调整）。相反从发动机控制模块发出控制命令都围绕在占空比小于50%范围内波动，则意味着系统被控制在浓的混合气状态对长期稀的情况起补偿作用（例如真空泄漏）。

在执行这个化油器混合气调整程序之前，先要确认氧传感器的工作正常与否。

1. 混合气控制阀测试

起动发动机并怠速运转在2500r/min约2~3min，直到发动机充分暖机，燃油反馈控制系统进入闭环。上述过程可以根据从示波器中观察到的氧传感器信号来确认，关闭所有附属电气设备，确认汽车处于驻车档或空档，按照推荐的维修步骤对被检修的化油器进行空气泄漏和怠速混合比调节。

2. 混合气控制阀波形分析说明

当主喉管量孔油路或一氧化碳调整适当时，混合气控制信号占空比将在50%左右波动，占空比可用示波器上的游标来检查或根据波形显示的标定来分析，汽车示波器可以将占空比的数值与波形同时显示在示波器上（图3-20）。

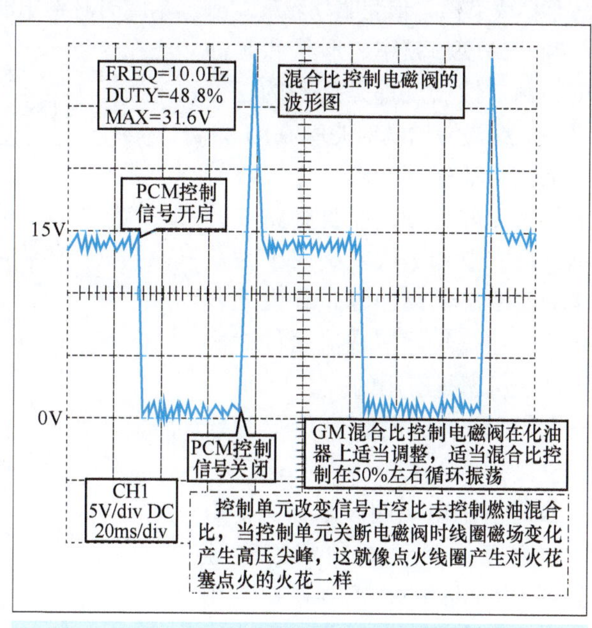

图3-20　混合气控制阀波形分析

用屏幕标定波形的方法并不难，如果化油器混合比调整设定正确，波形的尖峰就会被集中在两个下降沿之间，这个尖峰是由发动机控制模块的接地电路造成的，观察波形中控制模块的接通和切断电路。当主量孔和怠速混合比调整设定正确，尖峰轻微地从右向左，然后再返回接地点波动。保持在波形中两个下降沿的中间，根据氧传感器的输入信号控制模块从左向右显示波形信号。

当氧传感器信号浓时，控制模块就将混合比控制电路每个循环接地时间延长（闭合角增加）去进行补偿修正，当氧传感器信号稀时，控制模块就将混合比控制电路每个循环时间缩短（闭合角减小）去进行补偿修正。当混合比控制波形占空比在50%附近波动，并且氧传感器工作正常时，系统混合比控制正常，催化器工作效果最佳。在怠速运转在2500r/min时，或是正常行驶下（不包括重载和加减速），波形显示均应在50%左右波动；这时燃油反馈控制系统性能最佳并且废气排放可能性最低。

在怠速工作状态下不正常，波形占空比在50%左右波动；在行驶状况下不正常，波形显示占空比经常在50%左右波动。这样系统在需要时可以得到最大的混合比补偿（从稀的一侧到浓的一侧)，当波形的尖峰运动到右侧时，说明控制模块正下达稀混合气的命令，这里是根据氧传感器输出高的电压。

三、炭罐清洗电磁阀波形分析

燃油蒸发污染控制系统设计的目的是防止挥发性的碳氢化合物（HC）蒸发和污染大气。储存在化油器或燃油箱中的燃油在使用中会蒸发出来，大约50%的汽车碳氢化合物排放物来自有故障的蒸发系统。为减少这些排放，用一个装有活性炭的滤清罐来收集并储存碳氢化合物。被收集的燃油通过由控制模块控制的电磁阀从炭罐释放进入进气歧管。这就使蒸发出来的HC在发动机中燃烧而不会释放入大气中。在开环运行中，由于燃油计算复杂，控制模块通常不打开电磁阀回收碳氢化合物（清洗炭罐）。

1. 炭罐清洗电磁阀波形测试

起动发动机，保持在2500r/min下2~3min，直到发动机完全暖机，燃油反馈系统进入闭环。通过观察示波器上碳氢传感器信号波形确认上述过程。关闭所有附属电气设备，将汽车处于驻车档或空档，顶起驱动轮或驾驶汽车同时观察示波器炭罐清洗电磁阀信号波形。

确认幅度、频率、形状和脉冲宽度的判定性尺度都是正确的、可重复的。在炭罐清洗时是存在的。

确认从油箱到炭罐、进气歧管的油气管完好无损，而且管路安装正确，没有泄漏。这就确保了被从炭罐中清洗出的燃油真正在发动机内燃烧。在线炭罐清洗流量计对决定清洗流量率是有用的。

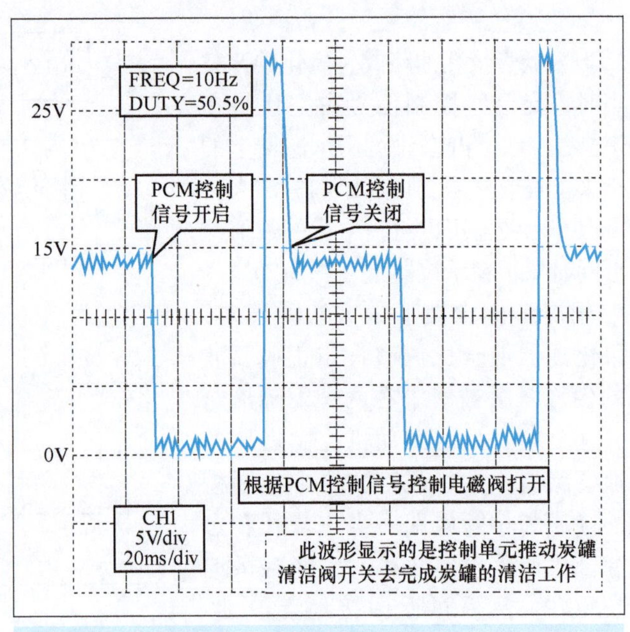

图3-21 炭罐清洗电磁阀波形

2. 炭罐清洗电磁阀波形分析

说明

炭罐清洗电磁阀波形如图3-21所示。汽车一旦达到预定的车速（通常约15mile/h），控制模块开始用可变的脉宽调制信号推动电磁阀去打开清洗阀。当减速时，这个信号停止，同时阀关闭。几乎任何时候当满足上述条件时，这个过程都会发生，如前所述，一些系统在变速器在驻车档或空档，发动机又不在以怠速运转时，清洗炭罐就开始工作。

可以发现的故障和可能看到的判定性尺度的偏差是尖峰高度变短，这说明也许炭罐清洗电磁阀有短路，或完全没有信号（一条直线），这说明控制模块故障，控制模块没有接收到清洗条件信号，这可能是连线或插头故障。

四、涡轮增压电磁阀波形分析

涡轮增压器在不增加发动机排气量下增加功率，涡轮增压器的好处也包括在有效的转速范围

内增加转矩，与相同功率下自然吸气的发动机相比，提高了燃油经济性，降低废气排放污染。

然而，为获得最好的加速性、节气门反应性及发动机耐用性，增压器的压强应被控制或调节。如果增压压强不能适当调节，驾驶性能会受影响或造成发动机损坏（冲气缸垫或更严重）。调节增压压强是通过改变废气量即旁通废气侧涡轮机气路的方法达到的，当更多的废气绕过涡轮机排出后，增压压强减少了。

一个称为废气阀的阀通过打开和关闭来调节旁通量。废气阀由真空伺服电动机控制，它可以由机械或电子手段来驱动。在电子控制系统时，真空电磁阀接收发动机控制模块发出的控制信号，当电路接收到从进气压力传感器或增压传感器指示的一定的增压压强时，控制模块命令真空电磁阀开启，减少增压压强，控制模块用脉宽调制信号打开电磁阀，允许真空进入废气阀，打开废气阀来调节增压压强。

1. 涡轮增压电磁阀波形测试

起动发动机，保持在2500r/min下运行数分钟，直至发动机完全暖机，燃油反馈系统进入闭环，可以通过观察示波器上氧传感器信号来确认上述过程。驾驶汽车，重复所怀疑的故障现象。

确认信号幅值、频率、形状和脉冲宽度的判定性尺度都是正确的、可重复的，同时在增压控制条件下确定存在。

确认进气歧管、废气阀真空电动机和真空电磁阀的管路完整无损，且连接是正确的、无泄漏的。这就确保真空能被送到废气阀，如果有必要，可用手动真空泵测试废气阀。

2. 涡轮增压电磁阀波形分析说明

涡轮增压电磁阀波形如图3-22所示。

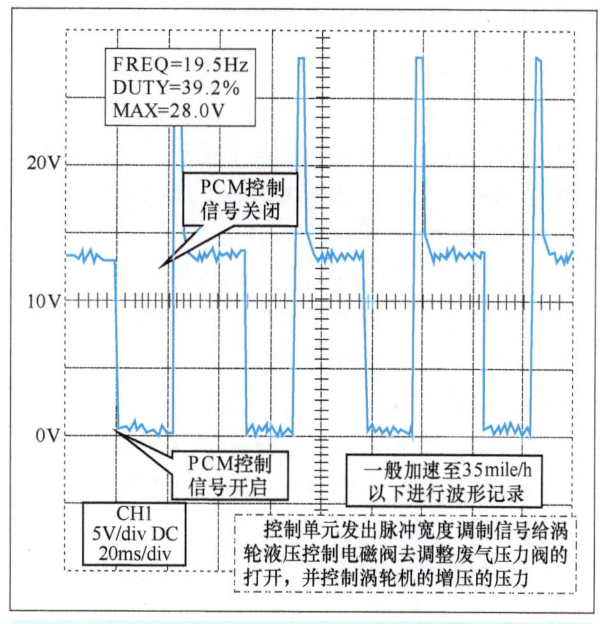

图3-22　涡轮增压电磁阀波形

加速时一旦达到预先设定的增压压强，控制模块将开始用变化的脉冲宽度调制信号推动发动机推力涡轮增压电磁阀以打开废气阀。当减速时，信号停止，该阀关闭。几乎任何时候当发动机加速能保持几秒钟时，上述过程就会发生。

可能发现的故障和判定性尺度的偏差是尖峰高度变短，这可能是真空电磁阀线圈短路，或者是完全没有信号，这说明控制模块可能有故障，控制模块没有接收到增压减少的信号，这也许是连线或插头的故障。

五、废气再循环（EGR）控制电磁阀波形分析

废气再循环控制电磁阀波形如图3-23所示。

废气再循环系统设计用来减少氮氧化合物的形成，氮氧化合物是一种有害的尾气排放。

在燃烧中，空气中大量的氮与氧化合生成氧化氮。这通常发生在大负荷或发动机爆燃时。

排气尾气（相对惰性的气体）与进气管的混合气混合的结果，是提供了一个在燃烧室中化学缓冲，或空气和燃油分子冷却的方式。这导致进入气缸的混合气的燃烧受到更多的控制，它可以防止过度速燃甚至爆燃的产生。而过度的速燃和爆燃会使燃烧温度超过1371℃。

废气是被定管路控制流入进气歧管中，然后与新鲜的混合气混合进入燃烧室，这就限制了最初的氮氧化物的形成。然后，当燃烧后的可燃混合气离开气缸时，三元催化器起作用减少进入大气的氮氧化合物。

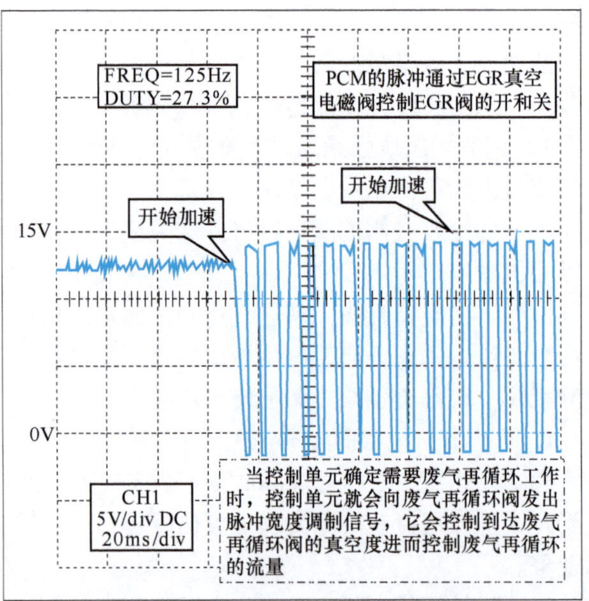

图3-23　废气再循环控制电磁阀波形

废气再循环何时开始工作，以及流量的多少对排放和驾驶性能是非常重要的。废气再循环调整是非常精确的，过多的废气流量会使发动机喘振、功率下降，控制废气再循环阀的流量，大多数发动机控制系统用电子控制，发动机控制模块发出开关或脉冲调制信号给真空电磁阀去控制流入废气再循环阀的真空度，当控制模块打开电磁阀时，真空作用吸开废气再循环阀，允许废气再循环通过。当控制模块切断真空电磁阀时，供给废气再循环的真空被切断，废气再循环停止。在起动发动机暖机、减速和怠速时，大多数发动机控制系统不能使废气再循环系统工作，在加速情况下废气再循环系统才被精确地控制，以优化发动机工况。

1. 废气再循环控制电磁阀波形分析

起动发动机，保持在2500r/min下运转2~3min，直至发动机完全暖机，同时燃油反馈系统进入闭环，观察示波器上氧传感器信号来确认上述过程。

关闭所有附属电气设备，然后正常驾驶汽车；从完全停止下起动，缓加速，急加速，巡航行驶和减速。

确认波形幅值、频率、形状和脉冲宽度等判定性尺度是正确的、可重复的，并且在废气再循环下是存在的。

确认进气歧管、废气阀真空电动机和真空电磁阀的管路完好无损，且连接是正确的、无泄漏的。确定废气再循环隔膜能保持适量的真空。确认废气再循环和绕过发动机的通道是清洁的，没有由于内部积炭造成堵塞，这可以确认当控制模块引导真空进入废气再循环阀时，废气实际流进了燃烧室。

2. 废气再循环控制电磁阀波形

发动机达到废气再循环工作的条件，控制模块开始用变化的脉宽调制信号推动电磁阀，在加速时废气再循环速度加快，在怠速和减速时，信号中断，阀关闭，不需要废气再循环，几乎任何时候，只要条件符合，这个过程都可能发生。可能产生的故障和可能观察到的判定性尺度

的偏差是信号尖峰高度变短，这说明废气再循环电磁阀线圈可能短路，或完全没有信号，这可能是控制模块故障，控制模块的废气再循环控制条件没有满足或连线或插头的故障。

许多汽车要在汽车开始行驶或无制动地驾驶中，才能进入废气再循环流动，否则控制模块就不会给废气再循环电磁阀信号。

六、ABS 电磁阀波形分析

ABS 电磁阀波形如图 3-24 所示。

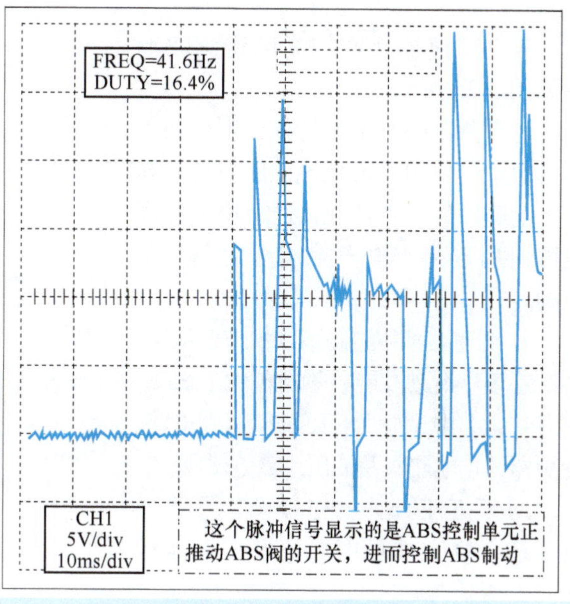

图 3-24 ABS 电磁阀波形

这个测试程序帮助检查控制 ABS 阀的防抱死制动系统电路的工作情况。ABS 是一个闭环的电子控制系统，它可以改善在附着力减小时（例如冰或雨水路面）的制动性能。ABS 系统防止车轮滑移，在紧急制动时也能使驾驶人较好地操纵控制汽车，ABS 系统也明显地减少了制动的停车距离。

大多数 ABS 系统用常规制动部件，例如主缸、轮缸、制动钳或制动片及制动油管、制动器等，除常规制动系统部件以外，ABS 系统还有车轮传感器和电子控制模块和液压制动调节器（电磁阀）。ABS 控制模块接收车轮速度信号，并去调节接近抱死状态或滑移状态的车轮制动压力。当优化制动在有效状态时，可以改善车轮牵引力，给驾驶人提供较好的操作控制。

1. ABS 电磁阀波形测试

按照能使 ABS 系统开始动作所需要的条件驾驶汽车，找一条碎石路面或有冰和雨水的路面来帮助判断是有益的，这会对试验车轮抱死和 ABS 功能带来方便。

确认波形幅值、频率、形状和脉冲宽度等判定性尺度是正确的，可重复的，并且与被测的 ABS 电磁阀类型相一致。

2. ABS 电磁阀波形分析说明

当在示波器上分析 ABS 电磁阀波形时，用动态行驶 ABS 制动测试仪可能是很有帮助的，它可以帮助分析是 ABS 电气故障，还是机械或液压制动系统的故障，但动态行驶 ABS 制动测试仪比较昂贵，而且不容易操作。

一旦 ABS 控制模块启动电磁阀，波形就会开始变化，这些脉冲宽度调制电磁电路波形看起来与燃油喷油器或废气再循环清洗控制电磁阀波形相似。

当一个车轮抱死后开始滑移时，ABS 控制模块会开始驱动这个轮的 ABS 压力电磁阀，这就调节了这个有问题的车轮的制动能力。

观察到可能的缺陷和判定性尺度的偏差是尖峰高度变短，这说明电磁阀线圈可能短路，或完全没有信号（一条直线），这说明 ABS 控制模块可能有故障、ABS 系统工作条件不足（车轮速度等），或是线路及插头的故障。

一些 ABS 系统只驱动电磁阀的线圈的负极端，还有一些 ABS 系统将控制驱动线圈的电源供给及接地两端，这会在波形上升或下降沿处产生释放尖峰，产生的尖峰信号反映了 ABS 控制模块驱动的是电磁阀的一端。

七、变速器换档控制电磁阀波形分析

自动变速器换档控制电磁阀波形图如图 3-25 所示。

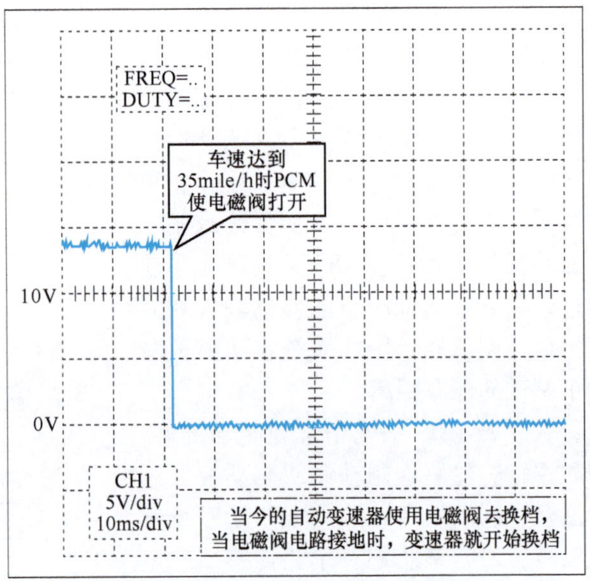

图 3-25 自动变速器换档控制电磁阀波形

这个测试步骤帮助检查控制模块控制的自动变速电子换档电磁阀或变矩器锁止电磁阀的工作情况，这个测试程序也可以用于检查电子控制压力调节电磁阀。

1. 变速器换档控制电磁阀波形测试

在发生行驶性能故障的条件下试车，或者在试车中试验所怀疑的换档阀电路、变矩器锁止电磁阀及油压调节电磁阀。

对于直流开关的电磁阀，要确认幅值这个判定性尺度对怀疑变速运行故障是否适当。

对于用脉冲宽度调制的电磁阀要确认幅值、频率和脉冲宽度判定性尺度是正确的、可重复的和一致的。

2. 变速器换档控制电磁阀波形分析说明

一些系统用控制电源式电磁阀，其他系统电磁阀中有一根线总是与电源相接。它靠控制接地电路去操作电磁阀。在检查这些结果之前，先应确认检查的是哪种类型。

一旦控制模块推动电磁阀，波形就会变化。在控制模块推动之前，直流开关电源控制电磁阀波形将出现一条直线，当控制模块推动电磁阀时，波形上升到系统电压值，接地控制的电磁阀工作方式相反，当控制模块推动电磁阀的波形从一条等于系统电压的值突变到接地电压。

翻阅制造厂商的修理资料，了解变速器电路的特殊功能控制方式，正确理解假设有故障的电路是怎样工作的，这对提高诊断故障的准确性和速度是会有帮助的。

可能产生的缺陷和可以观察到的判定性尺度的偏差是尖峰高度变短，这可能是变速器电磁阀线圈有短路，或者没有信号（一条直线），也可能是控制模块故障，控制模块换档条件不具备（转换点、TCC 锁止等）或线路或插头的故障。

许多汽车的控制模块被程序设定为不能进入某种功能状态，例如锁止离合器 TCC 的动作要等到发动机达到确定温度和车速才能实现。

第四章　汽车数据流认识

第一节　汽车数据流概述

一、数据流的概念

汽车数据流是指电子控制单元（ECU）与传感器和执行器交流的数据参数，它是通过诊断接口，由专用诊断仪读取的数据，且随时间和工况而变化。数据的传输就像队伍排队一样，一个一个通过数据线流向诊断仪。

汽车电子控制单元中所记忆的数据流真实地反映了各传感器和执行器的工作电压和状态，为汽车故障诊断提供了依据，数据流只能通过专用诊断仪器读取。汽车数据流可作为汽车 ECU 的输入输出数据，使维修人员随时可以了解汽车的工作状况，及时诊断汽车的故障。

读取汽车数据流可以检测汽车各传感器的工作状态，并检测汽车的工作状态，通过数据流还可以设定汽车的运行数据。

二、数据流参数的分类

根据各数据在检测仪上显示方式不同，数据参数可分为两大类型：数值参数和状态参数。数值参数是有一定单位、一定变化范围的参数，它通常反映出电控装置工作中各部件的工作电压、压力、温度、时间及速度等。状态参数是那些只有两种工作状态的参数，如开或关，闭合或断开、高或低、是或否等，它通常表示电控装置中的开关和电磁阀等元件的工作状态。

根据 ECU 的控制原理，数据参数又分为输入参数和输出参数。输入参数是指各传感器或开关信号输入给 ECU 的各个参数。输入参数可以是数值参数，也可以是状态参数。输出参数是 ECU 送出给各执行器的输出指令。输出参数大多是状态参数，也有少部分是数值参数。

数据流中的参数可以按汽车和发动机的各个系统进行分类，不同类型或不同系统的参数的分析方法各不相同。在进行电控装置故障诊断时，还应当将几种不同类型或不同系统的参数进行综合对照分析。不同厂家及不同车型的汽车，其电控装置的数据流参数的名称和内容都不完全相同。

三、汽车数据流的作用

综上所述，汽车数据流主要是反映传感器和执行器工况的一系列数值所组成的数据块，其作用体现在如下几方面。

1. 维持电子控制系统正常工作

在汽车电子控制系统内部，数据流的作用是使系统保持正常工作。例如传感器流向信息控制器的数据流，控制器根据传感器输入的数据流计算和判断被控对象的物理参量及工作状态，并向执行器发出控制数据流，执行器在这些数据流的作用下工作，将被控制对象控制在设定的目标范围之内。

2. 显示汽车工作状态

当汽车的行驶工况与状态变化时，汽车数据流随即改变。一些汽车数据流通过汽车显示仪表显示出汽车的行驶状态，以及发动机的状况，例如，汽车的车速、燃油液面、瞬时油耗、发动机的转速、发动机温度等。这些数据流通过显示装置使驾驶人随时了解汽车的工作状况，及时发现异常情况。

3. 检测与诊断汽车电子控制系统的故障

在现代汽车中，电子控制系统的应用已十分普遍，一些高级轿车所装备的电子控制系统的数据传输线多达数百条，各电子控制系统的工作状态即使有最轻微的变化，都会在数据流上有所反映。因此，通过诊断接口或用其他检测手段获得相关的数据流（传感器的输入信号和控制器的输出信号)，检修人员运用分析与比较的方法，就可以获得相关的系统工作正常与否、相关系统部件或线路是否有故障的诊断结果。

如果运用微机故障分析仪进行动态检测，就可将汽车运行中各种传感器和执行元件的输入与输出信号的瞬时数据值直接以数据流的方式在显示屏上显示出来。这样，可以根据汽车工作过程中控制系统各种数据的变化情况来分析与判断电子控制系统的工作是否正常。

4. 实现汽车电子控制系统故障自诊断

汽车电子控制系统设有故障自诊断功能，在电子控制器的ROM中存储有传感器输入信号和执行器反馈信号的标准参数和故障自诊断程序。电子控制系统工作时，控制器通过调用故障自诊断程序，将输入的信号与标准参数进行比较。如果输入信号丢失或不在正常范围之内，就诊断为提供输入信号的线路和部件有故障，并将故障信息以代码的形式存储于RAM中。

第二节　获得汽车数据流的方法

汽车电控系统测试方式分为通信式电脑诊断和在线式电路分析两种。前者是通过汽车上的电脑诊断座沟通汽车电脑与诊断仪之间的通信来完成测试工作的，而后者则是将分析仪的探头连接到传感器和执行器的电路上进行在线测试的。两种测试方式不同，使用的设备也不同，前者主要使用国内俗称“解码器”的汽车电脑诊断仪，后者主要使用通常称为“发动机分析仪”的汽车电路分析仪。

一、电脑通信方式

1. 专用诊断仪

专用诊断仪是各汽车厂家生产的专用测试设备，它除具有读码、解码、数据扫描等功能外，还具有传感器输入信号和执行器输出信号的参数修正实验、电脑控制系统参数调整、系统匹配和标定及防盗密码设定等专业功能。专用诊断仪是汽车生产厂家专门配备给其特约维

修站的测试设备，它具有专业性强、测试功能完善等优点，是汽车专修厂的必备设备。

其典型产品有通用 TECH-Ⅱ（图 4-1）、大众 V.A.G1552(图 4-2)、宝马 IMIB 等。

图 4-1　通用 TECH-Ⅱ

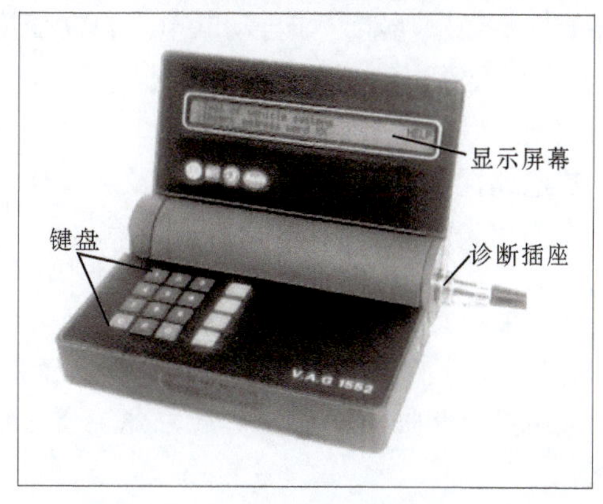

图 4-2　V. A. G1552 车辆故障阅读仪

2. 通用诊断仪

通用诊断仪的主要功能有控制模块版本的识别、故障码读取和清除、动态数据参数显示、传感器和部分执行器的功能测试与调整、某些特殊参数的设定、维修资料及故障诊断提示及路试记录等。通用诊断仪可测试的车型较多，适应范围也较宽，因此被称为通用诊断仪(图 4-3)，但它与专用诊断仪相比，无法完成某些特殊功能，这也是大多数通用仪器的不足之处。

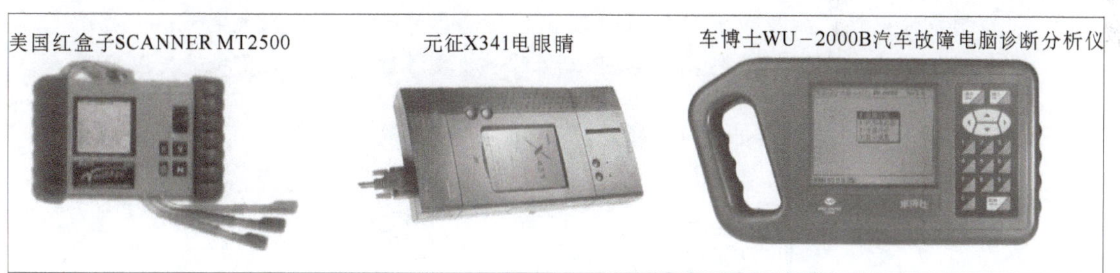

图 4-3　通用诊断仪

通用诊断仪和专用诊断仪的动态数据显示功能不仅可以对控制系统的运行参数（最多可达上百个）进行数据分析，还可以观察电脑的动态控制过程。因此，它具有从电脑内部分析过程的诊断功能，这是进行数据分析的主要手段。

二、电路在线测量方式

电路在线测量方式是通过对控制模块电路的在线检测（主要指电脑的外部连接电路)，将控制模块各输入、输出端的电信号直接传送给电路分析仪的测量方式。电路分析仪一般有两种：一种是汽车万用表，一种是汽车示波器。

汽车万用表也是一种数字多用仪表，其外形和工作原理与袖珍数字万用表几乎没有区别，只增加了几个汽车专用功能档（如 DWELL 档、TACHO 档）。

汽车万用表除具备袖珍数字万用表功能外，还具有汽车专用项目测试功能。除有测量交流电压与电流、直流电压与电流、电阻、频率、电容、占空比、温度、闭合角及转速的功能外，还有一些新颖功能，如自动断电、自动变换量程、模拟条图显示、峰值保持、读数保持（数据锁定）及蓄电池测试（低电压提示）等。

为实现某些功能（例如测量温度、转速），汽车万用表还配有一套配套件，如热电偶适配器、热电偶探头、电感式拾取器以及 AC/DC 感应式电流夹钳等。

汽车万用表应具备下述功能：

① 测量交、直流电压。考虑到电压的允许变动范围及可能产生的过载，汽车万用表应能测量高于 40V 的电压值，但测量范围也不能过大，否则读数的精度会下降。

② 测量电阻。汽车万用表应能测量 1MΩ 以内的电阻，测量范围大一些使用更方便。

③ 测量电流。汽车万用表应能测量大于 10A 的电流，测量范围小则使用不方便。

④ 记忆最大值和最小值。该功能用于检查某电路的瞬间故障。

⑤ 模拟条显示。该功能用于观测连续变化的数据。

⑥ 测量脉冲波形的频宽比和点火线圈一次电流的闭合角。该功能用于检测喷油器、怠速稳定控制阀、EGR 电磁阀及点火系统的工作状况。

⑦ 测量转速。

⑧ 输出脉冲信号。该功能用于检测无分电器点火系统的故障。

⑨ 测量传感器输出的电信号频率。

⑩ 测量二极管的性能。

⑪ 测量大电流。配置电流传感器（霍尔式传感器）后，可检测大电流。

⑫ 测量温度。配置温度传感器后可以检测冷却液温度、尾气温度和进气温度等。

汽车万用表及电流传感器如图 4-4 所示。

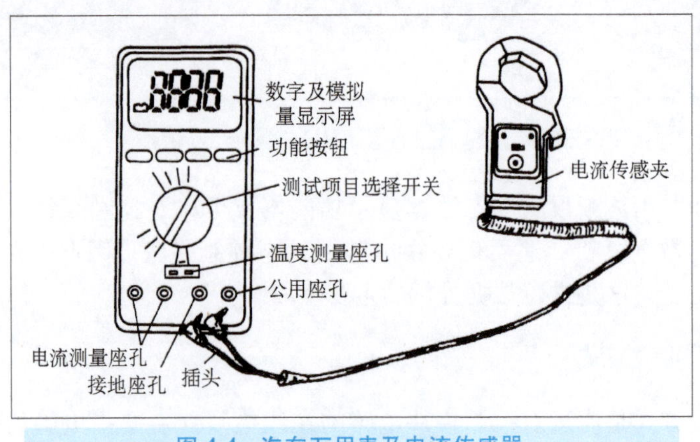

图 4-4　汽车万用表及电流传感器

汽车示波器是用波形显示的方式表现电路中电参数的动态变化过程的专业仪器，它能够

对电路上的电参数进行连续性图形显示，是分析复杂电路上电信号波形变化的专业仪器。汽车示波器通常用两个或两个以上的测试通道，同时对多路电信号进行同步显示，具有高速动态分析各信号间相互关系的优点。通常汽车示波器设有测试菜单，使用时无须像普通示波器那样繁琐地设定，只需点一下要测试的传感器或执行器的菜单就可以自动进入测量。电子存储示波器还具有连续记忆和重放功能，便于捕捉间歇性故障。同时也可以通过一定的软件与计算机连接，将采集的数据进行存储、打印及再现。

EA3000 发动机分析仪如图 4-5 所示。发动机综合性能检测仪如图 4-6 所示。

图 4-5　EA3000 发动机分析仪

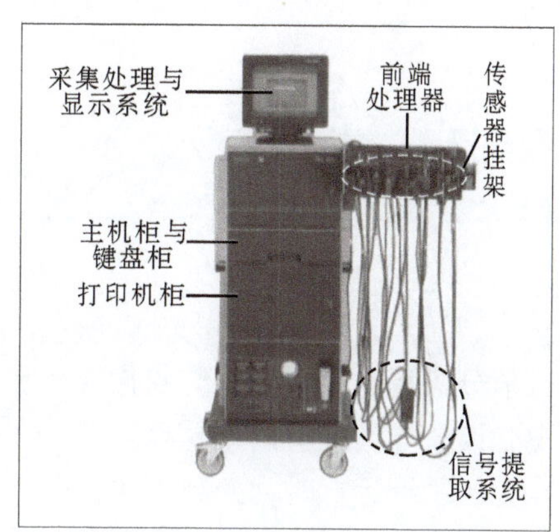

图 4-6　发动机综合性能检测仪

三、元器件模拟方式

元器件模拟方式测量是通过信号模拟器替代传感器向控制模块输送模拟的传感器信号，并对控制模块的响应参数进行分析比较的测量方式。信号模拟器有两种：一种是单路信号模拟器，另一种是同步信号模拟器。

单路信号模拟器是单一通道信号发生器。它只能输出一路信号，模拟一个传感器的动态变化信号。主要信号有可变电压信号 0~15V，可变交直流频率信号 0~10Hz，可变电阻信号的好坏，另一个是用可变模拟信号动态分析模块控制系统的响应，进而分析控制模块及系统的工作情况。

同步信号模拟器是两通道以上的信号发生器。它主要用于产生有相关逻辑关系的信号，如曲轴转角和凸轮轴转角传感器同步信号；用于模拟发动机运转工况，完成在发动机未转动的情况下对控制模块进行动态响应数据分析的实验。同步信号模拟器的功用也有两个：用对比方式比较传感器品质好坏；分析电脑控制系统的响应数据参数。

第五章 汽车数据流的分析方法

第一节 常见的数据分析方法

一、数值分析法

数值分析是对数据的数值变化规律和数值变化范围的分析，即数值的变化，如转速、车速和电脑读值与实际值的差异等。

在控制系统运行时，控制模块将以一定的时间间隔不断地接收各个传感器传送的输入信号，并向各个执行器发出控制指令，对某些执行器的工作状态还根据相应传感器的反馈信号再加以修正。我们可以通过诊断仪器读取这些信号参数的数值加以分析。

例 1 系统电压在发动机未起动时，其值应约为当时的蓄电池电压，在起动后应等于该车充电系统的电压。若出现不正常的数值，表示充电系统或发动机控制系统可能出现故障；因有些车型的充电系统是由发动机控制模块控制的，有时甚至是电脑内部的电源出现故障。

例 2 对于发动机不能起动（起动系统正常）的情况，应注意观察发动机的转速信号（用诊断仪），因大多数发动机控制系统在对发动机进行控制时，都必须知道发动机的转速（发送信号的方式各车型会不同），否则将无法确定发动机是否在转动，当然也无法计算进气量和进行点火及喷油的控制。

例 3 本田雅阁轿车冷却风扇的控制不是采用安装在散热器上的温控开关，而是发动机控制模块接收冷却液温度传感器的电压信号，判断冷却液的温度变化，当达到规定的温度时，电脑将控制风扇继电器接通，使风扇工作。如一辆本田雅阁 2.3L 轿车，发动机起动时间不长，冷却风扇即工作，此时凭手感冷却液只有 40~50℃。原先维修人员因无法找到真正的故障原因，只得改动风扇的控制电路，用一个手动开关人工控制。根据该车的电路图，可确定该车的风扇是由电脑控制的，接上检测仪，没有故障码存在；但在观察数据时，电脑读取的冷却液温度是 115℃。根据该车的设计，发动机电动风扇的工作点为 91~95℃（开关 A 低速档）和 103~109℃（开关 B 高速档）。由此可以判断电脑对风扇的控制电路是正常的，问题在于电脑得到的温度信号是不正确的，这可能是由于冷却液温度传感器、线束插头或电脑本身有故障。经检查发现传感器的阻值不正确，更换后一切正常。为什么没有故障码呢？这是因为该车在故障码的设定中，只规定了开路（读值一般在-35℃以下）和短路（读值一般在 120℃以上）状态，并不能判断传感器温度值是否是实际温度值，当然也就无法给出故障码了。从此例中可看出，应注意测量值和实际值的关系，对一个确定的物理量，不论是通

过诊断仪还是直接测量，得到的值与实际值差异都应不太大（因测量手段不同），否则就有可能是测量值的问题了。

二、时间分析法

电脑在分析某些数据参数时，不仅要考虑传感器的数值，还要判断其响应的速率，以获得最佳效果。

以氧传感器的信号为例，不仅要求有信号电压的变化，而且信号电压的变化频率在一定时间内要超过一定的次数（如某些车要求大于 6 次/s），当小于此值时，就会产生故障码，表示氧传感器响应过慢。有了故障码是比较好解决的，但当次数并未超过限定值，而又反应迟缓时，并不会产生故障码。此时不仔细体会，可能不会感到故障症状。应接上仪器观察氧传感器数据的变化状态以判断传感器的好坏。对采用 OBD-Ⅱ系统的催化转化器前后氧传感器的信号变化频率是不一样的。通常后氧传感器的信号变化频率至少应低于前氧传感器的一半，否则可能催化转化效率已降低了。

三、因果分析法

因果分析法是对相互联系的数据间响应情况和响应速度的分析。

在各个系统的控制中，许多参数是有因果关系的。如电脑得到一个输入，肯定要根据此输入给出下一个输出，在认为某个过程有问题时可以将这些参数连贯起来观察，以判断故障出现在何处。

例 1 在自动空调系统中，通常当按下空调选择开关后，该开关并不是直接接通空调压缩机离合器，而是该开关信号作为空调请求，空调选择信号被发送给发动机控制模块。发动机控制模块接收到此信号后，检查是否满足设定的条件，若满足，就会向压缩机继电器发出控制指令，接通继电器，使压缩机工作。因此当空调不工作时，可观察在按下空调开关后，空调请求（选择）、空调允许、空调继电器等参数的状态变化来判断故障点。

例 2 许多车上都装有废气再循环（EGR）系统，该排放装置的作用主要是降低氮氧化物。通常电脑是根据反馈传感器（如 EGR 位置传感器、DFPE 传感器或其他传感器）来判断 EGR 阀的工作状态。当有 EGR 系统未工作的故障码出现时，应首先在相应工况下检查电脑控制电磁阀的输出指令和反馈传感器的值，若无控制输出，则可能是工况条件不满足或电脑有故障；若反馈值没有变化，则可能是传感器、线路或 EGR 阀（包括废气通道）有问题。此时可直接在 EGR 阀上施加一定的真空（发动机在怠速时），若发动机出现明显抖动或熄火，则说明 EGR 阀本身和废气通道无问题，故障可能在传感器、线路或电脑上，应检查电路；若无明显抖动，则可能是 EGR 阀或废气通道有问题，属于常规机械故障。

四、关联分析法

电脑对故障的判断是根据几个相关传感器的信号进行比较，当发现它们之间的关系不合理时，会给出一个或几个故障码，或指出某个信号不合理。此时不要轻易断定是该传感器不良，需要根据它们之间的相互关系做进一步的检测，以得到正确结论。

以本田雅阁轿车为例，有时会给出节气门位置传感器信号不正确的故障码，但不论用什么方法检查，该传感器和其设定值都无问题。而若能认真地观察转速信号（用仪器或示波器），就会发现转速信号不正确，更换曲轴上的曲轴位置传感器（CKP 传感器）后，故障排除。故障原因是电脑接收到此时不正确的转速信号后，并不能判断转速信号是否正确（因无比较量），而是比较此时的节气门位置传感器信号，认为其信号与接收到的错误转速信号不相符，故给出节气门位置传感器的故障码。

五、比较分析法

比较分析法是对相同车种及系统在相同条件下的相同数据组进行的分析。

在很多时候，没有足够详细的技术资料和详尽的标准数据，则无法正确地断定某个器件的好坏。此时可与同类车型或同类系统的数据进行比较。当然在修理中，很多人会使用替换实验进行判断，这也是一种简单的方法，但在进行时应注意首先做一定的基本诊断。在基本确定故障趋势后，再替换被怀疑有问题的器件，不能一上来就换这换那，其结果可能是换了所有的器件，仍未发现问题。再一个注意的是用于替换的器件一定要确认是良好的，而不一定是新的，因为新的未必是良好的，这是做替换实验的基本原则。

第二节　基本数据分析

一、发动机参数分析

1. 发动机转速分析

读取电控装置数据流时，在检测仪上所显示出来的发动机转速是由电子控制单元（ECU）根据发动机点火信号或曲轴位置传感器的脉冲信号计算而得的，它反映了发动机的实际转速。发动机转速的单位一般采用 r/min，其变化范围为 0 至发动机的最高转速。该参数本身并无分析的价值，一般用于对其他参数进行分析时作为参考基准。

2. 发动机起动转速分析

该参数是发动机起动时由起动机带动的发动机转速，其单位为 r/min，显示的数值范围为 0~800r/min。该参数是发动机 ECU 控制起动喷油量的依据。分析发动机起动转速可以分析其起动困难的故障原因，也可分析发动机的起动性能。

3. 冷却液温度分析

发动机冷却液温度是一个数值参数，其单位可以通过检测仪选择为℃或℉。在单位为℃时其变化范围为-40~199℃。该参数表示 ECU 根据冷却液温度传感器送来的信号计算后得出的冷却液温度数值。该参数的数值应能在发动机冷车起动至热车的过程中逐渐升高，在发动机完全热车后怠速运转时的冷却液温度应为 85~105℃。当冷却液温度传感器或线路断路时，该参数显示为-40℃。若显示的数值超过 185℃，则说明冷却液温度传感器或线路短路。

在有些车型中，发动机冷却液温度参数的单位为 V，表示这一参数的数值直接来自冷却液温度传感器的信号电压。该电压和冷却液温度之间的比例关系依控制电路的方式不同而不同，通常成反比例关系，即冷却液温度低时电压高，冷却液温度高时电压低，但也可能成正比例关系。在冷却液温度传感器正常工作时，该参数值的范围为 0~5V。

如果发动机工作时，冷却系统的节温器已完全打开，而冷却液温度不是逐渐上升，而是下降好几度，这就表明冷却液温度传感器已损坏。冷却液温度传感器损坏引发的故障现象如下：

① 发动机冒黑烟。

② 车辆不易起动。

③ 加速不良。

④ 怠速不稳，有时熄火。

4. 起动时冷却液温度分析

某些车型的电脑会将点火开关刚接通那一瞬间的冷却液温度传感器信号存在存储器内，并一直保存至发动机熄火后下一次起动时。在进行数值分析时，检测仪会将电脑数据流中的这一信号以起动温度的形式显示出来，可以将该参数的数值和发动机冷却液温度的数值进行比较，以判断冷却液温度传感器是否正常。在发动机冷态起动时，起动温度和此时的发动机冷却液温度数值是相等的。随着发动机在热状态下起动，发动机冷却液温度应逐渐升高，而起动温度仍然保持不变。若起动后两个数值始终保持相同，则说明冷却液温度传感器或线路有故障。

5. 发动机机油液面信号分析

发动机机油液面是一个状态参数，其显示内容为正常或过低。它表示微机接收到的发动机机油液面控制开关的信号。

6. 发动机运转时间分析

发动机运转时间是一个数值参数，其数值范围为 00：00：00~99：99：99（h：min：s）。

该参数表示从发动机起动所经过的时间。若发动机关闭，发动机运行时间则会重新设定至 00：00：00。

7. 车速信号分析

车速参数是由发动机或自动变速器电脑（ECM、TCM）根据车速传感器的信号计算出的汽车车速数值。车速参数的显示单位有 mile/h（英里/时）或 km/h 两种，可以通过调整检测仪来改变。

车速参数是电脑控制自动变速器的主要参数，也是进行巡航控制的重要参数。有些带自动变速器的汽车没有车速传感器，此时检测仪上显示的车速为 0。该参数一般作为对自动变速器的其他控制参数进行分析的参考依据。

8. 车辆防盗燃油中止分析

车辆防盗燃油中止是一个状态参数，其显示内容为“起动”或“未起动”。

防盗燃油启用电路是从车辆防盗控制模块输入的，该模块向 PCM 发送信号，使其在接收合适的信号条件下启用喷油器。扫描工具正常时显示“未起动”。若车辆防盗控制模块将校正防盗燃油信号发给 PCM，显示器则转换为“起动”且燃油系统中止。

9. 故障指示灯（MIL）信号分析

故障指示灯数据是一个状态参数，其显示内容为接通或断开。当发动机各控制电路正常时，ECM/PCM 的输入与信号电压将在规定范围内变化，此时仪表板上故障指示灯不亮（图 5-1），故障指示灯数据显示 OFF。当某一电路出现超过规定范围的信号电压时，ECM/PCM 便判定该电路信号出现故障，故障指示灯被点亮，故障指示灯数据显示 ON。

10. 发动机负荷分析

发动机负荷是一个数值参数，单位为 ms 或%，其数值范围为 1.3~4.0ms（怠速时）或 15%~40%。

发动机负荷是由控制单元根据传感器参数计算出来的，并由进气压力或喷油量显示，一般观察怠速时的发动机负荷来判断车辆是否存在故障。

发动机负荷的喷射时间是一个纯计算的理论值。在怠速下的发动机可以理解为发动机所需克服的自身摩擦力和附件驱动装置。

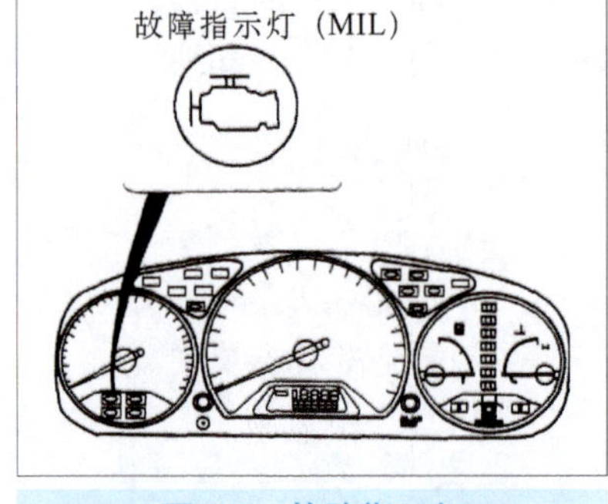

图 5-1　故障指示灯

发动机负荷的喷射时间与基本喷油量，仅与发动机曲轴转速和负荷有关，不包括喷油修正量。正常数值如下：

① 怠速时，即负荷为 0 时的正常显示范围为 100~250ms。

② 海拔每升高 1000m，发动机负荷（输出功率）降低约 10%。

③ 当外界温度很高时，发动机输出功率也会降低，最大降低幅度可达 10%。

④ 当发动机达到最大负荷时（汽车行驶中），在 4000r/min 显示值应达到 7.5ms；在 6000r/min 显示值应达到 6.5ms。

发动机负荷异常的主要原因如下：

① 进气系统漏气。

② 真空管堵塞。

③ 配气正时错误。

④ 有额外负荷。

二、燃油控制参数分析

1. 喷油脉宽信号分析

喷油脉冲宽度是发动机微机控制喷油器每次喷油的时间长度，是喷油器工作是否正常的最主要指标。该参数所显示的喷油脉冲宽度数值单位为 ms。

该参数显示的数值大，表示喷油器每次打开喷油的时间较长，发动机将获得较浓的混合气；该参数显示的数值小，表示喷油器每次打开喷油的时间较短，发动机将获得较稀的混合气。喷油脉冲宽度没有一个固定的标准，它将随着发动机转速和负荷的不同而变化。

影响喷油脉冲宽度的主要因素如下：

① λ 调节。

② 炭罐清污。

③ 空气温度与密度。

④ 蓄电池电压（喷油器打开的快慢）。

喷油量过大常见原因如下：

① 空气流量计损坏。

② 节气门控制单元损坏。

③ 有额外负荷。

④ 某缸或数缸工作不良。

2. 目标空燃比分析

该参数不是通过测量而得到的发动机实际空燃比，而是发动机微机在闭环控制时根据各种传感器信号计算后得出的应提供的空燃比，微机将依照此参数的大小来控制喷油器的喷油量。

该参数的显示数值一般为14.7左右，低于此值表示微机要提供较浓的混合气，高于此值表示微机要提供较稀的混合气。有些车型以状态参数的方式显示这一参数，其显示内容为浓或稀。

该类参数还有燃油短期校正系数、燃油长期校正系数、燃油校正学习、燃油校正块、不同步脉冲、功率加浓、节气门分开、溢流清除、减速调稀、减速断油、加速加浓、起动开关等。

3. 指令燃油泵分析

指令燃油泵是一个状态参数，其显示状态为接通或断开（ON/OFF），表示燃油泵继电器驱动电路PCM（ECU）的指令状态。

当燃油流量或MAP超过一定位置或当系统电压低于10V时，燃油泵高速运行，增加供油。

PCM提供点火正极电压以控制燃油泵继电器工作。当点火开关第一次转至“ON”位置时，PCM便激发燃油泵继电器向装于燃油箱内的燃油泵供电，使燃油泵开始工作。

燃油泵继电器在发动机运转期间，且PCM能接收到参考信号脉冲的情况下，一直处于导通状态。如果没有参考信号存在，燃油泵继电器在点火开关被转至“ON”位置后2s内停止。PCM可以检测到燃油泵继电器控制电路中的故障，如果PCM检测到燃油泵继电器控制电路中存在电气故障，PCM将设置故障码（燃油泵继电器控制电路不良）。

别克、本田雅阁轿车燃油泵驱动电路，分别如图5-2和图5-3所示。

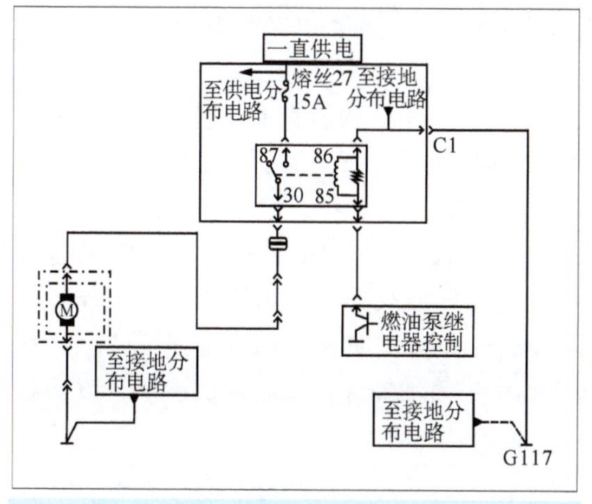

图5-2 别克轿车燃油泵驱动电路

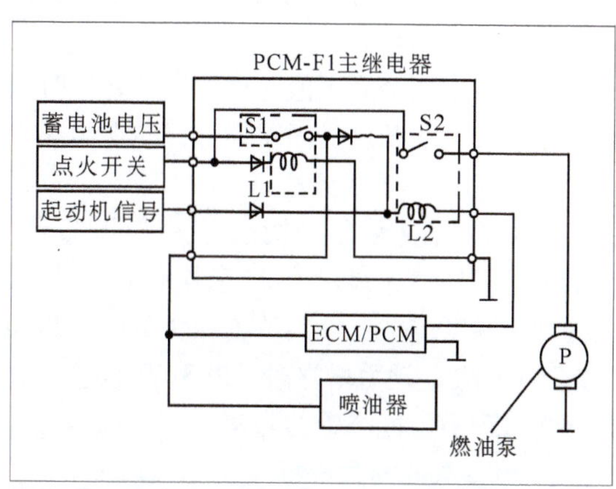

图5-3 本田雅阁轿车燃油泵驱动电路

4. 短时燃油修正分析

短时燃油修正是一个数值参数，其数值范围是-10%~10%。短期燃油微调，即PCM响应燃油控制氧传感器，在电压高于或低于450mV限度的时间内，短期地校正供油。若氧传感器电压主要保持在450mV以下，表示混合气过稀，短期燃油微调则提高至0%以上的正值范围内且PCM将增加供油量。若氧传感器电压主要在限值以上，短期燃油微调则减小至0%以下进入负值范围。同时，PCM减小供油量，补偿所指示的浓混合气状况。在一定条件下，如长时间在怠速运行和环境温度较高，正常操作时，炭罐清污也会使短期燃油微调显示在负值范围内。控制燃油微调时，PCM最大允许范围在-10%~10%之间。在最大允许值时，燃油微调值则表示系统过浓或过稀。

对应于短时燃油修正，还有一个长时修正（BLM）参数，它是从短时燃油修正派生出来的。长时燃油修正同短时燃油修正一样表示修正的方向，即高的数值表示加浓混合气，低的数值表示减稀混合气。

某些V型发动机，对左右两侧气缸具有单独的修正参数，因此参数也分为左和右。

5. 长时燃油修正分析

长时燃油修正是一个数值参数，其数值范围为-23%~16%。长期燃油微调来自短期燃油微调数值，并表示长期的供油校正。0%表示如果供油不需要补偿就能保持PCM指令的空燃比。若显著低于0%，为一个负值，表示系统过浓，供油应减少（减小喷油器脉宽）。如果明显高于0%，为一个正值，表示存在过稀状况，PCM要增加油量（增加喷油器脉宽）进行补偿。由于长期燃油微调力图追随短期燃油微调，因怠速炭罐清污产生的负值，不属于异常。PCM控制长期燃油微调的最大允许值在-23%~16%之间，最大允许燃油微调值表示系统过浓或过稀。

某些V型发动机，对左右两侧气缸均有单独的燃油修正，因此对这种发动机参数将分别显示为左、右侧长时燃油修正。

根据不同的发动机管理系统，自适应的修正数可能存储于PCM非永久性存储器或永久性存储器中。若存储在非永久性存储器中，则当关闭点火开关后记忆被删除，在再次起动时，修正数返回0。若存储在永久性存储器中，则即使关闭点火开关，记忆也不会消失，并且在再次起动时，返回原记忆的修正数处。只有断开蓄电池或拆除PCM的熔丝后记忆才会被删除，并返回至0。

可以将这两个修正值与喷油器的开启时间加以比较。大于0的值表示开启时间增加，而小于0的值表示开启时间减少。只有在闭环中才有燃油修正，在开环时，参数值为固定值。

6. 动力增强模式分析

动力增强或混合气加浓是一个状态参数，其显示状态为启用或未启用。如果显示ACTIVE（启用），表示PCM已检测的条件适合在（混合气加浓）动力增强模式中操作。当检测到大幅度增加节气门位置和负载时，PCM将指令（混合气加浓）动力增强模式。当在（混合气加浓）动力增强时，PCM则通过进入开环和增加喷油器脉宽来增加供油量，以防止在加速过程中可能产生的降速。

7. 减少燃油模式分析

减少燃油模式是一个状态参数，其显示状态为启用或未启用。显示的启用表示PCM已检测到减少燃油模式中相应的操作状况。当检测到节气门位置突然减小，同时车辆以高于

25mile/h 速度行驶，PCM 则指令减少燃油模式。当在减少燃油模式中，PCM 则通过进入开路并减小喷油器脉宽来减少所供给的油量。

三、进气状态参数分析

1. 大气压力参数分析

大气压力是一个数值参数，它表示大气压力传感器送给电脑的信号电压的大小，或电脑根据这一信号经计算后得出的大气压力的数值。该参数的单位依车型而不同，有 V、kPa 及 cmHg 三种，其变化范围分别为 0~5.12V、10~125kPa 和 0~100cmHg。有些车型的电脑显示两个大气压力参数，其单位分别为 V 和 kPa 或 cmHg。这两个参数分别代表大气压力传感器电压的大小，及电脑根据这一信号计算后得出的大气压力数值。大气压力数值和海拔有关：在海拔为 0m 附近为 100kPa 左右，高原地区大气压力较低，在海拔 4000m 附近为 60kPa 左右。在数值分析中，如果发现该参数和环境大气压力有很大的偏差，说明大气压力传感器或电脑有故障。

2. 进气歧管压力的分析

进气歧管压力是一个数值参数，表示由进气歧管压力传感器送给电脑的信号电压，或表示电脑根据这一信号电压计算出的进气歧管压力数值。该参数的单位依车型而不同，也有 V、kPa 及 cmHg 三种，变化范围分别为 0~5.12V、0~205kPa 和 0~150cmHg。进气歧管压力传感器所测量的压力是发动机节气门后方的进气歧管内的绝对压力。在发动机运转时该压力的大小取决于节气门的开度和发动机的转速。在相同转速下，节气门开度愈小，进气歧管的压力就愈低（即真空度愈大）；在相同节气门开度下，发动机转速愈高，该压力就愈低。涡轮增压发动机的进气歧管压力在增压器起作用时，则大于 102kPa（大气压力）。在发动机熄火状态下，进气歧管压力应等于大气压力，该参数的数值应为 100~102kPa。如果在数值分析时发现该参数值和发动机进气歧管内的绝对压力不符，则说明传感器不正常或微机有故障。

3. 空气流量的分析

空气流量是一个数值参数，它表示发动机微机接收到的空气流量计的进气量信号。该参数的数值变化范围和单位取决于车型和空气流量计的类型。

采用翼板式空气流量计、热线式空气流量计及热膜式空气流量计的汽车，该参数的数值单位均为 V，其变化范围为 0~5V。在大部分车型中，该参数的大小和进气量成反比，即进气量增加时，空气流量计的输出电压下降，该参数的数值也随之下降。5V 表示无进气量，0V 表示最大进气量。也有部分车型该参数的大小和进气量成正比，即数值大表示进气量大，数值小表示进气量小。

采用涡流式空气流量计的汽车，该参数的数值单位为 Hz 或 ms，其变化范围分别为 0~1600Hz 或 0~625ms。在怠速时，不同排量的发动机该参数的数值为 25~50Hz。进气量愈大，该参数的数值也愈大。在 2000r/min 时为 70~100Hz。如果在不同工况时该参数的数值没有变化或与标准有很大差异，说明空气流量计有故障。

进气流量不准，常引起以下故障：

① 加速不良。
② 发动机回火。

③ 排气管放炮。

4. 进气怠速控制分析

进气怠速控制参数是一个数值参数，它表示微机控制的发动机节气门体上的怠速控制阀的开度。在检测时，根据不同的车型，该参数有采用百分数（%）及不采用百分数两种情况，其数值范围有0~100、0~15和0~255三种。数值小，表示怠速控制阀的开度小，经怠速控制阀进入发动机的进气量较小；数值大，表示怠速控制阀开度大，经怠速控制阀进入发动机的进气量多。

在数值分析时，通过观察该参数可以监测到微机对怠速控制阀的控制情况，以作为判断发动机怠速故障或其他故障时的参考。

5. 进气温度分析

进气温度是一个数值参数，其数值单位为℃或℉，在单位为℃时其变化范围为-50~185℃。该参数表示电脑按进气温度传感器的信号计算后得出的进气温度数值。在进行数值分析时，应检查该数值与实际进气温度是否相符。在冷车起动之前，该参数的数值应与环境温度基本相同；在冷车起动后，随着发动机的升温，该参数的数值应逐渐升高。若该参数显示为-50℃，则表明进气温度传感器或线路断路；若该参数显示为185℃，则表明进气温度传感器或线路有短路。

6. 节气门开度分析

节气门开度是一个数值参数。其数值的单位根据车型不同有三种：若单位为电压（V），则数值范围为0~5.1V；若单位为角度（°），则数值范围为0°~90°；若单位为百分数（%），则数值范围为0%~100%。

该参数的数值表示发动机微机接收到的节气门位置传感器信号值，或根据该信号计算出的节气门开度的大小。其绝对值小，则表示节气门开度小；其绝对值大，则表示节气门开度大。在进行数值分析时，应检查在节气门全关时参数的数值大小。以电压为单位的，节气门全关时的参数的数值应低于0.5V；以角度为单位的，节气门全关时的参数值应为0°；以百分数为单位的，节气门全关时该参数的数值应为0%。此外，还应检查节气门全开时的数值。不同单位下的节气门全开时的数值，应分别为4.5V左右、82°以上和95%以上。若有异常，则可能是节气门位置传感器有故障或调整不当，也可能是线路或微机内部有故障。

线性输出节气门位置传感器要输出与节气门开度成比例的电压信号，控制系统根据其输入电压信号来判断节气门的开度，即负荷的大小，从而决定喷油量的控制。如果传感器的特性发生了变化，即由线性输出变成了非线性输出（图5-4），传感器输出的电压信号虽然在规定的范围内，但

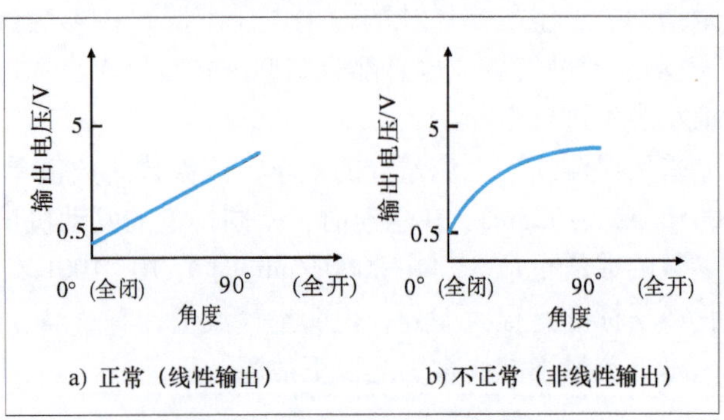

图5-4 线性输出节气门位置传感器输出特征

并不与节气门的开度成规定的比例变化，就会出现发动机工作不良，而故障指示灯却不会亮，当然也不会有故障码。

节气门位置传感器损坏引起的常见故障如下：

① 加速不良。
② 怠速不稳。
③ 发动机熄火。
④ 导致自动变速器自动进入紧急运行状态。

7. 怠速开关分析

怠速开关是一个状态参数，其显示内容为 ON 或 OFF。它表示微机接收到的节气门位置传感器中的怠速开关的信号。当节气门全关时，节气门位置传感器的怠速开关闭合，此时该参数应显 ON；在节气门打开后，该参数应显 OFF。

若有异常，说明节气门位置传感器有故障，或线路、电脑内部有故障。

该类参数还有目标怠速转速、怠速控制阀位置、怠速电动机步进角等。

四、供电器点火参数分析

1. 蓄电池电压分析

蓄电池电压是一个数值参数，它反映了电脑所检测到的汽车蓄电池的电压，其数值变化范围为 0~25，单位为 V。发动机电脑的控制系统中没有专门检测蓄电池电压的传感器，电脑是根据其内部电路对输入电脑的电源电压进行检测后获得这一数值的。在发动机运转时该参数实际数值通常接近正常的充电电压，怠速时为 13.5~14.5V。在数值分析时，可将该参数的数值与蓄电池接线柱上的电压进行比较。若电压过低，说明电脑的电源线路有故障。

该参数主要用于电脑自诊断。当蓄电池电压过高或过低时，电脑的某些功能会发生变化。例如：如果电脑发现电压下降到低于极限以下，它将发出指令让发动机以怠速运转，以增加充电量。这样会对怠速控制、燃油控制和点火正时参数产生影响。在大部分车型中，如果电脑发现蓄电池电压过高，它会切断由电脑控制的所有电磁阀的电流，以防止电脑因电流过大而损坏。

控制单元的电压过低，易引起以下故障：

① 发动机怠速不稳。
② 发动机熄火。
③ 加速不良。
④ 发动机起动困难。

2. 5V 基准电压分析

5V 基准电压是一个数值参数，它表示电脑向某些传感器输出的基准工作电压的数值，其变化范围为 0~5.12V。大部分汽车电脑的基准电压为 5.0V 左右。该电压是衡量电脑工作是否正常的一个基本标志，若该电压异常，则表示电脑有故障。

3. 点火提前角分析

点火提前角是一个数值参数，它表示由电脑控制的总点火提前角（包含基本点火提前角)，其变化范围为-90°~90°。在发动机运转过程中，该参数的数值取决于发动机的工况及有关传感器的信号，通常在10°~60°之间变化。在进行数值分析时，应检查该参数能否随发动机工况不同而变化。通常在发动机怠速运转时该参数为15°左右；发动机加速或中高速运转时，该参数增大。如果该参数在发动机不同工况下保持不变，则说明电脑有故障，也可以用正时灯检测发动机点火提前角的实际数值，并与该参数进行比较。如果发现实际点火提前角和该参数不符，说明曲轴位置传感器安装位置不正确，应按规定进行检查和调整。

点火提前角异常的主要原因如下：

① 用电器用电。
② 转向盘不归正。
③ 进气系统漏气。
④ 怠速稳定阀损坏。

4. 起动信号分析

起动信号是一个状态参数，其显示内容为YES或NO。该参数反映由电脑检测到的点火开关的位置或起动机回路起动时是否接通。在点火开关转至起动位置、起动机回路接通运转时，该参数应显示为YES，其他情况下为NO。发动机电脑根据这一信号来判断发动机是否处于起动状态，并由此来控制发动机起动时的燃油喷射、怠速和点火正时。在进行数值分析时，应在发动机起动时检查该参数是否显示为YES。如果在起动时该参数仍显示为NO，说明起动系统至电脑的信号电路有故障，这会导致发动机起动困难等故障。

5. 点火控制信号分析

点火控制信号是一个状态参数，其显示内容为YES或NO。该参数表示发动机电脑是否在控制点火提前角。通常在发动机起动过程中，点火正时由点火电子组件控制，发动机电脑不进行点火提前角控制，此时该参数显示为NO；起动后，发动机电脑控制点火正时后，此时该参数显示为YES。如果在发动机运转中该参数显示为NO，说明控制系统某些传感器有故障，使发动机电脑无法进行点火提前角控制。

6. 爆燃信号分析

爆燃信号是一个状态参数，其显示内容为YES或NO。该参数表示电脑是否接到爆燃传感器送来的爆燃信号。当参数显示为YES时，说明电脑接到爆燃信号；显示NO时，表示没有接到爆燃信号。在进行数值分析时，可在发动机运转中急加速，此时该参数应能先显示YES，后又显示为NO。如果在急加速时该参数没有显示为YES或在等速运转时也显示为YES，说明爆燃传感器或线路有故障。

7. 爆燃计数分析

爆燃计数是一个数值参数，其变化范围为0~255。它表示电脑根据爆燃传感器信号计算出的爆燃的数量和相关的持续时间。参数的数值并非爆燃的实际次数和时间，它只是一个与爆燃次数及持续时间成正比的相对数值。任何大于0的数值都表示已发生爆燃。数值小表示爆燃次数少或持续时间短，数值大表示爆燃次数多或持续时间长。

8. 爆燃推迟分析

爆燃推迟是一个数值参数，其变化范围为0°~99°。它表示电脑在接到爆燃传感器送来的爆燃信号后将点火提前角推迟的数值。该参数的数值不代表点火提前角的实际数值，仅表

示点火提前角相对于当前工况下最佳点火提前角向后推迟的角度。

9. 电气负荷开关分析

电气负荷开关是一个状态参数，其显示内容为 ON 或 OFF。该参数表示汽车电气系统的负荷状态。当使用前照灯、制动灯、后窗除霜器、空调等较大用电设备时，该参数显示为 ON；当所有附属用电设备关闭时，该参数显示为 OFF。发动机控制系统利用这一参数在怠速时对充电系统做出补偿（如提高发动机怠速），以增加交流发电机的发电量。

对于本田雅阁轿车，其电气负荷由电气负荷传感器（ELD）来检测，用电流来表示，其数值范围为 0~100A，如图 5-5 所示。

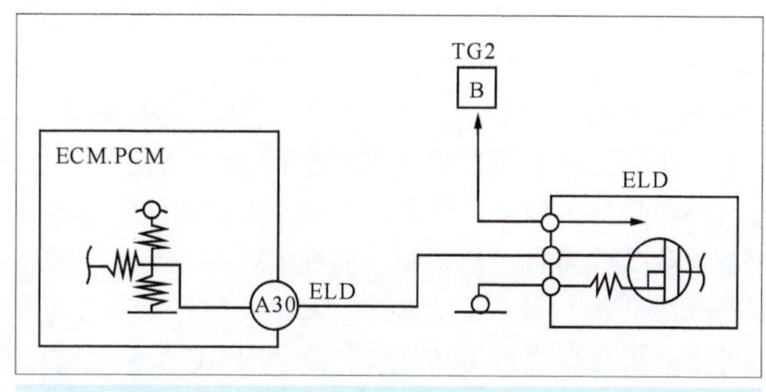

图 5-5　电气负荷传感器电路（本田雅阁轿车）

10. 点火模式分析

在别克轿车上设有点火模式参数，此参数为状态参数，其显示状态为旁通或 IC，如图 5-6所示。旁通表示点火控制模块保持点火固定在上止点前（BTDC）10°。点火控制模块根据 PCM 发送到旁通电路中的点火控制模块的电压水平，确定正确的操作模式。若 PCM 未

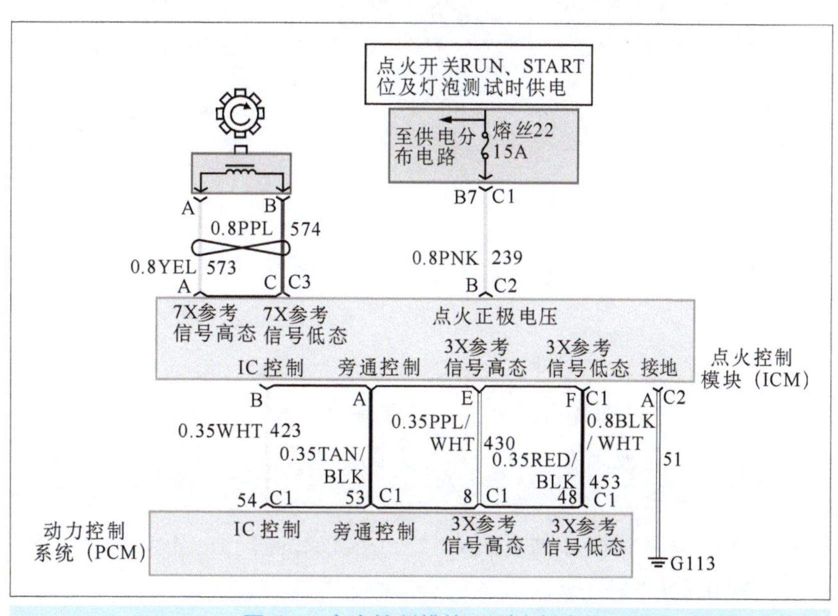

图 5-6　点火控制模块（别克轿车）

接通 5V 电压，或点火控制模块未接收到该电压，该模块控制点火正时。IC 指示 PCM 已向点火模块发送信号，表示 PCM 将要控制点火提前（IC 模式）。点火控制模块根据 PCM 发送到旁通电路中的点火控制模块电压水平，决定正确的操作模式。若 PCM 将控制点火正时（IC 模式），PCM 则向点火控制模块旁通电路提供 5V 电压。若 PCM 未接通 5V 电压，或点火控制模块未接收到该电压，模块则控制点火正时（旁通模式）。

五、排放控制参数分析

1. 炭罐指令分析

炭罐指令是一个状态参数，显示内容为 ON 或 OFF。它表示电脑输出至炭罐电磁阀的控制信号。电脑在冷车或怠速运转时让电磁阀关闭，切断发动机进气歧管至炭罐的真空通路，停止炭罐的净化回收工作，此时该参数显示为 OFF。发动机在热车并以高于怠速转速运转时，电脑让电磁阀打开，导通炭罐至发动机进气歧管的真空通路，此时该参数显示为 ON。如果在数值分析时发现该参数显示规律有异常，说明微机或某些传感器有故障。

燃油蒸气控制系统又称蒸气净化控制系统，简称 EVAP 系统，如图 5-7 所示。EVAP 控制系统是为了适应封闭式燃油箱的需要而设计的。现代汽车的燃油箱都采用封闭式结构，其目的是防止燃油蒸气外泄对大气造成污染和节约能源。EVAP 控制系统的功用是回收和利用蒸气。EVAP 系统由炭罐（内装有吸附力的活性炭颗粒）、燃油箱蒸气阀、双通阀和 EVAP 控制电磁阀。

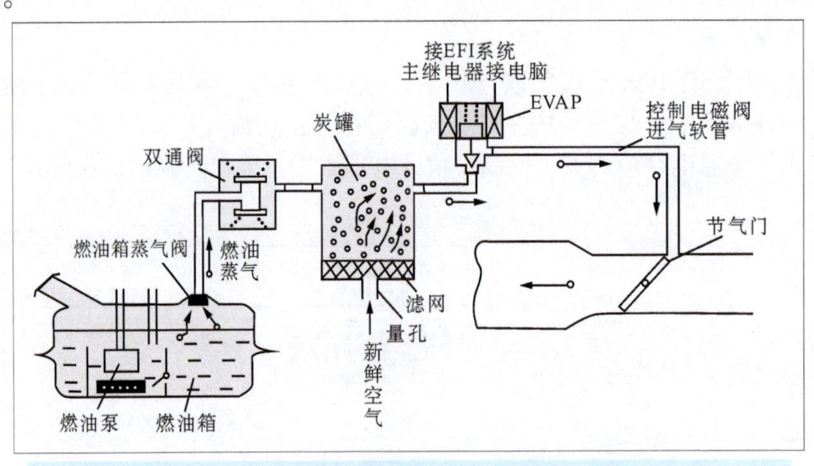

图 5-7　燃油蒸气控制系统

当发动机在中、小负荷下工作（冷却液温度≥75℃）时，电脑给 EVAP 控制电磁阀提供接地回路，EVAP 控制电磁阀开启，炭罐与排气管之间形成通路，新鲜空气即从炭罐下方的控制量孔进入炭罐，清除吸附在活性炭颗粒上的燃油蒸气，并与其一起通过进气管进行燃烧。

燃油蒸气被活性炭吸附储存和随后进入气缸内燃烧的过程的不断进行，减少了燃油消耗，也减少了发动机排放的污染物。

发动机运转时当气缸的混合气浓度允许燃油进入，在 ECM/PCM 的控制下，电磁阀的电磁线圈通电，使阀门打开，燃油蒸气从接炭罐侧进入进气歧管侧。

2. 废气再循环（EGR）指令分析

废气再循环指令是一个状态参数，其显示内容为 ON 或 OFF。该参数表示电脑是否输出控制信号让废气再循环控制电磁阀打开。该参数显示为 ON 时，表示电脑输出控制信号，废气再循环控制电磁阀接到信号通路，打开真空通路，让真空进入废气再循环阀，使废气再循环装置开始工作。该参数显示为 OFF 时，电磁阀不通电，切断废气再循环阀的真空。该参数在汽车停车或发动机处于怠速、开环控制状态时显示为 OFF，在汽车行驶状态下通常显示为 ON。该参数仅仅反映电脑有无输出控制信号，它不表示废气再循环控制电磁阀是否接到该信号及是否已打开。

EGR 系统的控制模式见表 5-1。

表 5-1　EGR 系统的控制模式

发动机的工作状态	EGR 系统控制模式
在发动机低速运转、冷却液温度低于 60℃时	EGR 阀关闭，废气不再进行循环，以防止发动机怠速不稳。如果节气门开度调节不当，EGR 阀过早地开启，发动机怠速会不稳。因此应注意：节气门的限位螺钉不得轻易变动
在发动机中速运转（转速≥2000r/min）、中等负荷下工作（节气门开度≥25%）时	电脑控制 EGR 阀开启，使部分废气（6%～15%）进行再循环，以降低 NO_x 的生成量，减少排放污染
当发动机在大负荷工作时	EGR 阀关闭，废气不进行循环，以保证发动机有足够的功率输出。从另一方面来说，此时的空燃比（A/F）较小，NO_x 的生成量不多，也没有必要让废气再循环

EGR 系统常见故障及其原因见表 5-2。

表 5-2　EGR 系统常见故障及其原因

部　件	常见故障及其原因
EGR 阀	因为 EGR 阀的热负荷大，工作环境差，所以其常见故障是脏堵、卡死（导致 EGR 阀常开或常闭）或膜片破裂。如果 EGR 阀常开，则发动机在怠速和高速下工作时废气都进行再循环，导致发动机转速不稳和加速无力；如果 EGR 阀常闭，则发动机在中等负荷下工作时废气不能再循环，导致 NO_x 的生成量增多，排放污染物增加。EGR 的膜是由弹簧钢片制成的，它一旦破裂、漏气，EGR 阀就失控，必须予以更换；如果 EGR 阀高度传感器有故障，它会将错误的电压信号输送给电脑，导致 EGR 阀进行工作的时间失常，EGR 失准，以致发动机的动力性和经济性下降，排放污染物增加
EGR 控制电磁阀	EGR 控制电磁阀的常见故障是电磁阀线圈电路不良、阀口脏堵或阀芯卡死，它们都会使 EGR 阀工作失常 注意：对 EGR 控制电磁阀做通电、断电检查，应能听到阀芯的动作声（“咔嚓”声），其线圈的电阻值应正常
恒压阀	恒压阀常见的故障是关不严、膜片破裂或通大气口的滤网堵塞，它们都会导致真空管中的真空度发生变化，使 EGR 失准、发动机转速不稳
真空软管	EGR 系统各真空软管的位置必须正确，否则 EGR 阀会失控

EGR 系统维护要点如下。

1）当发动机怠速运转时，将节气门后方的真空软管和 EGR 阀连接，观察发动机转速是否变化。如果发动机转速下降 100r/min，则说明 EGR 阀工作良好，因为这时 EGR 阀应开启，废气进入气缸。

2）将发动机的转速从怠速转速突然提高到 2000r/min 以上，然后从 EGR 阀外壳上的散热通风口观察（或用手感）其锥阀是否上移。如果锥阀上移，说明 EGR 阀、EGR 控制电磁阀、恒压阀都良好。此时，真空软管中的真空度应为 27kPa。

3. 废气再循环温度分析

废气再循环温度是一个数值参数，其变化范围为 0~5.12V 或 -50~320℃。该参数表示安装在废气再循环通路上的废气再循环温度传感器送给微机的反馈信号，这一信号以温度变化的形式间接地反映废气再循环的流量。当废气再循环流量大时，再循环通路上的废气温度升高，该参数的数值增大；废气再循环流量小或停止时，该参数的数值减小。在数值分析时，可以将该参数的变化和废气再循环指令对照。当废气再循环指令参数为 ON 时，废气再循环温度数值应上升，否则说明废气再循环装置不工作或废气再循环温度传感器有故障。

（1）作用

EGR 监测温度传感器用于监视 EGR 阀的工作状况，减少汽车尾气 NO_x 的含量。

（2）传感器的识别

EGR 监测温度传感器安装在 EGR 阀下游，如图 5-8 所示。在 EGR 系统中排气歧管排放气体中的部分气体再循环到进气歧管中，这一部分就由 EGR 阀控制。

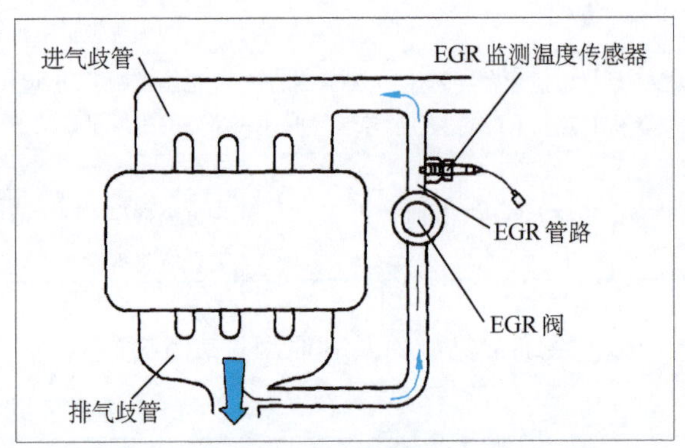

图 5-8 EGR 监测温度传感器的安装位置

要保证 EGR 阀工作正常，必须由 EGR 监测温度传感器时刻监视它的工作。在排放法规中，已强制要求安装 EGR 监测温度传感器，以监视 EGR 阀的工作状况，减少汽车尾气中 NO_x 的含量。

EGR 监测温度传感器用热敏电阻制成，它的结构如图 5-9 所示。EGR 监测温度传感器的作用就是检测 EGR 阀下游的再循环气体的温度变化情况，以此来监视 EGR 阀的工作状况。在一般工况下，EGR 阀附近废气温度为 100~200℃；高温、重负荷时为 300~400℃；不工作时为 50℃左右。

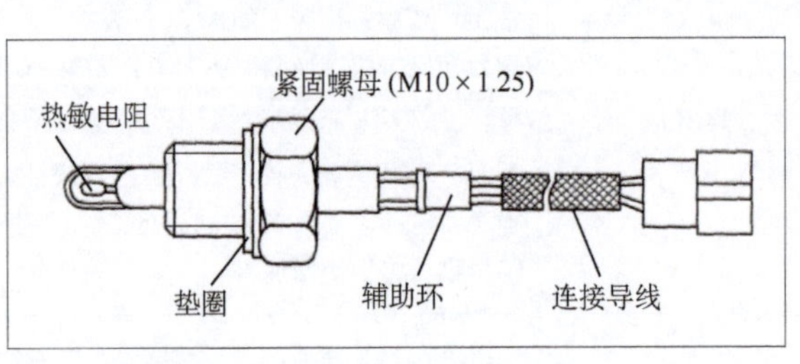

图 5-9 EGR 监测温度传感器的结构

（3）传感器的检修

当 EGR 系统发生故障导致没有废气再循环时，其原因可能是 EGR 监测温度传感器连接电路断路或短路；EGR 控制系统发生故障，引起系统停止工作；EGR 管路中的沉积物堵塞了通路。这时应检查 EGR 监测温度传感器的电阻与温度的关系。

在检查时，应拆下 EGR 监测温度传感器，用专用设备加热，其电阻值应随温度的升高而下降，应符合表 5-3 中的规定值，如果与规定值相差较大，则应更换 EGR 监测温度传感器。

表 5-3　EGR 监测温度传感器的温度特性

温度/℃	50	100	200	400
初始电阻值/kΩ	635±77	85.3±8.8	5.1±0.61	0.16±0.05

4. EGR 阀位置分析

EGR 阀位置是一个数值参数，其数值范围为 0.0~5.1V。该参数是以 EGR 阀升程传感器的电压来表示 EGR 阀的位置。当 EGR 阀的开度增加时，电压读数也相应提高。

EGR 阀升程传感器又称 EGR 阀高度传感器或 EGR 阀位置传感器，如图 5-10 所示。

在 EGR 阀上方装有 EGR 阀高度传感器（电位器），用于监控 EGR 阀的开度。EGR 阀高度传感器以电压信号（0~5V）将 EGR 阀的开度反馈给电脑，电脑即将它与理想的开度值进行比较，若两者不同，电脑便调整其控制脉冲的占空比，通过改变 EGR 控制电磁阀的开、闭时间来调节 EGR 阀的开度，从而适应发动机的工况。

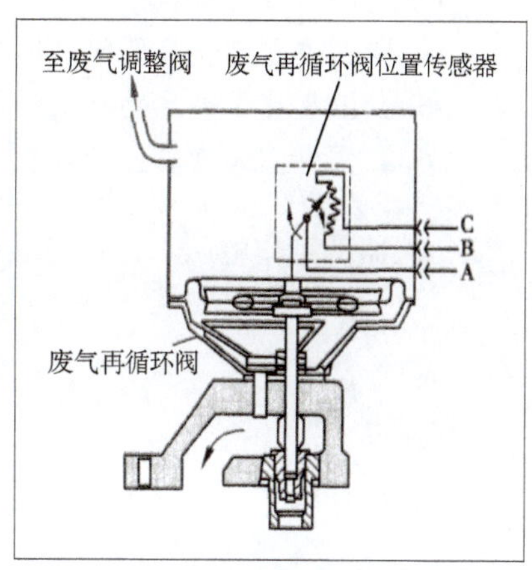

图 5-10　EGR 阀位置传感器

5. 二次空气喷射指令分析

二次空气喷射指令是一个状态参数，其显示内容为 NORM 或 DIV。该参数表示发动机电脑向空气喷射系统送出的指令。该参数显示为 NORM 时，表示电脑向电磁阀输出控制信号，使电磁阀移动空气喷射阀的阀门，让空气喷向排气门或排气歧管；该参数为 DIV 时，表示电脑控制电磁阀移动阀门，使空气喷向大气或三元催化转化器。

6. 氧传感器工作状态分析

氧传感器工作状态参数表示由发动机排气管上的氧传感器所测得的排气的浓稀状况。有些双排气管的汽车将这一参数显示为左氧传感器工作状态和右氧传感器工作状态两种参数。排气中的氧气含量取决于进气中混合气的空燃比。氧传感器是测量发动机混合气浓稀状态的主要传感器。氧传感器必须被加热至 300℃ 以上才能向微机提供正确的信号。而发动机微机必须处于闭环控制状态才能对氧传感器的信号做出反应。

氧传感器工作状态参数的类型依车型而不同，有些车型以状态参数的形式显示出来，其变化为浓或稀；也有些车型将它以数值参数的形式显示出来，其数字单位为 mV。浓或稀表示排气的总体状态，数值表示氧传感器的输出电压。该参数在发动机热车后以中速（1500~2000r/min）运转时，呈现浓稀的交替变化或输出电压在 100~900mV 之间来回变化，每 10s 内的变化次数应大于 8 次（0.8Hz）。若该参数变化缓慢或不变化或数值异常，则说明氧传感器或微机内的反馈控制系统有故障。

氧传感器工作电压过低，一直显示在 0.3V 以下，其主要原因如下：

① 喷油器泄漏。

② 燃油压力过高。

③ 炭罐的电磁阀常开。
④ 空气流量计有故障。
⑤ 传感器加热器故障或氧传感器脏污。

氧传感器工作电压过高，即一直显示在 0.6V 以上，其主要原因如下：

① 喷油器堵塞。
② 空气流量计故障。
③ 燃油压力过低。
④ 空气流量计和节气门之间有未计量的空气。
⑤ 在排气歧管垫片处有未计量的空气。
⑥ 氧传感器加热器故障或氧传感器脏污。

氧传感器的工作电压不正常可能引起的主要故障如下：

① 加速不良。
② 发冲。
③ 冒黑烟。
④ 有时熄火。

7. 反馈状态分析

反馈状态开环或闭环是一种状态参数，它表示发动机 ECU 的控制方式是开环还是闭环的。在冷车运转中，应显示为开环状态；当发动机达到正常工作温度后，发动机 ECU 对氧传感器的信号有反应时应显示为闭环状态。

有些故障（通常会显示出故障码）会使发动机 ECU 回到开环控制状态。此外，有些车型在怠速运转一段时间后也会回到开环状态，这常常是氧传感器在怠速时温度太低所致。对此，可以踩下加速踏板，让发动机以快怠速运转来加热氧传感器。如果该参数一直显示为开环状态，快怠速运转后仍不能回到闭环状态，说明氧传感器或发动机燃油系统有故障。

为了保证发动机具有良好的工作性能，混合气的空燃比不是在发动机所有工况下都进行反馈控制。在下述情况下 ECU 对空燃比将不进行反馈控制，而是进行开环控制。

① 发动机起动工况。此时需要浓混合气，以便起动发动机。

② 发动机起动后暖机工况。此时发动机温度低于正常工作温度（80℃），需要迅速升温。

③ 发动机大负荷（节气门全开）工况。此时需要加浓混合气，使发动机输出最大功率。

④ 加速工况。此时需要发动机输出最大转矩，以便提高汽车速度。

⑤ 减速工况。此时需要停止喷油，使发动机转速迅速降低。

⑥ 氧传感器温度低于正常工作温度。氧化锆式氧传感器的温度低于 300℃、氧化钛式氧传感器温度低于 600℃，氧传感器不能正常输出电压信号。

⑦ 氧传感器输入 ECU 的信号电压持续 10s 以上时间保持不变时，说明氧传感器失效，ECU 将自动进入开环控制状态。

8. OBD-Ⅱ准备状态监测分析

OBD-Ⅱ准备状态监测是一个状态参数，其显示内容为就绪、未就绪和无。

使用 OBD-Ⅱ系统的车型，其 PCM 随时监测各种与排放物有关电路和器件的功能和工作效率。当一个被监测的电路或器件工作不正常时，将设定故障码（DTC）。

每个监测器在监测相关电路前，都要求一定的条件。随被监测电路和器件不同，监测器所需的条件也不相同。OBD-Ⅱ准备状态监测参数显示这些监测器的状态。

当一个 OBD-Ⅱ准备状态监测参数读值为“就绪”时，表示所要求的条件已满足，监测器已为报告故障和设定故障码准备就绪。当准备状态监测参数读值为“未就绪”时，表示所要求的条件未满足，因此监测器不能报告故障和设定故障码。当准备状态监测器参数读值为“无”时，表示该车未配备该监测器。

OBD-Ⅱ监测的主要内容见表 5-4。

表 5-4 OBD-Ⅱ监测的主要内容

监测对象	监测目的
失火（失火监测）	监测发动机的失火，并用故障码指明哪个气缸出现失火。失火是由于丢失高压火、燃油计量不正确、压缩不足或因其他原因造成的燃烧不良。该监测器通常需要 ECT（发动机冷却液温度）、MAF（空气流量计）和 CKP（曲轴位置）传感器的输入信号
器件（其余器件监测）	用于确定未被包括在其他监测系统中的 PCM 任何输入和输出电路出现的故障。这些故障可能是短路、断路或值超出规定范围。该监测器仅在发动机起动后短时进行，因此某些器件可能在瞬间未被监测
空气（二次空气系统监测）	用于监测二次空气系统的功能和检测该空气系统向排气系统喷射空气的能力。该监测依赖氧传感器的反馈信号以确定空气流的存在。该监测需要 ECT（发动机冷却液温度）、IAT（进气温度）、CKP（曲轴位置）传感器和氧传感器的信号
氧传感器和氧传感器加热器（氧传感器监测）	监测氧传感器切换的频率以确定传感器是否老化。监测氧传感器的加热器是否工作正常（若装有）
EGR 系统（废气再循环系统监测）	用于检测 EGR 系统的总量和流量特性：在某些发动机运转的基本条件被满足后，该监测需要 ECT（发动机冷却液温度）、IAT（进气温度）、CKP（曲轴位置）和 TP（节气门位置）传感器的输入信号，并在 EGR 系统工作时进行
燃油系统（燃油系统监测）	监测自适应燃油控制系统和确定自学习值是否超出了规定的范围。该监测需要 ECT（发动机冷却液温度）、IAT（进气温度）、MAF（空气流量计）和 MAP（进气歧管绝对压力）传感器的输入信号
催化器（催化器效率监测）	用于确定催化转化器效率是否低于最小规定标准。该监测需要 ECT（发动机冷却液温度）、IAT（进气温度）和 TP（节气门位置）传感器的输入信号。某些车型还要求 CKP（曲轴位置）和 VSS（车速）传感器的输入信号。当传感器准备就绪后，主要依赖于氧传感器的输入信号
EVAP 系统（蒸发排放物控制系统监测）	检查 EVAP 各器件的功能和燃油蒸发物（HC）流向发动机的能力。该监测因 EVAP 系统器件不同，所要求的条件也会有所变化

六、变速器参数分析

1. 锁止离合器指令分析

锁止离合器（TCC）指令是一个状态参数，显示内容为ON或OFF。它表示自动变速器锁止离合器电磁阀的工作状态。

与锁止离合器相关的参数还有：

① TCC负荷周期（0%~100%）。
② TCC释放压力（是或否）。
③ TCC滑动速度（-4080~+4080r/min）。
④ TCC延时（0~25.5s）。
⑤ TCC强制脱开（YES或NO）。

在本田雅阁轿车上，锁止离合器的控制有5种工作状态，即不锁止、部分锁止、半锁止、全锁止和减速锁止。各锁止状态下，相关电磁阀的工作情况见表5-5。

表5-5　各锁止状态下相关电磁阀工作情况

锁止状态	锁止控制电磁阀	A/T离合器压力控制阀	
		A	B
不锁止	断开	低压	低压
部分锁止	接通	低压	低压
半锁止	接通	中压	中压
全锁止	接通	高压	高压
减速锁止	接通	中压	中压

锁止离合器5种工作状态的控制过程见表5-6。

表5-6　锁止离合器锁止控制过程

锁止状态	锁止控制过程
不锁止	当车速较低或进入非锁止控制状态，PCM将断开锁止控制阀，此时锁止换档阀左边作用着锁止控制电磁阀压力，右边作用着调制器压力，两力的作用结果使换档阀右移并打开液力变矩器左侧的出口，液力变矩器的压力传出口转变压力后进入液力变矩器的左侧（即变矩器壳内壁与锁止活塞之间），于是锁止活塞分离，处于不锁止状态
部分锁止	当车速达到规定值时，锁止控制电磁阀被PCM打开，以释放锁止换档阀左侧的LC（LA）压力。锁止换档阀被移向左侧，以打开通向液力变矩器的出口，使液力变矩器压力流向变矩器的左侧或右侧。液力变矩器压力流到液力变矩器右侧使锁止离合器啮合。PCM还控制A/T离合器压力控制电磁阀A和B，使LSA或LSB压力输送到锁止控制阀和锁止正时阀。锁止控制阀的位置由液力变矩器压力以及LSA或LSB压力决定。当LSA或LSB压力低时，液力变矩器从调节阀经过锁止控制阀，流到液力变矩器左侧，以分离锁止离合器，在这种情况下液力变矩器受到从右侧的压力（使锁止离合器啮合）以及左侧来的压力（使锁止离合器分离），因此锁止离合器处于部分锁止状态
半锁止	当车速达到规定值，PCM控制A/T离合器压力控制电磁阀A和B，较高的LSA或LSB压力作用到锁止控制阀上，使液力变矩器反馈压力释放，液力变矩器反馈压力变低，使得较高的压力作用到锁止离合器上，反馈压力仍然存在，阻止离合器完全啮合

（续）

锁止状态	锁止控制过程
全锁止	当车辆在锁止控制档位范围内行驶且车速足够高时，PCM 将控制 A/T 离合器压力控制阀 A、B，使两者的压力均升高。升高后的压力将输送到锁止换档阀和锁止控制阀并使两阀左移。于是，锁止活塞工作腔内的油压升高，而锁止活塞与变矩器壳内壁间的油压被释放，因而锁止活塞与变矩器壳体完全锁止
减速锁止	在减速时，PCM 控制锁止控制电磁阀和 A/T 离合器压力控制电磁阀 A 或 B，控制方式与在半锁止状态下相同，中压的 LSA 或 LSB 压力被作用到锁止控制阀上，以释放液力变矩器反馈压力。液力变矩器反馈压力变低，使得较高的压力作用到锁止离合器上，使之啮合。反馈压力仍然存在，阻止离合器完全啮合

2. 制动开关分析

制动开关是一个状态参数，其显示内容为 ON 或 OFF。该参数表示常开式制动开关的位置状态。当制动踏板松开时，该参数显示为 OFF；当制动踏板踩下时，该参数显示 ON，并被送至 ECM/PCM 中。当踩下制动踏板时，PCM 将脱开变矩器的锁止离合器。制动开关位置及电路如图 5-11 所示。

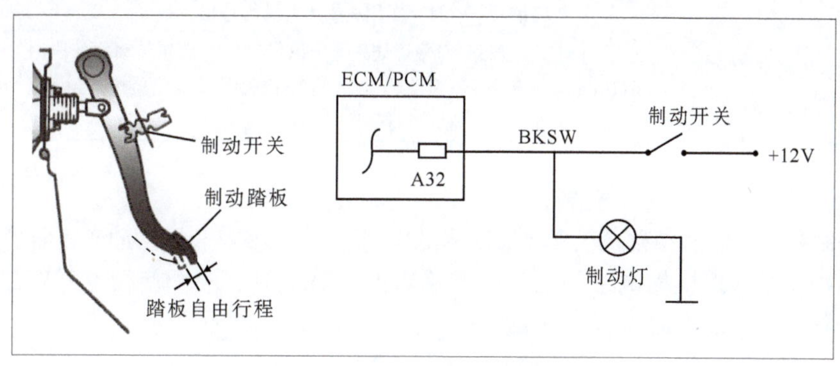

图 5-11　制动开关位置及电路

3. 稳定状态数据分析

自动变速器的稳定状态是个数值参数，其数值范围为 0~621kPa。为了防止自动变速器在某一档位时，离合器或制动常打滑，压力控制（PC）电磁阀对主油路压力进行适配控制，以保持该档位下压力适配量。

稳定状态参数见表 5-7。

表 5-7　稳定状态参数

序号	参数名称	变化范围	含　义
1	稳定状态的 TAP 1GR	0~621kPa	施加到 PC 电磁阀压力中以保持第一档齿轮传动比的压力适配量（消除离合器或带滑动）。较大的数字表示 PCM 已经检测到元件滑动，并且正在用适配压力进行补偿
2	稳定状态的 TAP 2GR	0~621kPa	施加到 PC 电磁阀压力中以保持第二档齿轮传动比的压力适配量（消除离合器或带滑动）。较大的数字表示 PCM 已经检测到元件滑动，并且正在用适配压力进行补偿

（续）

序号	参数名称	变化范围	含　义
3	稳定状态的 TAP 2GR/TCC	0~621kPa	采用TCC时，施加到PC电磁阀压力中以保持第二档齿轮传动比的压力适配量（消除离合器或带滑动）。较大的数字表示PCM已经检测到元件滑动，并且正在用适配压力进行补偿
4	稳定状态的 TAP 3GR	0~621kPa	施加到PC电磁阀压力中以保持第三档齿轮传动比的压力适配量（消除离合器或带滑动）。较大的数字表示PCM已经检测到元件滑动，并且正在用适配压力进行补偿
5	稳定状态的 TAP 3GR/TCC	0~621kPa	采用TCC时，施加到PC电磁阀压力中以保持第三档齿轮传动比的压力适配量（消除离合器或带滑动）。较大的数字表示PCM已经检测到元件滑动，并且正在用适配压力进行补偿
6	稳定状态的 TAP 4GR	0~621kPa	施加到PC电磁阀压力中以保持第四档齿轮传动比的压力适配量（消除离合器或带滑动）。较大的数字表示PCM已经检测到元件滑动，并且正在用适配压力进行补偿
7	稳定状态的 TAP 4GR/TCC	0~621kPa	采用TCC时，施加到PC电磁阀压力中以保持第四档齿轮传动比的压力适配量（消除离合器或带滑动）。较大的数字表示PCM已经检测到元件滑动，并且正在用适配压力进行补偿
8	稳定状态的 TAP 倒档 TAP	0~621kPa	施加到PC电磁阀压力中以保持倒档齿轮传动比的压力适配量（消除离合器或带滑动）。较大的数字表示PCM已经检测到元件滑动，并且正在用适配压力进行补偿

4. 换档控制（当前档位）分析

换档控制是一个数值参数，正常数值范围是0、1、2、3、4。表示自动变速器当前的档位。

当前的档位是根据换档电磁阀的状态来确定的，对于只有两个换档电磁阀的自动变速器，对应于各个档位的电磁阀状态见表5-8。

表5-8　各档位电磁阀状态

档　位	电磁阀A	电磁阀B	档　位	电磁阀A	电磁阀B
1档	ON	ON	3档	OFF	OFF
2档	OFF	ON	4档	ON	OFF

本田雅阁轿车采用了3个换档的电磁阀，各个档位电磁阀的状态见表5-9。

表5-9　本田雅阁轿车各档位电磁阀状态

档　位	电磁阀A	电磁阀B	电磁阀C	档　位	电磁阀A	电磁阀B	电磁阀C
1档	OFF	ON	ON	3档	ON	OFF	ON
2档	ON	ON	OFF	4档	OFF	OFF	OFF

5. 变速器档位分析

变速器档位是一个数值参数，其数值范围为P、R、N、D、3、2、1。它反映了自动变速器变速杆目前所处的位置。

档位开关有两种形式：一种是滑动开关式；另一种为多功能组合开关式。

滑动开关式档位开关是根据滑动触点在不同位置，接通相对应档位的电路。此类档位开关应用较广，如本田、丰田等轿车均采用此类档位开关，本田雅阁轿车的档位开关

电路如图 5-12 所示，各端子之间的导通性见表 5-10。

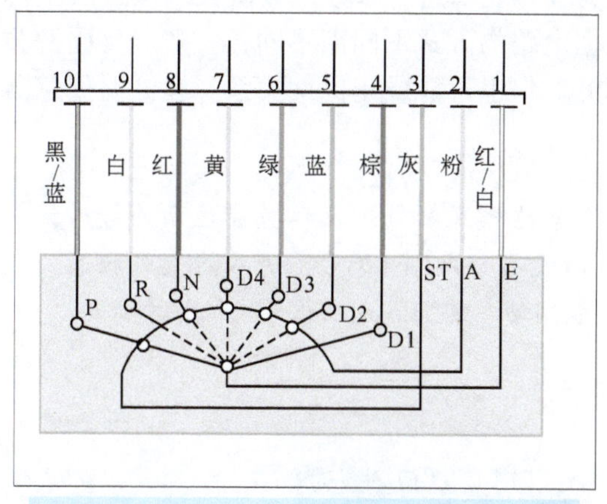

图 5-12　档位开关电路

表 5-10　端子导通性

档位位置	A/T 档位位置开关插头端子									
	1	2	3	4	5	6	7	8	9	10
P	●		●							●
R			●						●	
N	●		●					●		
D4		●	●				●			
D3		●	●			●				
D2		●	●		●					
D1			●	●						

注：● 表示导通。

多功能组合开关式档位开关由若干个常闭或常开开关组成，根据各开关的组合方式来确定变速器档位，如图 5-13 所示。帕萨特轿车的多功能组合开关是由 6 个压力开关（3 个常闭和 3 个常开开关）组成，利用手动阀的油液压力，将一个或多个开关接地，PCM 即可检测到所选择的档位。

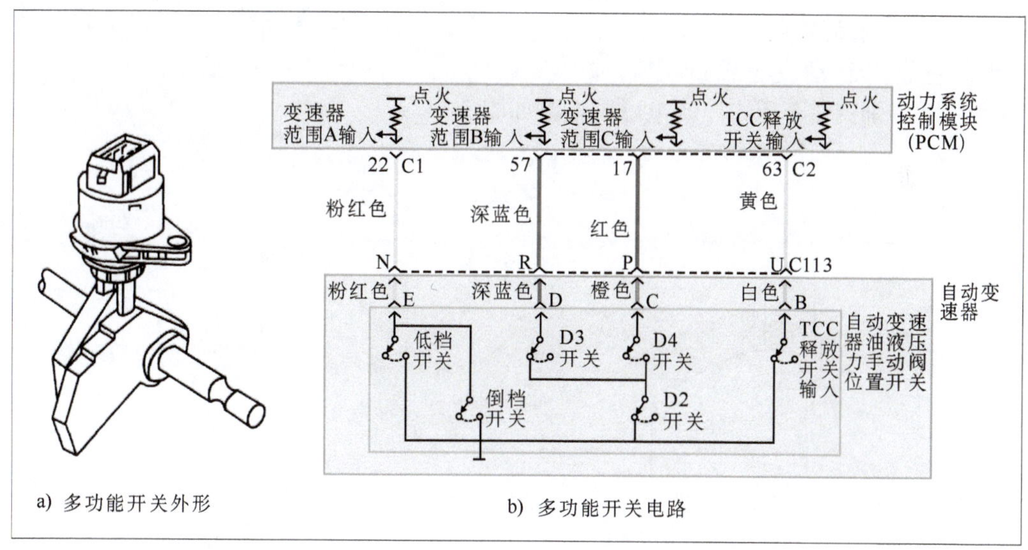

a) 多功能开关外形　　b) 多功能开关电路

图 5-13　多功能开关

6. 自动变速器油温分析

自动变速器油（ATF）温度是一个数值参数，单位为℃或℉。在单位为℃时，其变化范围为-40~199℃。该参数表示微机根据 ATF 温度传感器送来的信号计算后得出的油温数值。该参数的数值应能在汽车行驶过程中逐渐升高，正常时，油温应在 60~80℃之间。

ATF 温度用于检测自动变速器油的温度，以作为 ECU 进行换档控制、油压控制和锁止离合器控制的依据。

若ATF温度在35~45℃恒定不变时，表明油温传感器损坏或线路不良。

在有些车型中，自动变速器油温参数的单位为V，表示这一参数的数值直接来自油温传感器信号电压。该电压与油温之间的比例关系依据电路的方式不同而不同，一般成反比例关系，即油温低时信号电压高，油温高时信号电压低。但也可能成正比例关系。在油温传感器正常工作时，该参数的数值范围是0~5.0V。

> 注意：如果ATF温度超过130℃，此时可观察热模式参数，此参数应显示为接通，表示自动变速器油温度已超过130℃，且在5s后没有冷却到120℃，进入热模式状态。此时TCC在4档接合直到油温降至130℃以下，或制动，或TPS电压信号较低时才断开。

自动变速器油温度传感器的位置如图5-14所示。

7. 压力控制电磁阀实际电流分析

压力控制电磁阀（PCS）实际电流是一个数值参数，单位为安培（A），其变化范围为0~1.1A。该参数反映流过PCS电路的实际电流，高的电流表示低的管道电压力，低的电流表示高的管道电压力。PCS的功用是根据档位、运动型/经济型模式选择负荷和车速，通过调整电磁阀的电流来调节主油路电压。

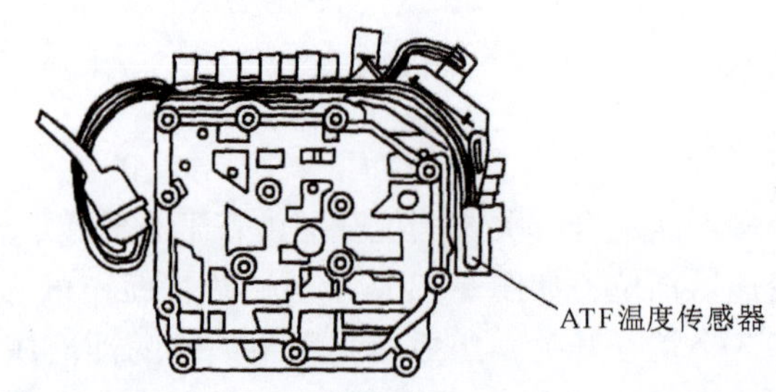

图5-14　自动变速器油温度传感器的位置

帕萨特轿车自动变速器的PCS如图5-15所示。别克轿车压力控制电磁阀电路如图5-16所示。

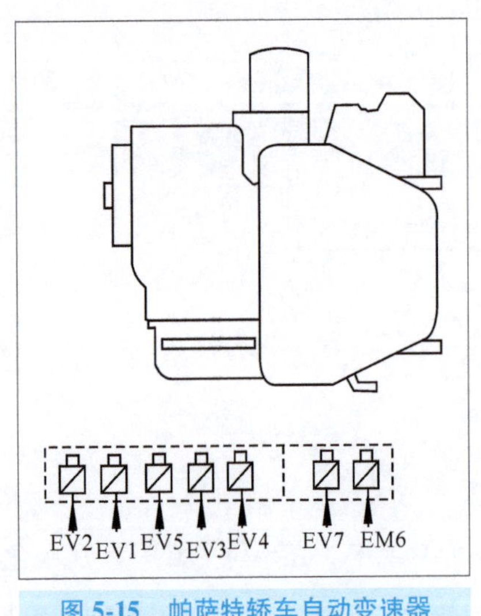

图5-15　帕萨特轿车自动变速器的PCS（6号电磁阀）

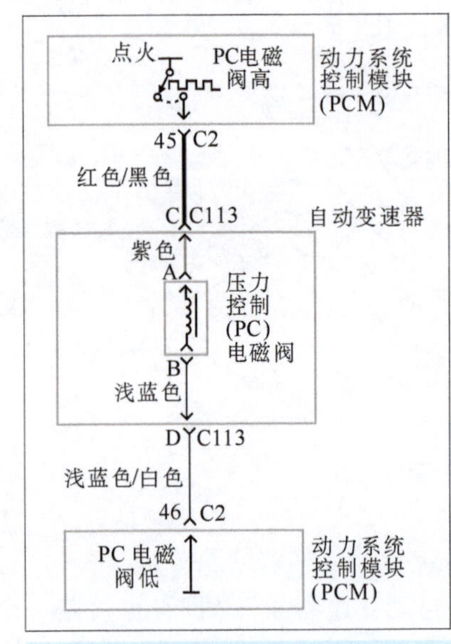

图5-16　别克轿车压力控制电磁阀电路

压力控制电磁阀是一个低阻抗（3~5Ω）电磁阀，PCM是利用脉冲宽度调节信号来控制转矩信号压力的。

与压力控制电磁阀相关的参数还有：

① PC电磁阀额定电流、参考电流或设定电流（0~1.1A）。
② PC电磁阀载荷周期（0%~100%）。
③ 压力控制电磁阀（PCS）（0~255lbf/in^2，1lbf/in^2=6.89kPa）。
④ PCS实际电流与额定电流之差（0~4.98A）。
⑤ PCS低电压（YES/NO）。
⑥ PCS占空比（0%~100%）。
⑦ 压力控制（0%~100%）。
⑧ 指令管压（396~1530kPa）。

8. 速比分析

速比即自动变速器的输入转速与输出转速之比，此参数为数值参数。该参数反映变速器实际输入与输出转速比的差，变速器控制模块将比较指令值与内部计算值以确定是否存在故障，正常范围是：

① 1档：2.38~2.63。
② 2档：1.43~1.58。
③ 3档：0.95~1.05。
④ 倒档：1.97~2.17。

电控变速器的车上，装有3个传感器向变速器控制模块提供发动机转速、输入轴转速和输出轴转速信号。发动机转速信号取自发动机点火系统，电脑用此信号计算超速速比。输入轴转速用于确定实际涡轮转速以便控制管路压力。输出轴转速用于控制TCC管路压力、换档时间和转矩。

当变速器处于1档、2档和3档时，涡轮转速直接取自输入轴转速传感器。但当变速器处于4档时，前进离合器超速转动，若再直接读取涡轮转速（输入轴转速传感器）则会不正确，因此，变速器控制模块将根据此标定值增加的输入轴转速计算4档时的涡轮转速。

4T65-E自动变速器内部电子部件位置如图5-17所示。

与速比相关的参数还有：

① 输入转速。
② 输出转速。
③ 涡轮转速。
④ TCC滑移转速（或离合器滑移转速）。
⑤ 超速比。
⑥ 车速。

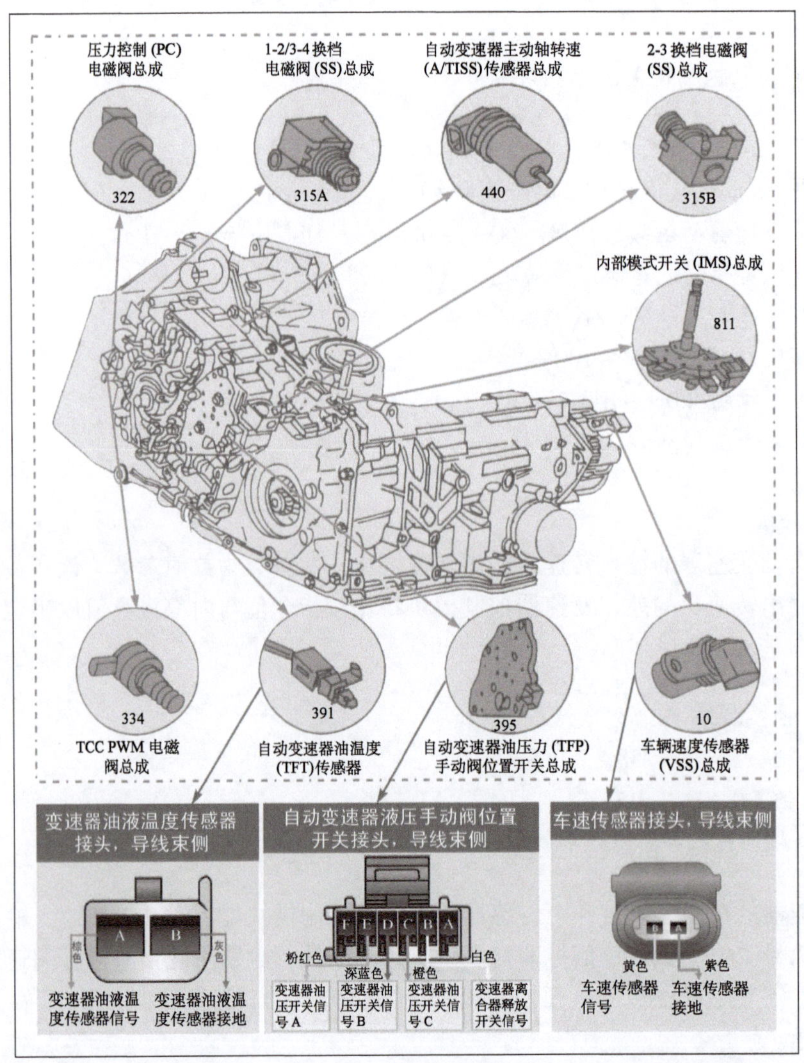

图 5-17　4T65-E 自动变速器内部电子部件位置

七、空调参数分析

1. 空调请求分析

空调（A/C）请求是一个状态参数。其显示内容为 YES 或 NO。它表示空调控制单元控制 A/C 请求输入电路的状态。参数读值为 YES 时表示 A/C 开关已接通，或车身控制模块（BCM）已指令 A/C 系统接通。在某些情况下，即使开关接通，压缩机离合器可能也并不工作，因为电路中还有其他开关或传感器信号阻止 PCM 接通 A/C 离合器。

A/C 请求参数仅表示开关已接通，或当所有必要条件满足时，PCM 已指令 A/C 系统接通。

2. A/C 离合器分析

A/C 离合器是空调压缩机工作的反馈参数，发动机控制单元根据 A/C 离合器的反馈信

号来显示空调压缩机的工作状态。

该参数是一个状态参数，其显示内容见表 5-11。

表 5-11　空调压缩机工作状态

空调压缩机工作状态	A/C 离合器接通	A/C 离合器断开
显 示 状 态	Compr. ON（压缩机开）	Compr. OFF（压缩机关）

当 A/C 离合器工作时，即空调压缩机进入工作状态时，发动机负荷加大。此时 ECU 收到 A/C 离合器信号，对喷油器和点火提前角进行修正，喷油脉宽增大，点火提前角加大。

某些车型同时提供 A/C 请求和 A/C 离合器两参数读值，它们应一起变化（同时为 ON 或 OFF），除非 ECU 使仪表板的控制无效。某些车型仅提供 A/C 请求，而没有 A/C 离合器反馈信号。

3. A/C 压力分析

A/C 压力是一个数值参数，单位为 kPa 或 lbf/in^2，其变化范围为 170~3170kPa。该参数表示 ECU 根据高压侧压力传感器送来的信号计算后得出的制冷剂在高压侧的压力。利用仪器可将显示单位进行米制/英制转换。

在某些车型中，其他一些与空调压力相关的参数见表 5-12。

表 5-12　其他与空调压力相关的参数

参 数 名 称	变 化 范 围	参 数 解 释
A/C 压力	正常/偏高	该参数是由 A/C 系统高压侧的压力开关提供的，它反映系统中压力正常或偏高。当参数读值偏高时，PCM 将切断 A/C 系统的工作
A/C 压力	0~5. 12V	A/C 系统中有一传感器监测 A/C 系统中高压侧的压力，该传感器向 PCM 传送一个与 A/C 压力成比例的电压信号，高电压表示高的压力值，低电压表示低的压力值。本参数是传感器信号仪器上的显示，可参考 A/C 压力（kPa 或 lbf/in^2）的有关内容
A/C 压力低	YES/NO	某些车型，在空调系统中装有一个压力开关，当制冷剂压力降低至最小规定值以下时，该开关断开，在正常状态下，该参数读值为 NO。如果读值为 YES，PCS 将断开 A/C 压缩机离合器，空调系统将不工作
A/C 压力过高	YES/NO	该参数表示 A/C 压力开关是闭合（正常位置）还是断开。当 A/C 压力过高时，此开关被断开。PCM 接收到这个中断的电压信号后，断开 A/C 压缩机控制继电器，使 A/C 压缩机停止工作
A/C 高压侧	15~420lbf/in^2	该参数显示制冷剂的压力。它反映由 A/C 压缩机添加给发动机的负荷量。此压力值被转换为电压值后送给 PCM，用于调整怠速和控制冷却风扇
A/C 高压侧	0~5V	该参数显示制冷剂的压力信号。它反映由 A/C 压缩机添加给发动机的负荷量。此信号被送给 PCM，用于调整怠速和控制冷却风扇

4. 空调风扇请求分析

空调风扇请求是一个状态参数，其显示内容为YES或NO，该参数反映ECU是否指令发动机冷却用的电动风扇工作（图5-18）。

当系统高压侧的压力开关闭合时，输送信号给ECM/PCM，此时冷凝器风扇控制参数为ON，其他状态下此参数为OFF。

在其他车型中，与空调风扇相关的参数见表5-13。

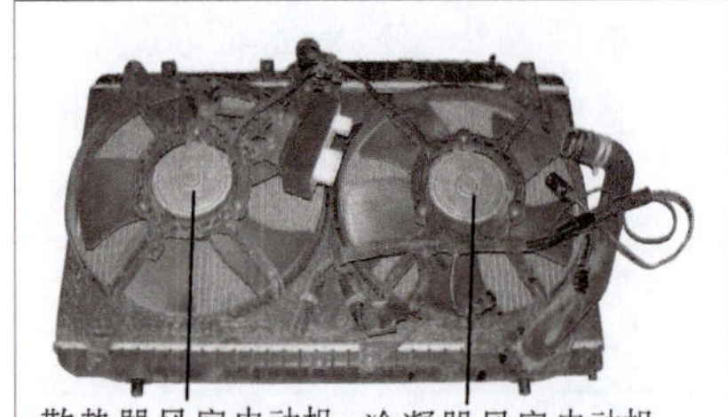

图5-18　空调风扇（或冷凝器风扇）

表5-13　空调风扇相关参数

参数名称	变化范围	参数含义
冷却风扇1	ON/OFF	某些车装有两个冷却风扇，PCM通过两个继电器控制两个风扇，因此，仪器将显示出冷却风扇1和冷却风扇2两个参数 当冷却风扇1读值为ON时，PCM接通低速风扇继电器，该继电器同时控制两个风扇以低速运转。当冷却风扇2读值为ON时，PCM接通高速风扇继电器，两个风扇以高速运转。在上述两种状态，PCM都是通过QDM控制继电器的
冷却风扇2		
风扇1请求	YES/NO	某些车型有两个单独的风扇请求和风扇允许参数，其他车型则只有一组
风扇1允许		
风扇2请求	YES/NO	某些车型有两个单独的风扇请求和风扇允许参数，其他车型则只有一组
风扇2允许		
风扇占空比	0%~100%	该参数含义是风扇接通的时间占一个工作循环的百分比，它表示风扇的转速。低的百分比读值反映低的风扇转速，高的百分比反映高的风扇转速。0的读值表示风扇未工作
风扇继电器	ON/OFF	该参数反映风扇继电器是否被PCM指令ON或OFF 在装有三个继电器的车型上，当PCM指令继电器1接通（ON）时，两冷却风扇以低速运转（ON）
风扇继电器1		
风扇继电器2		
风扇继电器3		

第六章　大众/奥迪车系数据流分析

第一节　大众/奥迪车系发动机数据流读取

用故障阅读仪 V. A. G1552（图 6-1）读取发动机数据流的步骤如下。

图 6-1　V. A. G1552 与诊断接口的连接

第 1 步：

打开诊断插口盖板，将故障阅读仪 V. A. G1552 用 V. A. G1551/3 电缆连接到车上位于变速器操纵杆前的诊断插座上。

第 2 步：

打开点火开关或者发动机怠速运转，同时打开阅读仪的电源开关，这时，显示器上首先显示下列文字：

Test of Vehicle systems　　HELP Enter address word　××	车辆系统测试　　帮助 输入地址码　××

第 3 步：

输入“发动机电子系统”的地址指令 01，并按“Q”键确认，显示器上将显示：

330 907 404 1. 8L R4/2V MOTR HS D01→ Coding 08001　WSC ×××××

其中：

① 330 907 404 是发动机电控单元零件编号。

② 1. 8L 是发动机排量。

③ R4/2V 代表直列式发动机、4 缸、每缸 2 气门。

④ MOTR 代表 Motronic。

⑤ HS 代表手动变速器。

⑥ D01 是电控单元软件版本。

⑦ Coding 08001 是控制单元编码。

⑧ WSC ×××××是维修站代码。

第 4 步：

Test of Vehicle systems　　HELP Select function	车辆系统测试　　帮助 选择功能　××

根据需要，选择故障阅读仪功能。

V. A. G1552 故障阅读仪的功能见表 6-1。

表 6-1　V. A. G1552 故障阅读仪的功能

功能代码	含义（英文）	点火开关是否接通	发动机怠速是否运转
01	Interrogate control unit versions 询问控制单元版本	是	否
02	Interrogate fault memory 查询故障存储	是	是
03	Final control diagnosis 最终控制诊断	是	否
04	Introduction of basic settling 基本设定	是	否
05	Erase fault memory 清除故障存储	是	是
06	End out put 结束输出	是	是
07	Code control unit 控制单元编码	是	否
08	Read measuring value block 读测量数据块	是	是
09	Read individual measuring value 读取单个测量数据	×	×
10	Adaptation 匹配、自适应	×	×
11	Log-on 登录	×	×

注意：必须在下述工作完成后进行。

① 更换控制单元、节气门控制单元发动机或拆下蓄电池接线。

② 仅在冷却液温度高于 80℃ 时能进行，在此之前这项功能锁止。

③ 目前仅用于厂内检测。

第 5 步：

输入 08 功能“读测量数据块”，按“Q”键确认，显示器上将显示：

Read measuring value block　　HELP Enter display group number　××	读测量数据块　　帮助 输入显示组别号　××

根据需要，输入组别号，即可读出发动机各部分的数据流，各组别号的含义见表 6-2。

表 6-2　测量数据块各组别号的含义

组别号	含　义	组别号	含　义
00	基本功能	25	进气歧管切换和凸轮轴调整
01	基本功能	26	凸轮轴调整
02	基本功能	27	氧传感器的加热
03	基本功能	30	怠速时氧状况
04	怠速稳定	32	怠速时氧自适应值
05	怠速稳定	33	怠速时三元催化器前氧调节
06	怠速稳定	34	怠速时三元催化器前氧调节
07	氧控制和 ACF 阀（活性炭罐电磁阀）系统	36	怠速时三元催化器后氧调节
08	氧调节值	37	怠速时三元催化器后氧调节
09	氧调节值	41	怠速时左侧氧传感器的加热器
10	氧调节值	42	怠速时右侧氧传感器的加热器
11	燃油消耗	50	传往发动机控制单元的信号
12	燃油消耗	54	节气门位置传感器
13	爆燃控制	56	达到工作温度后的怠速稳定值
14	爆燃控制	60	打开点火开关时，节气门控制单元自适应
15	爆燃控制	62	打开点火开关时，节气门控制单元自适应
16	爆燃控制	63	强制低速开关（强制降档开关）
17	催化转化器加热	66	打开点火开关时，传往发动机控制单元的信号
18	海拔适配	93	怠速时，左右霍尔传感器相位
19	自动变速器中的转矩减少	95	车在行驶时，进气歧管切换
20	运行状态	98	节气门控制部件的匹配
21	氧控制工作状态	99	氧调节（基本设定）
22	氧控制工作状态	125	打开点火开关时，CAN 数据总线信号
23	节气门控制部件	126	打开点火开关时，CAN 数据总线信号
24	爆燃控制		

第二节　大众/奥迪车系发动机数据流分析

大众/奥迪发动机控制单元数据流分析见表6-3。

表6-3　发动机控制单元数据流分析总表

显示界面	显示内容	标准值
00显示组号的显示界面 Read measuring value block 0 → 190 41 79 193 9 126128135128126 1 2 3 4 5 6 7 8 9 10	1. 冷却液温度	正常值：170~204，冷却液温度对应表见表6-3a
	2. 发动机负荷	正常值：20~50，发动机负荷对应表见表6-3b
	3. 发动机转速	正常值：70~90，发动机转速对应表见表6-3c
	4. 蓄电池电压	正常值：146~212，蓄电池电压对应表见表6-3d
	5. 节气门开度	正常值：0~15，节气门开度对应表见表6-3e
	6. 怠速稳定控制值	正常值：118~138，怠速稳定控制值对应表见表6-3f
	7. 怠速稳定自适应值	正常值：112~144，怠速稳定自适应值对应表见表6-3g
	8. 氧过量调节值	正常值：78~178，氧过量调节值对应表见表6-3h
	9. 混合气的学习值	正常值：115~141，混合气的学习值对应表见表6-3i
	10. 氧传感器控制形成自适应值	正常值：118~138，氧传感器控制形成自适应值对应表见表6-3j

表6-3a　冷却液温度对应表

显示值	170	177	184	191	197	204
相当于冷却液温度/℃	80	85	90	95	100	105

表6-3b　发动机负荷表

显示值	10	20	30	40	50	60	70
相当于发动机负荷/ms	0.5	1.0	1.5	2.0	2.5	3.0	3.5

表6-3c　发动机转速表

显示值	60	65	70	75	80	85	90	95	100
相当于发动机转速/(r/min)	600	650	700	750	800	850	900	950	1000

表6-3d　蓄电池电压表

显示值	146	153	160	168	175	182	190	197	204	212
相当于蓄电池电压/V	10.0	10.5	11.0	11.5	12.0	12.5	13.0	13.5	14.0	14.5

表 6-3e 节气门开度表

显 示 值	0	2	5	7	10	12	15
相当于节气门开度/(°)	0	1	2	3	4	5	6

表 6-3f 怠速稳定控制值表

显 示 值	118	122	126	130	134	138
相当于怠速稳定控制值/(kg/h)	-2. 5	-1. 5	-0. 5	0. 5	1. 5	2. 5

表 6-3g 怠速稳定自适应值表

显 示 值	112	116	120	124	128	132	136	140	144
相当于怠速稳定自适应值/(kg/h)	-4. 0	-3. 0	-2. 0	-1. 0	0	1. 0	2. 0	3. 0	4. 0

表 6-3h 氧过量调节值表

显 示 值	78	88	98	108	118	128	138	148	158	168	178
相当于氧过量调节值（%）	-10	-8	-6	-4	-2	0	2	4	6	8	10

表 6-3i 混合气的学习值表

显 示 值	115	118	121	124	128	131	134	137	141
相当于混合气的学习值/ms	-0. 64	-0. 48	-0. 32	-0. 16	0	0. 16	0. 32	0. 48	0. 64

表 6-3j 氧传感器控制形成自适应值表

显 示 值	118	120	123	125	128	130	133	135	138
相当于氧传感器控制形成自适应值/ms	-8	-6	-4	-2	0	2	4	6	8

表 6-3k 数据流分析

<table>
<tr><th>显示界面</th><th>显示内容</th><th>显示数值</th><th>数据分析</th></tr>
<tr><td rowspan="4">01 显示组号的显示界面
Read measuring value block 1 →
800r/min 2.20ms 12° bef.TDC
1 2 3 4</td><td rowspan="4">1. 发动机转速</td><td>0~6800r/min</td><td>正常显示范围</td></tr>
<tr><td>(800±30)r/min</td><td>怠速时的正常值</td></tr>
<tr><td>小于 770r/min</td><td>① 发动机有额外负荷
② 节气门控制单元卡死或损坏</td></tr>
<tr><td>大于 830r/min</td><td>① 怠速开关（F60）没有关上或损坏
② 有较大漏气（可能是没有怠速稳定平衡）
③ 节气门控制单元卡死或损坏
④ 空调装置没有关闭</td></tr>
</table>

（续）

显示界面	显示内容	显示数值	数据分析
01 显示组号的显示界面 Read measuring value block 1 → 800r/min　2.20ms　12°　bef.TDC 1　2　3　4	2. 发动机负荷（曲轴每转喷射持续时间）	1. 00~2. 50ms	发动机负荷的喷射时间是一个纯计算的理论值。在怠速下的发动机负荷可以理解为发动机所需克服的自身摩擦力和附件驱动装置 发动机负荷的喷射时间是基本喷油量，仅与发动机曲轴转速和负荷有关，不包括喷油修正量
		小于 1. 00ms	较小的值仅在超速切断工况时出现
		大于 2. 50ms	① 空气流量计损坏 ② 节气门控制单元损坏 ③ 转向盘位于终止点 ④ 用电器用电
	3. 节气门开度	0°~5°	怠速时
		35°（固定不变）	节气门位置传感器出现故障时
		80°~90°	加速踏板踩到底时
		怠速时小于 0°	不可能
		怠速时大于 5°	没有进行节气门控制单元的基本调整 节气门控制单元的节气门电位计损坏或调节不正确 调整节气门接线、节气门悬架
	4. 点火提前角	12°±4. 5°	怠速时点火提前角的正常值 实际点火提前角 = 初始点火提前角+基本点火提前角+修正点火提前角（或推迟角）
		小于 7. 5°（怠速时）	用电器用电
		大于 16. 5°（怠速时）	转向盘在终止点位置；漏气
02 显示组号显示界面 Read measuring value block 2 → 800r/min　2.2ms　3.48ms　2.9g/s 1　2　3　4	1. 发动机转速	0~6800r/min	正常显示范围
		(800±30)r/min	怠速时的正常值
		小于 770r/min	① 发动机有额外负荷 ② 节气门控制单元卡死或损坏
		大于 830r/min	① 怠速开关（F60）没有关上或损坏 ② 有较大漏气（可能是没有怠速稳定平衡） ③ 节气门控制单元卡死或损坏 ④ 空调装置没有关闭

（续）

<table>
<tr><th>显示界面</th><th>显示内容</th><th>显示数值</th><th>数据分析</th></tr>
<tr><td rowspan="9">02显示组号显示界面
Read measuring value block 2 →
800r/min 2.2ms 3.48ms 2.9g/s
1 2 3 4</td><td rowspan="3">2. 发动机负荷（曲轴每转喷射持续时间）</td><td>1.00~2.50ms</td><td>发动机负荷的喷射时间是一个纯计算的理论值。在怠速下的发动机负荷可以理解为发动机所需克服的自身摩擦力和附件驱动装置
发动机负荷的喷射时间是基本喷油量，仅与发动机曲轴转速和负荷有关，不包括喷油修正量</td></tr>
<tr><td>小于1.00ms</td><td>较小的值仅在超速切断工况时出现</td></tr>
<tr><td>大于2.50ms</td><td>① 空气流量计损坏
② 节气门控制单元损坏
③ 转向盘位于终止点
④ 用电器用电</td></tr>
<tr><td rowspan="3">3. 喷油脉宽（发动机每工作循环持续喷射时间）</td><td>2.0~5.0ms</td><td>怠速时，正常显示范围
喷油脉宽是指发动机完成一个工作循环，即曲轴转2圈得出的喷油时间
显示区域3喷油脉宽的值不是显示区域2发动机负荷的2倍，而是一个经修正过的实际喷油时间。其影响因素有：
① 氧调节
② 炭罐的混合气浓度
③ 空气温度与密度
④ 蓄电池电压（喷油器打开的快慢）
如果发动机吸入未被计量的空气，则在显示区域2发动机负荷中的计算值会变化，每个工作循环的实际喷油时间将通过调节保持在允许值上</td></tr>
<tr><td>小于2.00ms（怠速时）</td><td>① 来自炭罐系统的高的燃油量
② 带较大流量的喷油器故障</td></tr>
<tr><td>大于5.00ms（怠速时）</td><td>电气设备、空调设备、档位选择及动力转向机在极限位置等引起的发动机负荷加大</td></tr>
<tr><td rowspan="3">4. 吸入空气流量</td><td>2.0~4.0g/s</td><td>怠速时正常显示数值
在节气门控制部件故障引起的紧急运行状态下，发动机以高怠速运转，此时进气量显示有4.5~5.5g/s
如果发动机控制单元识别出空气质量计有故障，则将节气门电位计的替代值（g/s）显示出来</td></tr>
<tr><td>小于2.0g/s（怠速时）</td><td>在进气歧管和空气质量计之间有大量未计量空气量</td></tr>
<tr><td>大于4.0g/s（怠速时）</td><td>① 档位选择（自动变速器）
② 发动机由于辅助设备而增加负荷</td></tr>
</table>

（续）

显示界面	显示内容	显示数值	数据分析
	1. 发动机转速	0~6800r/min	正常显示范围
		(800±30)r/min	怠速时的正常值
		小于770r/min	① 发动机有额外负荷 ② 节气门控制单元卡死或损坏
		大于830r/min	① 怠速开关（F60）没有关上或损坏 ② 有较大漏气（可能是没有怠速稳定平衡） ③ 节气门控制单元卡死或损坏 ④ 空调装置没有关闭
03显示组号的显示界面 Read measuring value block 3 → 800r/min 14.000V 93.6℃ 39.1℃ 1 2 3 4	2. 蓄电池电压	10.000~14.500V	正常显示范围 发动机控制系统中没有专门的传感器来测量蓄电池的电压，而是ECU根据某些电源提供电路中的参数计算出蓄电池电压 蓄电池电压参数是ECU自检的重要内容，如果蓄电池电压过低或过高，ECU都将改变运行模式或变更某些功能。例如：蓄电池电压低于最小规定值，ECU将提高怠速以便加大充电量，这将影响怠速控制、燃油计量和点火时间的参数读值
		小于10.00V	① 发动机故障，蓄电池耗电太剧烈 ② 蓄电池起动后不久，由于大电流或用电设备负载太大 ③ 发动机控制单元的电流供给和地线接触不良 ④ 点火关闭时漏电
		大于14.50V	① 发动机上的电压调节器故障 ② 由于突然起动或快充电设备而产生过电压
	3. 冷却液温度	80~105℃	正常显示数值
		小于80℃	① 发动机太冷 ②冷却液温度传感器同发动机控制单元的导线连接
		大于105℃	① 散热器受污染 ② 冷却风扇不工作 ③ 节温器故障 ④ 冷却液温度传感器同发动机控制单元的导线连接
	4. 进气温度	环境温度~90℃	正常显示范围
		恒定19.5℃	① 识别出进气温度传感器(G42)故障 ② 进气温度传感器G42

（续）

显示界面	显示内容	显示数值	数据分析
04 显示组号的显示界面 Read measuring value block 4 → 3°　−0.23g/s　0.00g/s　Idling 1　2　3　4	1. 节气门开度	0°～5°	怠速时
		80°～90°	加速踏板踩到底
		35°（固定不变）	节气门位置传感器出故障时
		小于 0°	不可能
		大于 5°	没有进行节气门控制单元的基本调整 节气门控制单元的节气门电位计损坏或调节不正确 调整节气门接线、节气门悬架
	2. 怠速时空气质量学习值（自适应）（不挂档时）	-1.70～+1.70g/s	怠速空气质量学习值的正常显示数值 怠速空气质量学习值是表示手动变速器或自动变速器在不挂档时，怠速稳定系统同预先设计给定的中间值偏离“学习值”有多大 在一台新的发动机上，由于摩擦力较大，其值位于正区域，在磨合的发动机上则位于负区域
		低于-1.70g/s	通向节气门有漏气处
		高于+1.70g/s	有额外负荷 进气区域有堵塞或异物
	3. 怠速时空气质量学习值（自动变速器挂档时）	-1.70～+1.70g/s	正常显示数值 此参数显示自动变速器挂档时，怠速稳定系统同预先设计给定的中间值偏离“学习值”有多大 在一台新的发动机上，由于摩擦力较大，其值位于正区域，在磨合的发动机上则位于负区域
		低于-1.70g/s	通向节气门有漏气处
		高于+1.70g/s	有额外负荷 进气区域有堵塞或异物
	4. 工作状态	Idling	怠速工况
		Part throttle	部分负荷工况
		All throttle	满负荷工况
		Schab	加浓工况
		Anreicherung	超速断油工况

（续）

显示界面	显示内容	显示数值	数据分析
	1. 发动机转速（实际值）	0~6800r/min	正常显示范围 发动机转速是从发动机转速传感器的信号中获得的，是实际测量值，每10步刷新一次。10步中最大转速限定为2550r/min
		(800±30)r/min	怠速时的正常值
		小于770r/min	① 发动机有额外负荷 ② 节气门控制单元卡死或损坏
		大于830r/min	① 怠速开关（F60）没有关上或损坏 ② 有较大漏气（可能是没有怠速稳定平衡） ③ 节气门控制单元卡死或损坏 ④ 空调装置没有关闭
	2. 发动机转速（设定值）	800r/min，并保持不变	怠速时，正常显示数值 此参数是ECU根据发动机不同工况下，所设定的发动机目标转速，不是测量所得的，是由ECU内部计算所得的值，也是每10步刷新一次
05显示组号的显示界面 Read measuring value block 5 → 810r/min 800r/min −1.7% 2.9g/s 1 2 3 4	3. 怠速稳定控制值（怠速控制）	−10%~10%	正常显示数值 在怠速负荷发生变化时，为维持怠速稳定不变，通过控制怠速调节阀改变怠速空气量。怠速空气量的变化用%来表示。只要怠速稳定的自适应能力平衡空气流量变化，平均值即被存储。偏离平均值的程度取决于怠速负荷的变化量。自适应过程是以很小的步节随着怠速开关的每次闭合而进行的。偏差越大，所需步节越多。为此必须每隔20s，轻踩加速踏板，这样每次可再进行一步自适应过程。自适应偏离值显示在04显示组第2显示区，若显示区2中的自适应值到了极限点，则怠速调节阀的值将在允许公差之外（极限值为−1.7~+1.7g/s）
	4. 怠速空气流量	2.0~4.0g/s	怠速时正常显示数值 在节气门控制部件故障引起的紧急运行状态下，发动机以高怠速运转，此时进气量显示有4.5~5.5g/s 如果发动机控制单元识别出空气质量计有故障，则将节气门电位计的替代值（g/s）显示出来
		小于2.0g/s（怠速时）	在进气歧管和空气质量计之间有大量未计量空气量
		大于4.0g/s（怠速时）	① 档位选择（自动变速器） ② 发动机由于辅助设备而增加负荷

（续）

显示界面	显示内容	显示数值	数据分析
06 显示组号的显示界面 Read measuring value block 6 → 810r/min −0.7% −2.3% 13.5° V.OT 1 2 3 4	1. 发动机转速	0~6800r/min	正常显示范围 发动机转速是从发动机转速传感器的信号中获得的，是实际测量值，每 10 步刷新一次。10 步中最大转速限定为 2550r/min
		(800±30) r/min	怠速时的正常值
		小于 770r/min	① 发动机有额外负荷 ② 节气门控制单元卡死或损坏
		大于 830r/min	① 怠速开关（F60）没有关上或损坏 ② 有较大漏气（可能是没有怠速稳定平衡） ③ 节气门控制单元卡死或损坏 ④ 空调装置没有关闭
	2. 怠速控制	−10%~10%	正常显示数值 在怠速负荷发生变化时，为维持怠速稳定不变，通过控制怠速调节阀改变怠速空气量。怠速空气量的变化用%来表示。只要怠速稳定的自适应能力平衡空气流量变化，平均值即被存储。偏离平均值的程度取决于怠速负荷的变化量。自适应过程是以很小的步节随着怠速开关的每次闭合而进行的。偏差越大，所需步节越多。为此必须每隔 20s，轻轻地点踏加速踏板，这样每次可再进行一步自适应过程。自适应偏离值显示在 04 显示组第 2 显示区，若显示区 2 中的自适应值到了极限点，则怠速调节阀的值将在允许公差之外（极限值为 −1.7~+1.7g/s）
	3. 混合气 λ 控制	−10%~10%	混合气 λ 控制值的正常数值，且在 0 左右不断摆动 ECU 根据氧传感器反馈空气过量系数 λ 的大小，即空燃比浓稀信号，控制喷油量的增加或减少
		超出允许范围	① 负值，发动机混合气太浓，影响：λ 调节变稀 ② 正值（“+”号不显示），发动机混合气太稀，影响：λ 调节加浓 ③ 漏气 ④ 喷油阀损坏 ⑤ λ 自适应值到极限值
	4. 点火提前角	12°±4.5°	怠速时点火提前角的正常值 实际点火提前角 = 初始点火提前角 + 基本提前角 + 修正点火提前角（或推迟角）
		小于 7.5°（怠速时）	用电器用电
		大于 16.5°（怠速时）	转向盘在终止点位置；漏气

（续）

显示界面	显示内容	显示数值	数据分析
	1. 混合气氧控制	-10%~10%	混合气 λ 控制值的正常数值，且在 0 左右不断摆动 ECU 根据氧传感器反馈空气过量系数 λ 的大小，即空燃比浓稀信号，控制喷油量的增加或减少
		超出允许范围	① 负值，发动机混合气太浓，影响：λ 调节变稀 ② 正值（“+” 号不显示），发动机混合气太稀，影响：λ 调节加浓 ③ 漏气 ④ 喷油阀损坏 ⑤ λ 自适应值到极限值
	2. 氧传感器电压	0.1~1.0 V	氧传感器电压显示正常数值，且跳动频率应大于 1 次/s 由于电压跳跃急剧，使 λ 控制不能恒定保持相应于 λ=1.0 的理想混合气成分，控制不断在“稍许稀” 和 “稍许浓” 的状态之间来回摆动。显示值必须不低于 0.3V 和高于 0.6V
07 显示组号的显示界面 Read measuring value block 7 → -2.3%　0.115V　0%　1.00 1　2　3　4		过低	① 喷油器泄漏 ② 燃油压力太高 ③ 炭罐的电磁阀常开 ④ 空气质量计故障 ⑤ 氧传感器加热故障或氧传感器脏污
		过高	① 喷油器堵塞 ② 空气质量传感器故障 ③ 燃油压力太低 ④ 空气质量计和节气门之间有未计量的空气 ⑤ 在排气歧管垫片处有未计量的空气 ⑥ 氧传感器加热故障或氧传感器脏污
	3. 炭罐清除电磁阀的占空比	0%~99%	正常显示数值 当占空比为 0% 时表示电磁阀 N80 完全关闭，当占空比为 99% 时，表示电磁阀 N80 完全打开 注意：在怠速时发动机仅能接受的来自炭罐系统的某一最大燃油蒸气量，因此在怠速时炭罐电磁阀的开度受限制，在部分负荷和满载时其占空比可增加到 99%。通过对在 “初始设置”（电磁阀闭合）和在 “读测试数据块”（电磁阀开 220~900s/闭约 70s）时的显示值比较，可以评判炭罐系统的影响作用

（续）

显示界面	显示内容	显示数值	数据分析
07 显示组号的显示界面 Read measuring value block 7 → −2.3%　0.115V　0%　1.00 1　2　3　4	4. 炭罐清除时的λ修正系数	0.30~1.20	正常显示数值 当炭罐清除控制系统工作时，来自炭罐的燃油蒸气进入了进气管路，使可燃混合气的成分发生变化，为此，ECU 根据燃油蒸气吸入量，计算出过量空气系数λ，从而确定是增加喷油量还是减少喷油量 若从炭罐系统中出来一很浓的混合气，则λ调节须将其调稀，其值可达 0.60，在这种情况下，λ调节将喷油量减少 40%。在显示值为 1.00（λ调节位于中性区域，即无修正因素）时，由炭罐系统出来一理想混合气（即不需要进行稀化或浓化）或电磁阀闭合。在显示值为 1.01~1.20 时，则由炭罐系统来的混合气太稀，λ调节必须使之加浓
		λ<1	表示 AKF 系统的混合气过浓，λ调节必须将喷油量减少
		λ=1	表示 AKF 系统的混合气为理想混合气（不需加浓或减稀）或 AKF 阀未工作
		λ>1	表示 AKF 系统的混合气过稀，λ调节必须加大喷油量
08 显示组号的显示界面 Read measuring value block 8 → 3.4ms　−3.9%　−0.7%　λ-Adaptation 1　2　3　4	1. 喷油脉宽（发动机每工作循环持续喷射时间）	2.0~5.0ms	怠速时，正常显示范围 喷油脉宽是指发动机完成一个工作循环即曲轴转 2 圈得出的喷油时间 在显示区域 3 喷油脉宽的值不是显示区域 2 发动机负荷的 2 倍，而是一个经修正过的实际喷油时间。其影响因素有： ① λ调节 ② 炭罐的混合气浓度 ③ 空气温度与密度 ④ 电池电压（喷油器打开的快慢） 如果发动机吸入未被计量的空气，则在显示区域 2 发动机负荷中的计算值会变化，每个工作循环的实际喷油时间将通过调节保持在允许值上
		小于 2.0ms（怠速时）	① 来自炭罐系统的高的燃油量 ② 带较大流量的喷油器故障
		大于 5.0ms（怠速时）	由于使用电气设备、空调设备、档位选择及动力转向机在极限位置等引起的发动机负荷加大

（续）

<table>
<tr><th>显示界面</th><th>显示内容</th><th>显示数值</th><th>数据分析</th></tr>
<tr><td rowspan="4">08显示组号的显示界面
Read measuring value block 8 →
3.4ms -3.9% -0.7% λ-Adaptation
1 2 3 4</td><td rowspan="3">2. 怠速时λ自适应值</td><td>-10%~10%</td><td>怠速时，λ自适应值的正常显示数值
在怠速工况时，ECU（J220）采用自适应控制方式，将氧传感器的输出电压与预先存储在ECU中的过量空气系数（λ）表进行比较，从而确定氧传感器是否老化及老化程度，通过选择适当的修正系数对氧传感器的输出参数值进行核准，使其输出参数值接近器件老化前的正常状态，从而提高空燃比的控制精度
低值表示发动机混合气在太浓的情况下，λ调节使混合气稀；高值表示发动机运行在太稀的情况下，λ调节使混合气浓
注意：如果控制单元ECU（J220）断电（如拆下蓄电池，或拔下EFI主熔断丝），则怠速得出的λ自适应值被删除，恢复原值
自适应控制系统就是随着环境条件或结构参数产生不可预计的变化时，系统本身能够自行调整或修改系统的参数值使系统在任何环境条件下都保持满意的性能。换句话说，自适应控制系统是一种“自身具有适应能力”的控制系统</td></tr>
<tr><td>过低</td><td>① 喷油器泄漏
② 燃油压力太高
③ 炭罐的电磁阀常开
④ 空气质量计故障
⑤ 氧传感器加热故障或氧传感器脏污</td></tr>
<tr><td>过高</td><td>① 喷油器堵塞
② 空气质量传感器故障
③ 燃油压力太低
④ 空气质量计和节气门之间有未计量的空气
⑤ 在排气歧管垫片处有未计量的空气
⑥ 氧传感器加热故障或氧传感器脏污</td></tr>
<tr><td>3. 部分负荷时λ自适应值</td><td>-8%~8%</td><td>部分负荷时，λ自适应值的正常显示数值
低值表示发动机混合气在太浓的情况下，λ调节使混合气稀；高值表示发动机运行在太稀的情况 下，λ调节使混合气浓
在发动机处于部分负荷工况时，ECU进行自适应控制方式，将氧传感器的输出电压与预存储在ECU中的过量空气系数（λ）表进行比较，从而确定氧传感器是否老化及老化程度，通过选择适当的修正系数对氧传感器的输出信号进行核准，使其输出参数值接近器件老化前的正常状态，这一修正参数即为λ自适应值</td></tr>
</table>

（续）

显示界面	显示内容	显示数值	数据分析
08 显示组号的显示界面 Read measuring value block 8 → 3.4ms −3.9% −0.7% λ-Adaptation 1 2 3 4	3. 部分负荷时 λ 自适应值	λ 自适应值低	① 全损耗系统用油稀释（全损耗系统用油中有较高燃油成分） ② 喷油阀损坏 ③ 燃油压力太高 ④ 炭罐电磁阀始终开启 ⑤ 空气流量计损坏 ⑥ 氧传感器加热器损坏或氧传感器脏污
		λ 自适应值高	① 进气管有漏气 ② 喷油阀堵塞 ③ 空气流量计损坏 ④ 燃油压力太低 ⑤ 空气流量计和节气门之间有漏气 ⑥ 歧管密封垫有漏气 ⑦ 氧传感器加热器损坏或氧传感器脏污
	4. 燃油箱通风系统的运行状态	TE Active	表示炭罐电磁阀（N80）以 6～16s 的周期开/闭
		TE not Active	表示炭罐电磁阀（N80）处于关闭状态
		λ- Adaptation	表示混合气自适应过程正在进行
09 显示组号的显示界面 Read measuring value block 9 → 800r/min 0.7% 0.695V−3.9% 1 2 3 4	1. 发动机转速	0～6800r/min	正常显示范围 发动机转速是从发动机转速传感器的信号中获得的，是实际测量值，每 10 步刷新一次。10 步中最大转速限定为 2550r/min
		(800±30) r/min	怠速时的正常值
		小于 770r/min	① 发动机有额外负荷 ② 节气门控制单元卡死或损坏
		大于 830r/min	① 怠速开关（F60）没有关上或损坏 ② 有较大漏气（可能是没有怠速稳定平衡） ③ 节气门控制单元卡死或损坏 ④ 空调装置没有关闭
	2. 混合气 λ 控制	-10%～10%	混合气 λ 控制值的正常数值，且在 0 左右不断摆动 ECU 根据氧传感器反馈空气过量系数 λ 的大小，即空燃比浓稀信号，控制喷油量的增加或减少
		超出允许范围	① 负值，发动机混合气太浓，影响：λ 调节变稀 ② 正值（“+”号不显示），发动机混合气太稀，影响：λ 调节加浓 ③ 漏气 ④ 喷油阀损坏 ⑤ λ 自适应值到极限值

（续）

显示界面	显示内容	显示数值	数据分析
09 显示组号的显示界面 Read measuring value block　9　→ 800r/min　0.7%　　0.695V−3.9% 1　2　3　4	3. 氧传感器电压	0.1~1.0 V	氧传感器电压显示正常数值，且跳动频率应大于1次/s 由于电压跳跃急剧，使λ控制不能恒定保持相应于λ=1.0的理想混合气成分，控制不断在“稍许稀”和“稍许浓”的状态之间来回摆动。显示值必须不低于0.3V和高于0.6V
		过低	① 喷油器泄漏 ② 燃油压力太高 ③ 炭罐的电磁阀常开 ④ 空气流量计故障 ⑤ 氧传感器加热故障或氧传感器脏污
		过高	① 喷油器堵塞 ② 空气质量传感器故障 ③ 燃油压力太低 ④ 空气流量计和节气门之间有未计量的空气 ⑤ 在排气歧管垫片处有未计量的空气 ⑥ 氧传感器加热故障或氧传感器脏污
	4. 怠速时λ自适应值	-10%~10%	怠速时，λ自适应值的正常显示数值 在怠速工况时，ECU（J220）采用自适应控制方式，将氧传感器的输出电压与预先存储在ECU中的过量空气系数（λ）表进行比较，从而确定氧传感器是否老化及老化程度，通过选择适当的修正系数对氧传感器的输出参数值进行核准，使其输出参数值接近器件老化前的正常状态，从而提高空燃比的控制精度 低值表示发动机混合气在太浓的情况下，λ调节使混合气稀；高值表示发动机运行在太稀的情况下，λ调节使混合气浓 注意：如果控制单元ECU（J220）断电（如拆下蓄电池，或拔下EFI主熔丝），则怠速得出的λ自适应值被删除，恢复原值 自适应控制系统就是随着环境条件或结构参数产生不可预计的变化时，系统本身能够自行调整或修改系统的参数值，使系统在任何环境条件下都保持令人满意的性能。换句话说，自适应控制系统是一种“自身具有适应能力”的控制系统

（续）

显示界面	显示内容	显示数值	数据分析
09 显示组号的显示界面 Read measuring value block 9 → 800r/min 0.7% 0.695V−3.9% 1 2 3 4	4. 怠速时 λ 自适应值	过低	① 喷油器泄漏 ② 燃油压力太高 ③ 炭罐的电磁阀常开 ④ 空气流量计故障 ⑤ 氧传感器加热故障或氧传感器脏污
		过高	① 喷油器堵塞 ② 空气质量传感器故障 ③ 燃油压力太低 ④ 空气流量计和节气门之间有未计量的空气 ⑤ 在排气歧管垫片处有未计量的空气 ⑥ 氧传感器加热故障或氧传感器脏污
10 显示组号的显示界面 Read measuring value block 10 → 0% 1.00 0 0.00 1 2 3 4	1. 炭罐清除电磁阀的占空比	0%~99%	正常显示数值 占空比为 0%时表示电磁阀 N80 完全关闭；占空比为 99%时，表示电磁阀 N80 完全打开 炭罐清除电磁阀（N80）的开启信号是由 ECU（J220）控制的。ECU（J220）是根据占空比控制原理来控制炭罐清除电磁阀工作的 使用 λ 调节将使炭罐的电磁阀（N80）以 220~900s 的间隔脉动（进行燃油箱通风），并关掉 70s（无燃油箱通风），在 70s 期间，λ 调节学习了运行条件，使来自炭罐的燃油与从燃油箱来的燃油蒸气没有偏差 注意：在怠速时发动机仅能接受的来自炭罐系统的某一最大燃油蒸气量，因此在怠速时炭罐电磁阀的开度受限制，在部分负荷和满载时其占空比可增加到 99%。通过对在“初始设置”（电磁阀闭合）和在“读测试数据块”（电磁阀开 220~900s/闭约 70s）时的显示值比较，可以评判炭罐系统的影响作用
	2. 炭罐清除时 λ 修正系数	0.3~1.2	正常显示数值 当炭罐清除控制系统工作时，来自炭罐的燃油蒸气进入了进气管路，使可燃混合气的成分发生了变化，为此，ECU 根据燃油蒸气吸入量，计算出过量空气系数 λ，从而确定是增加喷油量还是减少喷油量 若从炭罐系统中出来一很浓的混合气，则 λ 调节须将其调稀，其值可达 0.6，在这种情况下，λ 调节将喷油量减少 40%。在显示值为 1.0（λ 调节位于中性区域，即无修正因素）时，由活性炭罐系统出来一理想混合气（即不需要进行稀化或浓化）或电磁阀闭合。在显示值为 1.01~1.20 时，则由炭罐系统来的混合气太稀，λ 调节须使之加浓

（续）

显示界面	显示内容	显示数值	数据分析
	2. 炭罐清除时 λ 修正系数	λ<1	表示 AKF 系统的混合气过浓，λ 调节必须将喷油量减少
		λ=1	表示 AKF 系统的混合气为理想混合气（不需加浓或减稀）或 AKF 阀未工作
		λ>1	表示 AKF 系统的混合气过稀，λ 调节必须加大喷油量
10 显示组号的显示界面 Read measuring value block 10 → 0%　1.00　0　0.00 1　2　3　4	3. 炭罐中燃油蒸气的充填率	-3%~32%	炭罐中燃油蒸气充填率的正常显示数值 发动机控制单元通过炭罐的电磁阀（N80）决定由炭罐系统向发动机供应燃油蒸气量。如果目前在炭罐系统为保持规定的净化率而有一个高的充填率时，电磁阀维持闭合（较低的占空比），则作为 λ 调节的反应，显示 λ 修正因素的变化。如果这种反应比预期要低些，因为其间从燃油箱中出来的燃油蒸气提高了充填率，则控制单元由此算出了一个较高的充填率
		-3%	表示炭罐中无燃油蒸气
		32%	表示炭罐中充满燃油蒸气
	4. 炭罐系统供应燃油蒸气的比例	0.00~0.30	炭罐系统供应燃油蒸气比例的正常显示数值 ECU 根据活性炭罐电磁阀的占空比大小，可测量燃油蒸气被吸入的流量，再根据空气流量计的空气流量，从而可得出燃油蒸气吸入容积与总的吸入空气容积的比例，此比例即被显示出来，单位为%
		0.00	表示炭罐系统没有供给燃油蒸气，即炭罐电磁阀处于关闭状态
		0.30	表示进入气缸混合气的 30%来自活性炭罐系统
11 显示组号的显示界面 Read measuring value block 11 → 800r/min　1.8ms　0km/h　1.12L/h 1　2　3　4	1. 发动机转速	0~6800r/min	正常显示范围
		(800±30) r/min	怠速时的正常值
		小于 770r/min	① 发动机有额外负荷 ② 节气门控制单元卡死或损坏
		大于 830r/min	① 怠速开关（F60）没有关上或损坏 ② 有较大漏气（可能是没有怠速稳定平衡） ③ 节气门控制单元卡死或损坏 ④ 空调装置没有关闭

（续）

显示界面	显示内容	显示数值	数据分析
11 显示组号的显示界面 Read measuring value block 11 → 800r/min 1.8ms 0km/h 1.12L/h 1 2 3 4	2. 发动机负荷（曲轴每转喷射持续时间）	1. 00~2. 50ms	发动机负荷的喷射时间是一个纯计算的理论值 在怠速下的发动机负荷可以理解为发动机所需克服的自身摩擦力和附件驱动装置 发动机负荷的喷射时间是基本喷油量，仅与发动机曲轴转速和负荷有关，不包括喷油修正量
		小于 1. 00ms	较小的值仅在超速切断工况时出现
		大于 2. 50ms	① 空气流量计损坏 ② 节气门控制单元损坏 ③ 转向盘位于终止点 ④ 用电器用电
	3. 车速	0~最大车速/(km/h)	车速的正常显示数值
	4. 燃油消耗	0. 5~1. 5L/h（怠速时）	燃油消耗的正常显示数值 电子控制单元（ECU）根据在怠速无负荷工况下的喷油时间，计算出发动机的燃油消耗量 注意：此处所显示的燃油消耗规定值只适用于无额外负荷（如空调、发动机动力转向等）时的怠速工况，不适合于 L/100km 的油耗值
12 显示组号的显示界面 Read measuring value block 12 → 800r/min 13.790V 1.12L/h 12.7° V.OT 1 2 3 4	1. 发动机转速	0~6800r/min	正常显示范围
		（800±30）r/min	怠速时的正常值
		小于 770r/min	① 发动机有额外负荷 ② 节气门控制单元卡死或损坏
		大于 830r/min	① 怠速开关（F60）没有关上或损坏 ② 有较大漏气（可能是没有怠速稳定平衡） ③ 节气门控制单元卡死或损坏 ④ 空调装置没有关闭
	2. 蓄电池电压	10. 00~14. 50V	正常显示范围 发动机控制系统中没有专门的传感器来测量蓄电池的电压，而是 ECU 根据某些电源提供电路中的参数计算出蓄电池电压 蓄电池电压参数是 ECU 自检的重要内容，如果蓄电池电压过低或过高，ECU 都将改变运行模式或变更某些功能。例如：蓄电池电压低于最小规定值，ECU 将提高怠速以便加大充电量，这将影响怠速控制、燃油计量和点火时间的参数读值

（续）

显示界面	显示内容	显示数值	数据分析
12 显示组号的显示界面 Read measuring value block 12 → 800r/min 13.790V 1.12L/h 12.7° V.OT 1 2 3 4	2. 蓄电池电压	小于 10.00V	① 发动机故障，蓄电池耗电太剧烈 ② 蓄电池起动后不久，由于大电流或用电设备负载太大 ③ 发动机控制单元的电流供给和地线接触不良 ④ 点火关闭时漏电
		大于 14.50V	① 发动机上的电压调节器故障 ② 由于突然起动或快充电设备而产生过电压
	3. 燃油消耗	0.5~1.5L/h （怠速时）	燃油消耗的正常显示数值 电子控制单元（ECU）根据在怠速无负荷工况下的喷油时间，计算出发动机的燃油消耗量 注意：此处所显示的燃油消耗规定值只适用于无额外负荷（如空调、发动机动力转向等）时的怠速工况，不适合于L/100km的油耗值
	4. 点火提前角	12°±4.5°	怠速时，点火提前角正常显示数值
		小于上止点前8°	① 用电器用电 ② 转向盘在终止点位置 ③ 漏气
13 显示组号的显示界面 Read measuring value block 13 → 2.3° kW 1.9° kW 2.5° kW 2.4° kW 1 2 3 4	1. 第1缸爆燃控制点火滞后角	0~15°kW	正常显示数值，各缸滞后角应小于6°kW
	2. 第2缸爆燃控制点火滞后角	0~15°kW	正常显示数值，各缸滞后角应小于6°kW
	3. 第3缸爆燃控制点火滞后角	0~15°kW	正常显示数值，各缸滞后角应小于6°kW
	4. 第4缸爆燃控制点火滞后角	0~15°kW	正常显示数值，各缸滞后角应小于6°kW
	说明	一个气缸的点火滞后角明显与其他缸不同	① 某些结构零件松动 ② 传感器连接插头锈蚀 ③ 发动机机械故障
		所有气缸均有较大的点火滞后角减少	① 在插头连接处腐蚀 ② 爆燃传感器扭紧力矩不正确 ③ 导线断路 ④ 爆燃传感器故障 ⑤ 部件松动 ⑥ 燃油质量不佳

（续）

显示界面	显示内容	显示数值	数据分析
13 显示组号的显示界面 Read measuring value block 13 → 2.3° kW 1.9° kW 2.5°kW 2.4°kW 1 2 3 4	说明	可听到爆燃声，但无点火滞后角减少	为了进行爆燃传感器的故障识别（诊断），需将转速在 5s 内提高到 3500r/min 以上再试
		各缸点火滞后角均为 15°	爆燃信号中断
14 显示组号的显示界面 Read measuring value block 14 → 800r/min 2.10ms 2.6°kW 2.5°kW 1 2 3 4	1. 发动机转速	0~6800r/min	正常显示范围
		(800±30) r/min	怠速时的正常值
		小于 770r/min	① 发动机有额外负荷 ② 节气门控制单元卡死或损坏
		大于 830r/min	① 怠速开关（F60）没有关上或损坏 ② 有较大漏气（可能是没有怠速稳定平衡） ③ 节气门控制单元卡死或损坏 ④ 空调装置没有关闭
	2. 发动机负荷（曲轴每转喷射持续时间）	1. 00~2. 50ms	发动机负荷的喷射时间是一个纯计算的理论值 在怠速下的发动机负荷可以理解为发动机所需克服的自身摩擦力和附件驱动装置 发动机负荷的喷射时间是基本喷油量，仅与发动机曲轴转速和负荷有关，不包括喷油修正量： ① 怠速时，即负荷为 0 时的正常显示范围为 100~250ms ② 海拔每升高 1000m，发动机负荷（输出功率）降低约 10% ③ 当外界温度很高时，发动机输出功率也会降低，最大降低幅度可达 10% ④ 当发动机达到最大负荷时（汽车行驶中），在数值为 4000r/min，显示值应达到 7. 5ms；在数值为 6000r/min，显示值应达到 6. 5ms
		小于 1. 00ms	较小的值仅在超速切断工况时出现
		大于 2. 50ms	① 空气流量计损坏 ② 节气门控制单元损坏 ③ 转向盘位于终止点 ④ 用电器用电
	3. 第 1 缸爆燃控制点火滞后角	0~15°kW	正常显示数值，两缸滞后角应小于 6°kW
	4. 第 2 缸爆燃控制点火滞后角	0~15°kW	正常显示数值，两缸滞后角应小于 6°kW

（续）

显示界面	显示内容	显示数值	数据分析
15显示组号的显示界面 Read measuring value block 15 → 810r/min　2.00ms　2.3°kW　2.1°kW 1　2　3　4	1. 发动机转速	0~6800r/min	正常显示范围
		(800±30)r/min	怠速时的正常值
		小于770r/min	① 发动机有额外负荷 ② 节气门控制单元卡死或损坏
		大于830r/min	① 怠速开关（F60）没有关上或损坏 ② 有较大漏气（可能是没有怠速稳定平衡） ③ 节气门控制单元卡死或损坏 ④ 空调装置没有关闭
	2. 发动机负荷（曲轴每转喷射持续时间）	1.00~2.50ms	发动机负荷的喷射时间是一个纯计算的理论值 在怠速下的发动机负荷可以理解为发动机所需克服的自身摩擦力和附件驱动装置 发动机负荷的喷射时间是基本喷油量，仅与发动机曲轴转速和负荷有关，不包括喷油修正量： ① 怠速时，即负荷为0时的正常显示范围为100~250ms ② 海拔每升高1000m，发动机负荷（输出功率）降低约10% ③ 当外界温度很高时，发动机输出功率也会降低，最大降低幅度可达10% ④ 当发动机达到最大负荷时（汽车行驶中），在4000r/min，显示值应达到7.5ms；在6000r/min，显示值应达到6.5ms
		小于1.00ms	较小的值仅在超速切断工况时出现
		大于2.50ms	① 空气流量计损坏 ② 节气门控制单元损坏 ③ 转向盘位于终止点 ④ 用电器用电
	3. 第3缸爆燃控制点火滞后角	0~15°kW	正常显示数值，两缸滞后角应小于6°kW
	4. 第4缸爆燃控制点火滞后角	0~15°kW	正常显示数值，两缸滞后角应小于6°kW

（续）

显示界面	显示内容	显示数值	数据分析
16 显示组号的显示界面 Read measuring value block 16 → 0.760V 0.800V 1.120V 1.130V 1 2 3 4	1. 第 1 缸爆燃传感器信号电压	0. 300～1. 400V	正常显示数值
	2. 第 2 缸爆燃传感器信号电压	0. 300～1. 400V	正常显示数值
	3. 第 3 缸爆燃传感器信号电压	0. 300～1. 400V	正常显示数值
	4. 第 4 缸爆燃传感器信号电压	0. 300～1. 400V	正常显示数值
	说明	四个缸的爆燃传感器信号电压的最大值与最小值之间的差值超过 50%	① 1、2 缸爆燃传感器（G61）松动或插头锈蚀 ② 3、4 缸爆燃传感器（G66）松动或插头锈蚀 ③ 发动机某附属装置松动 注意：在高转速和高负荷时，所显示的爆燃传感器信号电压可达 5. 1V
17 显示组号的显示界面 Read measuring value block 17 → 800r/min 2.02ms 0 12° V.OT 1 2 3 4	1. 发动机转速	0～6800r/min	正常显示范围
		(800±30) r/min	怠速时的正常值
		小于 770r/min	① 发动机有额外负荷 ② 节气门控制单元卡死或损坏
		大于 830r/min	① 怠速开关（F60）没有关上或损坏 ② 有较大漏气（可能是没有怠速稳定平衡） ③ 节气门控制单元卡死或损坏 ④ 空调装置没有关闭
	2. 发动机负荷（曲轴每转喷射持续时间）	1. 00～2. 50ms	发动机负荷的喷射时间是一个纯计算的理论值 在怠速下的发动机负荷可以理解为发动机所需克服的自身摩擦力和附件驱动装置 发动机负荷的喷射时间是基本喷油量，仅与发动机曲轴转速和负荷有关，不包括喷油修正量： ① 怠速时，即负荷为 0 时的正常显示范围为 100～250ms ② 海拔每升高 1000m，发动机负荷（输出功率）降低约 10% ③ 当外界温度很高时，发动机输出功率也会降低，最大降低幅度可达 10% ④ 当发动机达到最大负荷时（汽车行驶中），在 4000r/min，显示值应达到 7. 5ms；在 6000r/min，显示值应达到 6. 5ms

（续）

显示界面	显示内容	显示数值	数据分析
17显示组号的显示界面 Read measuring value block 17 → 800r/min 2.02ms 0 12° V.OT 1 2 3 4	2. 发动机负荷（曲轴每转喷射持续时间）	小于1.00ms	较小的值仅在超速切断工况时出现
		大于2.50ms	① 空气流量计损坏 ② 节气门控制单元损坏 ③ 转向盘位于终止点 ④ 用电器用电
	3. 催化转化器加热能量平衡	—	—
	4. 点火提前角	12°±4.5°	怠速时，点火提前角正常显示数值
		小于上止点前8°	① 用电器用电 ② 转向盘在终止点位置 ③ 漏气
18显示组号的显示界面 Read measuring value block 18 → 800r/min 1.8ms 1.85ms −3.9% 1 2 3 4	1. 发动机转速	0~6800r/min	正常显示范围
		(800±30)r/min	怠速时的正常值
		小于770r/min	① 发动机有额外负荷 ② 节气门控制单元卡死或损坏
		大于830r/min	① 怠速开关（F60）没有关上或损坏 ② 有较大漏气（可能是没有怠速稳定平衡） ③ 节气门控制单元卡死或损坏 ④ 空调装置没有关闭
	2. 发动机负荷（无海拔高度修正）	1.00~2.50ms	发动机负荷的喷射时间是一个纯计算的理论值 在怠速下的发动机负荷可以理解为发动机所需克服的自身摩擦力和附件驱动装置 发动机负荷的喷射时间是基本喷油量，仅与发动机曲轴转速和负荷有关，不包括喷油修正量： ① 怠速时，即负荷为0时的正常显示范围为：100~250ms ② 海拔每升高1000m，发动机负荷（输出功率）降低约10% ③ 当外界温度很高时，发动机输出功率也会降低，最大降低幅度可达10% ④ 当发动机达到最大负荷时（汽车行驶中），在4000r/min，显示值应达到7.5ms；在6000r/min，显示值应达到6.5ms
		小于1.00ms	较小的值仅在超速切断工况时出现
		大于2.50ms	① 空气流量计损坏 ② 节气门控制单元损坏 ③ 转向盘位于终止点 ④ 用电器用电

（续）

显示界面	显示内容	显示数值	数据分析
18 显示组号的显示界面 Read measuring value block 18 → 800r/min　1.8ms　1.85ms　-3.9% 1　2　3　4	3. 发动机负荷（有海拔修正）	0.98~3.75ms	怠速时，正常范围 ECU 根据空气密度来推算海拔高度，得出由海拔的喷油量修正系数，从而计算出发动机负荷的喷射时间，单位：ms
	4. 海拔修正系数	-50%~10%	正常显示范围。大众轿车一般没有安装大气压力传感器。其海拔修正系数计算方法是发动机控制单元将来自空气流量计的负荷信号与一个由节气门开度和转速计算出来的负荷值相比较，由二者的差异来得出海拔高度修正系数 注意：海拔修正系数会影响起动时喷油量的确定和进气管脉动作用的补偿
		0	海拔<400m
		0	普通气候条件
		0	海平面处
		-20%	海拔=2000m
19 显示组号的显示界面 Read measuring value block 19 → 850r/min　2.0ms　0ms　12°　V.OT 1　2　3　4	1. 发动机转速	0~6800r/min	正常显示范围
		(800±30) r/min	怠速时的正常值
		小于 770r/min	① 发动机有额外负荷 ② 节气门控制单元卡死或损坏
		大于 830r/min	① 怠速开关（F60）没有关上或损坏 ② 有较大漏气（可能是没有怠速稳定平衡） ③ 节气门控制单元卡死或损坏 ④ 空调装置没有关闭
	2. 发动机负荷（曲轴每转喷射持续时间）	1.00~2.50ms	发动机负荷的喷射时间是一个纯计算的理论值 在怠速下的发动机负荷可以理解为发动机所需克服的自身摩擦力和附件驱动装置 发动机负荷的喷射时间是基本喷油量，仅与发动机曲轴转速和负荷有关，不包括喷油修正量： ① 怠速时，即负荷为 0 时的正常显示范围为 100~250ms ② 海拔每升高 1000m，发动机负荷（输出功率）降低约 10% ③ 当外界温度很高时，发动机输出功率也会降低，最大降低幅度可达 10% ④ 当发动机达到最大负荷时（汽车行驶中），在 4000r/min，显示值应达到 7.5ms；在 6000r/min，显示值应达到 6.5ms

（续）

显示界面	显示内容	显示数值	数据分析
19 显示组号的显示界面 Read measuring value block 19 → 850r/min　2.0ms　0ms　12°　V.OT 1　2　3　4	2. 发动机负荷（曲轴每转喷射持续时间）	小于 1.00ms	较小的值仅在超速切断工况时出现
		大于 2.50ms	① 空气流量计损坏 ② 节气门控制单元损坏 ③ 转向盘位于终止点 ④ 用电器用电
	3. 运行状态（工况）	×1× ×0×	该参数显示自动变速器换档时的有无点火滞后状态。当自动变速器换档瞬时，通过延迟发动机点火时间，暂时减小发动机的输出转矩，以减小换档冲击和输出轴的转矩波动 ×1×表示无变速器挂档信号，即无点火角滞后 ×0×表示有变速器挂档信号，即有点火角滞后 专家提醒：由于点火滞后的信号显示非常短，用 V. A. G1551 或 1552 可能不易检测到此信号
	4. 点火提前角	12°±4.5°	怠速时，点火提前角正常显示数值
		小于上止点前 8°或大于上止点前 16°	① 用电器用电 ② 转向盘在终止点位置 ③ 漏气
20 显示组号的显示界面 Read measuring value block 20 → 800r/min　0 Low A/C-Low compr.OFF 1　2　3　4	1. 发动机转速	0~6800r/min	正常显示范围
		(800±30) r/min	怠速时的正常值
		小于 770r/min	① 发动机有额外负荷 ② 节气门控制单元卡死或损坏
		大于 830r/min	① 怠速开关(F60)没有关上或损坏 ② 有较大漏气（可能是没有怠速稳定平衡） ③ 节气门控制单元卡死或损坏 ④ 空调装置没有关闭
	2. 变速杆位置	0	表示此汽车配置手动变速器
		显示 Neutral	表示变速杆位于“P”“N”位置
		显示 Gear Selected ON	表示变速杆位于“2”“3”“4”“R”或“D”位置
	3. 空调开关	A/C-High	A/C 开关接通时，空调要求有高的加热或制冷功率
		A/C-Low	A/C 开关断开时，空调要求有低的加热或制冷功率
		A/C-Low	未安装空调系统时
	4. 空调压缩机的工作状态	compr. ON（压缩机开）	A/C 离合器接通
		compr. OFF（压缩机关）	A/C 离合器断开

（续）

<table>
<tr><th>显示界面</th><th>显示内容</th><th>显示数值</th><th>数据分析</th></tr>
<tr><td rowspan="11">21 显示组号的显示界面
Read measuring value block 21 →
xxr/min　x.xxms　xx.x℃　λ-Reg.OFF
1　2　3　4</td><td rowspan="4">1. 发动机转速</td><td>0~6800r/min</td><td>正常显示范围</td></tr>
<tr><td>(800±30)r/min</td><td>怠速时的正常值</td></tr>
<tr><td>小于 770r/min</td><td>① 发动机有额外负荷
② 节气门控制单元卡死或损坏</td></tr>
<tr><td>大于 830r/min</td><td>① 怠速开关（F60）没有关上或损坏
② 有较大漏气（可能是没有怠速稳定平衡）
③ 节气门控制单元卡死或损坏
④ 空调装置没有关闭</td></tr>
<tr><td rowspan="3">2. 发动机负荷（曲轴每转喷射持续时间）</td><td>1. 00~2. 50ms</td><td>发动机负荷的喷射时间是一个纯计算的理论值
在怠速下的发动机负荷可以理解为发动机所需克服的自身摩擦力和附件驱动装置
发动机负荷的喷射时间是基本喷油量，仅与发动机曲轴转速和负荷有关，不包括喷油修正量：
① 怠速时，即负荷为 0 时的正常显示范围为 100~250ms
② 海拔每升高 1000m，发动机负荷（输出功率）降低约 10%
③ 当外界温度很高时，发动机输出功率也会降低，最大降低幅度可达 10%
④ 当发动机达到最大负荷时（汽车行驶中），在 4000r/min，显示值应达到 7. 5ms；在 6000r/min，显示值应达到 6. 5ms</td></tr>
<tr><td>小于 1. 00ms</td><td>较小的值仅在超速切断工况时出现</td></tr>
<tr><td>大于 2. 50ms</td><td>① 空气流量计损坏
② 节气门控制单元损坏
③ 转向盘位于终止点
④ 用电器用电</td></tr>
<tr><td rowspan="3">3. 冷却液温度</td><td>80~105℃</td><td>正常显示数值</td></tr>
<tr><td>小于 80℃</td><td>① 发动机太冷
② 冷却液温度传感器同发动机控制单元的导线连接</td></tr>
<tr><td>大于 105℃</td><td>① 散热器受污染
② 冷却风扇不工作
③ 节温器故障
④ 冷却液温度传感器同发动机控制单元的导线连接</td></tr>
</table>

（续）

显示界面	显示内容	显示数值	数据分析
21 显示组号的显示界面 Read measuring value block 21 → xxr/min　x.xxms　xx.x℃　λ-Reg.OFF 1　2　3　4	4. λ控制工作状态	λ-Reg. ON	λ控制打开（闭环控制）
		λ-Reg. OFF	λ控制关闭（开环控制）。在以下工况需采用开环控制： ① 起动工况 ② 起动后暖机工况 ③ 大负荷（节气门全开）工况 ④ 加速工况
		λ-Reg. OFF	起动温度<15℃ 冷却液温度<55℃
		λ-Reg. ON	起动温度>15℃ 冷却液温度>55℃
23 显示组号的显示界面 Read measuring value block 23 → 01000000　84.3%　73.3%　33.7% 1　2　3　4	1. 节气门控制部件的工作状态	01000000	此参数是显示节气门控制器中节气门电位计 G69 和节气门定位电位计 G88 的匹配情况，用8位数字表示。若显示其他数值，则表明节气门控制单元需要进行匹配 第1位：无意义 第2位：表示节气门电位计 G69 与节气门定位电位计 G88 的匹配。0—匹配没有完成；1—匹配已完成 第3位：无意义 第4位：表示节气门电位计 G69 最大停止位置调节过程。0—调节过程已完成，调节正常；1—调节过程未完成，调节不正常 第5位：表示节气门电位计 G69 最小停止位置调节过程。0—调节过程已完成，调节正常；1—调节过程未完成，调节不正常 第6位：表示节气门电位计 G88 最大停止位置调节过程。0—调节过程已完成，调节正常；1—调节过程未完成，调节不正常 第7位：表示节气门电位计 G88 最小停止位置调节过程。0—调节过程已完成，调节正常；1—调节过程未完成，调节不正常 第8位：无意义
	2. 节气门定位器最小停止位置	72.0%~95.0%	正常显示数值 发动机控制单元（J220）根据发动机转速信号，并与理论怠速转速不断地比较，通过控制怠速电动机（V60）来调节节气门开度，实现对怠速进气量的调节，即进行怠速自动稳定调节（自适应学习），怠速电动机（节气门定位器）自动确定其最小停止位置、最大停止位置和紧急停止位置

（续）

显示界面	显示内容	显示数值	数据分析
23 显示组号的显示界面 Read measuring value block 23 → 01000000 84.3% 73.3% 33.7% 1 2 3 4	3. 节气门定位器的紧急运行停止位置	67.0%~83.0%	在怠速自适应学习过程中，当发动机控制单元（J220）对节气门定位器（怠速电动机）失去控制时，应急弹簧将把节气门拉到一个特定的紧急位置，即为节气门定位器的紧急运行停止位置
	4. 节气门定位器的最大停止位置	18.0%~54.0%	在怠速自适应学习过程中，发动机控制单元（J220）控制怠速电动机至最大位置（上止点位置），即为节气门定位器的最大停止位置
24 显示组号的显示界面 Read measuring value block 24 → xxxxr/min x.xxms xx.x° V.OT xx.x° kW 1 2 3 4	1. 发动机转速	0~6800r/min	正常显示范围
		(800±30)r/min	怠速时的正常值
		小于 770r/min	① 发动机有额外负荷 ② 节气门控制单元卡死或损坏
		大于 830r/min	① 怠速开关（F60）没有关上或损坏 ② 有较大漏气（可能是没有怠速稳定平衡） ③ 节气门控制单元卡死或损坏 ④ 空调装置没有关闭
	2. 发动机负荷（曲轴每转喷射持续时间）	0.00~10.00ms	发动机负荷的喷射时间是一个纯计算的理论值 在怠速下的发动机负荷可以理解为发动机所需克服的自身摩擦力和附件驱动装置 发动机负荷的喷射时间是基本喷油量，仅与发动机曲轴转速和负荷有关，不包括喷油修正量： ① 怠速时，即负荷为 0 时的正常显示范围为 100~250ms ② 海拔每升高 1000m，发动机负荷（输出功率）降低约 10% ③ 当外界温度很高时，发动机输出功率也会降低，最大降低幅度可达 10% ④ 当发动机达到最大负荷时（汽车行驶中），在 4000r/min，显示值应达到 7.5ms；在 6000r/min，显示值应达到 6.5ms
		小于 1.00ms（怠速时）	较小的值仅在超速切断工况时出现
		大于 2.50ms（怠速时）	① 空气流量计损坏 ② 节气门控制单元损坏 ③ 转向盘位于终止点 ④ 用电器用电

（续）

显示界面	显示内容	显示数值	数据分析
24 显示组号的显示界面 Read measuring value block 24 → xxxxr/min x.xxms xx.x° V.OT xx.x° kW 1 2 3 4	3. 点火提前角	12°±4. 5°	怠速时，点火提前角正常显示数值
		小于上止点前 8°或大于上止点前 16°	① 用电器用电 ② 转向盘在终点位置 ③ 漏气
	4. 第 1 缸至第 4 缸总的点火滞后角	0~60°kW	正常显示数值范围 发动机电子控制单元（J220）根据爆燃传感器（G61 和 G66）的电压信号及点火顺序，识别某缸发生了爆燃时，使该缸的点火时刻向“滞后”方向推迟，即减少点火提前角。如果爆燃燃烧持续，则点火时刻再次推迟。单位：°kW（相对于曲轴转角）
25 显示组号的显示界面 Read measuring value block 25 → 10000000 20° kW 10000100 2.5° kW 1 2 3 4	1. 发动机工作状态	00000000	未定义 此参数显示发动机目前的工作状态，即怠速、部分负荷、全负荷、超速及加浓等工况。ECU 根据节气门位置传感器、空气流量计和发动机转速等信号可判断出在某瞬时，发动机所处的工况
		01000000	1—表示怠速工况；0—非怠速
		00100000	1—表示部分负荷工况；0—非部分负荷
		00010000	1—表示全负荷工况；0—非全负荷
		00001000	1—表示加速工况；0—非加速
		00000100	1—表示减速工况；0—非减速
		00000000	未定义
		00000001	1—表示霍尔传感器正常；0—霍尔传感器非正常
	2. 霍尔传感器调整偏差	-30~300°kW	
	3. 工作状态（进气歧管切换/凸轮轴调整）	10000000	无意义
		11000000	未定义
		10100000	未定义
		10010000	未定义
		10001000	未定义
		10000100	未定义
		10000010	1—表示进气歧管切换；0—表示进气歧管未切换
		10000001	1—表示凸轮轴被激活；0—表示凸轮轴未激活

（续）

显示界面	显示内容	显示数值	数据分析
25 显示组号的显示界面 Read measuring value block 25 → 10000000 20° kW 10000100 2.5° kW 1 2 3 4	4. 激活的凸轮轴调整角	−3.0°kW~+6.0 °kW	表示凸轮轴正时调节处于未激活状态 当凸轮轴正时调节电磁阀处于工作状态时，即凸轮轴的正时调节处于激活状态，ECU 可根据进气凸轮轴的相对转动量检测到点火提前角的调整量
		16.0°kW~21.0°kW	凸轮轴正时调节处于激活状态
		6.0°kW~16.0° kW	① 油压不足 ② 刚度不足 ③ 正时调节器失效
26 显示组号的显示界面 Read measuring value block 26 → 900r/min 2.5ms 10000001 5.5° kW 1 2 3 4	1. 发动机转速	0~6800r/min	正常显示范围
		(800±30) r/min	怠速时的正常值
		小于 770r/min	① 发动机有额外负荷 ② 节气门控制单元卡死或损坏
		大于 830r/min	① 怠速开关（F60）没有关上或损坏 ② 有较大漏气（可能是没有怠速稳定平衡） ③ 节气门控制单元卡死或损坏 ④ 空调装置没有关闭
	2. 发动机负荷（曲轴每转喷射持续时间）	0.00~10.00ms	发动机负荷的喷射时间是一个纯计算的理论值 在怠速下的发动机负荷可以理解为发动机所需克服的自身摩擦力和附件驱动装置 发动机负荷的喷射时间是基本喷油量，仅与发动机曲轴转速和负荷有关，不包括喷油修正量： ① 怠速时，即负荷为 0 时的正常显示范围为 100~250ms ② 海拔每升高 1000m，发动机负荷（输出功率）降低约 10% ③ 当外界温度很高时，发动机输出功率也会降低，最大降低幅度可达 10% ④ 当发动机达到最大负荷时（汽车行驶中），在 4000r/min，显示值应达到 7.5ms；在 6000r/min，显示值应达到 6.5ms
		小于 1.00ms（怠速时）	较小的值仅在超速切断工况时出现
		大于 2.50ms（怠速时）	① 空气流量计损坏 ② 节气门控制单元损坏 ③ 转向盘位于终止点 ④ 用电器用电

（续）

显示界面	显示内容	显示数值	数据分析
26 显示组号的显示界面 Read measuring value block 26 → 900r/min 2.5ms 10000001 5.5° kW 1 2 3 4	3. 工作状态（进气歧管切换/凸轮轴调整）	10000000	无意义
		11000000	未定义
		10100000	未定义
		10010000	未定义
		10001000	未定义
		10000100	未定义
		10000010	1—表示进气歧管切换；0—表示进气歧管未切换
		10000001	1—表示凸轮轴被激活；0—表示凸轮轴未激活
	4. 激活的凸轮轴调整角	-3.0~+6.0°kW	表示凸轮轴正时调节处于未激活状态 当凸轮轴正时调节电磁阀处于工作状态时，即凸轮轴的正时调节处于激活状态，ECU可根据进气凸轮轴的相对转动量检测到点火提前角的调整量
		16.0~21.0 °kW	凸轮轴正时调节处于激活状态
		6.0~16.0° kW	① 油压不足 ② 刚度不足 ③ 正时调节器失效
95 显示组号的显示界面 Read measuring value block 95 → 900r/min 2.5ms 12° V.OT 95℃ 1 2 3 4	1. 发动机转速（怠速）	0~6800r/min	正常显示范围
		(800±30) r/min	怠速时的正常值
		小于 770r/min	① 发动机有额外负荷 ② 节气门控制单元卡死或损坏
		大于 830r/min	① 怠速开关（F60）没有关上或损坏 ② 有较大漏气（可能是没有怠速稳定平衡） ③ 节气门控制单元卡死或损坏 ④ 空调装置没有关闭
	2. 发动机负荷（曲轴每转喷射持续时间）	1.00~2.50ms	怠速时，即负荷为0时的正常显示范围
		小于 1.00ms（怠速时）	较小的值仅在超速切断工况时出现
		大于 2.50ms（怠速时）	① 空气流量计损坏 ② 节气门控制单元损坏 ③ 转向盘位于终止点 ④ 用电器用电
	3. 点火提前角	12°±4.5°	怠速时，点火提前角正常显示数值
		小于上止点前8°或大于上止点前16°	① 用电器用电 ② 转向盘在终点位置 ③ 漏气

（续）

显示界面	显示内容	显示数值	数据分析
95 显示组号的显示界面 Read measuring value block 95 → 900r/min 2.5ms 12° V.OT 95℃ 1 2 3 4	4. 冷却液温度	80~105℃	正常显示数值
		小于 80℃	① 发动机太冷 ② 冷却液温度传感器同发动机控制单元的导线连接
		大于 105℃	① 散热器受污染 ② 冷却风扇不工作 ③ 节温器故障 ④ 冷却液温度传感器同发动机控制单元的导线连接
98 显示组号的显示界面 Read measuring value block 98 → x.xxV x.xxV xxxxxx xxxxxxx 1 2 3 4	1. 节气门电位计（G69）电压	0. 5~4. 9 V	正常显示数值范围 发动机控制单元（J220）接收到节气门电位计（G69）的信号后，经过 A/D 转换器送入中央处理器（CPU），再通过 K 线传送给诊断插座，使用 V. A. G. 1552 诊断仪可读取此参数，此参数以电压方式显示出来
	2. 怠速节气门电位计（G88）电压	0. 5~4. 9V	正常显示数值范围 发动机控制单元（J220）接收到节气门控制器中怠速节气门电位计（G88）的信号，经过 A/D 转换器至中央处理器后，通过 K 线输送至自诊断系统，此参数以电压方式显示出来
	3. 怠速开关工作状态	Idling（或 Leerlauf）	怠速开关闭合
		Part throttle	怠速开关打开
	4. 匹配状态	ADP.running	正在进行节气门控制组件匹配 发动机控制单元（J220）需要与节气门控制组件匹配一致，以使节气门定位器（怠速电动机）移动到最大、最小和中间位置，在发动机控制单元的永久记忆中记录各种节气门开度。中央处理器将匹配情况通过数据线（K 线）输送到诊断仪。此参数以字母方式输出 需要对节气门控制组件进行匹配的情况如下： ① 拆下节气门控制组件又再装上 ② 更换节气门控制组件 ③ 更换发动机控制单元（J220） ④ 拔下节气门控制组件的 8 芯插头 ⑤ 拔下发动机控制单元的连接插头 ⑥ 蓄电池负极（或正极）被拔下
		ADP. OK	节气门控制组件匹配
		ADP.ERROR	节气门控制组件匹配错误

（续）

显示界面	显示内容	显示数值	数据分析
99 显示组号的显示界面 Read measuring value block 99 → 800r/min　5%　70℃　λ-Reg.ON 1　2　3　4	1. 发动机转速（怠速）	0~6800r/min	正常显示范围
		(800±30)r/min	怠速时的正常值
		小于 770r/min	① 发动机有额外负荷 ② 节气门控制单元卡死或损坏
		大于 830r/min	① 怠速开关（F60）没有关上或损坏 ② 有较大漏气（可能是没有怠速稳定平衡） ③ 节气门控制单元卡死或损坏 ④ 空调装置没有关闭
	2. λ 调节值	-10%~10%	正常显示数值范围 λ 控制，即空燃比控制 发动机不同转速和负荷时的最佳空燃比预先通过台架试验测试求得并存储在只读存储器中。发动机工作时，ECU 根据曲轴位置传感器、空气流量计和节气门位置传感器等的信号，从空燃比脉谱图中查询出最佳的空燃比修正系数对空燃比进行修正 在以下工况需采用开环控制： ① 起动工况 ② 起动后暖机工况 ③ 大负荷（节气门全开）工况 ④ 加速工况 ⑤ 减速工况 ⑥ 氧传感器温度低于正常工作值 ⑦ 氧传感器信号电压保持不变时
	3. 冷却液温度	80~105℃	正常显示数值
		小于 80℃	① 发动机太冷 ② 冷却液温度传感器同发动机控制单元的导线连接
		大于 105℃	① 散热器受污染 ② 冷却风扇不工作 ③ 节温器故障 ④ 冷却液温度传感器同发动机控制单元的导线连接
	4. λ 控制工作状态	λ-Reg.ON	λ 控制打开（闭环控制）
		λ-Reg.OFF	λ 控制关闭（开环控制）
		λ-Reg.OFF	起动温度<15℃ 冷却液温度<55℃
		λ-Reg.ON	起动温度>15℃ 冷却液温度>55℃

第三节　大众/奥迪车系自动变速器数据流读取

1. 用 V. A. G1551 或 V. A. G1552 读取大众/奥迪车系自动变速器的数据流的方法

用故障阅读仪 V. A. G1551 或 V. A. G1552 读取自动变速器数据流的步骤如下。

第 1 步：

打开诊断插口盖板，将故障阅读仪 V. A. G1551 或 V. A. G1552 用 V. A. G1551/3 电缆连接到车上位于变速器操纵杆前的诊断插座上。

第 2 步：

打开点火开关或者发动机怠速运转，同时打开阅读仪的电源开关，这时，显示器上首先显示：

Test of Vehicle systems　　HELP Enter address word　××	车辆系统测试　　帮助 输入地址码　××

第 3 步：

输入“变速器电子系统”的地址指令 02，并按“Q”键确认，显示器上将显示：

Test of Vehicle systems　　HELP select function	车辆系统测试　　帮助 选择功能　××

第 4 步：

按“0”和“8”键，选择“读测量数据组”功能。屏幕显示：

Rapid data transfer　　Q 08-Read measured value block	快速数据传输　　Q 08-读测量数据组

第 5 步：

按“Q”键确认。屏幕显示：

Read measured value block　　Q Input display group number　×××	读测量数据组输出　　Q 输入显示组编号　×××

第 6 步：

输入显示组编号，如输入显示组编号 01，即按“0”和“1”键，并按“Q”键确认。屏幕显示：

Read measured value block1　　→ 1　2　3　4	读测量数据组 01　　→ 1　2　3　4

屏幕上有4个显示区域，每个显示区域表示一个参数。

第7步：

按“→”键可读下一组数据。

第8步：

按“06”键，选择功能“结束输出”，并按“Q”键确认，即退出读取数据流。

大众/奥迪车系01V自动变速器数据流的标准值见表6-4。下面对自动变速器各显示组数据块的分析均以01V自动变速器的数据块为例。

表6-4　大众/奥迪车系01V自动变速器数据流标准值

显示组号	屏幕显示	显示区	参数含义	标准值
001	测量数据块读数1 → 1 2 3 4	1	发动机转速	820~900r/min（怠速）
		2	变速器输入转速（传感器G182）	0~200r/min
		3	变速器转速（传感器G38）	0~8200r/min
		4	所挂档位	P N R D 4 3 2
002	测量数据块读数2 → 1 2 3 4	1	动力代号	0~240
		2	节气门值	0%~100%
		3	变速器转速（传感器G38）	0~8200r/min
		4	所挂档位	P N R D 4 3 2
003	测量数据块读数3 → 1 2 3 4	1	制动	0
		2	P、N锁止	P N有效
		3	速度	××× km/h
		4	54、55脚电压	10~16V
004	测量数据块读数4 → 1 2 3 4	1	ATF温度	×××℃
		2	变速杆位置	P R N D 4 3 2
		3	组合开关位置	（0 1）
		4	车上诊断信息（带CAN总线车辆）、发动机配合要求（不带CAN总线车辆）	—
005	测量数据块读数5 → 1 2 3 4	1	1—N88电磁阀	1.0
		2	1—N89电磁阀	1.0
		3	1—N90电磁阀	1.0
		4	所挂档位	P R N D 3 2
006	测量数据块读数6 → 1 2 3 4	1	4—N91电磁阀额定电流	0.1~0.8A
		2	4—N92电磁阀额定电流	0.1~0.8A
		3	4—N93电磁阀额定电流	0.1~0.8A
		4	所挂档位	P R N D 3 2
007	测量数据块读数7 → 1 2 3 4	1	ATF温度	×××℃
		2	N94电磁阀额定电流	0.1~0.8A
		3	液力变矩器离合器	Wkauf
		4	液力变矩器离合器转速	0~制动转速r/min

（续）

显示组号	屏幕显示	显示区	参数含义	标准值
008	测量数据块读数 8 → 1 2 3 4	1	强制减档开关	Kick Down
		2	节气门值	0%～100%
		3	发动机转矩节气门占空比	怠速时<0%，节气门全开时>70%
		4	滑移/拖车状态	超速切断
009（带 CAN）	测量数据块读数 9 → 1 2 3 4	1	发动机实际转矩	×××N·m
		2	最大转矩	×××N·m
		3	发动机转速	0～8200r/min
		4	节气门值	0%～100%
009（无 CAN）	测量数据块读数 9 → 1 2 3 4	1	发动机实际转矩	×××N·m
		2	发动机转速	0～8200r/min
		3	节气门值	0%～100%
		4	油耗信号	×××ms
010	测量数据块读数 10 → 1 2 3 4	1	液力变矩器转矩上升	1.00～2.17N·m
		2	发动机转速	0～8200r/min
		3	所挂档位	R 5 4 3 2 1
		4	传动轴滑差调节	ASR
011	测量数据块读数 11 → 1 2 3 4	1	变速杆位置	P R N D 3 2
		2	Tiptronic 识别	M-
		3	Tiptronic 加减档开关 F189	增档、减档
		4	空调强制减档	关闭、接通

2. 奥迪 01V 自动变速器数据流分析

奥迪 01V 自动变速器数据流分析见表 6-5。

表 6-5　奥迪 01V 自动变速器数据流分析

显示界面	显示内容	显示数值	数据分析
01 显示组号的显示界面 Read measuring value block 1 → 0r/min 0r/min 0r/min 4 1 2 3 4	1. 发动机转速	0～8200r/min	正常显示范围，每 40 步刷新一次
	2. 变速器输入转速（G182）	0～1000r/min	在倒档变速器输入转速的正常显示范围
		0～1000r/min	在 1 档变速器输入转速的正常显示范围
		0～1000r/min	在 1 档拖车状态变速器输入转速的正常显示范围
		0～3000r/min	在超速切断状态变速器输入转速的正常显示范围
		0～4000r/min	在 2 档变速器输入转速的正常显示范围
		0～8200r/min	在 3 档变速器输入转速的正常显示范围
		0～8200r/min	在 4 档变速器输入转速的正常显示范围
		0～8200r/min	在 5 档变速器输入转速的正常显示范围

（续）

显示界面	显示内容	显示数值	数据分析
01 显示组号的显示界面 Read measuring value block 1 → 0r/min 0r/min 0r/min 4 1 2 3 4	3. 变速器输出转速（G38）	0~2000r/min	在倒档变速器输出转速的正常显示范围
		0~1200r/min	在1档变速器输出转速的正常显示范围
		0~4000r/min	在2档变速器输出转速的正常显示范围
		0~5800r/min	在3档变速器输出转速的正常显示范围
		0~8200r/min	在4档变速器输出转速的正常显示范围
		0~8200r/min	在5档变速器输出转速的正常显示范围
	4. 所挂档位	N	变速杆在N位
		R	变速杆在R位
		1、2、3、4、5	变速杆在D位
		1、2、3、4	变速杆在4位
		1、2、3	变速杆在3位
		1、2	变速杆在2位
02 显示组号的显示界面 Read measuring value block 2 → 0 0% 0r/min 4 1 2 3 4	1. 动力代号（动力换档程序）	0	正常行驶状态：最小值（非常经济的）
		240	最大值（动力非常强劲的）
		241	预热程序有效
		242	驱动防滑调节有效
		243	Tiptronic 识别有效
		244	速度调节器代码 GRA
	2. 节气门数值	0%~1%	怠速
		99%~100%	节气门全开
	3. 变速器输出转速（G38）	0~2000r/min	在倒档变速器输出转速的正常显示范围
		0~1200r/min	在1档变速器输出转速的正常显示范围
		0~4000r/min	在2档变速器输出转速的正常显示范围
		0~5800r/min	在3档变速器输出转速的正常显示范围
		0~8200r/min	在4档变速器输出转速的正常显示范围
		0~8200r/min	在5档变速器输出转速的正常显示范围
	4. 所挂档位	N	变速杆在N位
		R	变速杆在R位
		1、2、3、4、5	变速杆在D位
		1、2、3、4	变速杆在4位
		1、2、3	变速杆在3位
		1、2	变速杆在2位

（续）

显示界面	显示内容	显示数值	数据分析
03 显示组号的显示界面 Read measuring value block 3 → 0 P Nactive 0 km/h 12.8V 1 2 3 4	1. 制动灯开关 F	0	不踩制动踏板
		1	踩制动踏板
	2. 变速杆锁止电磁阀 N110（也称之为换档锁止电磁阀 N110）	P N active	不踩制动踏板时
		P N not active	踩制动踏板时
	3. 车速	0~最大车速 km/h	显示车速的实际数值 速度表上的显示和故障阅读仪 V. A. G1552 上的数值可能存在很少的偏差，必要时检查车速传感器 G22
	4. 电源电压（接线柱 15）	10.00~16.00V	正常显示范围 发动机控制系统中没有专门的传感器来测量蓄电池的电压，而是 ECU 根据某些电源提供电路中的参数计算出蓄电池电压 蓄电池电压参数是 ECU 自检的重要内容，如果蓄电池电压过低或过高，ECU 都将改变运行模式或变更某些功能。例如：蓄电池电压低于最小规定值，ECU 将提高怠速以便加大充电量，这将影响怠速控制、燃油计量和点火时间的参数读值
		小于 10.00V	① 发动机故障，蓄电池耗电太剧烈 ② 蓄电池起动后不久，由于大电流或用电设备负载太大 ③ 发动机控制单元的电流供给和地线接触不良 ④ 点火关闭时漏电
		大于 16.00V	① 发动机上的电压调节器故障 ② 由于突然起动或快充电设备而产生过电压
04 显示组号的显示界面 Read measuring value block 4 → 21.0℃ P 1000 1 1 2 3 4	1. ATF 温度	60~80℃	正常自动变速器油温度
		35~45℃ 恒定不变化	油温传感器损坏或线路不良
	2. 变速杆位置	P	变速杆在 P 位
		R	变速杆在 R 位
		N	变速杆在 N 位
		D	变速杆在 D 位
		4	变速杆在 4 位
		3	变速杆在 3 位
		2	变速杆在 2 位

（续）

显示界面	显示内容	显示数值	数据分析
04显示组号的显示界面 Read measuring value block 4 → 21.0℃　P　1000　1 1　2　3　4	3. 多功能开关F125	1000	变速杆处于P位
		0100	变速杆处于R位
		1110	变速杆处于N位
		1011	变速杆处于D位
		0111	变速杆处于4位
		0001	变速杆处于3位
		0010	变速杆处于2位
	4. 车上诊断信息（带CAN）	1	车上诊断显示信息从左往右接通
		0	故障显示关闭
		1	TIP结束
		0	TIP未结束
		1	变速器预热结束
		0	变速器预热未结束
		1	识别到发动机起动
		0	未识别发动机起动
05显示组号的显示界面 Read measuring value block 5 → 0　0　0　4 1　2　3　4	1. 换档电磁阀1（N88）	1	表示行驶时所挂档位正处于R、5、2、1、1M档位
		0	表示行驶时所挂档位正处于3、4档位
	2. 换档电磁阀2（N89）	1	表示行驶时所挂档位正处于3、2、1档位
		0	表示行驶时所挂档位正处于R、1M、4、5档位
	3. 换档电磁阀3（N90）	1	表示行驶时所挂档位正处于3、4、5档位
		0	表示行驶时所挂档位正处于R、1、1M、2档位
	4. 所挂档位	N	变速杆在N位
		R	变速杆在R位
		1、2、3、4、5	变速杆在D位
		1、2、3、4	变速杆在4位
		1、2、3	变速杆在3位
		1、2	变速杆在2位

（续）

显示界面	显示内容	显示数值	数据分析
06 显示组号的显示界面 Read measuring value block 6 → 0.747A 0.747A 0.747A 4 1 2 3 4	1. TCC 电磁阀 4（N91）额定电流	0.1~0.8A	电磁阀 4（N91）额定电流的正常范围
		超出规定值	若显示的额定电流不在正常范围内，则表明： ① 电磁阀 4（N91）的线路断路或短路 ② 电磁阀 4（N91）损坏 ③ 压力调节阀 1（N215）线路断路或短路 ④ 压力调节阀 1（N215）损坏
	2. 舒适电磁阀 5（N92）额定电流	0.1~0.8A	电磁阀 5（N92）额定电流的正常范围
		超出规定值	若显示的额定电流不在正常范围内，则表明： ① 电磁阀 5（N92）的线路断路或短路 ② 电磁阀 5（N92）损坏 ③ 压力调节阀 2（N216）线路断路或短路 ④ 压力调节阀 2（N216）损坏
	3. 压力调节电磁阀 6（N93）额定电流	0.1~0.8A	电磁阀 6（N93）额定电流的正常范围
		超出规定值	若显示的额定电流不在正常范围内，则表明： ① 电磁阀 6（N93）的线路断路或短路 ② 电磁阀 6（N93）损坏 ③ 压力调节阀 3（N217）线路断路或短路 ④ 压力调节阀 3（N217）损坏
	4. 所挂档位	N	变速杆在 N 位
		R	变速杆在 R 位
		1、2、3、4、5	变速杆在 D 位
		1、2、3、4	变速杆在 4 位
		1、2、3	变速杆在 3 位
		1、2	变速杆在 2 位
07 显示组号的显示界面 Read measuring value block 7 → 21.0℃ 0.472 Wkauf 0r/min 1 2 3 4	1. ATF 温度	60~80℃	正常自动变速器油液温度
		35~45℃ 恒定不变化	油温传感器损坏或线路不良
	2. 舒适电磁阀 7（N94）额定电流	0.1~0.8A	电磁阀 7（N94）额定电流的正常范围
		超出规定值	若显示的额定电流不在正常范围内，则表明： ① 电磁阀 7（N94）的线路断路或短路 ② 电磁阀 7（N94）损坏 ③ 压力调节阀 4（N218）线路断路或短路 ④ 压力调节阀 4（N218）损坏

（续）

显示界面	显示内容	显示数值	数据分析
07 显示组号的显示界面 Read measuring value block 7 → 21.0℃ 0.472 Wk auf 0r/min 1 2 3 4	3. 液力变矩器	Wk auf	—
		Wk regel	—
		Wk zu	—
	4. 液力变矩器转速	0~制动转速 r/min	Wk auf
		20~120r/min	Wk regel（上次换档前 20s）
		0~10r/min	Wk zu
		液力变矩器转速的检测条件： ① Wk zu 换档需要停止（等 1min），Wk 接通，节气门开度不变 ② Wk regel 给定的数值适合于液力变矩器的控制状态，不适合时（如上坡时加速）只有在换档结束后 20s 才能达到此状态，在此调整阶段液力变矩器转速可达到 350r/min ③ 液力变矩器转速较高时会给出说明——液力变矩器打滑或者换档元件不起作用	
08 显示组号的显示界面 Read measuring value block 8 → Kick Down 5% 0 N·m 超速切断 1 2 3 4	1. 强制降档开关 F8	Kick Down	表示处于强制降档状态
		0	表示未处于强制降档状态
	2. 节气门占空比（不带 CAN）	小于 30%	怠速状态
		大于 70%	节气门全开状态
	3. 发动机转矩（带 CAN）	…N · m	显示行驶时，发动机实际转矩信号由发动机控制单元通过 CAN 总线传给变速器控制单元
	4. 滑移/拖车状态	行驶状态	正常行驶时发动机提供功率
		超速切断状态	汽车下坡行驶或者减速（发动机制动）
		拖车状态	—
09 显示组号不带 CAN 总线的显示界面 Read measuring value block 9 → 100N·m 0r/min 0% 0.00ms 1 2 3 4	1. 发动机实际转矩	…N · m	显示发动机实际转矩大小 变速器控制单元根据燃油消耗和发动机转速信号算出发动机转矩
	2. 发动机转速	0~8200r/min	正常显示范围，每 40 步刷新一次
	3. 节气门开度	0%~1%	怠速状态
		99%~100%	节气门全开状态
	4. 油耗信号	…ms	一般不需分析

（续）

显示界面	显示内容	显示数值	数据分析
09 显示组号带 CAN 总线的显示界面 Read measuring value block 9 → 100N·m N·m 0r/min 0% 1 2 3 4	1. 发动机实际转矩	…N·m	显示发动机实际转矩大小 发动机控制单元通过 CAN 总线把发动机实际转矩信号传给变速器控制单元
	2. 最大转矩	…N·m	换档时变速器控制单元要求发动机转矩减少
	3. 发动机转速	0~8200r/min	正常显示范围，每 40 步刷新一次
	4. 节气门开度	0%~1%	怠速状态
		99%~100%	节气门全开状态
10 显示组号的显示界面 Read measuring value block 10 → 0.0N·m 0r/min 4 ASR active 1 2 3 4	1. 液力变矩器转矩上升	1.00~2.17 N·m	此数值是根据变速器控制单元液力变矩器滑差转速计算的
	2. 发动机转速	0~ 8200r/min	正常显示范围，每 40 步刷新一次
	3. 所挂档位	N	变速杆在 N 位
		R	变速杆在 R 位
		1、2、3、4、5	变速杆在 D 位
		1、2、3、4	变速杆在 4 位
		1、2、3	变速杆在 3 位
		1、2	变速杆在 2 位
	4. 驱动防滑调节系统（ASR）	ASR active	表示 ASR 处于激活状态
		ASR not active	表示 ASR 未激活，没有工作
11 显示组号的显示界面 Read measuring value block 11 → D M on 加速 压缩机接通 1 2 3 4	1. 变速杆位置	P	变速杆在 P 位
		R	变速杆在 R 位
		N	变速杆在 N 位
		D	变速杆在 D 位
		4	变速杆在 4 位
		3	变速杆在 3 位
		2	变速杆在 2 位
	2. Tiptronic 识别开关 F189	M on	表示变速杆处于 Tiptronic 通道上
		M off	表示变速杆不在 Tiptronic 通道上
	3. Tiptronic 增减档开关 F189	加档键	变速杆处于 Tiptronic 通道并选择档位上，并进行增档操作
		减档键	变速杆处于 Tiptronic 通道并选择档位上，并进行减档操作
	4. 空调压缩机	压缩机关断	只有在强制减档后，才使空调压缩机断开有效
		压缩机接通	—

第四节　大众/奥迪车系ABS数据流读取与分析

1. 用V. A. G1551或V. A. G1552读取大众/奥迪车系ABS的数据流

读取大众/奥迪车系ABS数据流的步骤如下。

第1步：

连接故障阅读仪V. A. G1551或V. A. G1552，接通点火开关，输入地址码“03制动电子”。屏幕显示：

快速数据传输	帮助
功能选择××	

第2步：

按“0”和“8”键，选择“读测量数据组”功能。屏幕显示：

快速数据传输	Q
08—读测量数据组	

第3步：

按“Q”键确认。屏幕显示：

读测量数据组输出	Q
输入显示组编号×××	

第4步：

按“0”和“1”键，输入显示组编号01，并按“Q”键确认。屏幕显示：

读测量数据组01	→
1　2　3　4	

屏幕上有4个显示区域，每个显示区域表示一个参数。

第5步：

按“→”键可读下一组数据。

ABS数据组只有4组，每组中各个数据的含义及其变化范围见表6-6。

表6-6　ABS数据流标准值

显示组号	屏幕显示	显示区	参数含义	标准值
01	测量数据块读数01　→ 1　2　3　4	1	前左轮传感器的轮速/(km/h)	1~19km/h
		2	前右轮传感器的轮速/(km/h)	1~19km/h
		3	后左轮传感器的轮速/(km/h)	1~19km/h
		4	后右轮传感器的轮速/(km/h)	1~19km/h
02	测量数据块读数02　→ 1　2　3　4	1	制动灯开关	0（未踏下）；1（踏下）
		2	回油泵电动机电压	0（正常）；1（不正常）
		3	电磁阀继电器	0或1
		4	未用	—

（续）

显示组号	屏幕显示	显示区	参数含义	标准值
03	测量数据块读数 03 → 1 2 3 4	1	发动机转速（汽车配备有 ASR）	60~8000r/min
		2	实际发动机转矩（MMI）（汽车配备有 ASR）	0%~100%
		3	ASR 按钮（汽车配备有 ASR）	0 或 1
		4	未用	—
04	测量数据块读数 04 → 1 2 3 4	1	停止时间（只配备有 EDS 的汽车）	—
		2	由于太高的制动温度导致 EDS 断开	0 或 1
		3	EDS/ASR 断开（汽车配备有 EDS 或 ASR）	0 或 1
		4	未用	—

2. ABS 数据流分析

ABS 数据流分析见表 6-7。

表 6-7 ABS 数据流分析表

显示界面	显示内容	显示数值	数据分析
01 显示组号的显示界面 Read measuring value block 1→ 1km/h 1km/h 1km/h 1km/h 1 2 3 4	1. 前左轮转速传感器的轮速	1~19km/h	正常显示范围 在速度超过 19km/h 时控制单元 J104 的自诊断即中断
	2. 前右轮转速传感器的轮速	1~19km/h	正常显示范围 在速度超过 19km/h 时控制单元 J104 的自诊断即中断
	3. 后左轮转速传感器的轮速	1~19km/h	正常显示范围 在速度超过 19km/h 时控制单元 J104 的自诊断即中断
	4. 后右轮转速传感器的轮速	1~19km/h	正常显示范围 在速度超过 19km/h 时控制单元 J104 的自诊断即中断
02 显示组号的显示界面 Read measuring value block 2→ 0 0 1 — 1 2 3 4	1. 制动灯开关	0 或 1	0：制动踏板不踏下 1：制动踏板踏下
	2. 回油泵电动机电压	0 或 1	0：无电压（正常） 1：存在电压（有故障）
	3. 电磁阀继电器	0 或 1	0：不允许执行“读测量数据组”功能，继电器在点火开关接通时不被控制单元控制 1：允许执行“读测量数据组”功能，继电器在点火开关接通时被控制单元控制

（续）

显示界面	显示内容	显示数值	数据分析
03 显示组号的显示界面 Read measuring value block　3 → 60r/min　20%　1　— 1　2　3　4	1. 发动机转速（具有 ASR 装备的汽车）	60~8000r/min	是指发动机的实际转速值，每 40 步显示刷新一次
	2. 实际发动机转矩（MMI）（具有 ASR 装备的汽车）	0%~100%	0%：发动机在起动阶段 20%~30%：发动机空转 100%：最大发动机转矩
	3. ASR 键（具有 ASR 装备的汽车）	0 或 1	0：ASR 键不操作 1：ASR 键操作
04 显示组号的显示界面 Read measuring value block　4 → ××h××min　0　1　— 1　2　3　4	1. 停止时间（只用于具有 EDS 装备的汽车）	0h0min~255h59min	太大：若停止时间大于 255h59min，则将在屏幕上显示误差，在点火开关接通和发动机起动后，没有从仪表板到控制单元 J104 的 2 个有效的时间传输。检查是否存在故障码 01203 无效：在点火开关接通后没有停止时间。如果更换了仪表板或液压控制单元，则在第一次接通点火开关之后至少 20s 停止时间计算来使之激活。在重新接通时给出停止时间
	2. 过高的制动温度导致 EDS 断开	0 或 1	0：EDS 在 20 次点火接通期间未断开 1：EDS 在 20 次点火接通期间断开
	3. EDS/ASR 断开（具有 EDS/ASR 装备的汽车）	0 或 1	0：EDS/ASR 可以使用 1：EDS/ASR 不能使用

第七章　丰田凯美瑞车系数据流分析

第一节　发动机数据流

1. 数据表

① 将发动机暖机。

② 将点火开关转到 OFF。

③ 将智能测试仪连接到 DLC3 上。

④ 将点火开关转到 ON，打开测试仪。

⑤ 选择以下菜单项目：Powertrain(传动系)/Engine and ECT(发动机和 ECT)/Data List(数据表)。

发动机数据流见表 7-1。

表 7-1　发动机数据流

智能测试仪显示项目	测量项目/范围	正常条件	诊断附注
Injector (喷油器)	1 号气缸的喷射时间： 最短：0 ms，最长：32.64 ms	1.92~3.37ms：怠速	—
IGN Advance (点火提前)	1 号气缸的点火正时提前： 最小：-64°，最大：63.5°	BTDC 5~15°：怠速	—
Calculate Load (计算出的负荷)	ECM 计算的负荷： 最小：0%，最大：100%	· 3.3%~26.7%：怠速 · 12%~14.7%：无负荷时以 2500r/min 的转速运转	—
Vehicle Load ＊1 (车辆负荷 ＊1)	车辆负荷： 最小：0%，最大：25700%	实际车辆负荷	负荷百分比(最大进气量)
MAF(空气流量)	用空气流量计测定的空气流量： 最小：0g/s 最大：655.35g/s	· 0.58~4.67g/s：怠速 · 3.33~9.17g/s：无负荷时以 2500r/min 的转速运转	如果约为 0.0g/s： · 空气流量计电源电路存在开路 · VG 电路存在开路或短路 如果为 160.0g/s 或更大： · E2G 电路存在开路

（续）

智能测试仪显示项目	测量项目/范围	正常条件	诊断附注
Engine Speed（发动机转速）	发动机转速： 最小：0r/min， 最大：16383.75r/min	610~710r/min：怠速	—
Vehicle Speed（车速）	车速： 最小：0km/h，最大：255km/h	实际车速	车速表显示的车速
Coolant Temp（冷却液温度）	发动机冷却液温度： 最低：-40℃，最高：140℃	80~100℃：暖机后	· 如为-40℃：传感器电路存在开路 · 如为140℃或更高：传感器电路存在短路
Intake Air（进气）	进气温度： 最低：-40℃，最高：140℃	相当于环境空气温度	· 如为-40℃：传感器电路存在开路 · 如为140℃或更高：传感器电路存在短路
Air-Fuel Ratio（空燃比）	和理论值相比的空燃比： 最小：0，最大：1.999	0.8~1.2：怠速	· 小于1（0~0.999）=过稀 · 理论空燃比=1 · 数值高于1（1.001~1.999）=过浓
Purge Density Learn Value（净化浓度习得值）	净化浓度习得值： 最小：-50，最大：350	-40~10：怠速	—
Purge Flow（净化流）	蒸发净化流和进气量的比率： 最小：0%，最大：102.4%	0%~10%：怠速	—
EVAP（Purge）VSV（EVAP净化VSV）	净化VSV控制占空比： 最小：0%，最大：100%	10%~50%：怠速	请求ECM发出信号
Knock Correct Learn Value（爆燃纠正习得值）	爆燃纠正习得值： 最小：-64CA，最大：1984CA	0~20CA： 行驶速度70km/h（44mile/h）	维修数据
Knock Feedback Value（爆燃反馈值）	爆燃反馈值： 最小：-64CA，最大：1984CA	-20~0CA： 行驶速度70km/h（44mile/h）	维修数据
Accelerator Position No.1（1号加速踏板位置）	1号加速踏板位置（APP）： 最小：0%，最大：100%	10%~22%：松开加速踏板 52%~90%：完全踩下加速踏板	点火开关ON（不起动发动机）时读取数值
Accelerator Position No.2（2号加速踏板位置）	2号加速踏板位置（APP）： 最小：0%，最大：100%	24%~40%：松开加速踏板 68%~100%：完全踩下加速踏板	点火开关ON（不起动发动机）时读取数值

（续）

智能测试仪显示项目	测量项目/范围	正常条件	诊断附注
Accelerator Position No. 1（1号加速踏板位置）	1号APP传感器电压： 最小：0V，最大：5V	0.5~1.1V：松开加速踏板 2.5~4.5V：完全踩下加速踏板	点火开关ON(不起动发动机)时读取数值
Accelerator Position No. 2（2号加速踏板位置）	2号APP传感器电压： 最小：0V，最大：5V	1.2~2.0V：松开加速踏板 3.4~5.0V：完全踩下加速踏板	点火开关ON(不起动发动机)时读取数值
Accelerator Idle Position（加速踏板怠速位置）	加速踏板位置传感器是否检测到怠速状态： ON或OFF	ON：怠速	—
Throttle Fully Close Learn（节气门全关习得值）	节气门全关(习得值)： 最小：0V，最大：5V	0.4~0.8 V	—
Accel Fully Close #1(AD)［1号加速踏板全关(AD)］	1号APP传感器电压(AD)： 最小：0V，最大：4.9804V	—	ETCS维修数据
Accel Fully Close Learn #1（1号加速踏板完全关闭习得值）	1号加速踏板完全关闭习得值： 最小：0° 最大：124.512°	—	ETCS维修数据
Accel Fully Close Learn #2（2号加速踏板完全关闭习得值）	2号加速踏板完全关闭习得值： 最小：0° 最大：124.512°	—	ETCS维修数据
Fail Safe Drive（失效驱动）	是否执行失效保护功能： ON或OFF	ON：ETCS(电节气门控制系统)失效	—
Fail Safe Drive (Main CPU)（主CPU失效驱动）	是否执行失效保护功能： ON或OFF	ON：ETCS已经失效	—
ST1	制动踏板信号： ON或OFF	ON：踩下制动踏板	—
System Guard（系统保护）	系统保护： ON或OFF	—	ETCS维修数据
Open Side Malfunction（开启一侧故障）	打开一侧故障： ON或OFF	—	ETCS维修数据

（续）

智能测试仪显示项目	测量项目/范围	正常条件	诊断附注
Throttle Position（节气门位置）	节气门位置传感器： 最小：0%，最大：100%	· 10%～22%：节气门全关 · 66%～98%：节气门全开	· 根据 VTA1 计算的数值 · 点火开关 ON（不起动发动机）时读取数值
Throttle Idle Position（节气门怠速位置）	节气门位置传感器是否检测怠速状态： ON 或 OFF	ON：怠速	—
Throttle Require Position（节气门要求位置）	需要的节气门位置： 最小：0V，最大：5V	0.5～1.0V：怠速	—
Throttle Sensor Position（节气门传感器位置）	节气门位置： 最小：0%，最大：100%	· 0%：节气门全关 · 50%～80%：节气门全开	· ECM 上的节气门开度识别数值 · 点火开关 ON（不起动发动机）时读取数值
Throttle Sensor Position #2（2号节气门传感器位置）	2号节气门传感器位置： 最小：0%，最大：100%	· 42%～62%：节气门全关 · 92%～100%：节气门全开	· 根据 VTA2 计算的数值 · 点火开关 ON（不起动发动机）时读取数值
Throttle Position No. 1（1号节气门位置）	1号节气门位置传感器的输出电压： 最小：0V，最大：5V	· 0.5～1.1V：节气门全关 · 3.2～4.9V：节气门全开	点火开关 ON（不起动发动机）时读取数值
Throttle Position No. 2（2号节气门位置）	2号节气门位置传感器的输出电压： 最小：0V，最大：5V	· 2.1～3.1V：节气门全关 · 4.6～5.0V：节气门全开	点火开关 ON（不起动发动机）时读取数值
Throttle Position Command（节气门位置指令）	节气门位置指令值： 最小：0V，最大：4.9804V	0.5～4.9V	点火开关 ON（不起动发动机）时读取数值
Throttle Sens Open Pos #1（1号节气门传感器开启位置）	1号节气门传感器开启位置： 最小：0V，最大：4.9804V	—	ETCS 维修数据
Throttle Sens Open Pos #2（2号节气门传感器开启位置）	2号节气门传感器开启位置： 最小：0V，最大：4.9804V	—	ETCS 维修数据

（续）

智能测试仪显示项目	测量项目/范围	正 常 条 件	诊 断 附 注
Throttle Sens Open #1(AD)［1号节气门传感器开启(AD)］	1号节气门位置传感器的输出电压(AD)： 最小：0V，最大：4.9804V	0.5~4.9V	点火开关ON(不起动发动机)时读取数值
Throttle Motor（节气门电动机）	是否允许使用节气门执行器控制： ON或OFF	ON：怠速	点火开关ON(不起动发动机)时读取数值
Throttle Motor Current（节气门电动机电流）	节气门执行器电流： 最小：0A，最大：80A	0~3.0A：怠速	—
Throttle Motor（节气门电动机）	节气门执行器： 最小：0%，最大：100%	0.5%~40%：怠速	—
Throttle Motor Duty (Open)（节气门电动机开启时的占空比）	节气门执行器占空比(开度)： 最小：0%，最大：100%	0%~40%：怠速	ETCS维修数据
Throttle Motor Duty(Close)（节气门电动机关闭时的占空比）	节气门执行器占空比(闭合)： 最小：0%，最大：100%	0%~40%：怠速	ETCS维修数据
O2S B1 S2	2号加热型氧传感器的输出电压： 最小：0V，最大：1.275V	0.1~0.9V： 行驶速度70km/h	执行喷油量控制或为A/F传感器主动测试功能控制喷油量，可使技师检查传感器输出电压
AFS B1 S1	1号A/F传感器电压输出： 最小：0V，最大：7.999V	2.8~3.8V：怠速	执行喷油量控制或为A/F传感器主动测试功能控制喷油量，可使技师检查传感器输出电压
Total FT #1（1列总燃油修正）	燃油系统的总燃油修正值： 最小：-0.5，最大：0.496	-0.2~0.2	—
Short FT #1（1列短期燃油修正）	短期燃油修正： 最小：-100%，最大：99.2%	-20%~20%	用来使空燃比保持在理论配比空燃比的短期燃油补偿
Long FT #1（1列长期燃油修正）	长期燃油修正： 最小：-100%，最大：99.2%	-15%~15%	长期进行的总体燃油补偿，用以补偿短期燃油修正和中间值的持续偏差

（续）

智能测试仪显示项目	测量项目/范围	正常条件	诊断附注
Fuel System Status（Bank 1）（1 列燃油系统状态）	燃油系统状态： OL、CL、OLDRIVE、OLFAULT 或 CLFAULT	CL：暖机后怠速运转	· OL（开环）：还没有满足转变为闭环的条件 · CL（闭环）：使用加热式氧传感器作为燃油控制反馈 · OL 驱动：由于驾驶条件（燃油增浓）转变成开环 · OL 错误：由于检测到的系统错误而转变为开环 · CL 错误：闭环，但用作燃油控制的加热型氧传感器故障
AF FT B1 S1	加热型氧传感器（1 列 1 号传感器）电压从过稀到过浓的切换时间	· 数值低于 1（0.000 至 0.999）= 过稀 · 理论空燃比 = 1 · 数值高于 1（1.001 至 1.999）= 过浓	—
AFS B1 S1	A/F 传感器电流（1 号传感器）： 最小：-128mA，最大：127.99mA	—	—
Catalyst Temp（B1 S1）*1（催化器温度 1 列 1 号传感器）	估计的催化器温度（1 列，1 号传感器）： 最低：-40℃，最高：6513.5℃	—	—
Catalyst Temp（B1 S2）*1（催化器温度 1 列 2 号传感器）	估计的催化器温度（1 列，2 号传感器）： 最低：-40℃，最高：6513.5℃	—	—
Initial Engine Coolant Temp（发动机冷却液初始温度）	发动机起动时的发动机冷却液温度： 最低：-40℃，最高：120℃	接近于环境空气温度	—
Initial Intake Air Temp（进气初始温度）	发动机起动时的进气温度： 最低：-40℃，最高：120℃	接近于环境空气温度	—
Injection Volume（Cylinder 1）（1 号气缸喷油量）	喷油量（1 号气缸）： 最小：0mL，最大：2.048mL	0~0.15mL：怠速	10 个喷油器的总喷油量

（续）

智能测试仪显示项目	测量项目/范围	正常条件	诊断附注
Starter Signal（起动机信号）	起动机开关(STSW)信号：ON 或 OFF	ON：转动	—
Power Steering Switch（动力转向机构开关）	动力转向机构信号：ON 或 OFF	ON：动力转向机构操作	—
Power Steering Signal（动力转向机构信号）	动力转向机构信号(历史)：ON 或 OFF	ON：蓄电池端子连接后第一次转动转向盘	蓄电池端子断开时信号状态通常为 ON
Closed Throttle Position SW（节气门位置闭合 SW）	闭合节气门位置开关：ON 或 OFF	· ON：节气门全关 · OFF：节气门打开	—
A/C Signal（空调信号）	空调信号：ON 或 OFF	ON：空调 ON	—
Neutral Position SW Signal（空档位置 SW 信号）	PNP 开关状态：ON 或 OFF	ON：P 或 N 位置	—
Electrical Load Signal（电气负荷信号）	电气负荷信号：ON 或 OFF	ON：将前照灯或除雾器开关转到 ON	—
Stop Light Switch（制动灯开关）	制动灯开关：ON 或 OFF	ON：踩下制动踏板	—
ETCS Actuator Power（ETCS 执行器电源）	ETCS 电源：ON 或 OFF	ON：点火开关 ON，系统正常	—
+BM Voltage（+BM 电压）	+BM 电压：最小：0V，最大：19.92182V	9~14(V)：点火开关 ON，系统正常	ETCS 维修数据
Battery Voltage（蓄电池电压）	蓄电池电压：最小：0V，最大：65.535V	9~14V：点火开关 ON	—
Actuator Power Supply（执行器电源）	执行器电源供给：ON 或 OFF	ON：怠速	ETCS 维修数据
Atmosphere Pressure（大气压力）	大气压力：最低：0kPa，最高：255kPa	约 100kPa：点火开关 ON	—
EVAP Purge VSV（EVAP 净化 VSV）	净化 VSV 状态：ON 或 OFF	—	主动测试支持数据
Fuel Pump/Speed Status（燃油泵/转速状态）	燃油泵状态：ON 或 OFF	ON：发动机运转	主动测试支持数据
VVT Control Status(Bank 1)（1 列 VVT 控制状态）	VVT 控制状态(1 列)：ON 或 OFF	—	主动测试支持数据

（续）

智能测试仪显示项目	测量项目/范围	正常条件	诊断附注
Electric Fan Motor（电动风扇电动机）	电动风扇电动机：ON 或 OFF	ON：电动风扇电动机运行	主动测试支持数据
TC and TE1（TC 和 TE1）	DLC3 的 TC 和 CG(TE1)端子：ON 或 OFF	—	主动测试支持数据
Engine Speed of Cyl #1（1 号气缸发动机转速）	1 号气缸燃油切断时的发动机转速：最小：0r/min，最大：25600r/min	—	仅在主动测试中进行 1 号气缸燃油切断时输出
Engine Speed of Cyl #2（2 号气缸发动机转速）	2 号气缸燃油切断时的发动机转速：最小：0r/min，最大：25600r/min	—	仅在主动测试中进行 2 号气缸燃油切断时输出
Engine Speed of Cyl #3（3 号气缸发动机转速）	3 号气缸燃油切断时的发动机转速：最小：0r/min，最大：25600r/min	—	仅在主动测试中进行 3 号气缸燃油切断时输出
Engine Speed of Cyl #4（4 号气缸发动机转速）	4 号气缸燃油切断时的发动机转速：最小：0r/min，最大：25600r/min	—	仅在主动测试中进行 4 号气缸燃油切断时输出
Av Engine Speed of ALL Cyl（所有气缸的发动机平均转速）	在 1 至 4 号气缸燃油切断时的平均发动机转速：最小：0r/min，最大：25600r/min	—	仅在进行主动测试时输出
VVT Aim Angle (Bank 1) *2（1 列 VVT 调整角度）	VVT 调整角度(1 列)：最小：0%，最大：100%	0%~100%	侵入操作时的 VVT 占空比信号值
VVT Change Angle (Bank 1) *2（1 列 VVT 改变角度）	VVT 改变角度(1 列)：最小：0°FR，最大：60°FR	0°~56°FR	侵入操作时的转移角度
VVT OCV Duty (Bank 1) *2（1 列 VVT OCV 占空比）	VVT OCV 操作占空比：最小：0%，最大：100%	0°~100%	侵入操作时所需要的占空比值
Idle Fuel Cut（怠速燃油切断）	燃油切断后空转：ON 或 OFF	ON：燃油切断运行	在节气门全关和发动机转速超过 1500r/min 时，怠速燃油切断为“ON”

（续）

智能测试仪显示项目	测量项目/范围	正常条件	诊断附注
FC TAU	燃油切断 TAU（负荷很低时燃油切断）： ON 或 OFF	ON：燃油切断运行	在负荷很低的状态下切断燃油，以防止发动机不完全燃烧
Ignition（点火）	点火计数器： 最小：0，最大：400	0~400	—
Cylinder #1 Misfire Rate（1 号气缸缺火率）	1 号气缸缺火率： 最小：0，最大：255	0	—
Cylinder #2 Misfire Rate（2 号气缸缺火率）	2 号气缸缺火率： 最小：0，最大：255	0	—
Cylinder #3 Misfire Rate（3 号气缸缺火率）	3 号气缸缺火率： 最小：0，最大：255	0	—
Cylinder #4 Misfire Rate（4 号气缸缺火率）	4 号气缸缺火率： 最小：0，最大：255	0	—
All Cylinders Misfire Rate（所有气缸缺火率）	所有气缸缺火率： 最小：0，最大：255	0	—
Misfire RPM（缺火转速）	发生缺火时的发动机转速： 最小：0r/min，最大：6375r/min	—	—
Misfire Load（缺火负荷）	发生缺火时的发动机负荷： 最小：0g/s，最高：3.98g/s	—	—
Misfire Margin（缺火范围）	用以检测发动机缺火的范围 最小：-100%，最大：99.22%	-100%~99.22%	缺火检测范围
#Codes（代码）	故障码数量： 最少：0，最多：255	—	检测到的故障码个数
Check Mode（检查模式）	检查模式： ON 或 OFF	ON：检查模式开启	—
SPD Test（SPD 测试）	车速传感器在检查模式下的结果：完成或未完成	—	—
Misfire Test ＊1（缺火测试）	缺火监控在检查模式下的结果： 完成或未完成	—	—

（续）

智能测试仪显示项目	测量项目/范围	正常条件	诊断附注
OXS1 Test（OXS1 测试）	HO2 传感器在检查模式下的结果：完成或未完成	—	—
A/F Test Results（Bank 1）（1 列 A/F 测试结果）	空燃比传感器在检查模式下的结果：完成或未完成	—	—
MIL（故障指示灯）	MIL 状态：ON 或 OFF	ON：MIL 亮起	—
MIL ON Run Distance（MIL ON 的行驶距离）	MIL 亮起后的行驶距离：最小：0km，最大：65535km	检测到 DTC 后的行驶距离	—
Running Time from MIL ON（MIL 亮起后的行驶时间）	MIL 亮起后的行驶时间：最小：0min 最大：65535min	相当于 MIL 亮起后的行驶时间	—
Engine Run Time（发动机运转时间）	发动机运转时间：最小：0s　最大：65535s	发动机起动后的时间	—
Time After DTC Cleared（DTC 清除后的时间）	DTC 清除后的时间：最小：0min 最大：65535min	相当于 DTC 清除后的时间	—
Distance from DTC Cleared（DTC 清除后的行驶距离）	DTC 清除后的行驶距离：最小：0km，最大：65535km	相当于 DTC 清除后的距离	—
Warmup Cycle cleared DTC（DTC 清除后的暖机周期）	DTC 清除后的暖机周期：最小：0，最大：255	—	DTC 清除后的暖机周期数
OBD Requirement（OBD 要求）	OBD 要求	E-OBD	—
Number of Emission DTC（排放 DTC 的数量）	排放 DTC 的数量	—	—
Complete Parts Monitor（完全零件监控）	全面组件监控：有监控或无监控	—	—
Fuel System Monitor（燃油系统监控）	燃油系统监控：有监控或无监控	—	—

（续）

智能测试仪显示项目	测量项目/范围	正常条件	诊断附注
Misfire Monitor（缺火监控）	缺火监控：有监控或无监控	—	—
O2S(A/FS) Monitor［O2S(A/FS)监控］	O2S(A/FS)监控：有监控或无监控	—	—
Catalyst Monitor（催化器监控）	催化器监控：有监控或无监控	—	—
Model Code（车型代码）	确认车型代码	ACV41	—
Engine Type（发动机类型）	确认发动机类型	1AZFE	—
Cylinder Number（气缸数）	确认气缸数：最小：0，最大：255	4	—
Transmission Type（变速器类型）	确认变速器类型	ECT(4AT)	—
Destination（输出国）	确认输出国	W	—
Model Year（车型年份）	确认车型年份：最小：1900，最大：2155	2006	—
System Identification（确认系统）	确认发动机系统	汽油（汽油发动机）	—

2. 主动测试

① 将智能测试仪连接到 DLC3 上。

② 将点火开关转到 ON，打开测试仪。

③ 选择以下菜单项目：Powertrain(传动系)/Engine and ECT(发动机和 ECT)/Active Test(主动测试)。

主动测试见表 7-2。

表 7-2　主动测试

智能测试仪显示项目	测试零件	控制范围	诊断附注
Control the Injection Volume（控制喷油量）	改变喷油量	在 -12.5% ~ 24.8% 之间	· 同时测试所有喷油器 · 在发动机转速低于3000r/min条件下进行测试 · 在控制范围内可以用0.1%的梯度改变喷油量

（续）

智能测试仪显示项目	测试零件	控制范围	诊断附注
Control the Injection Volume for A/F Sensor（控制 A/F 传感器的喷油量）	改变喷油量	降低 12.5%或增加 25%	· 在发动机转速低于 3000r/min 条件下进行测试 · 为 A/F 传感器控制喷油量可以检查和输出前后加热式氧传感器的输出电压的图形。 · 要执行测试，选择下面的菜单项目：Active Test（主动测试）/Control the InjectionVolume for A/F Sensor（为 A/F 传感器控制喷油量）/Data List（数据表）/A/F Control System（A/F 控制系统）/AFS B1S1 and O2S B1S2（AFS B1S1 和 O2S B1S2）
Activate the VSV for Evap Control（启用用于 EVAP 控制的 VSV）	启用净化 VSV 控制	ON/OFF	—
Control the Fuel Pump/Speed（控制燃油泵/速度）	启用燃油泵（C/OPN 继电器）	ON/OFF	发动机停机时可进行测试
Connect the TC and TE1（连接 TC 和 TE1）	连接和断开 TC 和 TE1 的连接	ON/OFF	· ON：TC 和 TE1 被连接 · OFF：TC 和 TE1 被断开
Control the Idle Fuel Cut Prohibit（控制怠速燃油切断禁止）	禁止怠速燃油切断控制	ON/OFF	—
Control the Electric Cooling Fan（控制电动式冷却风扇）	控制电动式冷却风扇	ON/OFF	—
Control the ETCS Open/Close Slow Speed（控制 ETCS 慢速打开/关闭）	节气门执行器	ON/OFF：节气门缓慢打开/关闭	在满足下列条件时，可进行测试： · 发动机停机 · 档位置于 P 位 · 完全踩下加速踏板（APP：59°或更大）
Control the ETCS Open/Close Fast Speed（控制 ETCS 快速打开/关闭）	节气门执行器	ON/OFF：节气门快速打开/关闭	
Control the VVT Linear（Bank 1）（控制 VVT 线性 1 列）	控制 VVT（1 列）	-128%～127% 将该值加入当前 OCV 控制占空比 100%：最大提前 -100%：最大推迟	当 VVT 执行器 100% 运行时发动机失速或怠速不稳 车辆停止和发动机怠速时，可进行测试
Control the VVT Linear（Bank 1）（控制 VVT 线性 1 列）	控制 VVT（1 列）	-128%～127%	车辆停止和发动机怠速时，可进行测试

（续）

智能测试仪显示项目	测试零件	控制范围	诊断附注
Control the Cylinder #1 Fuel Cut(控制 1 号气缸燃油切断)	1 号气缸燃油切断	ON/OFF	车辆停止和发动机怠速时，可进行测试
Control the Cylinder #2 Fuel Cut(控制 2 号气缸燃油切断)	2 号气缸燃油切断	ON/OFF	
Control the Cylinder #3 Fuel Cut(控制 3 号气缸燃油切断)	3 号气缸燃油切断	ON/OFF	
Control the Cylinder #4 Fuel Cut(控制 4 号气缸燃油切断)	4 号气缸燃油切断	ON/OFF	
检查气缸压缩	所有气缸喷油器燃油切断和点火停止	ON/OFF	—

注意：发动机转动时，测量每个气缸工作时发动机转速。

第二节　自动变速器数据流

1. 数据表

自动变速器数据流见表 7-3。

表 7-3　自动变速器数据流

智能测试仪显示	测量项目/范围	正常条件	诊断附注
Stop Light Switch（制动灯开关）	制动灯开关状态/ON 或 OFF	· 踩下制动踏板：ON · 松开制动踏板：OFF	—
Neutral Prosition SW Signal（空档位置 SW 信号）	PNP 开关状态/ON 或 OFF	变速杆位置： P 和 N：ON P 和 N 除外：OFF	在智能测试仪所显示的变速杆位置与实际位置不符时，PNP 开关的调节或换档拉索可能发生故障 建议： 在调整这些零件后故障依然出现时，则参考原厂维修手册的相应章节
Shift SW Status(P Range)（P 位换档 SW 状态）	PNP 开关状态/ON 或 OFF	变速杆位置： P：ON P 除外：OFF	
Shift SW Status(N Range)（N 位换档 SW 状态）	PNP 开关状态/ON 或 OFF	变速杆位置： N：ON N 除外：OFF	

（续）

智能测试仪显示	测量项目/范围	正常条件	诊断附注
Shift SW Status(R Range) (R位换档SW状态)	PNP开关状态/ ON或OFF	变速杆位置： R：ON R除外：OFF	在智能测试仪所显示的变速杆位置与实际位置不符时，PNP开关的调节或换档拉索可能发生故障 建议： 在调整这些零件后故障依然出现时，则参考原厂维修手册的相应章节
Shift SW Status(D Range) (D位换档SW状态)	PNP开关状态/ ON或OFF	变速杆位置： D和3：ON D和3除外：OFF	
Shift SW Status(3 Range) (3位换档SW状态)	PNP SW状态/ON或OFF	变速杆位置： 3：ON 3除外：OFF	
Shift SW Status(2 Range) (2位换档SW状态)	PNP SW状态/ON或OFF	变速杆位置 2：ON 2除外：OFF	
Shift SW Status(L Range) (L位换档SW状态)	PNP SW状态/ON或OFF	变速杆位置： L：ON L除外：OFF	
Shift Status(换档状态)	变速杆位置/ 1档、2档、3档或4档(O/D)	变速杆位置： · L：1档 · 2：1档或2档 · 3：1档、2档或3档 · D(O/D ON)：1档、2档、3档或4档(O/D)	—
Lock Up Solenoid Status (锁止电磁线圈状态)	锁止电磁线圈状态/ ON或OFF	· 锁止：ON · 锁止除外：OFF	—
SLT Solenoid Status (SLT电磁线圈状态)	SLT换档电磁线圈状态/ ON或OFF	· 踩下加速踏板：OFF · 松开加速踏板：ON	—
A/T Oil Temperature 1 (A/T油温1)	ATF温度。传感器值/ 最小：-40℃ 最大：215℃	· 在失速测试后；大约80℃ · 在冷却后等于周围温度	如果数值为“-40℃”或“215℃”，那么ATF温度传感器电路开路或短路
SPD(NC)	中间轴齿轮转速/ 显示：50r/min	建议： · 当变速杆处于D位时为3档(发动机暖机后) · 中间轴转速(NC)与发动机转速接近	—

（续）

智能测试仪显示	测量项目/范围	正常条件	诊断附注
SPD(NT)	输入涡轮转速/显示：50r/min	建议： · 锁止 ON（在发动机暖机后）：输入涡轮转速（NT）等于发动机速度 · 锁止 OFF（在 N 位怠速）：输入涡轮转速（NT）接近发动机速度	—
Pattern Switch(PWR/M)（模式开关 PWR/M）	模式开关（PWR）状态/ON 或 OFF	· 按下的模式开关（PWR）：ON · 被按下的模式开关（PWR）除外：OFF	—

2. 主动测试

主动测试见表 7-4。

表 7-4　主动测试

智能测试仪显示	测试零件	控制范围	诊断附注
Control the shift Position（控制档位）	[测试详情] 亲自操作换档电磁阀并且设定每个档位。 [车辆状态] · IDL：ON · 低于 50km/h（31mile/h） [其他] · 按下“→”按钮：换高速档 · 按下“←”按钮：换低速档	1 档/2 档/3 档/4 档	可检查换档电磁阀的运行状态
Activate the Lock Up（激活锁止）	[测试详情] 控制 DSL 换档电磁线圈，将自动传动桥设定在锁止状态。 [车辆状态] · 节气门开度：小于 35% · 车速：58km/h 或更高，6 档	ON/OFF	可检查 DSL 工作状态
Activate the Solenoid(SL1)（激活 SL1 电磁线圈）	[测试详情] 操作换档电磁线圈 SL1 [车辆状态] · 车辆停止运行 · 变速杆在 P 位或 N 位	ON/OFF	—

（续）

智能测试仪显示	测 试 零 件	控 制 范 围	诊 断 附 注
Activate the Solenoid(SL2)（激活 SL2 电磁线圈）	[测试详情] 操作换档电磁线圈 SL2 [车辆状态] · 车辆停止运行 · 变速杆在 P 位或 N 位	ON/OFF	—
Activate the Solenoid(S4)（激活 S4 电磁线圈）	[测试详情] 操作换档电磁线圈 S4 [车辆状态] · 车辆停止运行 · 变速杆在 P 位或 N 位	ON/OFF	—
Activate the Soleniod(DSL)（激活 DSL 电磁线圈）	[测试详情] 操作换档电磁线圈 DSL [车辆状态] · 车辆停止运行 · 变速杆在 P 位或 N 位	ON/OFF	—
Activate the Soleniod(SLT)*（激活 SLT 电磁线圈）	[测试详情] 操作 SLT 换档电磁线圈。提升管路压力 [车辆状态] · 车辆停止运行 · IDL：ON 建议： OFF：管路压力上升（当“激活电磁线圈（SLT）”的主动测试执行时，ECM 命令 SLT 电磁线圈关闭） ON：没有动作（正常运行）	ON/OFF	—

注：*表示连接 SST 到自动变速器，进行 ACTIVE TEST(主动测试)中的“激活电磁线圈(SLT)”以检查管路压力的变化。该测试也同样用于 HYDRAULIC TEST(液压测试)。

注意：ACTIVE TEST（主动测试）和 HYDRAULIC TEST(液压测试)中的压力值各不相同。

第三节　空调系统数据流

1. 数据表

空调数据流见表 7-5。

表 7-5 空调数据流

智能测试仪显示	测量项目/范围	正常条件	诊断附注
车室温度传感器 (Room Temp)	车室温度传感器/最低：-6.5℃，最高：57.25 ℃	显示实际驾驶室温度	—
环境温度传感器 (Ambi Temp Sens)	环境温度传感器/最低：-23.3 ℃，最高：65.95 ℃	显示实际环境温度	—
调节后的环境温度 (Ambi Temp)	调节后的环境温度/最低：-30.8℃，最高：50.8℃	—	—
蒸发器叶片热敏电阻 (Evap Fin Temp)	蒸发器叶片热敏电阻/最低：-29.7℃，最高：59.55℃	显示实际蒸发器温度	—
阳光传感器(驾驶人侧) (Solar Sens-D)	驾驶人侧阳光传感器/最小：0，最大：255	驾驶人侧阳光传感器值随着亮度的增强而增加	—
阳光传感器(乘客侧) (Solar Sens-P)	乘客侧阳光传感器/最小：0，最大：255	乘客侧阳光传感器值随着亮度的增强而增加	—
发动机冷却液温度 (Coolant Temp)	发动机冷却液温度/最低：1.3℃，最高：90.55℃	暖机时，显示实际发动机冷却液温度	—
设定温度(驾驶人侧) (Set Temp-D)	驾驶人侧设定温度/最低：18℃，最高：32℃	显示驾驶人侧设定温度	
设定温度(乘客侧) (Set Temp-P)	乘客侧设定温度/最低：18℃，最高：31℃	显示乘客侧设定温度	—
驾驶人侧预测温度 (Estimate Temp-D)	驾驶人侧预测温度/最低：-358.4℃，最高：358.4℃	设定在“MAX. COOL”：-358.4℃ 设定在“MAX. HOT”：358.4℃	—
乘客侧预测温度 (Estimate Temp-P)	乘客侧预测温度/最低：-358.4℃，最高：358.4℃	设定在“MAX. COOL”：-358.4℃ 设定在“MAX. HOT”：358.4℃	—
鼓风机电动机转速等级 (Blower Level)	鼓风机电动机转速等级/最小：0 级，最大：31 级	鼓风机电动机转速在 0~31 的范围之内提高	—
调节器压力传感器 (Reg Press Sens)	调节器压力传感器/最低：-0.5kgf/cm^2，最高：37.75kgf/cm^2	显示实际制冷剂压力	—
调节器控制电流 (Reg Ctrl Current)	压缩机可变输出电流/最小：0A，最大：0.996 A	—	—

（续）

智能测试仪显示	测量项目/范围	正常条件	诊断附注
空气混合伺服目标脉冲(D) (Air Mix Pulse-D)	驾驶人侧空气混合伺服电动机目标脉冲/最小：0，最大：255	MAX. COLD：5（脉冲） MAX. HOT：103（脉冲）	—
空气混合伺服机构目标脉冲(P) (Air Mix Pulse-P)	乘客侧空气混合伺服电动机目标脉冲/最小：0，最大：255	MAX. COLD：105（脉冲） MAX. HOT：7（脉冲）	—
空气出口伺服机构脉冲(D) (Air Out Pulse-D)	驾驶人侧空气出口伺服电动机目标脉冲/最小：0，最大：255	FACE：8（脉冲） B/L：30至38（脉冲） FOOT：50至74（脉冲） FOOT/DEF：80（脉冲） DEF：97（脉冲）	—
进气风门目标脉冲 (A/I Damp Targ Pls)	进气风门目标脉冲/最小：0，最大：255	再循环7（脉冲） 新鲜：28（脉冲）	—
故障码数量 (#Codes)	故障码数量/最少：0，最多：255	将显示故障码数量	—

空调智能测试仪信号见表7-6。

表7-6 空调智能测试仪信号

智能测试仪显示	测量项目/范围	正常条件	诊断附注
空调信号 (A/C Signal)	空调信号/ON或OFF	ON：空调打开 OFF：空调关闭	—
空调电磁离合器继电器 (A/C Mag Clutch)	空调电磁离合器继电器/ON或OFF	ON：空调电磁离合器接合 OFF：空调电磁离合器分离	—

2. 主动测试

空调主动测试见表7-7。

表7-7 空调主动测试

智能测试仪显示	测量部件	控制范围
鼓风机电动机(Blower Motor)	鼓风机电动机/最小：0级，最大：31级	—
除雾器继电器(后)(Defogger Rly-R)	除雾器继电器(后)/OFF，ON	—
空气混合伺服机构目标脉冲(D)(Air Mix Pulse-D)	驾驶人侧空气混合伺服电动机脉冲/最小：0，最多：255	—
空气混合伺服机构目标脉冲(P)(Air Mix Pulse-P)	乘客侧空气混合伺服电动机脉冲/最小：0，最大：255	—
空气出口伺服机构脉冲(D) (Air Out Pulse-D)	驾驶人侧空气出口伺服电动机脉冲/最小：0，最大：255	—
进气风门目标脉冲 (A/I Damp Targ Pls)	进气风门目标脉冲/最小：0，最大：255	—

空调电磁离合器测试见表7-8。

表7-8　空调电磁离合器测试

智能测试仪显示	测量部件	控制范围
空调电磁离合器(Control the A/C Magnet Clutch)	电磁离合器继电器/ON或OFF	—

第四节　ABS数据流

1. 数据表

ABS数据流见表7-9。

表7-9　ABS数据流

智能测试仪显示	测量项目/范围	正常条件	诊断附注
ABS Warning Lamp(ABS警告灯)	ABS警告灯/ON或OFF	ON：ABS警告灯亮起 OFF：ABS警告灯熄灭	—
BRAKE Warning Lamp(制动警告灯)	制动警告灯/ON或OFF	ON：制动警告灯亮起 OFF：制动警告灯熄灭	—
Stop Lamp SW(制动灯SW)	制动灯开关/ON或OFF	ON：踩下制动踏板 OFF：松开制动踏板	
Parking Brake SW(驻车制动器SW)	驻车制动器开关/ON或OFF	ON：拉上驻车制动器 OFF：松开驻车制动器	
FR Wheel Speed(右前轮转速)	车轮转速传感器(FR)读取值/最低：0 km/h(0mile/h)，最高：326 km/h(202mile/h)	实际车轮转速	车速表显示的车速
FL Wheel Speed(左前轮转速)	车轮转速传感器(FL)读取值/最低：0 km/h(0mile/h)，最高：326 km/h(202mile/h)	实际车轮转速	车速表显示的车速
RR Wheel Speed(右后轮转速)	车轮转速传感器(RR)读取值/最低：0 km/h(0mile/h)，最高：326 km/h(202mile/h)	实际车轮转速	车速表显示的车速
RL Wheel Speed(左后轮转速)	车轮转速传感器(RL)读取值/最低：0 km/h(0mile/h)，最高：326 km/h(202mile/h)	实际车轮转速	车速表显示的车速
Vehicle Speed(车速)	车速/最低：0 km/h(0mile/h)，最高：326 km/h(202mile/h)	实际车轮转速	车速表显示的车速
FR Wheel Acceleration(右前轮加速度)	前右车轮加速度/最低：$-200.84\ m/s^2$，最高：$199.27\ m/s^2$	$0m/s^2$	—

（续）

智能测试仪显示	测量项目/范围	正常条件	诊断附注
FL Wheel Acceleration（左前轮加速度）	左前轮加速度/最低：-200.84m/s²，最高：199.27m/s²	0m/s²	—
RR Wheel Acceleration（右后轮加速度）	右前轮加速度/最低：-200.84m/s²，最高：199.27m/s²	0m/s²	—
RL Wheel Acceleration（左后轮加速度）	左后轮加速度/最低：-200.84m/s²，最高：199.27m/s²	0m/s²	—
FR WheelABSCtrl Status（右前轮 ABS 控制状态）	前右 ABS 控制状态/ON 或 OFF	ON：有 ABS 控制 OFF：无 ABS 控制	—
FL WheelABSCtrl Status（左前轮 ABS 控制状态）	前左 ABS 控制状态/ON 或 OFF	ON：有 ABS 控制 OFF：无 ABS 控制	—
RR WheelABSCtrl Status（右后轮 ABS 控制状态）	后右 ABS 控制状态/ON 或 OFF	ON：有 ABS 控制 OFF：无 ABS 控制	—
RL WheelABSCtrl Status（左后轮 ABS 控制状态）	后左 ABS 控制状态/ON 或 OFF	ON：有 ABS 控制 OFF：无 ABS 控制	—
FR WheelEBDCtrl Status（右前轮 EBD 控制状态）	前右 EBD 控制状态/ON 或 OFF	ON：有 EBD 控制 OFF：无 EBD 控制	—
FL WheelEBDCtrl Status（左前轮 EBD 控制状态）	前左 EBD 控制状态/ON 或 OFF	ON：有 EBD 控制 OFF：无 EBD 控制	—
RR WheelEBDCtrl Status（右后轮 EBD 控制状态）	后右 EBD 控制状态/ON 或 OFF	ON：有 EBD 控制 OFF：无 EBD 控制	—
RL WheelEBDCtrl Status（左后轮 EBD 控制状态）	后左 EBD 控制状态/ON 或 OFF	ON：有 EBD 控制 OFF：无 EBD 控制	—
Solenoid Relay（电磁线圈继电器）	电磁线圈继电器/ON 或 OFF	ON：电磁线圈继电器接通 OFF：电磁线圈继电器断开	—
ABS Motor Relay（ABS 电动机继电器）	ABS 电动机继电器/ON 或 OFF	ON：ABS 电动机运行 OFF：ABS 电动机不运行	—
ABS Solenoid(SFRH)（ABS 电磁线圈 SFRH）	ABS 电磁线圈（SFRH）/ON 或 OFF	ON：运行	—
ABS Solenoid(SFRR)（ABS 电磁线圈 SFRR）	ABS 电磁线圈（SFRR）/ON 或 OFF	ON：运行	—
ABS Solenoid(SFLH)（ABS 电磁线圈 SFLH）	ABS 电磁线圈（SFLH）/ON 或 OFF	ON：运行	—
ABS Solenoid(SFLR)（ABS 电磁线圈 SFLR）	ABS 电磁线圈（SFLR）/ON 或 OFF	ON：运行	—
ABS Solenoid(SRRH)（ABS 电磁线圈 SRRH）	ABS 电磁线圈[SRRH(SRH)]/ON 或 OFF	ON：运行	—

（续）

智能测试仪显示	测量项目/范围	正常条件	诊断附注
ABS Solenoid(SRRR)（ABS 电磁线圈 SRRR）	ABS 电磁线圈［SRRR (SRR)］/ON 或 OFF	ON：运行	—
ABS Solenoid(SRLH)（ABS 电磁线圈 SRLH）	ABS 电磁线圈（SRLH）/ON 或 OFF	ON：运行	—
ABS Solenoid(SRLR)（ABS 电磁线圈 SRLR）	ABS 电磁线圈（SRLR）/ON 或 OFF	ON：运行	—
Test Mode(测试模式)	测试模式/NORMAL 或 TEST	NORMAL：正常模式 TEST：测试模式中	—
Number of DTC(DTC 的数量)	存储的 DTC 数量/最少：0，最多：255	最少：0，最多：19	—
IG Voltage(IG 电压)	ECU 电源电压/NORMAL(正常)或 TOO LOW(太低)	NORMAL：9.5V 或更高 TOO LOW：低于 9.5V	—

2. 主动测试

ABS 主动测试见表 7-10。

表 7-10　ABS 主动测试

智能测试仪显示	测试部件	控制范围	诊断附注
ABS Warning Lamp（ABS 警告灯）	ABS 警告灯 ON/OFF	警告灯 ON/OFF	观察组合仪表
Brake Warning Lamp（制动警告灯）	制动警告灯 ON/OFF	警告灯 ON/OFF	观察组合仪表
Motor Relay（电动机继电器）	ABS 电动机继电器 ON/OFF	电动机继电器 ON/OFF	可听到电动机的工作响声
ABS Solenoid(SRLR)（ABS 电磁线圈 SRLR）	ABS 电磁线圈（SRLR）ON/OFF	电磁线圈 ON/OFF	可以听到电磁线圈工作响声(滴答声)
ABS Solenoid (SRLH)（ABS 电磁线圈 SRLH）	ABS 电磁线圈（SRLH）ON/OFF	电磁线圈 ON/OFF	可以听到电磁线圈工作响声(滴答声)
ABS Solenoid (SRRR)（ABS 电磁线圈 SRRR）	ABS 电磁线圈（SRRR）ON/OFF	电磁线圈 ON/OFF	可以听到电磁线圈工作响声(滴答声)
ABS Solenoid(SRRH)（ABS 电磁线圈 SRRH）	ABS 电磁线圈（SRRH）ON/OFF	电磁线圈 ON/OFF	可以听到电磁线圈工作响声(滴答声)
ABS Solenoid (SFLR)（ABS 电磁线圈 SFLR）	接通/切断 ABS 电磁线圈（SFLR）	电磁线圈 ON/OFF	可以听到电磁线圈工作响声(滴答声)
ABS Solenoid(SFLH)（ABS 电磁线圈 SFLH）	接通/切断 ABS 电磁线圈（SFLH）	电磁线圈 ON/OFF	可以听到电磁线圈工作响声(滴答声)
ABS Solenoid(SFRR)（ABS 电磁线圈 SFRR）	ABS 电磁线圈（SFRR）ON/OFF	电磁线圈 ON/OFF	可以听到电磁线圈工作响声(滴答声)
ABS Solenoid(SFRH)（ABS 电磁线圈 SFRH）	ABS 电磁线圈（SFRH）ON/OFF	电磁线圈 ON/OFF	可以听到电磁线圈工作响声(滴答声)

第五节 SRS 数据流

1. 数据表

SRS 数据流见表 7-11。

表 7-11 SRS 数据流

智能测试仪显示项目	测量项目/范围	正常条件	诊断附注
D Seat(驾驶人座椅)	驾驶人座椅位置/FORWARD：座椅位置向前；BKWARD：座椅位置向后；FAIL：检测到故障	FORWARD/BKWARD（向前/向后）	—
D Bk SW（驾驶人搭扣开关）	驾驶人搭扣开关/UNSET：座椅安全带没有系上；SET：座椅安全带已系上；NG：数据未确定	UNSET/SET（未系上/已系上）	—
Disp Typ(显示类型)	显示类型信息/LR：显示 LH/RH；DP：显示驾驶人/乘客	DP(显示驾驶人/乘客)	—
#Past Codes(过去的 DTC)	过去的 DTC 数量/最少：0，最多：255	0	—

2. 故障码一览表

SRS 故障码见表 7-12。

表 7-12 SRS 故障码

故障码(DTC)	检测项目	故障部位	检查模式
B1000/31	中央气囊传感器总成故障	中央气囊传感器总成	1
B1610/13	前气囊传感器 RH 电路故障	1. 仪表板导线 2. 发动机室主线束 3. 前气囊传感器 RH 4. 中央气囊传感器总成	1
B1615/14	前气囊传感器 LH 电路故障	1. 仪表板导线 2. 发动机室主线束 3. 前气囊传感器 LH 4. 中央气囊传感器总成	1
B1620/21	驾驶人侧侧面气囊传感器电路故障	1. 地板导线 2. 侧面气囊传感器 LH 3. 后气囊传感器 LH 4. 中央气囊传感器总成	1
B1625/22	前乘客侧侧面气囊传感器电路故障	1. 2 号地板导线 2. 侧面气囊传感器 RH 3. 后气囊传感器 RH 4. 中央气囊传感器总成	1

第六节　防盗系统数据流

1. 数据表

主车身（主车身 ECU）数据流见表 7-13。

表 7-13　主车身（主车身 ECU）数据流

智能测试仪显示	测量项目/范围	正常条件	诊断附注
ACC SW	点火开关信号/ON 或 OFF	ON：点火开关 ON（ACC） OFF：点火开关关闭	—
IG SW	点火开关信号/ON 或 OFF	ON：点火开关打开（IG） OFF：点火开关关闭	—
D Door Courtesy SW （D 门控灯开关）	D 车门控灯开关/ ON（打开）或 OFF（关闭）	ON：驾驶人侧车门已打开 OFF：驾驶人侧车门已关闭	—
P Door Courtesy SW （P 门控灯开关）	P 车门控灯开关/ ON（打开）或 OFF（关闭）	ON：前乘客侧车门已打开 OFF：前乘客侧车门已关闭	—
RR Door Courtesy SW （RR 车门控灯开关）	右后车门控灯开关/ ON（打开）或 OFF（关闭）	ON：右后车门已打开 OFF：右后车门已关闭	—
RL Door Courtesy SW （RL 车门控灯开关）	左后车门控灯开关/ ON（打开）或 OFF（关闭）	ON：左后车门已打开 OFF：左后车门已关闭	—
D-Door Lock Pos SW （D 车门锁止位置开关）	驾驶人车门锁止位置开关/ ON（打开）或 OFF（关闭）	ON：驾驶人车门开锁 OFF：驾驶人车门锁止	—
P-Door Lock Pos SW （P 车门锁止位置开关）	乘客车门锁止位置开关/ ON（打开）或 OFF（关闭）	ON：乘客车门开锁 OFF：乘客车门锁止	—
Trunk Lock/Unlock SW （行李舱门锁止/开锁开关）	行李舱门锁止位置开关/ ON（打开）或 OFF（关闭）	ON：行李舱门开锁 OFF：行李舱门锁止	—
RR-Door Lock Pos SW （RR 车门锁止位置开关）	右后门锁止位置开关/ ON（打开）或 OFF（关闭）	ON：右后车门开锁 OFF：右后车门锁止	—
RL-Door Lock Pos SW （RL 车门锁止位置开关）	左后门锁止位置开关/ ON（打开）或 OFF（关闭）	ON：左后车门开锁 OFF：左后车门锁止	—
Luggage Courtesy SW （行李舱控灯开关）	行李舱门控灯开关/ ON（打开）或 OFF（关闭）	ON：行李舱门已打开 OFF：行李舱门已关闭	—

2. 主动测试

主车身（主车身 ECU）主动测试见表 7-14。

表 7-14　主车身（主车身 ECU）主动测试

智能测试仪显示	测试部件	控制范围	诊断附注
Hazard（危急警告灯）	危急警告灯	ON/OFF	—
Vehicle Horn（车辆喇叭）	车辆喇叭	ON/OFF	—

3. 智能系统认证 ECU

智能系统认证 ECU 见表 7-15。

表 7-15　智能系统认证 ECU

智能测试仪显示	测试部件	控制范围	诊断附注
Security Indicator（安全指示灯）	安全指示灯	ON/OFF	—
Security Horn（安全喇叭）	安全喇叭	ON/OFF	—

第八章　丰田卡罗拉/雷凌混合动力车型数据流分析

第一节　卡罗拉/雷凌发动机系统数据流

一、发动机系统数据流读取方法

① 将故障诊断仪连接到 OBD 诊断接口。

② 起动开关置于 ON（IG）位置，打开诊断仪电源开关。

③ 将发动机置于检查模式（保养模式）。

④ 起动发动机至暖机状态，关闭发动机。

⑤ 起动开关置于 OFF 位置，再打开至 ON（IG）位置。

⑥ 诊断仪进入以下菜单：Powertrain（传动系）/Engine（发动机）/Data List（数据表），选择界面内测量组，诊断仪上将显示该组数据流。

二、发动机系统数据流分析

卡罗拉/雷凌发动机数据流及分析见表 8-1。

表 8-1　卡罗拉/雷凌发动机数据流及分析

诊断仪显示/测量项目	范围	正常状态	诊断备注
各种车辆状况			
Total Distance Traveled（总行驶距离）	最短：0，最长：16777215	—	—
Total Distance Traveled-Unit（总行驶距离的单位）	km 或 mile	—	—
Vehicle Speed（车速）	最低：0km/h，最高：255km/h	实际车速	这是当前车速
Engine Speed（发动机转速）	发动机转速最低：0r/min，最高：16383r/min	950 ~ 1050r/min：发动机暖机的情况下怠速运转（检查模式/保养模式，非充电状态，档位为 P 位）	曲轴位置传感器出现故障时，发动机转速约为 0r/min 或与实际发动机转速差异很大

（续）

诊断仪显示/测量项目	范围	正常状态	诊断备注
各种车辆状况			
Calculate Load （ECM 计算负载）	最小：0%， 最大：100%	20%～40%：发动机暖机的情况下怠速运转（检查模式/保养模式，非充电状态） 15%～35%：发动机暖机，2500r/min（检查模式/保养模式）	这是根据进气歧管实际压力计算的发动机负载
Vehicle Load （车辆负载）	最小：0%， 最大：25700%	实际车辆负载	这是发动机进气效率
Mass Air Flow Sensor （空气流量传感器的空气流量）	最小：0gm/s， 最大：655.35gm/s	1.0～3.0gm/s：发动机暖机的情况下怠速运转（检查模式/保养模式，非充电模式） 4.5～8.5gm/s：发动机暖机，2500r/min（检查模式/保养模式）	这是由空气流量计测得的进气量
Atmospheric Pressure （大气压力）	最低：0kPa， 最高：255kPa	等于大气压力	该值根据大气压力传感器计算得出 标准大气压力约为 101kPa，海拔每升高 100m，压力降低 1kPa。该值随天气改变
Intake Manifold Absolute Pressure （进气歧管绝对压力）	最低：0kPa， 最高：2047.95kPa	80～110kPa：点火开关置于 ON（IG）位置 20～40kPa：发动机暖机的情况下怠速运转（检查模式/保养模式，非充电状态）	这是进气歧管压力 此项目是由进气歧管绝对压力传感器检测到的压力并用于空燃比控制和 EGR 阀控制 提示： 将点火开关置于 ON（IG）位置时，进气歧管绝对压力和大气压力几乎相同（标准大气压力≈101kPa）
Coolant Temperature （发动机冷却液温度）	最低：-40℃， 最高：140℃	75～100℃：暖机后	这是发动机冷却液温度 提示： 发动机暖机后，发动机冷却液温度为 75～100℃，经过长时间保温静置后，发动机冷却液温度、进气温度和环境温度将大致相同 如果值为-40℃或高于 135℃，则传感器电路断路或短路 如果值指示高于 135℃，则检查发动机是否过热

（续）

诊断仪显示/测量项目	范围	正常状态	诊断备注
各种车辆状况			
Intake Air Temperature （进气温度）	最低：-40℃， 最高：140℃	与空气流量计处的温度相同	这是发动机进气温度 提示： 经过长时间保温静置后，发动机冷却液温度、进气温度和环境温度将大致相同 如果值为-40℃或高于128℃，则传感器电路断路或短路 （国六排放标准车型）
Ambient Temperature （环境温度）	最低：-40℃， 最高：215℃	实际环境温度	此为环境温度 提示： 如果点火开关置于OFF位置后车辆长时间静置，则冷却液温度、进气温度和环境温度将几乎相同
Engine Run Time （发动机运行时间）	最短：0s， 最长：65535s	发动机起动后的时间	点火开关置于ON（READY）位置的情况下，发动机首次起动后经过的时间 在点火开关置于ON（READY）位置的情况下，即使发动机停止，时间测量也不会停
IG-ON Coolant Temperature ［点火开关置于ON（IG）位置时的发动机冷却液温度］	最低：-40℃， 最高：119.3℃	—	这是点火开关置于ON（IG）位置时存储的发动机冷却液温度
Initial Engine Coolant Temperature ［点火开关置于ON（READY）位置时的冷却液温度］	最低：-40℃ 最高：119.3℃	—	这是点火开关置于ON（READY）位置时存储的发动机冷却液温度
IG-ON Intake Air Temperature ［点火开关置于ON（IG）位置时的进气温度］	最低：-40℃， 最高：119.3℃	—	这是点火开关置于ON（IG）位置时存储的进气温度
Initial Engine Intake Air Temperature ［点火开关置于ON（READY）位置时的进气温度］	最低：-40℃， 最高：119.3℃	—	这是点火开关置于ON（READY）位置时存储的进气温度
Battery Voltage （辅助蓄电池电压）	最低：0V， 最高：65.5V	11～16V：电源开关ON（IG）	如果蓄电池电压为11V或更低，则某些电子部件的特性可能发生改变
BATT Voltage （辅助蓄电池电压）	最低：0V， 最高：79.998V	11～16V：点火开关ON（IG）	如果蓄电池电压为11V或更低，则某些电子部件的特性可能发生改变

（续）

诊断仪显示/测量项目	范围	正常状态	诊断备注
节气门控制			
Throttle Position Sensor No. 1 Voltage % （节气门1号绝对位置传感器）	最小：0%， 最大：100%	10%~22%：点火开关ON（IG），完全松开加速踏板	节气门1号位置传感器输出利用5V=100%进行转换 提示： 如果未存储节气门位置传感器DTC，则可以判定节气门位置传感器系统正常
Throttle Position Sensor No. 2 Voltage % （节气门2号绝对位置传感器）	最小：0%， 最大：100%	42%~62%：点火开关ON（IG），全松开加速踏板	节气门2号位置传感器输出利用5V=100%进行转换
System Guard （系统防护）	ON或OFF	ON：怠速运转或节气门执行器工作	目标和实际节气门开度不同时，该项目切换为OFF并禁止电子节气门控制系统操作 OFF：电子节气门控制停止
Open Side Malfunction （开启故障）	ON或OFF	OFF	该项目指示节气门打开时存在故障
Throttle Request Position （节气门请求位置）	最低：0V， 最高：4.98V	0.6~1.1V：发动机暖机的情况下怠速运转（检查模式/保养模式），档位为P位	通过ECM计算该项目的值并显示目标节气门位置的电压
Throttle Sensor Position （节气门传感器位置）	最小：0%， 最大：100%	—	—
Throttle Position Sensor No. 1 Voltage （1号节气门位置传感器输出电压）	最低：0V， 最高：4.98V	0.6~1.1V：点火开关ON（IG），完全松开加速踏板 0.6~1.4V：失效保护工作	这是1号节气门位置传感器输出电压
Throttle Position Sensor No. 2 Voltage （2号节气门位置传感器输出电压）	最低：0V， 最高：4.98V	2.1~3.1V：点火开关ON（IG），完全松开加速踏板 2.1~3.1V：失效保护工作	这是2号节气门位置传感器输出电压
Throttle Position Command （节气门位置指令值）	最低：0V， 最高：4.98V	0.6~1.1V：发动机暖机的情况下怠速运转（检查模式/保养模式），档位为P位	该项目的显示值与节气门请求位置相同
Throttle Position Sensor Open Position No. 1 （1号节气门位置传感器）	最低：0V， 最高：4.98V	0.6~1.4V	这是无电流供应至电子节气门执行器时的1号节气门位置传感器输出电压。点火开关置于ON（IG）位置时，如果加速踏板松开，节气门通过节气门开启器保持开启

（续）

诊断仪显示/测量项目	范围	正常状态	诊断备注
节气门控制			
Throttle Position Sensor Open Position No. 2 （2 号节气门位置传感器）	最低：0V， 最高：4.98V	1.7~2.5V	这是无电流供应至电子节气门执行器时的 2 号节气门位置传感器输出电压。点火开关置于 ON（IG）位置时，如果加速踏板松开，节气门通过节气门开启器保持开启
Throttle Motor Current （节气门执行器电流）	最小：0A， 最大：19.9A	0~3.0A：发动机暖机的情况下怠速运转（检查模式/保养模式），空调关闭且档位为 P 位	该项目的值较大但实际开度（1 号节气门位置传感器电压）未达到目标开度（节气门请求位置）时，存在“无法打开”故障
Throttle Motor Duty Ratio （节气门执行器）	最小：0%， 最大：100%	10%~22%：发动机暖机的情况下怠速运转（检查模式/保养模式），空调关闭且档位为 P 位	这是节气门执行器驱动电路的输出占空比
Throttle Motor Duty Ratio (Open) [节气门执行器占空比（打开）]	最小：0%， 最大：255%	0~40%：发动机暖机的情况下怠速运转（检查模式/保养模式），空调关闭且档位为 P 位	该占空比用于驱动节气门执行器和打开节气门。其为 ECM 指令信号
Throttle Motor Duty Ratio (Close) [节气门执行器占空比（关闭）]	最小：0%， 最大：255%	0~40%：发动机暖机的情况下怠速运转（检查模式/保养模式）	该占空比用于驱动节气门执行器和关闭节气门。其为 ECM 指令信号 提示： 怠速运转期间，节气门开度通常由关闭节气门的占空比驱动信号控制。但是，如果积炭增多，则可能需要将节气门打开的角度加大。在此情况下，开度由节气门电动机占空比（打开）信号控制
Throttle Position Sensor Fully Closed Learn Value [节气门全关位置（学习值）]	最低：0V， 最高：4.98V	0.4~1.0V：点火开关 ON（IG），完全松开加速踏板	ECM 利用此学习值判断节气门全关（和全开）位置。ECM 根据松开加速踏板且节气门电动机不工作时的节气门位置计算学习值 将点火开关置于 ON（IG）位置后立即进行学习

（续）

诊断仪显示/测量项目	范围	正常状态	诊断备注
节气门控制			
+BM Voltage（+BM 电压）	最低：0V，最高：79.998V	11～16V：点火开关 ON（IG）	这是电子节气门执行器的电源。电源中断约 1s 时，存储 DTC P065714（断路）且电子节气门控制系统进入失效保护模式（直至将点火开关置于 OFF 位置才可恢复正常工作）
Actuator Power Supply（执行器电源）	ON 或 OFF	ON：发动机运转或节气门执行器工作	—
Throttle Air Flow Learn Value（Area 1）（部位 1 的节气门气流学习值）	最小：0，最大：1.99	—	—
Throttle Air Flow Learn Value（Area 2）（部位 2 的节气门气流学习值）	最小：0，最大：1.99	—	—
Throttle Air Flow Learn Value（Area 3）（部位 3 的节气门气流学习值）	最小：0，最大：1.99	—	—
Throttle Air Flow Learn Value（Calculated Value）[节气门气流学习值（计算值）]	最小：0，最大：1.99	—	—
Throttle Air Flow Learn Value（Atmosphere Pressure Offset Value）[节气门气流学习值（大气压力补偿值）]	最小：0，最大：2.55	—	—
怠速控制			
Low Revolution Control（发动机低转速控制工作状态）	ON 或 OFF	OFF	该项指示发动机起动后是否由于燃烧差等原因导致其转速立即下降
Engine Stall Control F/B Flow（防止发动机熄火的 ISC 扭矩下限值）	最小：-1024N·m，最大：1023.96N·m	—	发动机转速大幅降低（例如降至 550r/min 或更低）时，调节进气量和点火正时以防发动机熄火 出现起动故障或怠速不稳时使用
EVAP 系统 1			
VSV for Vent Valve（钥匙关闭 EVAP 系统通风阀状态）	ON 或 OFF	—	主动测试项目“Activate the VSV for Vent Valve”支持数据 仅国六排放标准车型显示该项目

（续）

诊断仪显示/测量项目	范围	正常状态	诊断备注
EVAP 系统 1			
Vacuum Pump（钥匙关闭 EVAP 系统泄漏检测泵状态）	ON 或 OFF	ON：泄漏检测泵打开	将点火开关置于 OFF 位置后进行钥匙关闭 EVAP 监视约 5h 过程中，此项目切换至 ON 仅国六排放标准车型显示该项目
燃油系统			
Injector Cylinder #1（Port）（1 号气缸的喷射时间）	最短：0μs，最长：65535μs	1000～3000μs：发动机暖机的情况下怠速运转（检查模式/保养模式，非充电控制）	这是 1 号气缸的喷射时间（来自 ECM 的指令值）
Injection Volume Cylinder #1［喷油量（1 号气缸）］	最少：0ml，最多：2ml	0.03～0.13ml：发动机暖机的情况下怠速运转（检查模式/保养模式，非充电控制）	这是 10 次喷射的燃油喷射量
Injection Volume（燃油喷射量）	最小：-25%，最大：24.8%	—	主动测试项目"Control the Injection Volume"或"Control the Injection Volume for A/F Sensor"支持数据
Engine Fuel Rate（发动机燃油消耗率）	最小：0g/s，最大：1310.70g/s	—	—
Vehicle Fuel Rate（车辆燃油消耗率）	最小：0g/s，最大：1310.70g/s	—	—
Fuel Pump/Speed Status（燃油泵状态）	ON 或 OFF	ON：发动机运转	—
Current Fuel Type（当前燃油类型）	—	汽油/柴油	—
EVAP 系统 2			
EVAP（Purge）VSV（清污 VSV 控制占空比）	最小：0%，最大：100%	10%～70%：发动机暖机的情况下怠速运转（检查模式/保养模式）	这是来自 ECM 的指令信号 这是清污 VSV 控制占空比，EVAP（清污）VSV 为除 0% 外的任何值时，进行 EVAP 清污
EVAP Purge Flow（清污气流）	最小：0%，最大：399.9%	—	这是通过 EVAP 清污操作提供的气流量占发动机总气流量的百分比

（续）

诊断仪显示/测量项目	范围	正常状态	诊断备注
EVAP 系统 2			
EVAP Purge Density Learn Value（清污气流浓度学习值）	最小：-200，最大：199.993	—	这是与1%清污气流率相关的喷油量（根据空燃比反馈补偿值的变化）降低的比例 该项目的值为较大负值时，清污效率较高 清污气流浓度根据引入清污气流时空燃比反馈补偿值的变化确定
Vapor Pressure Fuel Tank Sensor（燃油箱压力）	最低：-25.6kPa，最高：25.599kPa	大气压力：燃油箱盖总成拆下	燃油箱压力传感器监视燃油箱内侧的压力 仅国六排放标准车型显示该项目
Vapor Pressure Pump（蒸汽压力）	最低：0kPa，最高：1441.77kPa	约100kPa（abs.）：点火开关置于ON（IG）位置	这是炭罐压力传感器监视的EVAP系统压力 提示： 除监视器运行时外，此值应与大气压力大致相等 由于发动机停止时蒸汽泵压力几乎与大气压力相等，因此该项目可用来判定炭罐压力传感器特性是否异常、是否有噪声，或传感器输出是否在某一特定值卡滞 仅国六排放标准车型显示该项目
EVAP Vapor Pressure（Wide）［燃油箱压力（大范围）］	最低：-32.768kPa，最高：32.767kPa	大气压力：燃油箱盖总成拆下	仅国六排放标准车型显示该项目
Vapor Pressure（Calculated）（计算的EVAP系统压力）	最低：-720.896kPa，最高：720.874kPa	约100kPa（abs.）：点火开关置于ON（IG）位置	仅国六排放标准车型显示该项目
Fuel Filler Opener（带电动机的燃油加注口盖锁总成状态）	ON或OFF	—	主动测试"Activate the Fuel Filler Opener"支持数据 ON：带电动机的燃油加注口盖锁总成工作 OFF：带电动机的燃油加注口盖锁总成不工作 仅国六排放标准车型显示该项目
Fuel Vapor-Containment Valve（燃油蒸汽防漏阀状态）	Open或Close	Open：燃油蒸汽防漏阀打开	仅国六排放标准车型显示该项目

（续）

诊断仪显示/测量项目	范围	正常状态	诊断备注
EVAP 系统 2			
Fuel Lid SW（燃油加注口盖门控灯开关状态）	Open 或 Close	Open：燃油加注口盖开启开关按下 Close：燃油加注口盖开启开关未按	仅国六排放标准车型显示该项目
Fuel Lid Sensor SW（燃油加注口盖开启开关状态）	Open 或 Close	Open：燃油加注口盖打开 Close：燃油加注口盖关闭	仅国六排放标准车型显示该项目
EVAP Purge VSV（EVAP 的 VSV 状态控制）	ON 或 OFF	—	EVAP（清污）VSV 约为 30%或更高时该项目 ON，VSV 占空比低于 30%时为 OFF
Purge Cut VSV Duty（清污 VSV 占空比）	最小：0%，最大：399.9%	—	—
空燃比控制 1			
Target Air-Fuel Ratio（目标空燃比）	最小：0，最大：2	0.8～1.2：发动机暖机的情况下怠速运转（检查模式/保养模式）	这是 ECM 使用的目标空燃比 1.0 为理论空燃比。值大于 1.0 表示系统尝试使空燃比变稀，值小于 1.0 表示系统尝试使空燃比变浓 目标空燃比和空燃比（氧）传感器 B1S1 相关
空燃比控制 2			
A/F（O_2）Lambda Sensor B1S1（相关的空燃比输出）	最小：0，最大：1.99	值小于 1（0.000～0.999）= 浓 理论空燃比值大于 1（1.001～1.999）= 稀	这是根据空燃比传感器输出计算的实际空燃比
A/F（O_2）Sensor Voltage B1S1（空燃比传感器输出电压）	最低：0V，最高：7.99V	2.6～3.8V：发动机暖机的情况下怠速运转（检查模式/保养模式）	这是空燃比传感器的输出电压（在传感器端子处无法测量该电压）。该值由 ECM 根据空燃比传感器的输出电流计算得出
A/F（O_2）Sensor Current B1S1（空燃比传感器输出电流）	最小：-128mA，最大：127.996mA	-0.5～0.5mA：发动机暖机的情况下怠速运转（检查模式/保养模式）	进行燃油切断期间该值不在 0.7～2.2mA 范围时，空燃比传感器或传感器电路存在故障
A/F（O_2）Sensor Heater Duty Ratio B1S1（空燃比传感器加热器占空比）	最小：0%，最大：399.9%	0～100%	该项目的值大于 0 时，向加热器供应电流

（续）

诊断仪显示/测量项目	范围	正常状态	诊断备注
空燃比控制 2			
O_2 Sensor Voltage B1S2（加热型氧传感器输出电压）	最低：0V， 最高：1.275V	0~1.0V	这是加热型氧传感器的输出电压 值接近 0V 表示空燃比与理论空燃比相比偏稀 值接近 1V 表示空燃比与理论空燃比相比偏浓 空燃比反馈控制期间，该值在 0 和 1V 之间反复变动
O_2 Sensor Impedance B1S2（加热型氧传感器阻抗）	最小：0Ω， 最大：21，247.67Ω	5~15000Ω	—
O_2 Sensor Heater B1S2（加热型氧传感器加热器）	Activ 或 NotAct	Active：加热器打开	—
O_2 Sensor Heater Current Value B1S2（加热型氧传感器电流）	最小：0A， 最大：4.999A	—	该项目的值大于 0A 时，向加热器供应电流
Short FT B1S1（短期燃油修正）	最小：-100%， 最大：99.21%	-20%~20%	此项目为短期燃油喷射量补偿比，通过使用空燃比传感器反馈将空燃比保持在理论范围内
Short FT B1S2（短期燃油修正）	最小：-100%， 最大：99.21%	—	—
Long FT B1S1（长期燃油修正）	最小：-100%， 最大：99.21%	-20%~20%	ECM 将根据 Short FT B1S1 学习 Long FT B1S1 值。目的是将 Short FT B1S1 保持在 0%，从而使混合气空燃比保持在理论范围内 该项目用于判定与空燃比控制相关的系统是否存在故障 系统状态根据 Short FT B1S1 和 Long FT B1S1 的总和（不包括系统转换的时间）确定 20%或更大：空燃比可能偏稀 -20%~20%：可判定空燃比正常 -20%或更小：空燃比可能偏浓 根据发动机工作范围（发动机转速×负载）分配空燃比反馈学习，并存储各工作范围的单个值。Long FT B1S1 指示当前工作范围的学习值

（续）

诊断仪显示/测量项目	范围	正常状态	诊断备注
空燃比控制 2			
Long FT B1S2 （长期燃油修正）	最小：-100%， 最大：99.21%	—	—
Total FT Bank 1 （总燃油修正）	最小：-0.5， 最大：0.496	-0.28～0.2：发动机暖机的情况下怠速运转（检查模式/保养模式）	Total FT Bank 1＝Short FT B1S1＋Long FT B1S1
Fuel System Status Bank 1 ［燃油系统状态（B1）］	Unused、OL、CL、OLDrive、OLFault 或 CLFault	CL：发动机暖机的情况下怠速运转（检查模式/保养模式）	OL（开环）：尚不能满足闭环的条件 CL（闭环）：燃油控制反馈 OLDrive：由于驾驶条件（燃油加浓）造成的开环 OLFault：由于检测到的系统故障造成的开环 CLFault：闭环，但用于燃油控制的空燃比传感器发生故障 提示： CL（闭环）：空燃比反馈控制期间，空燃比（氧）传感器 B1S1 约为 1.0 且 A/F（氧）传感器电压 B1S1 约为 3.3V
Fuel System Status Bank 2 ［燃油系统状态（B2）］	Unused、OL、CL、OLDrive、OLFault 或 CLFault	Unused	—
A/F Learn Value Idle Bank 1 （怠速区域的空燃比学习值）	最小：-50%， 最大：49.6%	-20%～20%	在发动机暖机（发动机冷却液温度为 80℃ 或更高）的情况下怠速运转时进行学习
A/F Learn Value Low Bank 1 （低负载区域的空燃比学习值）	最小：-50%， 最大：49.6%	-20%～20%	在发动机暖机（发动机冷却液温度为 80℃ 或更高）的情况下驾驶且在低负载范围（发动机负载范围分四部分时）内工作时进行学习
A/F Learn Value Mid No. 1 Bank 1 （中等负载 1 区域的空燃比学习值）	最小：-50%， 最大：49.6%	-20%～20%	在发动机暖机（发动机冷却液温度为 80℃ 或更高）的情况下驾驶且在接近低负载范围的中等负载范围（发动机负载范围分为四部分时）内工作时进行学习
A/F Learn Value Mid No. 2 Bank 1 （中等负载 2 区域的空燃比学习值）	最小：-50%， 最大：49.6%	-20%～20%	在使发动机暖机（发动机冷却液温度为 80℃ 或更高）的情况下驾驶且在接近高负载范围的中等负载范围（发动机负载范围分为四部分时）内工作时进行学习

（续）

诊断仪显示/测量项目	范围	正常状态	诊断备注
空燃比控制2			
A/F Learn Value High Bank 1（高负载区域的空燃比学习值）	最小：-50%，最大：49.6%	-20%~20%	在发动机暖机（发动机冷却液温度为80℃或更高）的情况下驾驶且在高负载范围（发动机负载范围分四部分时）内工作时进行学习
点火系统			
Ignition Timing Cylinder #1（1号气缸点火正时提前）	最小：-64°，最大：63.5°	8~24°：发动机暖机的情况下怠速运转（检查模式/保养模式，非充电控制），选择驻车档（P位）	—
Knock F/B Value（爆燃反馈值）	最小：-1024°，最大：1023.9°	-20~0°：以70km/h的速度行驶（发动机运转）	这是由爆燃的存在情况判断的点火正时延迟补偿量 点火正时=最大延迟正时值＊1+爆燃校正学习值＊2爆燃反馈值＊3+各补偿量 示例：21°(CA)=10°(CA)+14°(CA)-3°(CA) ＊1：最大延迟正时值是由发动机转速和发动机负载确定的恒定值 ＊2：如下所示计算爆燃校正学习值，以使爆燃反馈值尽可能接近-3°（CA） 爆燃反馈值小于-4°（CA）时，爆燃校正学习值缓慢减小 爆燃反馈值大于-2°（CA）时，爆燃校正学习值缓慢增大 ＊3：基础值为-3°（CA）并根据爆燃的存在情况进行调节。无爆燃时，值增大，有爆燃时，值减小 提示： 如果即使爆燃持续，爆燃反馈值也不在爆燃发生前后变化[例如持续为-3°（CA）]，则可判定未检测到爆燃 可能原因： 爆燃控制传感器灵敏度存在故障 爆燃控制传感器未正确安装 线束存在故障

（续）

诊断仪显示/测量项目	范围	正常状态	诊断备注
点火系统			
Knock Correct Learn Value（爆燃校正学习值）	最小：-1024°，最大：1023.9°	0～22°：以 70km/h 的速度行驶（发动机运转）	请参考“爆燃反馈值” 出现爆燃或动力不足时，请将下列项目的值与另一相同车型车辆进行比较 Engine Speed Calculate Load Ignition Timing Cylinder #1 Knock F/B Value Knock Correct Learn Value 爆燃校正学习值大：无爆燃且点火正时提前 爆燃校正学习值小：有爆燃且点火正时延迟 提示： 即使爆燃校正学习值小于对照车辆的值，爆燃仍持续（也就是说，点火正时延迟但爆燃不停止）时，可能存在长时间恶化造成的沉积物累积或其他类似故障（机油进入气缸、燃油质量差等）
Idle Spark Advance Control Cylinder #1［单个气缸正时提前补偿量（1 号）］	最小：0°，最大：15.93°	—	这是用于稳定怠速的点火正时提前补偿量（每个气缸都有一个单独的值）。某个气缸的转速降低时，系统提前该气缸的正时以恢复转速并稳定怠速 可以使用该项目来帮助确定未正常工作的特定气缸
Idle Spark Advance Control Cylinder #2［单个气缸正时提前补偿量（2 号）］	最小：0°，最大：15.93°	—	这是用于稳定怠速的点火正时提前补偿量（每个气缸都有一个单独的值）。某个气缸的转速降低时，系统提前该气缸的正时以恢复转速并稳定怠速 可以使用该项目来帮助确定未正常工作的特定气缸
Idle Spark Advance Control Cylinder #3［单个气缸正时提前补偿量（3 号）］	最小：0°，最大：15.93°	—	这是用于稳定怠速的点火正时提前补偿量（每个气缸都有一个单独的值）。某个气缸的转速降低时，系统提前该气缸的正时以恢复转速并稳定怠速 可以使用该项目来帮助确定未正常工作的特定气缸

（续）

诊断仪显示/测量项目	范围	正常状态	诊断备注
点火系统			
Idle Spark Advance Control Cylinder #4 [单个气缸正时提前补偿量（4号）]	最小：0°，最大：15.93°	—	这是用于稳定怠速的点火正时提前补偿量（每个气缸都有一个单独的值）。某个气缸的转速降低时，系统提前该气缸的正时以恢复转速并稳定怠速 可以使用该项目来帮助确定未正常工作的特定气缸
空气流量计			
Mass Air Flow Circuit（空气流量计电路状态）	Normal 或 Abnormal	Normal	—
EGR 系统			
Target EGR Valve Position No. 1（EGR 阀目标开度）	最小：0%，最大：100%	0%：发动机暖机的情况下怠速运转（检查模式/保养模式）	发动机冷机或怠速运转、发动机起动等时，该值为0% 阀全关时，该值为0% 阀全开时，该值为100%
Target EGR Valve Position No. 1 Supported（支持的1号EGR阀目标位置）	Unsupp 或 Supp	Supp	—
Actual EGR Valve Position No. 1 Supported（支持的1号EGR阀实际位置）	Unsupp 或 Supp	Unsupp	—
Target EGR Valve Position No. 2 Supported（支持的2号EGR阀目标位置）	Unsupp 或 Supp	Unsupp	—
Actual EGR Valve Position No. 2 Supported（支持的2号EGR阀实际位置）	Unsupp 或 Supp	Unsupp	—
EGR Step Position（EGR 步进位置）	最少：0步，最多：255步	—	主动测试项目“Control the EGR Step Position”支持数据 阀全关时，该值为0步 阀全开时，该值为110步
Clogged EGR Port Imbalance Ratio [EGR阀接通（打开）/断开（完全关闭）时间失衡比]	最小：0，最大：2.55	0~0.9	如果值为1.0或更大，则将存储DTC P10AA00 将持续显示最高记录值，直至清除DTC或断开蓄电池负极（-）端子电缆

（续）

诊断仪显示/测量项目	范围	正常状态	诊断备注
VVT 控制			
VVT Advance Fail （VVT 控制故障状态）	ON 或 OFF	OFF：怠速运转	ON：存在进气 VVT 正时提前故障
Intake VVT Hold Learn Value Bank 1 （进气 VVT 保持校正学习值）	最小：0%， 最大：399.9%	—	—
Intake VVT Change Angle Bank 1 （进气 VVT 位移角）	最小：0°FR， 最大：639.9°FR	—	这是进气 VVT 位移角
Intake VVT OCV Control Duty Ratio Bank 1 （凸轮轴正时机油控阀工作占空比）	最小：0%， 最大：399.9%	—	—
Intake VVT Target Angle Bank 1 （进气 VVT 目标角度）	最小：0°FR， 最大：639.9°FR	10°FR：发动机暖机的情况下怠速运转（检查模式/保养模式，非充电状态）	—
催化剂			
Engine Exhaust Flow Rate （排放流率）	最低：0kg/h， 最高：13107kg/h	—	—
Catalyst Temperature B1S1 ［前催化剂温度（B1）］	最低：-40℃， 最高：6513.5℃	—	这是 ECM 估算的前催化剂温度 该项目包括在检测催化剂恶化（DTC P042000）等的条件中，因此再现故障条件时，应使用其作为参考
Catalyst Temperature B1S2 ［后催化剂温度（B1）］	最低：-40℃， 最高：6513.5℃	—	这是 ECM 估算的后催化剂温度

第二节 卡罗拉/雷凌混合动力系统数据流

一、混合动力系统数据流读取方法

① 将故障诊断仪连接到 OBD 诊断接口。

② 起动开关置于 ON（IG）位置，打开诊断仪电源开关。

③ 诊断仪进入以下菜单：Powertrain（传动系）/Hybrid Control（混合动力控制）/Data List（数据表），选择界面内测量组，诊断仪上将显示该组数据流。

二、混合动力系统数据流分析

卡罗拉/雷凌混合动力系统数据流及分析见表8-2。

表8-2　卡罗拉/雷凌混合动力系统数据流及分析

诊断仪显示/测量项目	测量范围	正常状态	数据流分析
Vehicle Speed （车速）	最低：0km/h， 最高：255km/h	车辆停止：0km/h（0mile/h） 定速行驶时：无明显波动	—
Target Engine Power （目标发动机功率）	最小：0W， 最大：655350W	发动机运转的情况下行驶时：根据车辆工作状态而变化	混合动力车辆控制ECU请求的至ECM的发动机功率 ·混合动力车辆控制ECU ·电动机发电机控制ECU ·ECM ·发动机
Execute Engine Power （执行发动机功率）	最小：0W， 最大：655350W	发动机运转的情况下行驶时：根据车辆工作状态而变化	—
Target Engine Revolution （目标发动机转速）	—	发动机运转的情况下行驶时：根据车辆工作状态而变化	混合动力车辆控制ECU请求的至ECM的目标发动机转速 ·混合动力车辆控制ECU ·ECM ·发动机
Engine Speed （发动机转速）	—	发动机停机：0r/min 发动机定速运转时：无明显波动	—
Calculate Load （计算负载）	最小：0.00%， 最大：100.00%	—	值随负载的增加成比例增加 ·节气门状态 ·空气滤清器状态
Coolant Temperature （发动机冷却液温度）	最低：-40℃， 最高：215℃	·冷起动→完全暖机：逐渐升高 ·暖机后：75~100℃	—
Starter Switch Signal （起动机ON/OFF信号）	ON或OFF	起动机ON：ON	—
Engine Idling Request （发动机怠速请求）	ON或OFF	请求怠速：ON	·ECM ·混合动力车辆控制ECU
Engine Start Request（A/C） （来自空调放大器总成的发动机怠速请求）	ON或OFF	空调放大器总成请求发动机怠速时：ON	空调放大器总成
Engine Start Request （Engine Warm-up） （发动机怠速请求以暖机）	ON或OFF	·请求发动机暖机时：ON ·发动机暖机后：OFF	·混合动力车辆控制ECU ·ECM

（续）

诊断仪显示/测量项目	测量范围	正常状态	数据流分析
Engine Start Request (Hybrid Battery Charging)（发动机怠速请求以给HV蓄电池充电）	ON 或 OFF	请求 HV 蓄电池充电：ON	· 蓄电池电压传感器 · HV 蓄电池
Engine Mode（发动机状态）	Stop、Stop Process、Startup Process、Running	· 发动机停止：Stop · 发动机停止：Stop Process · 发动机起动时：Startup Process · 发动机运转：Running	· 混合动力车辆控制 ECU · ECM · 混合动力车辆传动总成
Engine Run Time（起动发动机后经过的时间）	最短：0s，最长：65535s	起动发动机后经过的时间	从发动机初次起动至将点火开关置于 OFF 位置经过的时间
Engine Stop Request（发动机停机请求）	ON 或 OFF	请求发动机停机：ON	· ECM · 混合动力车辆控制 ECU
Engine Stop F/C Status（发动机燃油切断状态）	ON 或 OFF	发动机燃油切断：ON	· ECM · 混合动力车辆控制 ECU
Lack of Fuel（燃油不足）	ON 或 OFF	燃油油位低：ON	—
Accelerator Position（踩下加速踏板角度）	最小：0.0%，最大：100.0%	· 完全踩下加速踏板：100% · 松开加速踏板：0%	加速踏板传感器总成
Accelerator Pedal Status（加速踏板状态）	ON 或 OFF	· 踩下加速踏板：ON · 松开加速踏板：OFF	加速踏板传感器总成
Accelerator Position Sensor No. 1 Voltage%（加速踏板 1 号位置传感器）	最小：0.00%，最大：100.00%	踩下加速踏板：随加速踏板位置而变化	传感器电压乘以 20，并以百分比形式显示加速踏板传感器总成
Accelerator Position Sensor No. 2 Voltage%（加速踏板 2 号位置传感器）	最小：0.00%，最大：100.00%	踩下加速踏板：随加速踏板位置而变化	传感器电压乘以 20，并以百分比形式显示加速踏板传感器总成
Throttle Position Sensor No. 1 Voltage%（节气门位置传感器）	最小：0.00%，最大：100.00%	—	节气门状态
Master Cylinder Control Torque [与主缸制动液压力相等的制动转矩（总制动转矩）]	—	踩下制动踏板：随制动踏板压力而变化	主缸制动液压控制转矩=液压制动控制转矩+再生制动转矩 主缸压力传感器
Brake Cancel Switch（制动取消开关）	ON 或 OFF	· 踩下制动踏板：OFF · 松开制动踏板：ON	—

（续）

诊断仪显示/测量项目	测量范围	正常状态	数据流分析
Shift Position （当前档位）	P、R、N、D、B	与当前选择的变速杆位置相匹配：P、R、N、D或B	档位
Shift Position（Meter） （仪表显示变速杆位置）	不显示、P、R、N、D、B	与当前选择的变速杆位置相匹配：P、R、N、D或B	档位
Shift Switch Status（N，P Position） ［变速杆位置状态（N或P位置）］	ON或OFF	变速杆置于P或N：ON	档位
Shift Position Sensor（PNB） （变速杆位置传感器）	ON或OFF	· 变速杆置于P、N或B：ON · 变速杆置于P、N或B以外的任何位置：OFF	变速杆位置传感器
Shift Position Sensor（PR） （变速杆位置传感器）	ON或OFF	· 变速杆置于P或R：ON · 变速杆置于P或R以外的任何位置：OFF	变速杆位置传感器
Shift Position Sensor（DB1） （变速杆位置传感器）	ON或OFF	· 变速杆置于D或B位置：ON · 变速杆置于除D或B外的任何位置：OFF	变速杆位置传感器
Shift Position Sensor（DB2） （变速杆位置传感器）	ON或OFF	· 变速杆置于D或B位置：ON · 变速杆置于除D或B外的任何位置：OFF	变速杆位置传感器
Shift Position Sensor（N） （变速杆位置传感器）	ON或OFF	· 变速杆置于N：ON · 变速杆置于除N外的任何位置：OFF	变速杆位置传感器
Shift Position Sensor（R） （变速杆位置传感器）	ON或OFF	· 变速杆置于R：ON · 变速杆置于除R外的任何位置：OFF	变速杆位置传感器
Shift Position Sensor（P） （变速杆位置传感器）	ON或OFF	· 变速杆置于P：ON · 变速杆置于除P外的任何位置：OFF	变速杆位置传感器
Shift Lock Release Request （变速锁止解除请求）	ON或OFF	· 踩下制动踏板：ON · 除上述情况以外：OFF	—
Transaxle Oil Temperature （混合动力车辆传动桥油温度）	最低：-40℃，最高：215℃	· 在25℃的环境温度下停放车辆1天：15~35℃ · 行驶时：根据车辆工作状态而变化	—

（续）

诊断仪显示/测量项目	测量范围	正常状态	数据流分析
Transaxle Oil Temperature Sensor Voltage（混合动力车辆传动桥油温度传感器电压）	最低：0.00V，最高：4.99V	—	—
FR Wheel Speed（右前轮转速）	最低：0.00km/h，最高：327.67km/h	·车辆停止：0km/h ·车辆定速行驶：显示车速无较大波动	—
FL Wheel Speed（左前轮转速）	最低：0.00km/h，最高：327.67km/h	·车辆停止：0km/h ·车辆定速行驶：显示车速无较大波动	—
RR Wheel Speed（右后轮转速）	最低：0.00km/h，最高：327.67km/h	·车辆停止：0km/h ·车辆定速行驶：显示车速无较大波动	—
RL Wheel Speed（左后轮转速）	最低：0.00km/h，最高：327.67km/h	·车辆停止：0km/h ·车辆定速行驶：显示车速无较大波动	—
Atmospheric Pressure（大气压力）	最低：0kPa，最高：255kPa	常态：大气压力	—
Intake Manifold Absolute Pressure（发动机进气歧管压力）	最低：0.00kPa，最高：255.00kPa	点火开关ON（IG）或发动机停机：大气压力	发动机运转时指示的值低于大气压力
Ambient Temperature（环境温度）	最低：-40℃，最高：215℃	点火开关ON（IG）：与环境温度相同	环境温度传感器
Intake Air Temperature（发动机进气温度）	最低：-40℃，最高：215℃	常态：与环境温度基本相同	—
BATT Voltage［辅助蓄电池电压（蓄电池电压传感器电源电压）］	最低：0.00V，最高：16.00V	11.00~15.00V	BATT端子
Smoothed Value of BATT Voltage（辅助蓄电池电压修匀值）	最低：0.000V，最高：16.000V	11.000~15.000V	混合动力车辆控制ECU
Warmup Cycle Cleared DTC（清除DTC后发动机暖机的次数）	最少：0，最多：255	MIL熄灭，发动机冷却液温度从起动发动机前的低于22℃升高到起动发动机后的高于70℃：升高一次	—
Distance from DTC Cleared（清除DTC后的行驶距离）	最短：0km，最长：65535km	—	—
Time After DTC Cleared（清除DTC后经过的时间）	最短：0min，最长：65535min	—	清除DTC后经过的时间（点火开关置于OFF位置时未计数）

（续）

诊断仪显示/测量项目	测 量 范 围	正 常 状 态	数据流分析
MIL （MIL 状态）	ON 或 OFF	—	—
Running Time from MIL ON （MIL 点亮后的行驶时间）	最短：0min， 最长：65535min	—	—
Total Distance Traveled （总行驶距离）	最短：0， 最长：16777215	—	—
Total Distance Traveled-Unit （行驶总距离单位）	km	—	—
MIL ON Run Distance （自 MIL 点亮后的行驶距离）	最短：0km， 最长：65535km	—	—
Number of Emission DTC （排放相关 DTC）	最少：0， 最多：127	—	—
IGB Signal Status （IGB 信号状态）	ON 或 OFF	点火开关置于 ON（IG）或 ON（READY）位置：ON	IGB 端子
IG2 Signal Status （IG2 信号状态）	ON 或 OFF	点火开关置于 ON（IG）或 ON（READY）位置：ON	IG2 端子
Ready Signal （READY 信号状态）	ON 或 OFF	点火开关 ON（READY）：ON	—
HV Activate Condition （混合动力车辆控制系统电源模式状态）	Normal、Remote Air Control System、Remote	· 使用点火开关启动混合动力车辆控制系统：Normal · 使用遥控空气控制系统功能启动混合动力车辆控制系统：Remote Air Control System · 使用遥控钥匙启动混合动力车辆控制系统：Remote	—
MG Activate Condition （电动机发电机控制系统状态）	ON 或 OFF	点火开关置于 ON（IG）或 ON（READY）位置：ON	—
DSS Control Status [DSS（行驶辅助系统）控制状态]	Not Control、Available、Unavailable、Disable	—	—
Generate Torque （Request from DSS） [DSS 请求产生的驱动转矩（行驶辅助系统）]	最小：-4096.00N·m， 最大：4095.87N·m	—	—

（续）

诊断仪显示/测量项目	测量范围	正常状态	数据流分析
Primary Driving Force Adjustment Result [DSS（行驶辅助系统）的驱动力和加速踏板操作请求的驱动力之间的调整结果]	Accelerator、DSS	· 所选加速踏板操作请求的驱动力：Accelerator · 所选 DSS 请求的驱动力：DSS	—
SMRG Status [SMRG 的工作状态（初级电路监视器）]	ON 或 OFF	点火开关 ON（READY）：ON	· HV 蓄电池接线盒总成 · 线束
SMRG Control Status（SMRG 的指令状态）	ON 或 OFF	点火开关 ON（READY）：ON	· HV 蓄电池接线盒总成 · 线束
SMRB Status [SMRB 的工作状态（初级电路监视器）]	ON 或 OFF	点火开关 ON（READY）：ON	· HV 蓄电池接线盒总成 · 线束
SMRB Control Status（SMRB 的指令状态）	ON 或 OFF	点火开关 ON（READY）：ON	· HV 蓄电池接线盒总成 · 线束
SMRP Status [SMRP 的工作状态（初级电路监视器）]	ON 或 OFF	· 点火开关置于 ON（ST-ON）位置后不久：ON · 以上时间过后：OFF	使用 GTS 无法确认。使用示波器 · HV 蓄电池接线盒总成 · 线束
SMRP Control Status（SMRP 的指令状态）	ON 或 OFF	点火开关置于 ON（ST-ON）位置后不久：ON · 以上时间过后：OFF	使用 GTS 无法确认。使用示波器 · HV 蓄电池接线盒总成 · 线束
WIN Control Limit Power（从蓄电池电压传感器发送到混合动力车辆控制 ECU 的充电控制功率）	最小：-327.68kW，最大：327.67kW	-31.92kW 或更大	—
WOUT Control Limit Power（从蓄电池电压传感器发送到混合动力车辆控制 ECU 的放电控制功率）	最小：-327.68kW，最大：327.67kW	21.00kW 或更小	—
A/C Consumption Power（空调功耗）	最小：0.00kW，最大：12.75kW	空调系统工作时：0~5.00kW	空调系统
Powertrain Drive Mode Switch（行驶模式开关状态）	ON 或 OFF	—	行驶模式选择开关电路
EV Mode（EV 模式转换可用性）	ON 或 OFF	EV 模式：ON	—

（续）

诊断仪显示/测量项目	测 量 范 围	正 常 状 态	数据流分析
EV Mode Switch（EV 驱动模式开关状态）	ON 或 OFF	· 按住 EV 驱动模式开关：ON · 未操作 EV 驱动模式开关：OFF	模式选择开关 EV 模式电路
Inter Lock Switch（互锁开关状态）	ON 或 OFF	点火开关置于 ON（IG）位置，维修塞把手未安装：ON	ILK 端子
Inter Lock Switch（MG）（互锁开关状态）	ON 或 OFF	点火开关置于 ON（IG）位置，逆变器盖未安装：ON	带转换器的逆变器总成
Stop Light Switch（制动灯开关总成状态）	ON 或 OFF	踩下制动踏板：ON	—
Back Up Light Relay（倒车灯开关状态）	ON 或 OFF	变速杆置于 R 位置：ON	—
VSC/TRC OFF Switch（VSC 状态）	OFF、TRC OFF Mode、TRC、VSC OFF Mode	—	—
Airbag Status（Collision）（安全气囊传感器总成碰撞检测）	ON 或 OFF	使用安全气囊传感器总成进行碰撞检测：ON	—
Airbag Status（Collision）（CAN）[安全气囊传感器总成碰撞检测（CAN）]	Normal、Collision from Back、Airbag Circuit Abnormal、Safing、Collision from Front or Side	—	—
Airbag Status（Normal）（安全气囊传感器总成的控制状态）	ON 或 OFF	安全气囊传感器总成工作正常时：ON	—
Crank Position（曲轴位置）	最小：-128°（CA），最大：127°（CA）	—	—
TC Terminal（TC 端子状态）	ON 或 OFF	—	主动测试项目“Connect the TC and TE1”支持数据。
Body Control with Torque Demand（带转矩的车身控制指令状态）	ON 或 OFF	带转矩的车身底部控制指令：ON	—
Generator Revolution [发电机（MG1）转速（由解析器传感器检测）]	最低：-32768r/min，最高：32767r/min	充电或放电期间：根据车辆工作状态而变化	设置发电机（MG1）转速以获得请求的目标发动机转速 · 混合动力车辆传动桥总成 · 带转换器的逆变器总成

（续）

诊断仪显示/测量项目	测 量 范 围	正 常 状 态	数据流分析
Target Generator Torque ［发电机（MG1）转矩请求值］	最小：-4096.00N·m， 最大：4095.87N·m	充电或放电期间：根据车辆工作状态而变化	·混合动力车辆控制 ECU ·混合动力车辆传动桥总成 ·带转换器的逆变器总成
Generator Torque ［发电机（MG1）转矩执行值］	最小：-4096.00N·m， 最大：4095.87N·m	变速杆置于 P 位置的情况下发动机自动起动后 1s［发动机起动前的状态：点火开关 ON（READY）、发动机停止、空调风扇高速运转且前照灯点亮］：在目标发电机转矩的±20%内	·混合动力车辆控制 ECU ·混合动力车辆传动桥总成 ·带转换器的逆变器总成
Motor Revolution ［电动机（MG2）转速 （由解析器传感器检测）］	最低：-32768r/min， 最高：32767r/min	驾驶时：随车速变化	电动机（MG2）转速与车速成比例改变。电动机（MG2）转速未受加速踏板开度、发动机转速或发电机（MG1）转速影响 ·混合动力车辆传动桥总成 ·带转换器的逆变器总成
Target Motor Torque ［电动机（MG2）转矩请求值］	最小：-4096.00N·m， 最大：4095.87N·m	驾驶时：根据车辆工作状态而变化	·混合动力车辆控制 ECU ·混合动力车辆传动桥总成 ·带转换器的逆变器总成
Motor Torque ［电动机（MG2）转矩执行值］	最小：-4096.00N·m， 最大：4095.87N·m	在点火开关置于 ON（READY）位置且发动机停止的情况下全负载加速后：在目标电动机转矩的±20%内	·混合动力车辆控制 ECU ·混合动力车辆传动桥总成 ·带转换器的逆变器总成
Request Motor Regenerative Brake Torque ［请求的电动机（MG2）再生制动转矩］	最小：-4096.00N·m， 最大：4095.87N·m	制动时：根据车辆工作状态而变化	进行再生制动时，电流从电动机（MG2）流出，向 HV 蓄电池充电并产生制动转矩。电子控制制动系统
Motor Regenerate Brake Execution Torque ［电动机（MG2）再生制动执行转矩］	最小：-4096.00N·m， 最大：4095.87N·m	制动时：根据车辆工作状态而变化	·混合动力车辆控制 ECU ·混合动力车辆传动桥总成 ·带转换器的逆变器总成
Generator Temperature ［发电机（MG1）温度］	最低：-40℃， 最高：215℃	·在 25℃ 的环境温度下停放车辆 1 天：25℃ ·行驶时：根据车辆工作状态而变化	—
Generator Temperature Sensor Voltage ［发电机（MG1）温度传感器电压］	最低：0.00V， 最高：4.99V	—	—

（续）

诊断仪显示/测量项目	测 量 范 围	正 常 状 态	数据流分析
Generator Temperature just after IG ON [点火开关置于ON（IG）位置后不久发电机（MG1）温度]	最低：-40℃，最高：215℃	—	—
Generator Maximum Temperature [在当前行程内将点火开关置于ON（IG）位置后的最高发电机（MG1）温度]	最低：-40℃，最高：215℃	—	—
Motor Temperature [电动机（MG2）温度]	最低：-40℃，最高：215℃	· 在25℃的环境温度下停放车辆1天：25℃ · 行驶时：根据车辆工作状态而变化	—
Motor Temperature Sensor Voltage [电动机（MG2）温度传感器电压]	最低：0.00V，最高：4.99V	—	—
Motor Temperature just after IG ON [点火开关置于ON（IG）位置后不久电动机（MG2）温度]	最低：-40℃，最高：215℃	—	—
Motor Maximum Temperature [在当前行程内将点火开关置于ON（IG）位置后的最高电动机（MG2）温度]	最低：-40℃，最高：215℃	—	—
Generator Inverter Calculated Temperature（发电机逆变器计算温度）	最低：-40℃，最高：215℃	· 在25℃的环境温度下停放车辆1天：15~35℃ · 在25℃的环境温度下行驶时：25~120℃	带转换器的逆变器总成
Generator Inverter Calculated Temperature just after IG ON [点火开关置于ON（IG）位置后不久发电机逆变器的计算温度]	最低：-40℃，最高：215℃	—	—
Generator Inverter Calculated Maximum Temperature [在当前行程内将点火开关置于ON（IG）位置后的最高发电机逆变器计算温度]	最低：-40℃，最高：215℃	—	—
Motor Inverter Temperature（电动机逆变器温度）	最低：8℃，最高：150℃	· 在25℃的环境温度下停放车辆1天：15~35℃ · 在25℃的环境温度下行驶时：25~120℃	带转换器的逆变器总成

（续）

诊断仪显示/测量项目	测 量 范 围	正 常 状 态	数据流分析
Motor Inverter Temperature just after IG ON［点火开关置于 ON（IG）位置后不久电动机逆变器温度］	最低：8℃，最高：150℃	—	—
Motor Inverter Maximum Temperature［在当前行程内将点火开关置于 ON（IG）位置后的最高电动机逆变器温度］	最低：8℃，最高：150℃	—	—
Boosting Converter Temperature (Upper)［增压转换器温度（上）］	最低：8℃，最高：150℃	· 在 25℃ 的环境温度下停放车辆 1 天：15~35℃ · 在 25℃ 的环境温度下行驶时：25~120℃	带转换器的逆变器总成
Boosting Converter Temperature (Lower)［增压转换器温度（下）］	最低：8℃，最高：150℃	· 在 25℃ 的环境温度下停放车辆 1 天：15~35℃ · 在 25℃ 的环境温度下行驶时：25~120℃	带转换器的逆变器总成
Boosting Converter Temperature just after IG ON［点火开关置于 ON（IG）位置后不久增压转换器温度］	最低：8℃，最高：150℃	—	—
Boosting Converter Maximum Temperature［在当前行程内将点火开关置于 ON（IG）位置后的最高转换器温度］	最低：8℃，最高：150℃	—	—
Generator Inverter Operation Request（发电机逆变器操作请求）	Shutdown、3 Phase ON/Discharge、Insulation Resistance Measurement、Output Torque、Emergency Shutdown、Shutdown during Insulation Resistance Measurement	—	—

（续）

诊断仪显示/测量项目	测量范围	正常状态	数据流分析
Generator Inverter Fail（发电机逆变器停止）	ON 或 OFF	・发电机逆变器停止：ON ・正常：OFF	—
Generator Inverter Shutdown Status（发电机逆变器切断状态）	Awake 或 Shutdown	・发电机逆变器切断：Shutdown ・正常：Awake	—
Motor Inverter Operation Request（电动机逆变器操作请求）	Shutdown、3 Phase ON、Discharge、Insulation Resistance Measurement、Output Torque、Emergency Shutdown、Shutdown during Insulation Resistance Measurement	—	—
Motor Inverter Fail（电动机逆变器停止）	ON 或 OFF	・电动机逆变器停止：ON ・正常：OFF	—
Motor Inverter Shutdown Status（电动机逆变器切断状态）	Awake 或 Shutdown	・电动机逆变器切断：Shutdown ・正常：Awake	—
Boosting Converter Operation Request（增压转换器工作请求）	Normal、Boosting Stop、Upper Arm ON、Maximum Boosting、Output Torque、Upper Arm Lowering	—	—
Boosting Converter Fail（增压转换器停止）	ON 或 OFF	・增压转换器停止：ON ・正常：OFF	—
Boosting Converter Shutdown Status（增压转换器切断状态）	Awake 或 Shutdown	・增压转换器切断：Shutdown ・正常：Awake	—

（续）

诊断仪显示/测量项目	测量范围	正常状态	数据流分析
Generator Carrier Frequency（发电机载波频率）	0.75kHz、1.25kHz、2.5kHz、3.75kHz、5kHz、10kHz、Electrical Power Loss Reduction Mode	—	—
Generator Control Mode［发电机（MG1）控制模式］	Sine Wave、Overmodulation、Square Wave、Electrical Power Loss Reduction Mode	· PWM：Sine Wave · 可变 PWM：Overmodulation · 矩形波：Square Wave	—
Motor Carrier Frequency［电动机（MG2）载波频率］	0.75kHz、1.25kHz、2.5kHz、3.75kHz、5kHz、10kHz、Electrical Power Loss Reduction Mode	—	—
Motor Control Mode［电动机（MG2）控制模式］	Sine Wave、Overmodulation、Square Wave、Electrical Power Loss Reduction Mode	· PWM：Sine Wave · 可变 PWM：Overmodulation · 矩形波：Square Wave	—
Boosting Converter Carrier Frequency（增压转换器信号载波频率）	9.55kHz、9.13kHz、8.71kHz、8.29kHz、7.87kHz、7.45kHz、4.8kHz	—	—
VL-Voltage before Boosting（增压前的高电压）	—	点火开关 ON（READY）：几乎与 HV 蓄电池电压相同	· HV 蓄电池 · 带转换器的逆变器总成
VH-Voltage after Boosting（增压后高电压）	—	变速杆置于 P 位时发动机转速增大：增压后低于约 600V	带转换器的逆变器总成
Boost Ratio（增压转换器增压比）	最小：0.0%，最大：100.0%	—	带转换器的逆变器总成
V Phase Generator Current（V 相发电机电流）	最小：-3276.8A，最大：3276.7A	—	—
W Phase Generator Current（W 相发电机电流）	最小：-3276.8A，最大：3276.7A	—	—

（续）

诊断仪显示/测量项目	测量范围	正常状态	数据流分析
V Phase Motor Current（V相电动机电流）	最小：-3276.8A，最大：3276.7A	—	—
W Phase Motor Current（W相电动机电流）	最小：-3276.8A，最大：3276.7A	—	—
Inverter Coolant Water Temperature（逆变器冷却液温度）	最低：-40℃（-40℉），最高：215℃（419℉）	· 冷起动→完全暖机：逐渐升高 · 系统工作正常：控制在65℃或更低	· 带转换器的逆变器总成 · 逆变器水泵总成 · 冷却风扇系统 · 逆变器冷却系统
Inverter Water Pump（逆变器水泵总成状态）	ON或OFF	主动测试期间：ON	主动测试项目“Activate the Inverter Water Pump”支持数据
Inverter Water Pump Duty Ratio（逆变器水泵电动机驱动器请求占空比）	最小：0.00%，最大：100.00%	点火开关ON（READY）：40%~85%	混合动力车辆控制ECU
Inverter Water Pump Revolution（逆变器水泵总成转速）	最低：0r/min，最高：15000r/min	点火开关ON（READY）：1000~9300r/min	逆变器水泵总成不工作时：200r/min或更低
Overvoltage Input to Inverter（逆变器的过电压检测）	ON或OFF	· 逆变器内检测到过电压：ON · 正常：OFF	—
Inverter Emergency Shutdown（MainCPU）（逆变器紧急切断）	ON或OFF	· 逆变器紧急切断：ON · 正常：OFF	—
Inverter Emergency Shutdown（SubCPU）（逆变器紧急切断）	ON或OFF	· 逆变器紧急切断：ON · 正常：OFF	—
Overvoltage Input to Boosting Converter（增压转换器内的过电压检测）	ON或OFF	· 增压转换器内检测到过电压：ON · 正常：OFF	—
Hybrid Battery SOC（HV蓄电池充电状态基于充电和放电安培数的初步计算）	最小：0.00%，最大：100.00%	常态：0.00%~100.00%	· HV蓄电池 · 蓄电池电压传感器 · 混合动力车辆控制ECU
Delta SOC（SOC的最大值和最小值之差）	最小：0.0%，最大：100.0%	READY指示灯点亮，发动机停机且无电气负载：0.0%~60.0%	—

（续）

诊断仪显示/测量项目	测量范围	正常状态	数据流分析
Hybrid Battery SOC of Immediately after IG ON ［点火开关置于 ON（IG）位置后不久 HV 蓄电池充电状态］	最小：0.0%， 最大：100.0%	—	—
Hybrid Battery Maximum SOC ［在当前行程内将点火开关置于 ON（IG）位置后的最高 SOC］	最小：0.0%， 最大：100.0%	—	—
Hybrid Battery Minimum SOC ［在当前行程内将点火开关置于 ON（IG）位置后的最低 SOC］	最小：0.0%， 最大：100.0%	—	—
Hybrid Battery Voltage （HV 蓄电池电压）	最低：0.00V， 最高：1023.98V	点火开关 ON（READY）：150.0~300.0V	· HV 蓄电池 · 蓄电池电压传感器 · 混合动力车辆控制 ECU
Hybrid Battery Current （HV 蓄电池电流）	最小：-3276.8A， 最大：3276.7A	点火开关 ON（READY）：-200.0~200.0A	· HV 蓄电池 · 电源电缆 · 带转换器的逆变器总成 · 蓄电池电流传感器
Hybrid Battery Current for Hybrid Battery Control （混合动力蓄电池控制的混合动力蓄电池电流）	最小：-327.68A， 最大：327.67A	—	· 放电安培数用正值表示 · 充电安培数用负值表示
Hybrid Battery Current for Driving Control （混合动力蓄电池驱动控制电流）	最小：-327.68A， 最大：327.67A	—	· 放电安培数用正值表示 · 充电安培数用负值表示
Hybrid Battery Control Mode （HV 蓄电池控制模式）	Driving Control Mode、Current Sensor Offset Calibration Mode、Hybrid Battery External Charging Control Mode、ECU Shutdown Mode	—	—
Number of Hybrid Battery Block （蓄电池单元数）	—	通常：9	HV 蓄电池
Hybrid Battery Block Ch (Minimum Voltage) （电压最低时的蓄电池单元数）	最少：0ch， 最多：255ch	组数为 1~9ch 中的任意一个	—

（续）

诊断仪显示/测量项目	测量范围	正常状态	数据流分析
Hybrid Battery Block Ch (Maximum Voltage) (电压最高时的蓄电池单元数)	最少：0ch，最多：255ch	组数为1~9ch中的任意一个	—
Minimum Voltage of Hybrid Battery Block (蓄电池单元最低电压)	最低：0.00V，最高：79.99V	SOC 55.0~60.0%：12.00V或更高	—
Maximum Voltage of Hybrid Battery Block (蓄电池单元最高电压)	最低：0.00V，最高：79.99V	SOC 55.0~60.0%：23.00V或更低	—
Hybrid Battery Block 1 Voltage (蓄电池单元电压)	最低：0.00V，最高：79.99V	SOC 60%：12.00~20.00V 例如：约16V	· HV蓄电池 · 蓄电池电压传感器
Hybrid Battery Block 2 Voltage (蓄电池单元电压)	最低：0.00V，最高：79.99V	SOC 60%：12.00~20.00V 例如：约16V	· HV蓄电池 · 蓄电池电压传感器
Hybrid Battery Block 3 Voltage (蓄电池单元电压)	最低：0.00V，最高：79.99V	SOC 60%：24.00~40.00V 例如：约32V	· HV蓄电池 · 蓄电池电压传感器
Hybrid Battery Block 4 Voltage (蓄电池单元电压)	最低：0.00V，最高：79.99V	SOC 60%：24.00~40.00V 例如：约32V	· HV蓄电池 · 蓄电池电压传感器
Hybrid Battery Block 5 Voltage (蓄电池单元电压)	最低：0.00V，最高：79.99V	SOC 60%：24.00~40.00V 例如：约32V	· HV蓄电池 · 蓄电池电压传感器
Hybrid Battery Block 6 Voltage (蓄电池单元电压)	最低：0.00V，最高：79.99V	SOC 60%：24.00~40.00V 例如：约32V	· HV蓄电池 · 蓄电池电压传感器
Hybrid Battery Block 7 Voltage (蓄电池单元电压)	最低：0.00V，最高：79.99V	SOC 60%：24.00~40.00V 例如：约32V	· HV蓄电池 · 蓄电池电压传感器
Hybrid Battery Block 8 Voltage (蓄电池单元电压)	最低：0.00V，最高：79.99V	SOC 60%：12.00~20.00V 例如：约16V	· HV蓄电池 · 蓄电池电压传感器
Hybrid Battery Block 9 Voltage (蓄电池单元电压)	最低：0.00V，最高：79.99V	SOC 60%：12.00~20.00V 例如：约16V	· HV蓄电池 · 蓄电池电压传感器
Internal Resistance1 (各蓄电池单元内部电阻)	最小：0.000Ω，最大：0.255Ω	始终：0.010~0.100Ω	HV蓄电池
Internal Resistance2 (各蓄电池单元内部电阻)	电阻最小：0.000Ω，最大：0.255Ω	始终：0.010~0.100Ω	HV蓄电池
Internal Resistance3 (各蓄电池单元内部电阻)	最小：0.000Ω，最大：0.255Ω	始终：0.020~0.200Ω	HV蓄电池
Internal Resistance4 (各蓄电池单元内部电阻)	最小：0.000Ω，最大：0.255Ω	始终：0.020~0.200Ω	HV蓄电池

（续）

诊断仪显示/测量项目	测量范围	正常状态	数据流分析
Internal Resistance5 （各蓄电池单元内部电阻）	最小：0.000Ω， 最大：0.255Ω	始终：0.020~0.200Ω	HV 蓄电池
Internal Resistance6 （各蓄电池单元内部电阻）	最小：0.000Ω， 最大：0.255Ω	始终：0.020~0.200Ω	HV 蓄电池
Internal Resistance7 （各蓄电池单元内部电阻）	最小：0.000Ω， 最大：0.255Ω	始终：0.020~0.200Ω	HV 蓄电池
Internal Resistance8 （各蓄电池单元内部电阻）	最小：0.000Ω， 最大：0.255Ω	始终：0.010~0.100Ω	HV 蓄电池
Internal Resistance9 （各蓄电池单元内部电阻）	最小：0.000Ω， 最大：0.255Ω	始终：0.010~0.100Ω	HV 蓄电池
Hybrid Battery Temperature 1 （蓄电池模块温度）	最低：-50.0℃， 最高：205.9℃	静置车辆 1 天：与环境温度相同	· 蓄电池温度传感器 · 蓄电池电压传感器
Hybrid Battery Temperature 2 （蓄电池模块温度）	最低：-50.0℃， 最高：205.9℃	静置车辆 1 天：与环境温度相同	· 蓄电池温度传感器 · 蓄电池电压传感器
Hybrid Battery Temperature 3 （蓄电池模块温度）	最低：-50.0℃， 最高：205.9℃	静置车辆 1 天：与环境温度相同	· 蓄电池温度传感器 · 蓄电池电压传感器
Hybrid Battery Cooling Fan （蓄电池冷却鼓风机总成工作模式）	0、1、2、3、4、5、6、10、20、30	· 0：点火开关置于 ON（IG）或 ON（READY）位置且蓄电池冷却鼓风机总成停止 · 1~6：点火开关置于 ON（IG）或 ON（READY）位置且蓄电池冷却鼓风机总成从低速切换至高速 · 10：由于蓄电池冷却鼓风机总成故障，蓄电池冷却鼓风机总成处于失效保护模式（有关混合动力系统的相关输出 DTC，请参考诊断程序） · 20：由于 HV 蓄电池故障，蓄电池冷却鼓风机总成处于失效保护模式（有关混合动力系统的相关输出 DTC，请参考诊断程序） · 30：蓄电池冷却鼓风机总成停止以保护零件	主动测试项目“Control the Hybrid Battery Cooling Fan”支持数据
Hybrid Battery Cooling Fan 1 Drive Request （混合动力蓄电池冷却鼓风机操作请求）	最小：0.0%， 最大：100.0%	—	· 混合动力车辆控制 ECU（SIO） · 蓄电池冷却鼓风机总成

（续）

诊断仪显示/测量项目	测量范围	正常状态	数据流分析
Hybrid Battery Cooling Fan 1 Drive Status（蓄电池冷却鼓风机总成工作模式状态）	0、1、2、3、4、5、6、10、20、30	—	—
Hybrid Battery Cooling Fan 1 Frequency（蓄电池冷却鼓风机总成频率）	最小：0.0Hz，最大：6553.5Hz	与蓄电池冷却鼓风机总成转速成比例	蓄电池冷却鼓风机电路
Hybrid Battery Cooling Fan Intake Air Temperature 1（混合动力蓄电池进气温度）	最低：-50.0℃（-58℉），最高：205.9℃（402.6℉）	静置车辆1天：与环境温度相同	· 混合动力蓄电池进气温度传感器 · 蓄电池电压传感器
Hybrid Battery Cooling Fan Low Speed Request（蓄电池冷却鼓风机总成低速请求）	ON或OFF	常态：ON或OFF	—
Hybrid Battery Sensor Module Power Supply Voltage（蓄电池电压传感器电源电压）	最低：0.00V，最高：16.00V	点火开关置于ON（IG）或ON（READY）位置：11.00~15.00V	· 辅助蓄电池 · 混合动力车辆转换器
Hybrid Battery Current Sensor Power Supply Voltage（混合动力蓄电池电流传感器电源电压）	最低：0.0V，最高：25.5V	点火开关置于ON（IG）或ON（READY）位置：4.5~5.5V	· HV蓄电池接线盒总成 · 蓄电池电压传感器
Hybrid Battery Current Sensor Offset Learning Value（混合动力蓄电池电流传感器偏差学习值）	最小：-327.68A，最大：327.67A	—	—
Hybrid Battery Current Sensor Offset（High）[混合动力蓄电池电流传感器偏差（高）]	最小：-327.68A，最大：327.67A	—	—
Number of Hybrid Battery Current Sensor Characteristics Determination（执行蓄电池电流传感器特性判断的次数）	最少：0，最多：255	—	—
Short Wave Highest Value Level（蓄电池电压传感器内异常绝缘检测电路的波形电压水平）	Not Judge、Normal、Insulation Lower LV2、Insulation Lower LV3	· 判断未完成：Not Judge · 正常：正常状态 · 中低级别：Insulation Lower LV2 · 极低级别：Insulation Lower LV3	高压电路

（续）

诊断仪显示/测量项目	测量范围	正常状态	数据流分析
Insulation Resistance Division Check Completion using MG Inv （用 MG 逆变器完成的绝缘电阻分段检查）	Not Complete、Complete	电动机和发电机逆变器绝缘电阻减小判断完成：Complete	将点火开关从 ON（READY）切换至 OFF 位置，比较电动机和发电机逆变器关闭前后数据表项目"Short Wave Highest Value Level"的值
Insulation Resistance Division Check Completion using A/C Inv （用空调逆变器完成的绝缘电阻分段检查）	Not Complete、Complete	空调逆变器绝缘电阻减小判断完成：Complete	空调逆变器关闭前后，检查数据表项目"Short Wave Highest Value Level"的值
Insulation Resistance Division Check Completion using SMR （用 SMR 完成的绝缘电阻分段检查）	Not Complete、Complete	系统主继电器绝缘电阻减小判断完成：Complete	系统主继电器关闭前后，检查数据表项目"Short Wave Highest Value Level"的值
Short Wave Highest Value Availability just after MG Inv On/Off （MG 逆变器打开/关闭后的短波最高值可用性）	No 或 Yes	电动机和发电机逆变器打开/关闭后无法立即检查数据表项目"Short Wave Highest Value Level"的值：No	—
Short Wave Highest Value Availability just after A/C Inv On/Off （空调逆变器打开/关闭后的短波最高值可用性）	No 或 Yes	空调逆变器打开/关闭后无法立即检查数据表项目"Short Wave Highest Value Level"的值：No	—
Short Wave Highest Value Availability just after SMR On/Off （SMR 打开/关闭后的短波最高值可用性）	No 或 Yes	系统主继电器接通/断开后无法立即检查数据表项目"Short Wave Highest Value Level"的值：No	—
Immobiliser Communication （停机系统通信线路状态）	ON 或 OFF	· 点火开关 ON（IG）：ON · 停机系统通信线路故障：OFF	—
Permit Start by Immobiliser ［停机系统的起动允许状态（停机系统至混合动力车辆控制 ECU）］	No Judgment、OK、NG	—	—

（续）

诊断仪显示/测量项目	测量范围	正常状态	数据流分析
Auxiliary Battery Voltage（辅助蓄电池电压）	最低：0.00V，最高：16.00V	始终：11.00~15.00V	电源开关置于ON（READY）位置时：12.5~15.0V 点火开关置于ON（IG）位置时：与辅助蓄电池电压相同（约12V） 如果将点火开关置于ON（READY）位置时电压变为11V或更低，则混合动力车辆控制ECU存储带转换器的逆变器总成DTC。如果电压变为9.5V或更低，则无法将点火开关置于ON（READY）位置 · 辅助蓄电池 · 混合动力车辆转换器
Auxiliary Battery Current（辅助蓄电池电流）	最小：-125.00A，最大：124.99A	—	—
Smoothed Value of Auxiliary Battery Temperature（辅助蓄电池温度修匀值）	最低：-30.0℃，最高：6513.5℃	—	—
Auxiliary Battery Voltage Low Times（辅助蓄电池电压低的次数）	最少：0，最多：255	—	—
Auxiliary Battery Voltage at Low Voltage Checking Initiation（辅助蓄电池电压低判断）	—	—	—
Auxiliary Battery Charging Integrated Current（车辆生产后的累计蓄电池充电集成电流值）	最小：0.0A·h，最大：429496729.5A·h	—	—
Auxiliary Battery Discharging Integrated Current（车辆生产后的累计蓄电池放电集成电流值）	最小：0.0A·h，最大：429496729.5A·h	—	—
Auxiliary Battery Capacity after IG ON［点火开关置于ON（IG）位置后的辅助蓄电池容量］	最小：-128A·h，最大：127A·h	—	—
Auxiliary Battery Capacity after IG OFF（点火开关置于OFF位置后的辅助蓄电池容量）	最小：-128A·h，最大：127A·h	—	—

（续）

诊断仪显示/测量项目	测量范围	正常状态	数据流分析
Auxiliary Battery Status of Full Charge（充满电时的辅助蓄电池状态）	最小：0.0A・h，最大：127.5A・h	—	—
Auxiliary Battery Charging Rate Accuracy（辅助蓄电池充电率准确度）	Low、Middle、High、Disable	—	—
Auxiliary Battery Dark Current（辅助蓄电池暗电流）	最小：0mA，最大：65535mA	—	—
Auxiliary Battery Sensor Sleep Time（辅助蓄电池传感器睡眠时间）	最短：0h，最长：255h	—	—
Integrated Ready ON Time［车辆生产后点火开关置于 ON（READY）位置的累计时间］	最短：0h，最长：65535h	—	—
Number of Long Term Leaving with IG OFF｛点火开关长时间未改变关闭状态的次数［1440h(60 天)］｝	最少：0，最多：255	—	—
Auxiliary Battery Integrated Thermal Load（车辆生产后的累计辅助蓄电池热负载）	最小：0，最大：4294967295	—	—
Total Distance Indicated after Long Term Leaving with IG OFF（1st）｛第 1 次长时间关闭点火开关前的累计距离［1440h(60 天)］｝	最短：0km，最长：131070km	—	—
Total Distance Indicated after Long Term Leaving with IG OFF（2nd）｛第 2 次长时间关闭点火开关前的累计距离［1440h(60 天)］｝	最短：0km，最长：131070km	—	—
Total Distance Indicated after Long Term Leaving with IG OFF（3rd）｛第 3 次长时间关闭点火开关前的累计距离［1440h(60 天)］｝	最短：0km，最长：131070km	—	—

（续）

诊断仪显示/测量项目	测量范围	正常状态	数据流分析
Time of Long Term Leaving with IG OFF（1st）{第一次长时间关闭点火开关期间的天数［1440h(60天)］}	最短：0天，最长：255天	—	—
Time of Long Term Leaving with IG OFF（2nd）{第二次长时间关闭点火开关期间的天数［1440h(60天)］}	最短：0天，最长：255天	—	—
Time of Long Term Leaving with IG OFF（3rd）{第三次长时间关闭点火开关期间的天数［1440h(60天)］}	最短：0天，最长：255天	—	—
Auxiliary Battery Average Current during IG OFF 1 Trip before（1循环之前点火开关置于OFF位置时的辅助蓄电池平均电流）	最小：-30.000A，最大：1.998A	—	—
Auxiliary Battery Average Current during IG OFF 2 Trip before（2循环之前点火开关置于OFF位置时的辅助蓄电池平均电流）	最小：-30.000A，最大：1.998A	—	—
Auxiliary Battery Average Current during IG OFF 3 Trip before（3循环之前点火开关置于OFF位置时的辅助蓄电池平均电流）	最小：-30.000A，最大：1.998A	—	—
Auxiliary Battery Average Current during IG OFF 4 Trip before（4循环之前点火开关置于OFF位置时的辅助蓄电池平均电流）	最小：-30.000A，最大：1.998A	—	—
Auxiliary Battery Average Current during IG OFF 5 Trip before（5循环之前点火开关置于OFF位置时的辅助蓄电池平均电流）	最小：-30.000A，最大：1.998A	—	—
Total Distance Up to 1 Trip before（1循环前行驶的累计距离）	最短：0km，最长：131070km	—	—

（续）

诊断仪显示/测量项目	测量范围	正常状态	数据流分析
Total Distance Up to 2 Trip before（2 循环前行驶的累计距离）	最短：0km，最长：131070km	—	—
Total Distance Up to 3 Trip before（3 循环前行驶的累计距离）	最短：0km，最长：131070km	—	—
Total Distance Up to 4 Trip before（4 循环前行驶的累计距离）	最短：0km，最长：131070km	—	—
Total Distance Up to 5 Trip before（5 循环前行驶的累计距离）	最短：0km，最长：131070km	—	—
IG OFF Time before 1 trip（1 行程前点火开关关闭的天数）	最短：0 天，最长：255 天	—	—
IG OFF Time before 2 trip（2 行程前点火开关关闭的天数）	最短：0 天，最长：255 天	—	—
IG OFF Time before 3 trip（3 行程前点火开关关闭的天数）	最短：0 天，最长：255 天	—	—
IG OFF Time before 4 trip（4 行程前点火开关关闭的天数）	最短：0 天，最长：255 天	—	—
IG OFF Time before 5 trip（5 行程前点火开关关闭的天数）	最短：0 天，最长：255 天	—	—
IG ON Time Up to 1 trip before [1 行程前点火开关 ON（IG）的时间]	最短：0min，最长：510min	—	—
IG ON Time Up to 2 trip before [2 行程前点火开关 ON（IG）的时间]	最短：0min，最长：510min	—	—
IG ON Time Up to 3 trip before [3 行程前点火开关 ON（IG）的时间]	最短：0min，最长：510min	—	—
IG ON Time Up to 4 trip before [4 行程前点火开关 ON（IG）的时间]	最短：0min，最长：510min	—	—
IG ON Time Up to 5 trip before [5 行程前点火开关 ON（IG）的时间]	最短：0min，最长：510min	—	—
Ready ON Time Up to 1 trip before [1 行程前点火开关 ON（READY）的时间]	最短：0min，最长：510min	—	—

（续）

诊断仪显示/测量项目	测量范围	正常状态	数据流分析
Ready ON Time Up to 2 trip before [2行程前点火开关ON（READY）的时间]	最短：0min，最长：510min	—	—
Ready ON Time Up to 3 trip before [3行程前点火开关ON（READY）的时间]	最短：0min，最长：510min	—	—
Ready ON Time Up to 4 trip before [4行程前点火开关ON（READY）的时间]	最短：0min，最长：510min	—	—
Ready ON Time Up to 5 trip before [5行程前点火开关ON（READY）的时间]	最短：0min，最长：510min	—	—
Power Feeding Electrical Using Status（自外部电源充电的电源使用状态）	Charge Sustaining Mode、Not PHV、Charge Depleting Mode、Charge Increasing Mode、Ready OFF	—	—

第三节　卡罗拉/雷凌电控制动系统数据流

一、电控制动系统数据流读取方法

① 发动机暖机，电源开关置于OFF位置。将故障诊断仪连接到OBD诊断接口。

② 起动开关置于ON（IG）位置，打开诊断仪电源开关。

③ 电源开关打开至ON（IG）位置。

④ 诊断仪进入以下菜单：Chassis（底盘）/ABS/VSC/TRC/Data List（数据表），诊断仪上将显示数据流。

二、电控制动系统数据流分析

卡罗拉/雷凌电控制动系统数据流及分析见表8-3。

表8-3　卡罗拉/雷凌电控制动系统数据流及分析

诊断仪显示/测量项目	测量范围	正常状态	数据流分析
ABS Warning Light（ABS警告灯）	ON或OFF	ON：警告灯点亮 OFF：警告灯熄灭	—
Brake Warning Light [制动警告灯/红色（故障）]	ON或OFF	ON：警告灯点亮 OFF：警告灯熄灭	—

（续）

诊断仪显示/测量项目	测量范围	正常状态	数据流分析
ECB Warning Light ［制动警告灯/黄色（轻微故障）］	ON 或 OFF	ON：警告灯点亮 OFF：警告灯熄灭	ECB：电子控制制动系统
Buzzer （仪表蜂鸣器）	ON 或 OFF	ON：蜂鸣器鸣响 OFF：蜂鸣器不响	—
Stop Light SW （制动灯开关总成）	ON 或 OFF	ON：踩下制动踏板 OFF：松开制动踏板	—
Parking Brake SW （驻车制动开关总成）	ON 或 OFF	ON：施加驻车制动 OFF：解除驻车制动	—
TRC（TRAC）/VSC OFF SW VSC OFF ［开关（组合开关总成）］	ON 或 OFF	ON：开关打开 OFF：开关关闭	—
Reservoir Warning SW （制动液液位警告开关）	ON 或 OFF	ON：储液罐液位低 OFF：储液罐液位正常	—
Main Idle SW （主怠速开关）	ON 或 OFF	ON：松开加速踏板 OFF：踩下加速踏板	—
Shift Lever Position （变速杆位置信息）	Fail、1st、2nd、3rd、4th、5th、6th/B、D/M、P、N 或 R	实际变速杆位置	—
Inspection Mode （检查模式）	Other 或 Inspect	Other：正常模式 Inspect：检查模式	—
Stroke Sensor （制动踏板行程传感器 1）	最低：0.00V， 最高：5.00V	松开制动踏板：0.65～1.35V	踩下制动踏板时读数增大
Voltage of Stroke Sensor （制动踏板行程传感器的电压 1）	最低：-2.50V， 最高：2.49V	—	—
Stroke Sensor2 （制动踏板行程传感器 2）	最低：0.00V， 最高：5.00V	松开制动踏板：3.65～4.35V	踩下制动踏板时读数减小
Voltage of Stroke Sensor2 （制动踏板行程传感器 2 的电压）	最低：-2.50V， 最高：2.49V	—	—
Deceleration Sensor （加速度传感器 1）	最小：$-18.525m/s^2$， 最大：$18.387m/s^2$	—	减速/加速过程中：持续改变
Zero Point of Decele （存储的零值）	最小：$-25.10m/s^2$， 最大：$24.90m/s^2$	—	—
Deceleration Sensor2 （加速度传感器 2）	最小：$-18.525m/s^2$， 最大：$18.387m/s^2$	—	减速/加速过程中：持续改变
Zero Point of Decele2 （存储的零值 2）	最小：$-25.10m/s^2$， 最大：$24.90m/s^2$	—	—

（续）

诊断仪显示/测量项目	测量范围	正常状态	数据流分析
Yaw Rate Sensor （横摆率传感器1）	最小：-128°/s， 最大：127°/s	车辆静止：0°/s 右转：-128~0°/s 左转：0~127°/s	—
Zero Point of Yaw Rate （存储的零值）	最小：-128°， 最大：127°	—	完成零点校准后：0°
Yaw Rate Sensor2 （横摆率传感器2）	最小：-128°/s， 最大：127°/s	车辆静止：0°/s 右转：-128~0°/s 左转：0~127°/s	—
Steering Angle Sensor （转向角传感器）	最小：-3276.8°， 最大：3276.7°	左转：增大 右转：减小	—
Zero Point of Steering Angle （存储的零值）	最小：-3276.8°， 最大：3276.7°	—	清除零点校准后：0°
Lateral G （横向加速度）	最小：$-25.10m/s^2$， 最大：$24.90m/s^2$	—	转向时：其变化与横向加速度成正比
Forward and Rearward G （前向和后向加速度）	最小：$-25.10m/s^2$， 最大：$24.90m/s^2$	—	加速/减速时：与加速度成比例变化
Yaw Rate Value （横摆率值）	最小：-128°/s， 最大：127°/s	—	转向时：其变化与横摆率成正比
Steering Angle Value （转向角值）	最小：-3276.8°， 最大：3276.7°	—	转向操作时：其变化与转向盘旋转幅度成正比
Stop Light Relay [制动灯控制继电器 （制动灯开关总成） （端子STP2输入）]	ON或OFF	ON：踩下制动踏板 OFF：松开制动踏板	—
Slip Indicator Light （打滑指示灯）	ON或OFF	ON：指示灯点亮 OFF：指示灯熄灭	—
FR Wheel Speed （右前轮转速传感器）	最低：0km/h， 最高：326.4km/h	车辆停止：0km/h	定速行驶时：无较大的波动
FL Wheel Speed （左前轮转速传感器）	最低：0km/h 最高：326.4km/h	车辆停止：0km/h	定速行驶时：无较大的波动
RR Wheel Speed （右后轮转速传感器）	最低：0km/h 最高：326.4km/h	车辆停止：0km/h	定速行驶时：无较大的波动
RL Wheel Speed （左后轮转速传感器）	最低：0km/h 最高：326.4km/h	车辆停止：0km/h	定速行驶时：无较大的波动
Vehicle Speed （最大车轮转速传感器）	最低：0km/h 最高：326.4km/h	车辆停止：0km/h	定速行驶时：无较大的波动

（续）

诊断仪显示/测量项目	测量范围	正常状态	数据流分析
FR Wheel Acceleration（右前轮加速度）	最小：$-200.84m/s^2$，最大：$199.27m/s^2$	—	减速/加速过程中：持续改变
FL Wheel Acceleration（左前轮加速度）	最小：$-200.84m/s^2$，最大：$199.27m/s^2$	—	减速/加速过程中：持续改变
RR Wheel Acceleration（右后轮加速度）	最小：$-200.84m/s^2$，最大：$199.27m/s^2$	—	减速/加速过程中：持续改变
RL Wheel Acceleration（左后轮加速度）	最小：$-200.84m/s^2$，最大：$199.27m/s^2$	—	减速/加速过程中：持续改变
Stop Light Relay Output［制动灯控制继电器（制动灯开关总成）（端子 STPO 输出）］	ON 或 OFF	ON：继电器输出接通 OFF：继电器输出断开	—
FR Wheel ABS Ctrl Status（右前轮 ABS 控制状态）	ON 或 OFF	ON：控制中	—
FL Wheel ABS Ctrl Status（左前轮 ABS 控制状态）	ON 或 OFF	ON：控制中	—
RR Wheel ABS Ctrl Status（右后轮 ABS 控制状态）	ON 或 OFF	ON：控制中	—
RL Wheel ABS Ctrl Status（左后轮 ABS 控制状态）	ON 或 OFF	ON：控制中	—
BA Ctrl Status（BA 控制状态）	ON 或 OFF	ON：控制中	—
PBA Ctrl Status（PBA 控制状态）	ON 或 OFF	ON：控制中	带碰撞预测系统
TRC（TRAC）Ctrl Status（TRC 控制状态）	ON 或 OFF	ON：控制中	—
TRC（TRAC）Engine Ctrl Status（TRC 发动机控制状态）	ON 或 OFF	ON：控制中	—
TRC（TRAC）Brake Ctrl Status（TRC 制动控制状态）	ON 或 OFF	ON：控制中	—
FR Wheel VSC Ctrl Status（右前轮 VSC 控制状态）	ON 或 OFF	ON：控制中	—
FL Wheel VSC Ctrl Status（左前轮 VSC 控制状态）	ON 或 OFF	ON：控制中	—
RR Wheel VSC Ctrl Status（右后轮 VSC 控制状态）	ON 或 OFF	ON：控制中	—

（续）

诊断仪显示/测量项目	测量范围	正常状态	数据流分析
RL Wheel VSC Ctrl Status（左后轮VSC控制状态）	ON或OFF	ON：控制中	—
Accelerator Opening Angle %（加速踏板开度百分比）	最小：0.0%，最大：127.5%	松开加速踏板：0.0%	操作加速踏板时：其变化与踏板的移动成正比
Regenerative Cooperation（再生协同）	ON或OFF	ON：工作 OFF：不工作	—
FR Regenerative Request（FR再生请求转矩）	最小：ON·m，最大：1048560N·m	—	根据制动踏板力变化（车速达到30km/h或更高后，轻轻踩下制动踏板时，防止紧急制动）
FR Regenerative Operation（FR再生工作转矩）	最小：ON·m，最大：1048560N·m	—	根据制动踏板力变化（车速达到30km/h或更高后，轻轻踩下制动踏板时，防止紧急制动）
Solenoid Relay（ABS电磁阀继电器工作请求）	ON或OFF	ON：点火开关置于ON（IG）位置（初始检查期间） OFF：点火开关置于OFF位置	—
ECB Motor Relay（电动机继电器1工作请求）	ON或OFF	ON：继电器接通 OFF：继电器断开	ECB：电子控制制动系统
ECB Motor Relay2（电动机继电器2工作请求）	ON或OFF	ON：继电器接通 OFF：继电器断开	ECB：电子控制制动系统
ECB Main Relay（主继电器工作请求）	ON或OFF	ON：继电器接通 OFF：继电器断开	ECB：电子控制制动系统
ABS Solenoid（SFRH）[保持电磁阀（FRH）]	ON或OFF	ON：工作 OFF：不工作	—
ABS Solenoid（SFRR）[减速电磁阀（FRR）]	ON或OFF	ON：工作 OFF：不工作	—
ABS Solenoid（SFLH）[保持电磁阀（FLH）]	ON或OFF	ON：工作 OFF：不工作	—
ABS Solenoid（SFLR）[减速电磁阀（FLR）]	ON或OFF	ON：工作 OFF：不工作	—
ABS Solenoid（SRRH）[保持电磁阀（RRH）]	ON或OFF	ON：工作 OFF：不工作	—
ABS Solenoid（SRRR）[减速电磁阀（RRR）]	ON或OFF	ON：工作 OFF：不工作	—
ABS Solenoid（SRLH）[保持电磁阀（RLH）]	ON或OFF	ON：工作 OFF：不工作	—

（续）

诊断仪显示/测量项目	测量范围	正常状态	数据流分析
ABS Solenoid（SRLR） ［减速电磁阀（RLR）］	ON 或 OFF	ON：工作 OFF：不工作	—
FR Speed Open （右前轮转速传感器断路检测）	Error 或 Normal	Error：瞬间中断 Normal：正常	—
FL Speed Open （左前轮转速传感器断路检测）	Error 或 Normal	Error：瞬间中断 Normal：正常	—
RR Speed Open （右后轮转速传感器断路检测）	Error 或 Normal	Error：瞬间中断 Normal：正常	—
RL Speed Open （左后轮转速传感器断路检测）	Error 或 Normal	Error：瞬间中断 Normal：正常	—
Yaw Rate Open （横摆率传感器断路检测）	Error 或 Normal	Error：瞬间中断 Normal：正常	—
Deceleration Open （加速度传感器断路检测）	Error 或 Normal	Error：瞬间中断 Normal：正常	—
Steering Open （转向角传感器断路检测）	Error 或 Normal	Error：瞬间中断 Normal：正常	—
Stroke Open （制动踏板行程传感器断路检测）	Error 或 Normal	Error：瞬间中断 Normal：正常	—
Stroke2 Open （制动踏板行程传感器 2 断路检测）	Error 或 Normal	Error：瞬间中断 Normal：正常	—
Accumulator Open （蓄压器压力传感器断路检测）	Error 或 Normal	Error：瞬间中断 Normal：正常	—
HV Communication Open （混合动力车辆通信断路检测）	Error 或 Normal	Error：瞬间中断 Normal：正常	—
VCM1 Voltage Value （VCM1 电压值）	最低：0.00V， 最高：10.00V	6.29~7.64V	—
VCM2 Voltage Value （VCM2 电压值）	最低：0.00V， 最高：10.00V	6.29~7.64V	—
IG1 Voltage Value （IG1 电压值）	最低：0.00V， 最高：20.00V	—	与辅助蓄电池电压成比例变化
IG2 Voltage Value （IG2 电压值）	最低：0.00V， 最高：20.00V	—	与辅助蓄电池电压成比例变化
BS1 Voltage Value （BS1 电压值）	最低：0.00V， 最高：20.00V	—	与辅助蓄电池电压成比例变化
BS2 Voltage Value （BS2 电压值）	最低：0.00V， 最高：20.00V	—	与辅助蓄电池电压成比例变化

（续）

诊断仪显示/测量项目	测量范围	正常状态	数据流分析
VM1 Voltage Value （VM1 电压值）	最低：0.00V， 最高：20.00V	—	与辅助蓄电池电压成比例变化
VM2 Voltage Value （VM2 电压值）	最低：0.00V， 最高：20.00V	—	与辅助蓄电池电压成比例变化
MT Voltage Value （MT 电压值）	最低：0.00V， 最高：20.00V	泵电动机关闭：0.00V 泵电动机打开：12.00V	—
BH Standby Light （制动保持备用指示灯）	ON 或 OFF	ON：指示灯点亮 OFF：指示灯熄灭	—
BH Operated Light （制动保持工作指示灯）	ON 或 OFF	ON：指示灯点亮 OFF：指示灯熄灭	—
TRC/VSC Off Mode （TRC/VSC OFF 模式）	Normal、TRC OFF、VSC Expert Mode 或 VSC OFF	Normal：正常模式 TRC OFF：TRC OFF 模式 VSC Expert Mode：VSC 专家模式 VSC OFF：VSC OFF 模式	—
Number of DTC （DTC 数量）	最少：0， 最多：255	—	显示输出的 DTC 数量
FR Speed Sensor Voltage Open （右前轮转速传感器电压断路检测）	Error 或 Normal	Error：瞬间中断 Normal：正常	—
FL Speed Sensor Voltage Open （左前轮转速传感器电压断路检测）	Error 或 Normal	Error：瞬间中断 Normal：正常	—
RR Speed Sensor Voltage Open （右后轮转速传感器电压断路检测）	Error 或 Normal	Error：瞬间中断 Normal：正常	—
RL Speed Sensor Voltage Open （左后轮转速传感器电压断路检测）	Error 或 Normal	Error：瞬间中断 Normal：正常	—
Yaw Rate Sensor Voltage Open （横摆率传感器电压断路检测）	Error 或 Normal	Error：瞬间中断 Normal：正常	—
SLA Solenoid Current [线性增压电磁阀（SLA）电流]	最小：0.00A， 最大：3.00A	松开制动踏板：0.00 ~ 1.50A	—
SLR Solenoid Current [线性减压电磁阀（SLR）电流]	最小：0.00A， 最大：3.00A	松开制动踏板：0.00 ~ 1.50A	—
Brake Hold Switch [制动保持开关 （电动驻车制动开关总成）]	ON 或 OFF	ON：开关打开 OFF：开关关闭	—
Reaction Force Pressure （行程模拟器的压力值）	最低：0.00MPa， 最高：24.48MPa	松开制动踏板：0.00MPa	踩下制动踏板：与制动踏板的踩踏力成比例改变
Servo Pressure （伺服压力值）	最低：0.00MPa， 最高：24.48MPa	松开制动踏板：0.00 ~ 2.10MPa	踩下制动踏板：与制动踏板的踩踏力成比例改变

（续）

诊断仪显示/测量项目	测量范围	正常状态	数据流分析
Accumulator Pressure （蓄压器压力输出值）	最低：0.00MPa， 最高：24.48MPa	15.00～21.00MPa（压力稳定并且泵电动机停止）	蓄压器内储有制动液时：蓄压器压力随蓄压器内储液量的变化而变化
Reaction Force Pressure Sensor Temperature （反作用力压力传感器温度）	最低：-80℃， 最高：175℃	-30℃～100℃	—
Servo Pressure Sensor Temperature （伺服压力传感器温度）	最低：-80℃， 最高：175℃	-30℃～100℃	—
Accumulator Pressure Sensor Temperature （蓄压器压力传感器温度）	最低：-80℃， 最高：175℃	-30℃～100℃	—
MT Voltage Value（ABS） （ABS 电动机电压值）	最低：0.00V， 最高：20.00V	ABS 电动机关闭：0.00V ABS 电动机打开：11.00～14.00V	—
ECB Solenoid（SGH） ［开关电磁阀（SGH）］	ON 或 OFF	ON：接通电磁阀 OFF：切断电磁阀	ECB：电子控制制动系统
ECB Solenoid（SSA） ［开关电磁阀（SSA）］	ON 或 OFF	ON：接通电磁阀 OFF：切断电磁阀	ECB：电子控制制动系统
Power Supply Voltage Low Light ON Trip Counter （电源电压低时车灯点亮后的循环次数）	最少：0， 最多：255	—	—
SGH Solenoid Current ［开关电磁阀（SGH）电流］	最小：0.00A， 最大：3.00A	0.00～1.50A	—
SSA Solenoid Current ［开关电磁阀（SSA）电流］	最小：0.00A， 最大：3.00A	0.00～1.50A	—
Reaction Force Pressure Sensor Open （反作用力压力传感器断路检测）	Error 或 Normal	Error：瞬间中断 Normal：正常	—
Servo Pressure Sensor Open （伺服压力传感器断路检测）	Error 或 Normal	Error：瞬间中断 Normal：正常	—
Ambient Temperature （环境温度）	最低：-128℃， 最高：127℃	-30～100℃	根据环境温度变化
Air Bag ECU Communication Open （安全气囊传感器总成通信断路检测）	Error 或 Normal	Error：瞬间中断 Normal：正常	—

第四节 卡罗拉/雷凌电动助力转向系统数据流

一、电动助力转向系统数据流读取方法

① 发动机暖机，电源开关置于OFF位置。将故障诊断仪连接到OBD诊断接口。

② 起动开关置于ON（IG）位置，打开诊断仪电源开关。

③ 电源开关打开至ON（IG）位置。

④ 诊断仪进入以下菜单：Chassis（底盘）/EMPS/Data List（数据表），诊断仪上将显示数据流。

二、电动助力转向系统数据流分析

卡罗拉/雷凌电动助力转向系统数据流及分析见表8-4。

表8-4 卡罗拉/雷凌电动助力转向系统数据流及分析

诊断仪显示/测量项目	测量范围	正常状态	数据流分析
Total Distance Traveled （总行驶距离）	最少：0km， 最多：16777215km	—	—
Total Distance Traveled-Unit （总行驶距离的单位）	km、mile	—	—
Vehicle Speed （自速度表的车速）	最低：0.0km/h 最高：300.0km/h	0km/h：点火开关置于ON（READY）位置且车辆停止 不为0且无明显波动：点火开关置于ON（READY）位置且车辆定速行驶	—
Engine Revolution （发动机转速）	最低：0r/min 最高：12800r/min	无明显波动	发动机定速运转
Ready Status （就绪状态）	OFF或ON	—	—
Battery Voltage （辅助蓄电池电压）	最低：0.00V 最高：25.00V	11~14V	—
Steering Wheel Torque （转向盘力矩）	最小：-25.000N·m 最大：25.001N·m	值与转向力矩成比例变化 左转时值增加，右转时值减小	点火开关置于ON（READY）位置，转动转向盘
Steering Angle Velocity （转向角速度）	最小：-32768°/s 最大：32767°/s	值与转向速度成比例变化 左转时值增加，右转时值减小	点火开关置于ON（READY）位置，转动转向盘
Steering Angle （转向角）	最小：-3072.0° 最大：3070.5°	—	—
IG Power Supply （IG电源电压）	最低：0.00V 最高：25.00V	8~16V	点火开关ON（IG）

（续）

诊断仪显示/测量项目	测 量 范 围	正 常 状 态	数据流分析
PIG Power Supply （PIG 电源电压）	最低：0.00V 最高：25.00V	9~16V	点火开关置于 ON（READY）位置，转动转向盘
Thermistor Temperature （ECU 基板温度）	最低：-50.0℃ 最高：200.0℃	-50~200℃	—
Power Source （混合动力系统工作状态）	Operating State 或 Stopped State	Operating State：置于 READY ON 位置 Stopped State：置于 READY OFF 位置	—
PS Assist Signal （动力转向辅助信号记录状态）	OFF 或 ON	OFF：辅助停止 ON：辅助中	—
Torque Sensor 1 Output （力矩传感器 1 输出值）	最小：-25.000N·m 最大：25.000N·m	—	—
Torque Sensor 2 Output （力矩传感器 2 输出值）	最小：-25.000N·m 最大：25.000N·m	—	—
Torque Sensor 3 Output （力矩传感器 3 输出值）	最小：-25.000N·m 最大：25.000N·m	—	—
Torque Sensor 4 Output （力矩传感器 4 输出值）	最小：-25.000N·m 最大：25.000N·m	—	—
Torque Sensor 1 Zero Point Value （力矩传感器 1A 零点补偿值）	—	—	虽然 GTS 上显示此项目，但是不适用于本车辆
Torque Sensor 2 Zero Point Value （力矩传感器 1B 零点补偿值）	—	—	虽然 GTS 上显示此项目，但是不适用于本车辆
Torque Sensor 3 Zero Point Value （力矩传感器 2A 零点补偿值）	—	—	虽然 GTS 上显示此项目，但是不适用于本车辆
Torque Sensor 4 Zero Point Value （力矩传感器 2B 零点补偿值）	—	—	虽然 GTS 上显示此项目，但是不适用于本车辆
Motor 1 U Phase Current ［电动机 1 端子电流（U 相位）］	最小：-327.68A 最大：327.67A	值与转向力矩成比例变化	点火开关置于 ON（READY）位置，转动转向盘
Motor 1 V Phase Current ［电动机 1 端子电流（V 相位）］	最小：-327.68A 最大：327.67A	值与转向力矩成比例变化	点火开关置于 ON（READY）位置，转动转向盘
Motor 1 W Phase Current ［电动机 1 端子电流（W 相位）］	最小：-327.68A 最大：327.67A	值与转向力矩成比例变化	点火开关置于 ON（READY）位置，转动转向盘
Motor 1 U Phase Duty （电动机 1U 相位负载）	最小：0.00% 最大：100.00%	—	—
Motor 1 V Phase Duty （电动机 1V 相位负载）	最小：0.00% 最大：100.00%	—	—

（续）

诊断仪显示/测量项目	测 量 范 围	正 常 状 态	数据流分析
Motor 1 W Phase Duty （电动机1W相位负载）	最小：0.00% 最大：100.00%	—	—
Motor 1 Power Supply （用于激活电动机1的电源电压）	最低：0.00V 最高：25.00V	9~16V	点火开关置于ON（READY）位置，转动转向盘
Motor 2 U Phase Current ［电动机2端子电流（U相位）］	最小：-327.68A 最大：327.67A	值与转向力矩成比例变化	点火开关置于ON（READY）位置，转动转向盘
Motor 2 V Phase Current ［电动机2端子电流（V相位）］	最小：-327.68A 最大：327.67A	值与转向力矩成比例变化	点火开关置于ON（READY）位置，转动转向盘
Motor 2 W Phase Current ［电动机2端子电流（W相位）］	最小：-327.68A 最大：327.67A	值与转向力矩成比例变化	点火开关置于ON（READY）位置，转动转向盘
Motor 2 U Phase Duty （电动机2U相位负载）	最小：0.00% 最大：100.00%	—	—
Motor 2 V Phase Duty （电动机2V相位负载）	最小：0.00% 最大：100.00%	—	—
Motor 2 W Phase Duty （电动机2W相位负载）	最小：0.00% 最大：100.00%	—	—
Motor 2 Power Supply （用于激活电动机2的电源电压）	最低：0.00V 最高：25.00V	—	—
Motor Rotation Angle Sensor 1 Sin Voltage （转角传感器1正弦输出电压用于计算转角）	最低：0.00V 最高：5.00V	—	—
Motor Rotation Angle Sensor 1 Cos Voltage （转角传感器1余弦输出电压用于计算转角）	最低：0.00V 最高：5.00V	—	—
Motor Rotation Angle Sensor 2 Sin Voltage （转角传感器2正弦输出电压用于计算转角）	最低：0.00V 最高：5.00V	—	—
Motor Rotation Angle Sensor 2 Cos Voltage （转角传感器2余弦输出电压用于计算转角）	最低：0.00V 最高：5.00V	—	—
Motor Rotation Angle Sensor 3 Sin Voltage （转角传感器3正弦输出电压用于计算转角）	最低：0.00V 最高：5.00V	—	—

（续）

诊断仪显示/测量项目	测量范围	正常状态	数据流分析
Motor Rotation Angle Sensor 3 Cos Voltage（转角传感器 3 余弦输出电压用于计算转角）	最低：0.00V 最高：5.00V	—	—
Motor Actual Current（Q Axis）［检测到电流流向电动机（检测到 Q 轴电流）］	最小：-327.68A 最大：327.67A	—	—
Command Value Current（Q Axis）［目标电流流向电动机（Q 轴请求电流）］	最小：-327.68A 最大：327.67A	—	—
Motor Actual Current 2（D Axis）［检测到电流流向电动机（检测到 D 轴电流）］	最小：-327.68A 最大：327.67A	—	—
Command Value Current 2（D Axis）［目标电流流向电动机（D 轴请求电流）］	最小：-327.68A 最大：327.67A	—	—
Motor Rotation Angle［电动机转角（由转角传感器检测）］	最小：0.0° 最大：360.1°	—	—
Final Motor Current limited（Q Axis）［最终电动机电流设定极限（Q 轴请求电流）］	最小：0.00A 最大：327.67A	—	—
Steering Angle Sensor Signal State（转向角传感器信号状态）	Usable、Unlearned、Sensor Fault 或 Communication Fault	—	—
CAN Vehicle Speed（Speed Sensor RR）（通过 CAN 发送右后轮转速传感器值）	最低：0km/h 最高：255km/h	· 0km/h：点火开关置于 ON（READY）位置且车辆停止 · 不为 0 且无明显波动：点火开关置于 ON（READY）位置且车辆定速行驶	—
CAN Vehicle Speed（Speed Sensor RL）（通过 CAN 发送左后轮转速传感器值）	最低：0km/h 最高：255km/h	· 0km/h：点火开关置于 ON（READY）位置且车辆停止 · 不为 0 且无明显波动：点火开关置于 ON（READY）位置且车辆定速行驶	—

（续）

诊断仪显示/测量项目	测 量 范 围	正 常 状 态	数据流分析
CAN Vehicle Speed（SP1） [通过 CAN 发送车速输入值（与速度表显示的值相同）]	最低：0km/h 最高：300km/h	· 0km/h：点火开关置于 ON（READY）位置且车辆停止 · 不为 0 且无明显波动：点火开关置于 ON（READY）位置且车辆定速行驶	—
CAN Steering Angle Speed（SSAV） （通过 CAN 发送转向盘转速值）	最小：-32768°/s 最大：32767°/s	—	—
Battery Voltage Drop History （车辆辅助蓄电池电压下降次数）	最少：0 最多：255	—	—
Engine Revolution Ready Signal Communication Failure History （发动机旋转就绪信号通信故障历史记录）	最少：0 最多：255	—	—
Steering Angle Sensor Signal Communication Failure History （转向角传感器信号中断次数）	最少：0 最多：255	—	—
Vehicle Speed Signal Invalid History （车速信号无效历史记录）	最少：0 最多：255	—	—
Overheat Prevention Control History （根据动力转向 ECU 和电动机线圈的估计温度执行辅助力限制的次数）	最少：0 最多：255	—	—
Power Supply Voltage Drop Control History （由于蓄电池电压降至 9V 或更低而执行辅助力限制的次数）	最少：0 最多：255	—	—
Power Supply Voltage Drop Restraint Control History （由于蓄电池电压降至 9.7V 或更低而执行辅助力限制的次数）	最少：0 最多：255	—	—
Engine Stall/READY OFF Control History [由于发动机熄火（汽油车型）或点火开关（HV 车型）置于 OFF 位置而执行辅助力限制的次数]	最少：0 最多：255	—	—

（续）

诊断仪显示/测量项目	测量范围	正常状态	数据流分析
High Load Continuous Control Number of Times（由于转向盘长时间打到完全锁止位置、轮胎撞到路缘等导致过载时为防止电动机过热而限制辅助力的次数）	最少：0 最多：255	—	—
Vehicle Speed Signal Fault Control History（由于异常车速信号使车辆以高速行驶时将辅助力设定至适合高速行驶的值的次数）	最少：0 最多：255	—	—
Load Control History（动力转向系统不能正常工作或蓄电池电压过低时限制电气负载以确保稳定的车辆动力，从而确保稳定的动力转向的次数）	最少：0 最多：255	—	—
Control State Information	—	—	虽然 GTS 上显示此项目，但是不适用于本车辆
ASIC State Information	—	—	虽然 GTS 上显示此项目，但是不适用于本车辆
ECU Overheat Prevention Part（执行防过热控制的ECU 内部零部件）	No Target Part、Inverter MOS、Power Supply Relay MOS、Custom IC、Choke Coil、H Bridge MOS、Motor Relay MOS、Around Microcomput 或 DBC	—	—
ECU Estimate Temperature of Overheat Prevention Part（执行防过热控制的 ECU 内部零部件估算温度）	最低：-50.0℃ 最高：200.1℃	—	—
Motor Overheat Prevention Part（执行防过热控制的电动机内部零部件）	No Target Part 或 Motor	—	—
Motor Estimate Temperature of Overheat Prevention Part（执行防过热控制的电动机内部零部件估算温度）	最低：-50.0℃ 最高：200.1℃	—	—

第五节　卡罗拉/雷凌智能上车系统数据流

一、智能上车系统数据流读取方法

① 发动机暖机，电源开关置于 OFF 位置。将故障诊断仪连接到 OBD 诊断接口。

② 起动开关置于 ON（IG）位置，打开诊断仪电源开关。

③ 电源开关打开至 ON（IG）位置。

④ 诊断仪进入以下菜单：Body Electrical（车身电气）/Entry&Start，Main Body or Power Source Control（进入和起动、主车身或电源控制）/Data List（数据表），诊断仪上将显示数据流。

二、智能上车系统数据流分析

卡罗拉/雷凌智能上车系统数据流及分析见表 8-5。

表 8-5　卡罗拉/雷凌智能上车系统数据流及分析

诊断仪显示/测量项目	测量范围	正常状态	数据流分析
D-Door Touch Sensor［驾驶员车门触控传感器（解锁传感器）］	OFF 或 ON	OFF：未触摸驾驶员车门触控传感器（解锁传感器） ON：触摸驾驶员车门触控传感器（解锁传感器）	显示解锁传感器是打开还是关闭的（即使触摸传感器且保持接触，仅暂时显示“ON”）
P-Door Touch Sensor［前排乘客车门触控传感器（解锁传感器）］	OFF 或 ON	OFF：未触摸前排乘客车门触控传感器（解锁传感器） ON：触摸前排乘客车门触控传感器（解锁传感器）	显示解锁传感器是打开还是关闭（即使触摸传感器且保持接触，仅暂时显示“ON”）
D-Door Trigger Switch［驾驶员车门触控传感器（锁止传感器）］	OFF 或 ON	OFF：未触摸驾驶员车门触控传感器（锁止传感器） ON：触摸驾驶员车门触控传感器（锁止传感器）	显示锁止传感器是打开还是关闭的（即使触摸传感器并保持接触，也仅短暂显示“ON”）
P-Door Trigger Switch［前排乘客车门触控传感器（锁止传感器）］	OFF 或 ON	OFF：未触摸前排乘客车门触控传感器（锁止传感器） ON：触摸前排乘客车门触控传感器（锁止传感器）	显示锁止传感器是打开还是关闭的（即使触摸传感器并保持接触，也仅短暂显示“ON”）
Tr/B-Door Unlock SW（行李舱电子钥匙开关）	OFF 或 ON	ON：行李舱电子钥匙开关按下 OFF：行李舱电子钥匙开关未按下	显示行李舱电子钥匙开关是打开还是关闭的

（续）

诊断仪显示/测量项目	测量范围	正常状态	数据流分析
No Response （通信响应）	No 或 Yes	No：通信正常 Yes：通信故障	注册在车辆和电子钥匙发射器分总成中的车辆识别码匹配，但是电子钥匙发射器分总成无响应。（按下锁止开关或点火开关时，如果电子钥匙发射器分总成不在检测区域或发射器电池电量耗尽导致不能检测到匹配代码，则数据表中的“No Response”显示“Yes”。如果用于车辆传输的 LF 波段或用于电子钥匙发射器分总成传输的 RF 波段中有波干扰，则数据表中“No Response”显示为“Yes”。其他可能原因： ·使用了来自不同车辆的电子钥匙发射器分总成 ·电子钥匙发射器分总成或认证 ECU（智能钥匙 ECU 总成）故障
Unmatch Code or Form ［代码格式（错误或正确）］	No 或 Yes	No：通信正常 Yes：通信故障	电子钥匙发射器分总成发送的数据有误［如果用于电子钥匙发射器分总成传输的 RF 波段存在波干扰，则数据表中的“Unmatch Code or Form”“No Response”“ID Code Difference（Resp）”和“C Code Difference”可能显示为“Yes”］。其他可能原因： ·使用了来自不同制造商的电子钥匙发射器分总成 ·电子钥匙发射器分总成或认证 ECU（智能钥匙 ECU 总成）故障
Key Low Battery （发射器电池电量耗尽）	No 或 Yes	No：发射器电池电量未耗尽 Yes：发射器电池电量耗尽	电子钥匙发射器分总成发射信号时，向认证 ECU（智能钥匙 ECU 总成）发送电压信息。该电压信息指示 2.2V 或更低时，数据表项目“Key Low Battery”显示“Yes”。电子钥匙发射器分总成在室温时，也应检查此数据表项目

（续）

诊断仪显示/测量项目	测量范围	正常状态	数据流分析
Power Save Cnt 10 Min. （由于电子钥匙发射器分总成在检测区域内10min或更长时间而激活电源节电控制的次数）	0~255	在0~255范围内	如果电子钥匙发射器分总成在车外检测区域内，则车辆和电子钥匙发射器分总成之间频繁通信，导致发射器电池电量消耗增加。为防止发射器电池电量完全耗尽，电子钥匙发射器分总成留在检测区域10min或更长时间时，智能上车和起动系统自动解除电子钥匙发射器分总成所处的车外检测区域。通过遥控操作或机械钥匙锁止/解锁车门时，系统恢复工作
Power Save Cnt 5 Days ［由于混合动力控制系统5天或更长时间未起动而激活电源节电控制1（车外定期信号传输停止）的次数］	0~255	在0~255范围内	—
Power Save Cnt 14 Days ［由于混合动力控制系统14天或更长时间未起动而激活电源节电控制2（禁用前排乘客车门前门外把手总成的锁止/解锁传感器）的次数］	0~255	在0~255范围内	不适用
# Codes （故障码数量）	0~255	显示存储DTC的数量	—
C Code Difference ［质询代码（错误或正确）］	No或Yes	No：通信正常 Yes：通信故障	电子钥匙发射器分总成发送响应代码以响应来自车辆的质询代码，但响应代码错误［如果用于电子钥匙发射器分总成传输的RF波段存在波干扰，则数据表中的“Unmatch Code or Form”“No Response”“ID Code Difference（Resp）”和“C Code Difference”可能显示为“Yes”］。其他可能原因： 电子钥匙发射器分总成或认证ECU（智能钥匙ECU总成）故障

（续）

诊断仪显示/测量项目	测量范围	正常状态	数据流分析
ID Code Difference［遥控识别码（错误或正确）］	No 或 Yes	No：通信正常 Yes：通信故障	注册在车辆和电子钥匙发射器分总成中的识别码不同。［如果检测到已注册电子钥匙发射器分总成之外的遥控识别码，则数据表中的“ID Code Difference”显示为“Yes”。如果检测到另一车辆电子钥匙发射器分总成的遥控信号，则数据表中的“ID Code Difference（Resp）”显示为“Yes”。］其他可能原因： ·使用了来自不同车辆的电子钥匙发射器分总成 ·由于外部干扰（RF），通信出现故障 ·电子钥匙发射器分总成或认证 ECU（智能钥匙 ECU 总成）故障
Different Rolling Code［转动代码（错误或正确）］	No 或 Yes	No：通信正常 Yes：通信故障	注册在车辆和电子钥匙发射器分总成中的转动代码不同其他可能原因： ·在无线电波无法达到车辆的位置，按下电子钥匙发射器分总成开关 100 次或更多次 ·由于外部干扰（RF），通信出现故障 ·电子钥匙发射器分总成或认证 ECU（智能钥匙 ECU 总成）故障
Auto Entry Cancel SW（智能上车和起动系统功能）	OFF 或 ON	OFF：未取消智能上车和起动系统 ON：取消智能上车和起动系统	上车取消功能默认设定为 OFF。如果客户请求取消智能上车和起动系统功能（携带电子钥匙发射器分总成等时锁止并解锁车门），则可通过定制功能改变设定
B Code Difference（B 代码不匹配）	No 或 Yes	No：通信正常 Yes：通信故障	—
B Code（B 代码注册状态）	No Regd 或 Regd	No Regd：B 代码注册错误 Regd：B 代码注册正确	—
B Code Registration Status（B 代码注册状态）	OK 或 NG	OK：正确注册 B 代码 NG：未正确注册 B 代码	—

（续）

诊断仪显示/测量项目	测 量 范 围	正 常 状 态	数据流分析
Door Unlock Mode2（车门解锁模式）	All 或 Driver	显示定制设定	—
Ignition Available Area（点火有效区域）	Front 或 All	显示定制设定	—
Parking Wait Time（驻车等待时间）	0.5s、1.5s、2.5s 或 5s	显示定制设定	—
Trunk Open Mode（行李舱门开启操作）	OFF 或 ON	显示定制设定	—
Touch Activation Over Threshold（连续上车锁止操作）	Active 或 Not Active	显示定制设定	—
Wireless Signal Encryption Support（遥控信号加密支持）	No 或 Yes	No：不支持遥控信号加密 Yes：支持遥控信号加密	—
Key Low Battery Warning（发射器电池电量低警告）	OFF 或 ON	显示定制设定	—
Key Left in Vehicle Buz（钥匙留在车内蜂鸣器）	OFF 或 ON	显示定制设定	—
Engine Start Indicator（上车警告灯点亮）	OFF 或 ON	显示定制设定	—
Door Unlock Sensor Touch Time Adjust［该功能设定必须触摸车门外把手总成（驾驶员车门）上的解锁传感器以解锁所有车门状态持续的时间］	OFF、Short、Middle 或 Long	显示定制设定	—
Number of Registered Key Codes（注册的电子钥匙发射器分总成数目）	0~8	注册的电子钥匙发射器分总成数目	最多可注册4个电子钥匙发射器分总成
Short in Fr P Side Door Oscillators Circuit（Hist）［前排乘客车门电子钥匙天线电路短路（历史）］	OK 或 NG（Hist）	OK：前排乘客车门电子钥匙天线电路正常 NG（Hist）：前排乘客车门电子钥匙天线电路异常	—
Short in D Side Door Oscillators Circuit（Hist）［驾驶员车门电子钥匙天线电路短路（历史）］	OK 或 NG（Hist）	OK：驾驶员车门电子钥匙天线电路正常 NG（Hist）：驾驶员车门电子钥匙天线电路异常	—
Short in Front P Side Door Oscillators Circuit（前排乘客车门电子钥匙天线电路短路）	OK 或 NG	OK：前排乘客车门电子钥匙天线电路正常 NG：前排乘客车门电子钥匙天线电路异常	—

（续）

诊断仪显示/测量项目	测量范围	正常状态	数据流分析
Short in Driver Side Door Oscillators Circuit（驾驶员车门电子钥匙天线电路短路）	OK 或 NG	OK：驾驶员车门电子钥匙天线电路正常 NG：驾驶员车门电子钥匙天线电路异常	—
Power Saving Wait Time（Out of Entry Range）（检测区域进入节电模式前的时长）	Normal 或 Short	显示定制设定	—
ACC SW（点火开关状态）	OFF 或 ON	OFF：点火开关置于 OFF 位置 ON：点火开关置于 ON（ACC）位置	点火开关置于 ON（IG）位置时同样显示“ON”
IG SW（点火开关状态）	OFF 或 ON	OFF：点火开关置于 OFF 位置 ON：点火开关置于 ON（IG）位置	点火开关置于 ON（ACC）位置时同样显示“OFF”
RR Door Courtesy SW（右后车门门控灯开关）	OFF 或 ON	OFF：右后车门关闭 ON：右后车门打开	—
RL Door Courtesy SW（左后车门门控灯开关）	OFF 或 ON	OFF：左后车门关闭 ON：左后车门打开	—
FR Door Lock Pos（右前车门解锁检测开关信号）	UNLOCK 或 LOCK	UNLOCK：右前车门解锁 LOCK：右前车门锁止	—
FR Door Courtesy SW（右前车门门控灯开关信号）	OFF 或 ON	OFF：右前车门关闭 ON：右前车门打开	—
FL Door Lock Pos（左前车门解锁检测开关信号）	UNLOCK 或 LOCK	UNLOCK：左前车门解锁 LOCK：左前车门锁止	—
FL Door Courtesy SW（左前车门门控灯开关信号）	OFF 或 ON	OFF：左前车门关闭 ON：左前车门打开	—
RR-Door Lock Pos SW（右后车门解锁检测开关信号）	OFF 或 ON	OFF：右后车门锁止 ON：右后车门解锁	—
RL-Door Lock Pos SW（左后车门解锁检测开关信号）	OFF 或 ON	OFF：左后车门锁止 ON：左后车门解锁	—
Luggage Courtesy SW（行李舱门门控灯开关信号）	OFF 或 ON	OFF：行李舱门关闭 ON：行李舱门打开	—

第六节 卡罗拉/雷凌智能起动系统数据流

一、智能起动系统数据流读取方法

① 发动机暖机，电源开关置于 OFF 位置。将故障诊断仪连接到 OBD 诊断接口。

② 起动开关置于 ON（IG）位置，打开诊断仪电源开关。

③ 电源开关打开至 ON（IG）位置。

④ 诊断仪进入以下菜单：Body Electrical（车身电气）/Entry&Start（进入和起动）/Data List（数据表），诊断仪上将显示数据流。

二、智能起动系统数据流分析

卡罗拉/雷凌智能起动系统数据流及分析见表 8-6 所示。

表 8-6 卡罗拉/雷凌智能起动系统数据流及分析

诊断仪显示/测量项目	测量范围	正常状态	数据流分析
Shift P Signal （变速杆 P 位置）	OFF 或 ON	OFF：变速杆未置于 P 位 ON：变速杆置于 P 位	使用此项目确定变速杆位置开关（P）是否出现故障
Steering Unlock Switch ［自转向锁止 ECU（转向锁止执行器或上支架总成）输出的转向解锁传感器信号状态］	OFF 或 ON	OFF：转向锁止 ON：转向解锁	· 变速杆置于 P 位且点火开关置于 OFF 位置时，如果打开或关闭任一车门，则转向锁止 · 电子钥匙发射器分总成在车厢内且点火开关置于 ON（ACC）或 ON（IG）位置时，转向解锁 · 转向解锁信号为 OFF 时，无法启动混合动力控制系统
Stop Light Switch1 （制动踏板状态）	OFF 或 ON	OFF：松开制动踏板 ON：踩下制动踏板	· 使用此项目可确定制动灯开关总成是否出现故障 · 此项目为 OFF 时，混合动力控制系统不能启动 · 如果制动灯开关总成出现故障，可通过按住点火开关一段时间启动混合动力控制系统
Start Switch1 （点火开关 1 状态）	OFF 或 ON	OFF：点火开关未按下 ON：点火开关按下	· 如果短时间按下点火开关，则显示可能不会改变 · 使用此项目可确定点火开关输入信号是否出现故障

（续）

诊断仪显示/测量项目	测量范围	正常状态	数据流分析
Start Switch2 （点火开关 2 状态）	OFF 或 ON	OFF：点火开关未按下 ON：点火开关按下	· 如果短时间按下点火开关，则显示可能不会改变 · 使用此项目可确定点火开关输入信号是否出现故障
Start Switch3 （点火开关 3 状态）	OFF 或 ON	OFF：点火开关未按下 ON：点火开关按下	· 如果短时间按下点火开关，则显示可能不会改变 · 使用此项目可确定点火开关输入信号是否出现故障
Latch Circuit （与 IG 有关的备用电路状态）	OFF 或 ON	OFF：点火开关置于 OFF 位置 ON：点火开关置于 ON（IG）位置	· 以与 IG 继电器几乎相同的方式操作 · 点火开关置于 ON（ACC）位置时，显示 OFF
Starter Request Signal （混合动力控制系统启动请求信号状态）	OFF 或 ON	OFF：点火开关未按下 ON：变速杆置于 P 位且踩下制动踏板的情况下，按住点火开关	· 由于启动请求信号故障无法启动混合动力控制系统时，显示 OFF · 按下点火开关时，显示 ON 的持续时间非常短。因此，需按住点火开关一段时间
ACC Relay Monitor （ACC 继电器激活）	OFF 或 ON	OFF：点火开关置于 OFF 位置 ON：点火开关置于 ON（ACC）位置	点火开关置于 ON（IG）位置时，显示 ON
Vehicle Speed Signal （车辆行驶或停止）	Stop 或 Run	Stop：车辆停止 Run：车辆以 5km/h 或更高的速度行驶	—
Power Supply Condition （电源状态）	All OFF、ACC ON、IG ON 或 ST ON	All OFF：点火开关置于 OFF（ACC 和 IG）位置 ACC ON：点火开关置于 ON（ACC）位置 IG ON：点火开关置于 ON（IG）位置 ST ON：发送混合动力控制系统启动请求信号	—

（续）

诊断仪显示/测量项目	测量范围	正常状态	数据流分析
Powertrain Type （动力传动系统类型）	HV-AT、Cnv-MT、Cnv-AT、Cnv-MMT、S&S-MT、S&S-AT、S&S-MMT或PHV-AT	HV-AT：混合动力控制系统车型	—
Park Signal Mismatch （P位置信号故障）	No或Yes	No：信号正常 Yes：信号故障（通过CAN通信和直接连线的信号不匹配）	即使显示Yes时，仍可将点火开关置于OFF位置［电源模式将不卡在ON（ACC）或ON（IG）位置］
Str Lock/Unlock Wait T-Out （转向锁止或解锁故障）	No或Yes	No：锁止和解锁正常 Yes：锁止或解锁故障（例如转向锁卡滞等）	由于转向锁止或解锁故障导致混合动力控制系统不能启动时，显示Yes
Key Certif Wait T-Out （钥匙认证故障）	No或Yes	No：认证正常 Yes：认证错误［由于电子钥匙发射器分总成识别码与认证ECU（智能钥匙ECU总成）内存储的识别码不匹配而检测到］	由于钥匙认证故障导致混合动力控制系统不能启动时，显示Yes
IG Circuit （IG继电器线圈电路故障）	OK或NG	OK：电路正常 NG：电路故障	· 使用此项目确定IG继电器是否存在故障 · 由于IG继电器故障导致混合动力控制系统不能启动时，显示NG
IG Relay Monitor（Outside） （IG继电器线圈电压监视状态）	OFF或ON	OFF：点火开关置于OFF位置 ON：点火开关置于ON（IG）位置	· 使用此项目确定IG继电器是否存在故障 · 点火开关置于ON（ACC）位置时，显示OFF
IG Relay Monitor（Inside） （IG继电器激活）	OFF或ON	OFF：点火开关置于OFF位置 ON：点火开关置于ON（IG）位置	· 使用此项目确定IG继电器是否存在故障 · 点火开关置于ON（ACC）位置时，显示OFF
IGB Request （IGB信号输出监视状态）	OFF或ON	OFF：IGB信号未输出 ON：IGB信号输出	· 点火开关置于ON（IG）位置时，显示ON · 使用该项目判定是否存在IGB信号故障
Number of Diagnosis Code （DTC数量）	0~255	—	—

（续）

诊断仪显示/测量项目	测量范围	正常状态	数据流分析
No Response （通信响应）	No或Yes	No：通信正常 Yes：通信故障	注册在车辆和电子钥匙发射器分总成中的车辆识别码匹配，但是电子钥匙发射器分总成无响应。按下锁止开关或点火开关等时，如果电子钥匙发射器分总成不在检测区域或发射器电池电量耗尽导致不能检测到匹配代码，则数据表中的“No Response”显示“Yes”。如果用于车辆传输的LF波段或用于电子钥匙发射器分总成传输的RF波段中有波干扰，则数据表中“No Response”显示为“Yes”。其他可能原因： ·使用了来自不同车辆的电子钥匙发射器分总成 ·电子钥匙发射器分总成或认证ECU（智能钥匙ECU总成）故障
Key Low Battery （电子钥匙发射器电池电量耗尽）	No或Yes	No：发射器电池电量未耗尽 Yes：发射器电池电量耗尽	电子钥匙发射器分总成发射信号时，向认证ECU（智能钥匙ECU总成）发送电压信息。该电压信息指示2.2V或更低时，数据表项目“Key Low Battery”显示“Yes”。电子钥匙发射器分总成在室温时，也应检查此数据表项目
# Codes （DTC数量）	0~255	—	—
Immobilizer when IG=ON [点火开关置于ON（IG）位置时停机系统功能的状态]	UNSET或SET	UNSET：点火开关置于ON（IG）位置时未设定停机功能或设定停机功能后解除40次 SET：停机功能设定[在点火开关置于ON（IG）位置的情况下，打开然后关闭驾驶员车门]	—

（续）

诊断仪显示/测量项目	测 量 范 围	正 常 状 态	数据流分析
Immobiliser [由认证ECU（智能钥匙ECU总成）确定的停机系统状态①]	Set或Unset	Set：停机系统设定（禁止启动混合动力控制系统）[点火开关置于OFF位置] Unset：停机系统未设定（允许启动混合动力控制系统）[点火开关置于ON（ACC）或ON（IG）位置]	显示Set时，混合动力控制系统不能启动 提示： · 显示Set时安全指示灯闪烁 · 安全指示灯与停机系统的设定/解除联动，未与转向盘的锁止/解锁联动
Master Key [主钥匙识别码与认证ECU（智能钥匙ECU总成）中注册的识别码匹配]	NoMatch或Match	NoMatch：主钥匙识别码与认证ECU（智能钥匙ECU总成）内注册的识别码不匹配 Match：主钥匙识别码与认证ECU（智能钥匙ECU总成）中注册的识别码匹配	—
Sub Key [副钥匙识别码与认证ECU（智能钥匙ECU总成）中注册的识别码匹配]	NoMatch或Match	NoMatch：副钥匙识别码与认证ECU（智能钥匙ECU总成）内注册的识别码不匹配 Match：副钥匙识别码与认证ECU（智能钥匙ECU总成）中注册的识别码匹配	—
BCC Malfunction （收发器芯片BCC信号状态②）	OK或NG	OK：BCC信号正常 NG：BCC信号故障[电子钥匙发射器分总成/认证ECU（智能钥匙ECU总成）中的代码计算故障]	故障可能由下列原因引起： · 波干扰（LF）导致的通信故障 · 电子钥匙发射器分总成或认证ECU（智能钥匙ECU总成）故障
Abnormal Status （收发器芯片状态信号②）	OK或NG	OK：收发器芯片状态信号正常 NG：收发器芯片状态信号故障[电子钥匙发射器分总成/认证ECU（智能钥匙ECU总成）内的代码计算故障]	故障可能由下列原因引起： · 使用了来自不同车辆的电子钥匙发射器分总成 · 电子钥匙发射器分总成或认证ECU（智能钥匙ECU总成）故障

（续）

诊断仪显示/测量项目	测量范围	正常状态	数据流分析
Different Encrypt Code［收发器芯片代码与认证 ECU（智能钥匙 ECU 总成）代码匹配②］	OK 或 NG	OK：收发器芯片和认证 ECU（智能钥匙 ECU 总成）代码匹配 NG：收发器芯片和认证 ECU（智能钥匙 ECU 总成）代码不匹配	故障可能由下列原因引起： ·使用了来自不同车辆的电子钥匙发射器分总成 ·电子钥匙发射器分总成或认证 ECU（智能钥匙 ECU 总成）故障
Different Serial Number（车辆序列号②）	OK 或 NG	OK：来自收发器芯片的信号和认证 ECU（智能钥匙 ECU 总成）中存储的车辆序列号相匹配 NG：来自收发器芯片的信号和认证 ECU（智能钥匙 ECU 总成）中存储的车辆序列号不匹配	故障可能由下列原因引起： ·使用了来自不同车辆的电子钥匙发射器分总成 ·电子钥匙发射器分总成或认证 ECU（智能钥匙 ECU 总成）故障
Frame Error（电子钥匙发射器分总成发送的数据状态）	OK 或 NG	OK：电子钥匙发射器分总成发送的数据无故障 NG：电子钥匙发射器分总成发送的数据有故障	故障可能由下列原因引起： ·波干扰导致的通信故障 ·电子钥匙发射器分总成或认证 ECU（智能钥匙 ECU 总成）故障
Response［电子钥匙发射器分总成对来自认证 ECU（智能钥匙 ECU 总成）的信号的响应］	OK 或 NG	OK：电子钥匙发射器分总成响应来自认证 ECU（智能钥匙 ECU 总成）的信号 NG：电子钥匙发射器分总成未响应来自认证 ECU（智能钥匙 ECU 总成）的信号	故障可能由下列原因引起： ·使用了不同车辆的钥匙 ·电子钥匙发射器分总成、认证 ECU（智能钥匙 ECU 总成）或点火开关故障
Wireless Starter Com ID［遥控发动机起动 ECU 和认证 ECU（智能钥匙 ECU 总成）之间的认证］	No Regd 或 Regd	No Regd：遥控发动机起动 ECU 和认证 ECU（智能钥匙 ECU 总成）之间的认证未完成 Regd：遥控发动机起动 ECU 和认证 ECU（智能钥匙 ECU 总成）之间的认证完成	—

（续）

诊断仪显示/测量项目	测量范围	正常状态	数据流分析
Wireless C Code ［遥控发动机起动 ECU 和认证 ECU（智能钥匙 ECU 总成）之间的注册状态］	No Regd 或 Regd	No Regd：遥控起动机 ID 未注册到遥控发动机起动 ECU 和认证 ECU（智能钥匙 ECU 总成） Regd：遥控起动机 ID 注册到遥控发动机起动 ECU 和认证 ECU（智能钥匙 ECU 总成）	故障可能由下列原因引起： · 存储 DTCB2779 · 未进行遥控发动机起动 ECU 注册 · 认证 ECU（智能钥匙 ECU 总成）或遥控发动机起动 ECU 存在故障
Steering Lock Sleep Cond （转向锁止 ECU 休眠可用）	No 或 Yes	No：休眠不可用 Yes：休眠可用	—
Steering Lock Start Cond （转向锁止 ECU 唤醒信号状态）	No 或 Yes	No：未发送唤醒信号 Yes：发送唤醒信号	—
Engine Start Condition ［通过转向锁止 ECU（转向锁止执行器或上支架总成）确定并发送至认证 ECU（智能钥匙 ECU 总成）的混合动力控制系统启动许可信号状态③］	NG 或 OK	NG：禁止混合动力控制系统启动 OK：允许混合动力控制系统启动	· 显示 OK 时，认证 ECU（智能钥匙 ECU 总成）接收自转向锁止 ECU（转向锁止执行器或上支架总成）的解锁确认信号并使混合动力控制系统启动成为可能 · 显示 NG 时，混合动力控制系统不能启动
Sensor Value ［转向锁止 ECU（转向锁止执行器或上支架总成）内位置传感器的故障历史（存储 DTCB2781）］	OK 或 NG（Past）	OK：转向锁止 ECU（转向锁止执行器或上支架总成）内的锁止或解锁传感器的故障历史不存在 NG（Past）：转向锁止 ECU（转向锁止执行器或上支架总成）内的锁止和解锁传感器的故障历史存在（正常工作情况下，未打开任一传感器）	显示 NG（Past）时，转向锁止 ECU（转向锁止执行器或上支架总成）内的位置传感器或总成本身存在故障
Power Supply Short ［认证 ECU（智能钥匙 ECU 总成）发送至转向锁止 ECU（转向锁止执行器或上支架总成）的信号故障（短路）历史（存储 DTCB2782）］	OK 或 NG（Past）	OK：不存在电动机电源短路历史 NG（Past）：存在电动机电源短路历史	该项目显示认证 ECU（智能钥匙 ECU 总成）和转向锁止 ECU（转向锁止执行器或上支架总成）之间的电路故障历史

（续）

诊断仪显示/测量项目	测量范围	正常状态	数据流分析
Motor Driver Short ［转向锁止 ECU（转向锁止执行器或上支架总成）电动机电路的故障（短路）历史（存储 DTCB2781）］	OK 或 NG（Past）	OK：不存在电动机电路短路历史 NG（Past）：存在电动机电路短路历史	该项目显示转向锁止 ECU（转向锁止执行器或上支架总成）内的转向锁止电动机电路故障历史
Lock/Unlock Receive （接收解锁请求信号的历史）	No 或 Yes	No：不存在接收解锁请求信号的记录 Yes：存在接收解锁请求信号的记录	—
Lock Bar Stuck Error （转向锁止操作一段时间时，转向无法正确解锁的历史）	OK 或 NG（Past）	OK：不存在转向锁止卡滞记录 NG（Past）：存在转向锁止卡滞记录	—
ID-BOX Sleep Condition ［识别码盒（停机系统代码 ECU）休眠模式状态①］	No 或 Yes	No：识别码盒（停机系统代码 ECU）休眠模式不可用 Yes：识别码盒（停机系统代码 ECU）休眠模式可用	—
ID-BOX Start Condition ［识别码盒（停机系统代码 ECU）状态④］	No 或 Yes	No：识别码盒（停机系统代码 ECU）未发送唤醒信号 Yes：识别码盒（停机系统代码 ECU）发送唤醒信号	—
Engine Start Request ［通过转向锁止 ECU（转向锁止执行器或上支架总成）确定并发送至认证 ECU（智能钥匙 ECU 总成）的混合动力控制系统启动许可信号状态①］	OK 或 NG	OK：接收信号 NG：未接收信号	· 显示正常时，识别码盒（停机系统代码 ECU）接收到来自转向锁止 ECU（转向锁止执行器或上支架总成）的解锁确认信号并可使混合动力控制系统启动 · 显示 NG 时，混合动力控制系统不能启动
3bit Code Request （3 位代码请求状态）	OK 或 NG	OK：接收到 3 位代码请求状态信号 NG：未接收到 3 位代码请求状态信号	—

（续）

诊断仪显示/测量项目	测量范围	正常状态	数据流分析
S Code Check 认证 ECU [（智能钥匙 ECU 总成）和识别码盒（停机系统代码 ECU）之间的认证结果⑥]	OK 或 NG	OK：认证结果正常 NG：认证结果异常	显示 NG 时： · 认证 ECU（智能钥匙 ECU 总成）或识别码盒（停机系统代码 ECU）的识别码未注册，或认证 ECU（智能钥匙 ECU 总成）或识别码盒（停机系统代码 ECU）存在故障 · 转向不能锁止 · 转向不能解锁（混合动力控制系统不能启动）
L Code Check [识别码盒（停机系统代码 ECU）和转向锁止 ECU（转向锁止执行器或上支架总成）之间的认证结果⑦]	OK 或 NG	OK：认证结果正常 NG：认证结果异常	显示 NG 时： · 识别码盒（停机系统代码 ECU）或转向锁止 ECU（转向锁止执行器或上支架总成）的识别码未注册，或识别码盒（停机系统代码 ECU）或转向锁止 ECU（转向锁止执行器或上支架总成）存在故障 · 转向不能锁止 · 转向不能解锁（混合动力控制系统不能起动）
Unlock Request Receive [来自认证 ECU（智能钥匙 ECU 总成）的转向解锁指令状态⑧]	OK 或 NG	OK：认证 ECU（智能钥匙 ECU 总成）发送转向解锁指令[点火开关置于 ON（ACC）或 ON（IG）位置或进行混合动力控制系统启动操作后 10s 内] NG：认证 ECU（智能钥匙 ECU 总成）不发送转向解锁指令[点火开关未置于 ON（ACC）或 ON（IG）位置且未进行混合动力控制系统启动操作]	· 无法接收到解锁请求信号时混合动力控制系统不能启动 · 如果即使满足转向解锁条件也不显示 OK，则认证 ECU（智能钥匙 ECU 总成）可能存在故障

（续）

诊断仪显示/测量项目	测量范围	正常状态	数据流分析
Lock Request Receive［来自认证 ECU（智能钥匙 ECU 总成）的转向锁止指令状态①］	OK 或 NG	OK：认证 ECU（智能钥匙 ECU 总成）发送转向锁止指令（变速杆置于 P 位且点火开关置于 OFF 位置时任一车门打开 10s 内） NG：认证 ECU（智能钥匙 ECU 总成）不发送转向锁止指令（变速杆置于 P 位且点火开关置于 OFF 位置时没有车门打开）	如果即使满足转向锁止条件也不显示 OK，则认证 ECU（智能钥匙 ECU 总成）可能存在故障
S Code Check（Past）［认证 ECU（智能钥匙 ECU 总成）和识别码盒（停机系统代码 ECU）之间的认证结果历史］	OK 或 NG（Past）	OK：不存在异常认证结果记录 NG（Past）：存在异常认证结果记录	—
L Code Check（Past）［识别码盒（停机系统代码 ECU）和转向锁止 ECU（转向锁止执行器或上支架总成）之间的认证结果历史］	OK 或 NG（Past）	OK：不存在异常认证结果记录 NG（Past）：存在异常认证结果记录	—
Steering Lock［转向锁止 ECU（转向锁止执行器或上支架总成）锁止确认状态］	Unset 或 Set	Unset：锁止未确认 Set：锁止确认	显示 Unset 时，转向未锁止
Steering Unlock［转向锁止 ECU（转向锁止执行器或上支架总成）解锁确认状态］	Unset 或 Set	Unset：解锁未确认 Set：解锁确认	显示 Unset 时，方向盘未解锁（混合动力控制系统不能启动）
EFI Code Receive［混合动力车辆控制 ECU 接收到来自识别码盒（停机系统代码 ECU）的混合动力控制系统起动许可信号时，将混合动力车辆控制 ECU 认证信息发送至识别码盒（停机系统代码 ECU）⑤］	OK 或 NG	OK：识别码盒（停机系统代码 ECU）接收到来自混合动力车辆控制 ECU 的解除停机系统信号 NG：识别码盒（停机系统代码 ECU）未接收到来自混合动力车辆控制 ECU 的解除停机系统信号	—

（续）

诊断仪显示/测量项目	测量范围	正常状态	数据流分析
EFI Communication［认证 ECU（智能钥匙 ECU 总成）和混合动力车辆控制 ECU 之间的解除停机系统通信状态］	OK 或 NG	OK：认证 ECU（智能钥匙 ECU 总成）和混合动力车辆控制 ECU 之间的解除停机系统通信已开始 NG：认证 ECU（智能钥匙 ECU 总成）和混合动力车辆控制 ECU 之间的解除停机系统通信未开始	如果即使满足解除停机系统的条件且数据表项目“Engine Start Request”的值为“OK”，此项目也显示“NG”，则混合动力车辆控制 ECU 可能有故障。混合动力控制系统不能起动时，故障排除期间使用此数据表项目
R Code Check［DCM（电话接收器总成）与识别码盒（停机系统代码 ECU）之间的验证结果］	OK 或 NG	OK：认证结果正常 NG：认证结果异常	不适用
B Code Difference（B 代码不匹配）	No 或 Yes	No：通信正常 Yes：通信故障	—
B Code（B 代码注册状态）	No Regd 或 Regd	No Regd：B 代码注册错误 Regd：B 代码注册正确	—
Vehicle ID（Key Registration）［车辆 ID（钥匙注册）的状态］	OK 或 NG	OK：注册至钥匙的车辆识别码 NG：未注册至钥匙的车辆识别码	—
Key Registration Status（钥匙注册的状态）	OK 或 NG	OK：钥匙注册正常完成 NG：钥匙注册未正常完成	—
S/L Code Registration Status（L 代码注册的状态）	OK 或 NG	OK：L 代码注册正常完成 NG：L 代码注册未正常完成	—
Key Low Battery Warning（发射器电池电量低警告）	OFF 或 ON	显示定制设定	—
Key Left in Vehicle Buz（钥匙留在车内蜂鸣器）	OFF 或 ON	显示定制设定	—
Engine Start Indicator（发动机启动指示灯）	OFF 或 ON	显示定制设定	—
Number of Registered Key Codes（注册的电子钥匙发射器分总成数目）	0~8	注册的电子钥匙发射器分总成数目	最多可注册 4 个电子钥匙发射器分总成
Open in IG2［转向锁止 ECU（转向锁止执行器或上支架总成）的 IG2 输入历史］	OK 或 NG（Past）	OK：存在 IG2 端子电路断路历史 NG（Past）：不存在 IG2 端子电路断路历史	显示 OK 时，转向锁止 ECU（转向锁止执行器或上支架总成）存在 IG2 输入电路故障

（续）

诊断仪显示/测量项目	测量范围	正常状态	数据流分析
EFI Communication Code Status（EFI 通信代码的状态）	OK 或 NG	OK：来自混合动力车辆控制 ECU 的信号正确 NG：来自混合动力车辆控制 ECU 的信号错误	—
EFI Communication Status（EFI 通信的状态）	OK 或 NG	OK：认证 ECU（智能钥匙 ECU 总成）和混合动力车辆控制 ECU 之间的通信正常 NG：认证 ECU（智能钥匙 ECU 总成）和混合动力车辆控制 ECU 之间的通信故障	—
EFI Communication Speed（EFI 通信速度的状态）	OK 或 NG	OK：通信速度正常 NG：通信速度异常	—
ID-Box Wait Status（识别码盒的等待状态）	OFF 或 ON	OFF：识别码盒未等待 ON：识别码盒等待	—

① 点火开关置于 OFF 位置且变速杆置于 P 位的情况下打开任一车门后 10s 内，认证 ECU（智能钥匙 ECU 总成）输出转向锁止请求。

② 这表示电子钥匙发射器分总成和认证 ECU（智能钥匙 ECU 总成）之间的通信格式有故障。可能原因为波干扰、电子钥匙发射器分总成或认证 ECU（智能钥匙 ECU 总成）故障、使用另一车辆的电子钥匙发射器分总成等。

③ 确认转向解锁且转向锁止功能无故障时允许混合动力控制系统启动。如果不允许混合动力控制系统启动，则故障原因可能为转向锁止 ECU（转向锁止执行器或上支架总成）故障（继电器、驱动器等）、IGE 电路故障［线束或连接器、识别码盒（停机系统代码 ECU）］或转向锁止传感器故障。

④ 这表示可以传输唤醒信号（“Yes”表示正在发送开始认证相关 LIN 通信的信号）。转向锁止电动机工作且接收到 IGEON 信号（有转向锁止工作请求）时，或认证 ECU（智能钥匙 ECU 总成）和混合动力控制 ECU 之间的通信正在进行时，显示变为“Yes”。

⑤ 这表示识别码盒（停机系统代码 ECU）正在接收混合动力车辆控制 ECU 输出的混合动力控制系统启动许可请求信号（EGST）。

⑥ 这表示认证 ECU（智能钥匙 ECU 总成）和识别码盒（停机系统代码 ECU）认证代码的认证结果。

⑦ 这表示识别码盒（停机系统代码 ECU）和转向锁止 ECU（转向锁止执行器或上支架总成）认证代码的认证结果。转向锁止 ECU（转向锁止执行器或上支架总成）从认证 ECU（智能钥匙 ECU 总成）接收到解锁请求时，进行识别码盒（停机系统代码 ECU）L 代码的确认。如果 L 代码相匹配，则转向锁止 ECU（转向锁止执行器或上支架总成）解锁转向。

⑧ 点火开关置于 ON（ACC）或 ON（IG）位置或进行混合动力车辆控制 ECU 起动操作后 10s 内，认证 ECU（智能钥匙 ECU 总成）输出转向解锁请求。

第九章 日产新天籁车系数据流分析

第一节 发动机数据流分析

发动机数据流分析见表9-1。

表9-1 发动机数据流分析

项目	OBDMID	自诊断测试项目	测试值和测试极限（GST显示器）		说明
			TID	单位和标尺ID	
HO2S	01H	空燃比（A/F）传感器1（气缸侧体1）	83H	0BH	测试循环的最小传感器输出电压
			84H	0BH	测试循环的最大传感器输出电压
			85H	0BH	测试循环的最小传感器输出电压
			86H	0BH	测试循环的最大传感器输出电压
			87H	04H	反应率：反应比率（稀到浓）
			88H	04H	反应率：反应比率（浓到稀）
			89H	84H	空燃比变化量（过稀）
			8AH	84H	空燃比变化量（过浓）
			8BH	0BH	传感器输出电压差
			8CH	83H	极限频率下的反应增益
			8DH	04H	氧传感器反应迟缓-浓到稀气缸侧体1传感器1
			8EH	04H	氧传感器反应迟缓-浓到稀气缸侧体1传感器1
			8FH	84H	氧传感器反应迟缓-稀到浓气缸侧体1传感器1
			90H	84H	氧传感器反应迟缓-稀到浓气缸侧体1传感器1
			91H	01H	氧传感器反应迟缓-浓到稀气缸侧体1传感器1

（续）

项目	OBDMID	自诊断测试项目	测试值和测试极限（GST 显示器）		说　明
			TID	单位和标尺 ID	
HO2S	01H	空燃比（A/F）传感器 1（气缸侧体 1）	92H	01H	氧传感器反应迟缓-浓到稀气缸侧体 1 传感器 1
			93H	01H	氧传感器反应迟缓-稀到浓气缸侧体 1 传感器 1
			94H	01H	氧传感器反应迟缓-稀到浓气缸侧体 1 传感器 1
			95H	04H	反应率：反应比率（稀到浓）
			96H	84H	反应率：反应比率（浓到稀）
	02H	加热型氧传感器 2（气缸侧体 1）	07H	0CH	测试循环的最小传感器输出电压
			08H	0CH	测试循环的最大传感器输出电压
			80H	0CH	传感器输出电压
			81H	0CH	传感器输出电压差
			82H	11H	后氧传感器反应迟缓诊断
	03H	加热型氧传感器 3（气缸侧体 1）	07H	0CH	测试循环的最小传感器输出电压
			08H	0CH	测试循环的最大传感器输出电压
			80H	0CH	传感器输出电压
			81H	0CH	传感器输出电压差
	05H	空燃比（A/F）传感器 1（气缸侧体 2）	83H	0BH	测试循环的最小传感器输出电压
			84H	0BH	测试循环的最大传感器输出电压
			85H	0BH	测试循环的最小传感器输出电压
			86H	0BH	测试循环的最大传感器输出电压
			87H	04H	反应率：反应比率（稀到浓）
			88H	04H	反应率：反应比率（浓到稀）
			89H	84H	空燃比变化量（过稀）
			8AH	84H	空燃比变化量（过浓）
			8BH	0BH	传感器输出电压差
			8CH	83H	极限频率下的反应增益
			8DH	04H	氧传感器反应迟缓-浓到稀气缸侧体 2 传感器 1
			8EH	04H	氧传感器反应迟缓-浓到稀气缸侧体 2 传感器 1
			8FH	84H	氧传感器反应迟缓-稀到浓气缸侧体 2 传感器 1

（续）

项目	OBDMID	自诊断测试项目	测试值和测试极限（GST 显示器）		说　明
			TID	单位和标尺 ID	
HO2S	05H	空燃比（A/F）传感器 1（气缸侧体 2）	90H	84H	氧传感器反应迟缓-稀到浓气缸侧体 2 传感器 1
			91H	01H	氧传感器反应迟缓-浓到稀气缸侧体 2 传感器 1
			92H	01H	氧传感器反应迟缓-浓到稀气缸侧体 2 传感器 1
			93H	01H	氧传感器反应迟缓-稀到浓气缸侧体 2 传感器 1
			94H	01H	氧传感器反应迟缓-稀到浓气缸侧体 2 传感器 1
			95H	04H	反应率：反应比率（稀到浓）
			96H	84H	反应率：反应比率（浓到稀）
	06H	加热型氧传感器 2（气缸侧体 2）	07H	0CH	测试循环的最小传感器输出电压
			08H	0CH	测试循环的最大传感器输出电压
			80H	0CH	传感器输出电压
			81H	0CH	传感器输出电压差
			82H	11H	后氧传感器反应迟缓诊断
	07H	加热型氧传感器 3（气缸侧体 2）	07H	0CH	测试循环的最小传感器输出电压
			08H	0CH	测试循环的最大传感器输出电压
			80H	0CH	传感器输出电压
			81H	0CH	传感器输出电压差
催化器	21H	三元催化器功能（气缸侧体 1）	80H	01H	氧储存量指数
			82H	01H	切换时间延迟发动机排气指数值
			83H	0CH	第三氧传感器输出电压差
			84H	84H	HC 捕集催化剂中的氧存储量指数
	22H	三元催化器功能（气缸侧体 2）	80H	01H	氧储存量指数
			82H	01H	切换时间延迟发动机排气指数值
			83H	0CH	第三氧传感器输出电压差
			84H	84H	HC 捕集催化剂中的氧存储量指数
EGR 系统	31H	EGR 功能	80H	96H	流量偏低故障：EGR 温度改变速度（短期）
			81H	96H	流量偏低故障：EGR 温度变化率（长期）

（续）

项目	OBDMID	自诊断测试项目	测试值和测试极限（GST 显示器）		说　明
			TID	单位和标尺 ID	
EGR 系统	31H	EGR 功能	82H	96H	流量低故障：最大 EGR 温度和怠速下 EGR 温度之间的差
			83H	96H	流量偏低故障：最大 EGR 温度
			84H	96H	流量偏高故障：EGR 温度增加率
VVT 系统	35H	VVT 监控器（气缸侧体 1）	80H	9DH	VTC 进气功能诊断（VTC 对齐检查诊断）
			81H	9DH	VTC 排气功能诊断（VTC 对齐检查诊断）
			82H	9DH	VTC 进气功能诊断（VTC 驱动故障诊断）
			83H	9DH	VTC 排气功能诊断（VTC 驱动故障诊断）
			84H	10H	VEL 反应迟缓诊断
			85H	10H	VEL 伺服系统诊断
			86H	9DH	VTC 进气中央锁止功能诊断（VTC 中央位置对齐检查诊断）
			87H	9DH	VTC 进气中央锁止系统诊断（VTC 中央锁止位置检查诊断）
	36H	VVT 监控器（气缸侧体 2）	80H	9DH	VTC 进气功能诊断（VTC 对齐检查诊断）
			81H	9DH	VTC 排气功能诊断（VTC 对齐检查诊断）
			82H	9DH	VTC 进气功能诊断（VTC 驱动故障诊断）
			83H	9DH	VTC 排气功能诊断（VTC 驱动故障诊断）
			84H	10H	VEL 反应迟缓诊断
			85H	10H	VEL 伺服系统诊断
			86H	9DH	VTC 进气中央锁止功能诊断（VTC 中央位置对齐检查诊断）
			87H	9DH	VTC 进气中央锁止系统诊断（VTC 中央锁止位置检查诊断）

（续）

项目	OBDMID	自诊断测试项目	测试值和测试极限（GST显示器）		说　明
			TID	单位和标尺ID	
EVAP系统	39H	EVAP控制系统泄漏（系统关闭）	80H	0CH	降压前后压力传感器输出电压差
	3BH	EVAP控制系统泄漏（小泄漏）	80H	05H	泄漏区域指数（大于0.04in）
	3CH	EVAP控制系统泄漏（极小泄漏）	80H	05H	泄漏区域指数（大于0.02in）
			81H	FDH	监控过程中EVAP系统的最大内部压力
			82H	FDH	监控结束时EVAP系统的内部压力
	3DH	净化流动系统	83H	0CH	通气控制阀关闭前后压力传感器输出电压差
氧传感器加热器	41H	空燃比传感器1加热器（气缸侧体1）	81H	0BH	加热器电流对电压转换值
	42H	加热型氧传感器2加热器（气缸侧体1）	80H	0CH	加热器电流对电压转换值
	43H	加热型氧传感器3加热器（气缸侧体1）	80H	0CH	加热器电流对电压转换值
	45H	空燃比传感器1加热器（气缸侧体2）	81H	0BH	加热器电流对电压转换值
	46H	加热型氧传感器2加热器（气缸侧体2）	80H	0CH	加热器电流对电压转换值
	47H	加热型氧传感器3加热器（气缸侧体2）	80H	0CH	加热器电流对电压转换值
二次空气	71H	二次空气系统	80H	01H	检测到二次空气喷射系统流量不正确
			81H	01H	二次空气喷射系统流量不足
			82H	01H	二次空气喷射系统泵卡死在关闭位置
			83H	01H	二次空气喷射系统流量高
			84H	01H	二次空气喷射系统转换阀卡死在打开位置
			85H	01H	二次空气喷射系统转换阀卡死在打开位置
			86H	01H	二次空气喷射系统泵卡死在打开位置
燃油系统	81H	燃油喷射系统功能（气缸侧体1）	80H	2FH	长期燃油修正
			81H	24H	空燃比控制数受限制
			82H	03H	缸体A/F失衡监控

（续）

项目	OBDMID	自诊断测试项目	测试值和测试极限（GST 显示器）		说　明
			TID	单位和标尺 ID	
燃油系统	82H	燃油喷射系统功能（气缸侧体 2）	80H	2FH	长期燃油修正
			81H	24H	空燃比控制数受钳制
			82H	03H	缸体 A/F 失衡监控
缺火	A1H	多缸缺火	80H	24H	1 号气缸每 1000r/min 缺火计数器
			81H	24H	2 号气缸每 1000r/min 缺火计数器
			82H	24H	3 号气缸每 1000r/min 缺火计数器
			83H	24H	4 号气缸每 1000r/min 缺火计数器
			84H	24H	5 号气缸每 1000r/min 缺火计数器
			85H	24H	6 号气缸每 1000r/min 缺火计数器
			86H	24H	7 号气缸每 1000r/min 缺火计数器
			87H	24H	8 号气缸每 1000r/min 缺火计数器
			88H	24H	多缸每 1000r/min 缺火计数器
			89H	24H	1 号气缸每 200r/min 缺火计数器
			8AH	24H	2 号气缸每 200r/min 缺火计数器
			8BH	24H	3 号气缸每 200r/min 缺火计数器
			8CH	24H	4 号气缸每 200r/min 缺火计数器
			8DH	24H	5 号气缸每 200r/min 缺火计数器
			8EH	24H	6 号气缸每 200r/min 缺火计数器
			8FH	24H	7 号气缸每 200r/min 缺火计数器
			90H	24H	8 号气缸每 200r/min 缺火计数器
			91H	24H	单缸每 1000r/min 缺火计数器
			92H	24H	单缸每 200r/min 缺火计数器
			93H	24H	多缸每 200r/min 缺火计数器
	A2H	1 号气缸缺火	0BH	24H	EWMA（指数加权移动平均值）最后 10 个驾驶循环缺火计数
			0CH	24H	最后/目前驾驶循环缺火计数
	A3H	2 号气缸缺火	0BH	24H	EWMA（指数加权移动平均值）最后 10 个驾驶循环缺火计数
			0CH	24H	最后/目前驾驶循环缺火计数
	A4H	3 号气缸缺火	0BH	24H	EWMA（指数加权移动平均值）最后 10 个驾驶循环缺火计数
			0CH	24H	最后/目前驾驶循环缺火计数

（续）

项目	OBDMID	自诊断测试项目	测试值和测试极限（GST 显示器）		说明
			TID	单位和标尺 ID	
缺火	A5H	4 号气缸缺火	0BH	24H	EWMA（指数加权移动平均值）最后 10 个驾驶循环缺火计数
			0CH	24H	最后/目前驾驶循环缺火计数
	A6H	5 号气缸缺火	0BH	24H	EWMA（指数加权移动平均值）最后 10 个驾驶循环缺火计数
			0CH	24H	最后/目前驾驶循环缺火计数
	A7H	6 号气缸缺火	0BH	24H	EWMA（指数加权移动平均值）最后 10 个驾驶循环缺火计数
			0CH	24H	最后/目前驾驶循环缺火计数
	A8H	7 号气缸缺火	0BH	24H	EWMA（指数加权移动平均值）最后 10 个驾驶循环缺火计数
			0CH	24H	最后/目前驾驶循环缺火计数
	A9H	8 号气缸缺火	0BH	24H	EWMA（指数加权移动平均值）最后 10 个驾驶循环缺火计数
			0CH	24H	最后/目前驾驶循环缺火计数

第二节 自动变速器系统数据流分析

自动变速器控制系统数据流分析见表 9-2。

表 9-2 自动变速器控制系统数据流分析

监控项目	状态	值/状态（近似值）
速度传感器	行驶时	与车速表显示的几乎一样
估计车速信号	行驶时	与车速表显示的几乎一样
主速度传感器	行驶过程中（锁止 ON）	以发动机转速除以中间轴齿轮比得出的数值
辅助转速传感器	辅助齿轮箱：1 档	约“车速传感器（转速）”的 2 倍
	辅助齿轮箱：2 档	与“车速传感器（转速）”几乎一样
车速传感器（转速）	辅助齿轮箱：1 档	约“第二转速传感器”的一半
	辅助齿轮箱：2 档	与“第二转速传感器”几乎一样
发动机转速信号	发动机运转	与转速表读数几乎一样
管路压力传感器	变速杆：N 位 怠速中	0.88~0.92V

（续）

监控项目	状　态	值/状态（近似值）
ATF温度传感器	约20℃	2.01~2.05V
	约50℃	1.45~1.50V
	约80℃	0.90~0.94V
G传感器	车辆处于水平状态	2.5V
VIGN传感器	点火开关：ON	10~16V
车速	行驶时	与车速表显示的几乎一样
输入转速	行驶过程中（锁止ON）	与发动机转速几乎一样
主转速	行驶过程中（锁止ON）	以发动机转速除以中间轴齿轮比得出的数值
SEC速度	辅助齿轮箱：1档	约“输出转速”的2倍
	辅助齿轮箱：2档	与“输出转速”几乎一样
输出转速	辅助齿轮箱：1档	约“SEC速度”的一半
	辅助齿轮箱：2档	与“SEC速度”几乎一样
发动机转速	发动机运转	与转速表读数几乎一样
滑转	行驶时	发动机转速/输入速度
总速比	辅助齿轮箱：1档	中间轴速比×传动带轮速比/辅助齿轮箱齿轮比
	辅助齿轮箱：2档	中间轴速比×传动带轮速比
传动带轮速比	驾驶过程中（前进）	2.20~0.55
	驾驶过程中（倒车）	2.20
总速比	变速杆处于L位时车辆起动	1档
	满足下列条件时松开加速踏板 变速杆：D位 加速器踏板位置：1/8或以下 车速：50km/h或以上	2档
	辅助齿轮箱换档操作中	1档⇔2档
G转速	车辆停止	0.00G
	加速时	随着加速的进行，数值变为正值
	减速时	随着减速的进行，数值变为正值
加速踏板位置传感器1	松开加速踏板	0.00°
	加速踏板完全踩下	80.00°
VENG转矩	行驶时	该值随着加速/减速而改变
PRITRQ	行驶时	该值随着加速/减速而改变
转矩比	行驶时	该值随着加速/减速而改变
管路压力	变速杆：P位	0.575MPa
变速器油温	点火开关ON	显示CVT油温

（续）

监 控 项 目	状　　态	值/状态（近似值）
DSR 转速	行驶时	它根据行车状况发生变化
目标辅助齿轮箱	行驶时	它根据行车状况发生变化
目标带轮速比	驾驶过程中（前进）	2.20~0.55
	驾驶过程中（倒车）	2.20
目标辅助变速器	变速杆处于 L 位时车辆起动	1 档
	满足下列条件时松开加速踏板 变速杆：D 位 加速器踏板位置：1/8 或以下 车速：50km/h 或以上	2 档
	辅助齿轮箱换档操作中	换档后显示档位
润滑压力	发动机起动 车辆停止	-0.500MPa
	变速杆：D 位 加速器踏板位置：1/8 或以下 车速：20km/h 或以上	0.450MPa
管路压力	暖机后 变速杆：N 位 怠速中	0.500MPa
	暖机后 变速杆：N 位 完全踩下加速踏板	HR12DE：4.400~4.900MPa HR15DE：4.930~5.430MPa
目标主压力	变速杆：L 位 车速：20km/h	0.325MPa
目标 HC/RB 压力	变速杆：L 位 车速：20km/h	0.000MPa
	满足下列条件时松开加速踏板 变速杆：D 位 加速器踏板位置：1/8 或以下 车速：50km/h 或以上	0.400MPa
目标 LB 压力	变速杆：L 位 车速：20km/h	0.325MPa
	满足下列条件时松开加速踏板 变速杆：D 位 加速器踏板位置：1/8 或以下 车速：50km/h 或以上	0.000MPa

（续）

<table>
<tr><th>监控项目</th><th>状态</th><th>值/状态（近似值）</th></tr>
<tr><td rowspan="2">ISOLT1</td><td>发动机起动
车辆停止</td><td>0.000A</td></tr>
<tr><td>变速杆：D 位
加速器踏板位置：1/8 或以下
车速：20km/h 或以上</td><td>0.500A</td></tr>
<tr><td rowspan="2">ISOLT2</td><td>暖机后
变速杆：N 位
怠速中</td><td>0.800~0.900A</td></tr>
<tr><td>暖机后
变速杆：N 位
完全踩下加速踏板</td><td>HR12DE：0.400~0.450A
HR15DE：0.350~0.400A</td></tr>
<tr><td>一次侧电磁线圈</td><td>变速杆：L 位
车速：20km/h</td><td>0.850~0.900A</td></tr>
<tr><td rowspan="2">HC/RB 电磁线圈</td><td>变速杆：L 位
车速：20km/h</td><td>1.000A</td></tr>
<tr><td>满足下列条件时松开加速踏板
变速杆：D 位
加速器踏板位置：1/8 或以下
车速：50km/h 或以上</td><td>0.800~0.850A</td></tr>
<tr><td rowspan="2">低速制动电磁阀</td><td>变速杆：L 位
车速：20km/h</td><td>0.200~0.250A</td></tr>
<tr><td>满足下列条件时松开加速踏板
变速杆：D 位
加速器踏板位置：1/8 或以下
车速：50km/h 或以上</td><td>0.000A</td></tr>
<tr><td rowspan="2">SOLMON1</td><td>发动机起动
车辆停止</td><td>0.000A</td></tr>
<tr><td>变速杆：D 位
加速器踏板位置：1/8 或以下
车速：20km/h 或以上</td><td>0.500A</td></tr>
<tr><td rowspan="2">SOLMON2</td><td>暖机后
变速杆：N 位
怠速中</td><td>0.800~0.900A</td></tr>
<tr><td>暖机后
变速杆：N 位
完全踩下加速踏板</td><td>HR12DE：0.400~0.450A
HR15DE：0.350~0.400A</td></tr>
</table>

（续）

监控项目	状　态	值/状态（近似值）
一次侧电磁线圈监控	变速杆：L位 车速：20km/h	0.850～0.900A
HC/RB电磁监控	变速杆：L位 车速：20km/h	1.000A
	满足下列条件时松开加速踏板 变速杆：D位 加速器踏板位置：1/8或以下 车速：50km/h或以上	0.800～0.850A
低速制动电磁监控	变速杆：L位 车速：20km/h	0.200～0.250A
	满足下列条件时松开加速踏板 变速杆：D位 加速器踏板位置：1/8或以下 车速：50km/h或以上	0.000A
D位开关	变速杆：D位	ON
	除以上操作外	OFF
N位开关	变速杆：N位	ON
	除以上操作外	OFF
R位开关	变速杆：R位	ON
	除以上操作外	OFF
P位开关	变速杆：P位	ON
	除以上操作外	OFF
制动开关	踩下制动踏板	ON
	松开制动踏板	OFF
L位开关	变速杆：L位	ON
	除以上操作外	OFF
怠速开关	松开加速踏板	ON
	踩下加速踏板	OFF
运动模式开关	按下运动模式开关	ON
	松开运动模式开关	OFF
STRDWNSW	一直	OFF
起动开关	一直	OFF
下载VR	一直	OFF
UPLVR	一直	OFF
非M模式	一直	OFF
M模式	一直	OFF

（续）

监控项目	状　态	值/状态（近似值）
INDLR 异常	变速杆：L 位	ON
	除以上操作外	OFF
INDDR 异常	变速杆：D 位	ON
	除以上操作外	OFF
INDNR 异常	变速杆：N 位	ON
	除以上操作外	OFF
INDRR 异常	变速杆：R 位	ON
	除以上操作外	OFF
INDPR 异常	变速杆：P 位	ON
	除以上操作外	OFF
CVT 灯	处于运动模式	ON
	除以上操作外	OFF
运动模式指示器	处于运动模式	ON
	除以上操作外	OFF
M 模式指示器	一直	OFF
排气状态	完成油泵的放气时	COMP
	未完成油泵的放气时	未完成
VDCON	一直	OFF
TCSON	一直	OFF
ABS 故障信号	接收到 ABS 故障信号时	ON
	除以上操作外	OFF
ABS ON	启动 ABS	ON
	除以上操作外	OFF
4WD 故障信号	一直	OFF
4WD 操作信号	一直	OFF
4WD-TCS 信号	一直	OFF
档位	变速杆：P 和 N 位	N/P
	变速杆：R 位	R
	变速杆：D 位（正常模式下）	D
	变速杆：D 位（运动模式下）	S
	变速杆：L 位	L
M 档位	一直	1
G 传感器	平地	0%
	上坡坡度	随着上坡坡度的增大，数值变为正值（最大值 40.45%）
	下坡坡度	随着下坡坡度的变化，数值变为负值（最小值-40.45%）

（续）

监控项目	状　　态	值/状态（近似值）
发动机制动水平	“工作支持”中的“发动机制动调整”的发动机制动水平 ON 时	ON
	“工作支持”中的“发动机制动调整”的发动机制动水平 OFF 时	OFF
PVIGN 电压	点火开关：ON	10～16V
目标辅助齿轮箱齿轮比	变速杆处于 L 位时车辆起动	1.80
	满足下列条件时松开加速踏板 变速杆：D 位 加速器踏板位置：1/8 或以下 车速：50km/h 或以上	1.00
电动燃油泵工作	点火开关：ON	5%～15%
	变速杆：D 位 车速：11km/h 或以上	5%～15%
	停车/起动系统操作过程中	55%～85%
电动燃油泵工作监控	点火开关：ON	25%～35%
	变速杆：D 位 车速：11km/h 或以上	0%
	停车/起动系统操作过程中	45%～55%
电动燃油泵继电器	变速杆：D 位 车速：6km/h 或以下	ON
	变速杆：D 位 车速：11km/h 或以上	OFF
电动燃油泵继电器监控	变速杆：D 位 车速：6km/h 或以下	ON
	变速杆：D 位 车速：11km/h 或以上	OFF
G 传感器校准	完成 G 传感器校准时	完成
	未完成传感器校准时	未完成
N 怠速状态	操作怠速空档控制时	ON
	未操作怠速空档控制时	OFF
CVT-B*	—	—
CVT-A*	—	—

第三节　ABS 系统数据流分析

ABS 系统数据流分析见表 9-3。

表 9-3　ABS 系统数据流分析

×：适用

项目（单元）	监控项目选择		注
	输入信号	主要项目	
左前传感器 km/h	×	×	显示根据左前轮传感器计算的车轮转速
右前传感器 km/h	×	×	显示根据右前轮传感器计算的车轮转速
左后传感器 km/h	×	×	显示根据左后轮传感器计算的车轮转速
右后传感器 km/h	×	×	显示根据右后轮传感器计算的车轮转速
制动灯开关（ON/OFF）	×	×	显示制动灯开关信号输入状态
蓄电池电压 V	×	×	显示向 ABS 执行器和电气单元（控制单元）的供电电压
档位①	×	×	TCM 判断的档位
OFF 开关（ON/OFF）	×	×	显示 VDC OFF 开关状态
横摆角速度传感器（°）/s	×	×	横摆角速度/侧面 G 传感器检测到的横摆角速度
加速位置信号 %	×		显示节气门执行器打开/关闭（与加速踏板关联）
侧面 G 传感器 m/s^2	×		横摆角速度/侧面 G 传感器检测到的横摆 G
转向角度信号（°）	×		转向角传感器检测到的转向角度
压力传感器 bar	×		压力传感器检测到的制动液压力
发动机转速 r/min	×		显示发动机转速状态
液位开关（ON/OFF）	×		显示制动液液位开关信号状态
驻车制动开关（ON/OFF）	×		显示驻车制动开关信号状态
右前输入电磁阀②（ON/OFF）		×	显示右前轮 ABS IN 阀的运转状态
右前输出电磁阀②（ON/OFF）		×	显示右前轮 ABS OUT 阀的运转状态

（续）

项目（单元）	监控项目选择		注
	输入信号	主要项目	
左前输入电磁阀[②]（ON/OFF）		×	显示左前轮 ABS IN 阀的运转状态
左前输出电磁阀[②]（ON/OFF）		×	显示左前轮 ABS OUT 阀的运转状态
右后输入电磁阀[②]（ON/OFF）		×	显示右后轮 ABS IN 阀的运转状态
右后输出电磁阀[②]（ON/OFF）		×	显示右后轮 ABS OUT 阀的运转状态
左后输入电磁阀[②]（ON/OFF）		×	显示左后轮 ABS IN 阀的运转状态
左后输出电磁阀[②]（ON/OFF）		×	显示左后轮 ABS OUT 阀的运转状态
电动机继电器（ON/OFF）		×	显示 ABS 电动机和电动机继电器状态
执行器继电器[②]（ON/OFF）		×	显示 ABS 执行器继电器状态
ABS 警告灯（ON/OFF）		×	显示 ABS 警告灯 ON/OFF 状态[③]
关闭灯（ON/OFF）		×	显示 VDC OFF 指示灯状态[③]
SLIP/VDC 灯（ON/OFF）		×	显示 VDC 警告灯状态[③]
EBD 警告灯（ON/OFF）			显示制动警告灯 ON/OFF 状态[③]
EBD 信号（ON/OFF）			显示 EBD 运转状态
ABS 信号（ON/OFF）			显示 ABS 运转状态
TCS 信号（ON/OFF）			显示 TCS 运转状态
VDC 信号（ON/OFF）			显示 VDC 运转状态
EBD 故障信号（ON/OFF）			显示 EBD 失效-保护信号状态
ABS 故障信号（ON/OFF）			显示 ABS 失效-保护信号状态

（续）

项目（单元）	监控项目选择		注
	输入信号	主要项目	
TCS 故障信号（ON/OFF）			显示 TCS 失效-保护信号状态
VDC 故障信号（ON/OFF）			显示 VDC 失效-保护信号状态
起动信号（ON/OFF）			起动操作
USV（右前-左后）② （ON/OFF）			显示切断阀 1 工作状态
USV（左前-右后）② （ON/OFF）			显示切断阀 2 工作状态
HSV（右前-左后）② （ON/OFF）			显示吸入阀 1 工作状态
HSV（左前-右后）② （ON/OFF）			显示吸入阀 2 工作状态
电磁阀继电器输出② （ON/OFF）			电磁阀继电器启动
电动机继电器输出（ON/OFF）			执行器电动机和电动机继电器启动

① CVT 或 A/T 车型。
② 点火开关接通后，短时内显示内容可能变为 ON/OFF。这是为进行检查而执行的操作，并非故障。
③ 各警告灯和指示灯的 ON/OFF 状态，请参见原厂手册的相关说明。

第四节　空调系统数据流分析

空调系统数据流分析见表 9-4。

表 9-4　空调系统数据流

监 控 项 目	状　　态	值/状态
环境温度传感器	点火开关 ON	等于环境温度
车内温度	点火开关 ON	等于车内温度
进气温度传感器	点火开关 ON	等于蒸发器散热片温度
日照传感器	点火开关 ON	等于日照量
环境传感器计算	点火开关 ON	等于环境温度
车内计算	点火开关 ON	等于车内温度
进气温度计算	点火开关 ON	等于蒸发器散热片温度
日照传感器计算	点火开关 ON	等于日照量

（续）

监控项目	状态		值/状态
压缩机请求信号	发动机：暖机后怠速运行	空调开关：ON（压缩机工作状态）	ON
		空调开关：OFF	OFF
风扇请求信号	发动机：暖机后怠速运行	鼓风机电动机：ON	ON
		鼓风机电动机：OFF	OFF
风扇工作	发动机：暖机后怠速运行	鼓风机电动机：ON	25~73
		鼓风机电动机：OFF	0
XM	点火开关ON		根据目标气流温度（驾驶人侧）的数值
乘客侧目标空气温度	点火开关ON		根据目标气流温度（乘客侧）的数值
发动机冷却液温度	点火开关ON		等效于发动机冷却液温度
车速	转动驱动车轮，并将CONSULT的值与车速表的指示值进行比较		等于车速表读数

第十章　小鹏 G9 电动汽车数据流分析（2022、2023 款）

第一节　小鹏 G9 动力蓄电池系统数据流

小鹏 G9 动力蓄电池系统数据流见表 10-1。

表 10-1　小鹏 G9 动力蓄电池系统数据流

诊断显示/测量项目	范　围		测量单位
	最小值	最大值	
供电电压	0	25.5	V
Pack 总电压	0	600	V
继电器内侧高压	0	600	V
总电流	-1000	1000	A
单体最大电压	-5	5	V
单体最大电压编号	1	200	—
单体最小电压	-5	5	V
单体最小电压编号	1	200	—
单体最大温度	-40	125	℃
单体最大温度编号	1	64	—
单体最小温度	-40	125	℃
单体最小温度编号	1	64	—
SOC	0	100	%
SOH	0	100	%
允许最大慢充电压	0	6553.5	V
允许最大慢充电流	0	6553.5	A
允许脉冲放电功率	0	250	kW
允许脉冲充电功率	0	250	kW
允许持续放电功率	0	250	kW
允许持续回馈功率	0	250	kW
电池状态	0	15	—

（续）

诊断显示/测量项目	范　围		测量单位
	最小值	最大值	
HVIL 状态	0	1	—
故障等级	0	7	—
BMS 高边驱动使能	0	1	—
BMS 使能状态	0	2	—
慢充充电机使能状态	0	1	—
唤醒 VCU 唤醒输出	0	1	—
慢充 CC 电压	0	25.5	V
CP 电流值	0	63	A
电池慢充停止原因	0	3	—
充电模式	0	15	—
快充 CC2 电压	0	25.5	V
电池快充停止原因	0	6	—
快充请求电流值	0	250	A
快充请求电压值	0	6553.5	V
绝缘状态	0	2	—
绝缘电阻	0	10000	kΩ
总正继电器状态	0	3	—
总负继电器状态	0	3	—
预充继电器状态	0	3	—
充电正端继电器状态	0	3	—
最大峰值放电电流	0	2000	A
最大峰值反馈电流	0	2000	A
电池组累计充电安时数	0	2000000	A·h
电池组累计放电安时数	0	2000000	A·h
电池单体电压	0	5	V
电池系统单点温度	-40	215	℃
单体电压和	0	600	V
行车里程数	0	999999	km
最大压差	0	5000	mV
最大温差	0	120	℃
正极接触器开关次数	0	999999	—
负极接触器开关次数	0	999999	—
快充接触器开关次数	0	999999	—

（续）

诊断显示/测量项目	范　围		测量单位
	最小值	最大值	
预充接触器开关次数	0	999999	—
SOC（BMS_ActSOC）	0	100	%
供电电压	0	25.5	V
Pack 总电压	0	600	V
总电流	-1000	1000	A
单体最大电压	-5	5	V
单体最小电压	-5	5	V
单体最大温度	-40	125	℃
单体最小温度	-40	125	℃
SOC（BMS_BattSOC）	0	100	%
继电器内侧高电压	0	600	V
允许最大慢充电流	0	6553.5	A
允许脉冲放电功率	0	250	kW
允许脉冲充电功率	0	250	kW
电池状态	0	15	—
HVIL 状态	0	1	—
慢充充电机使能状态	0	1	—
故障等级	0	7	—
BMS 使能状态	0	2	—
慢充停止原因	0	3	—
快充停止原因	0	4	—
充电模式	0	10	—
CP 电流值	0	100	A
绝缘状态	0	2	—
唤醒 VCU 唤醒输出	0	1	—
绝缘电阻	0	10000	kΩ
快充请求电流值	0	250	A
RTC year	0	99	—
RTC month	1	12	—
RTC day	1	31	—
RTC hour	0	23	—
RTC minute	0	59	—

第二节　小鹏 G9 电机控制系统数据流

小鹏 G9 电机控制系统数据流见表 10-2。

表 10-2　小鹏 G9 电机控制系统数据流

诊断显示/测量项目	范　围		测量单位
	最小值	最大值	
Actual temperature of motor（电机实际温度）	-40	213	℃
Actual temperature of inverter（逆变器实际温度）	-40	213	℃
Actual speed of IPU（IPU 实际速度）	-32767	32767	r/min
Requested mode for IPU（IPU 请求的模式）	0	14	—
IPU IPU status	0	14	—
Setpoint torque for IPU（IPU 设定转矩值）	-500	500	N · m
actual torque IPU response（IPU 响应实际转矩）	-500	500	N · m
IPU positive torque max（IPU 正转矩最大值）	0	500	N · m
IPU negative torque max（IPU 负转矩最大值）	-500	0	N · m
Actual HV voltage at IPU（IPU 的实际高压电压）	0	1022	V
Actual HV current at IPU（IPU 的实际高压电流）	-1023	1023	A
Actual motor current at IPU（IPU 处的实际电机电流）	0	1023	A
Fail status of IPU（IPU 故障状态）	0	3	—
12V system voltage（12V 系统电压）	0	25.5	V
Vd_Cmd	-1000	1000	V
Vq_Cmd	-1000	1000	V
Id_Cmd	-1000	1000	A
Iq_Cmd	-1000	1000	A

（续）

诊断显示/测量项目	范　围		测量单位
	最小值	最大值	
Id_Actual	-1000	1000	A
Iq_Actual	-1000	1000	A
Voltage_Ratio（电压比率）	-1000	1000	‰
Inner_Fault_Code1（内部故障代码 1）	0	$2^{32}-1$	—
Inner_Fault_Code2（内部故障代码 2）	0	$2^{32}-1$	—
VCU_IPU_stGear	0	4	—
Current Time From Can/Year（当前起始时间/年）	2015	2046	—
Current Time From Can/Month（当前起始时间/月）	0	12	—
Current Time From Can/Day（当前起始时间/天）	0	31	—
Current Time From Can/Hour（当前起始时间/小时）	0	24	—
Current Time From Can/Min（当前起始时间/分）	0	60	—
Current Time From Can/Second（当前起始时间/秒）	0	60	—
Current Time From Can/VD	0	1	—
Current Time From Can/res	0	1	—
Resolver Angle Offset（旋转变压器角度）	154	192	—

第三节　小鹏 G9 充电系统数据流

小鹏 G9 充电系统数据流见表 10-3。

表 10-3　小鹏 G9 充电系统数据流

诊断显示/测量项目	范　围		测量单位
	最小值	最大值	
高压输出电压	0	655	V
高压输出电流	0	51.1	A

（续）

诊断显示/测量项目	范　围		测量单位
	最小值	最大值	
交流输入电压	0	508	V
交流输入电流	0	50.8	A
环境温度	0	214	℃
主变压器温度	0	214	℃
PFC 电压	0	655	V
里程	0	524288	km
时间	0	99	—

第四节　小鹏 G9 自动空调系统数据流

小鹏 G9 自动空调系统数据流见表 10-4。

表 10-4　小鹏 G9 自动空调系统数据流

诊断显示/测量项目	范　围		测量单位
	最小值	最大值	
蒸发器温度	-40	87.5	℃
阳光强度值（Dr）	0	1275	W/m^2
阳光强度值（Pa）	0	1275	W/m^2
压缩机排气压力（表压）	0	5.1	MPa
压缩机吸气压力（表压）	0	5.1	MPa
压缩机吸气温度	-40	87.5	℃
空调加热冷却液温度	-40	87.5	℃
面部左侧风道温度	-40	87.5	℃
面部右侧风道温度	-40	87.5	℃
脚部左侧风道温度	-40	87.5	℃
脚部右侧风道温度	-40	87.5	℃
PM2.5 粉尘浓度值	0	1000	$\mu g/m^3$
空气质量等级	0	15	—
空气混合（Dr）风门目标位置	0	5	V
空气混合（Pa）风门目标位置	0	5	V
除霜风门电机目标位置	0	5	V
进气风门电机目标位置	0	5	V
模式风门反馈位置	0	5	V

（续）

诊断显示/测量项目	范　围		测量单位
	最小值	最大值	
空气混合（Dr）风门反馈位置	0	5	V
空气混合（Pa）风门反馈位置	0	5	V
除霜风门电机反馈位置	0	5	V
进气风门电机反馈位置	0	5	V
空调系统工作状态	0	2	—
风量工作状态	0	8	—
进气模式工作状态	0	2	—
前除霜状态	0	1	—
温区同步状态	0	1	—
电加热器实际输出功率	0	7000	W
电子风扇输出状态	0	100	%
压缩机实际转速	0	8600	r/min
空调制热水泵输出状态	0	4	—
电子膨胀阀实际位置	0	480	—
空调制热水泵输出速率	0	100	%
鼓风机目标电压	0	25	V
鼓风机反馈电压	0	25	V
风量偏好设置	0	3	—

第五节　小鹏 G9 自动驾驶系统数据流

小鹏 G9 自动驾驶系统数据流见表 10-5 和表 10-6。

表 10-5　小鹏 G9 自动驾驶系统 SCU 数据列表

诊断显示/测量项目	范　围		测量单位
	最小值	最大值	
ESK 码写入状态	0	1	—
防盗结果	0	4	—
供电电压	0	25.5	V
里程表	0	999999	km
点火开关状态	0	3	—
车速	0	255	km/h
电机转速	-13000	13000	r/min
档位	0	4	—

表 10-6 小鹏 G9 自动驾驶系统 VPM 数据列表

诊断显示/测量项目	范围		测量单位
	最小值	最大值	
车速	0	240	km/h
供电电压	0	25.5	V
第一次故障的里程表	0	999999	km
上次故障的里程表	0	999999	km
ECU 温度	-40	215	℃
系统运行时间	0	$(2^{64}-1)\times0.1$	s

第六节 小鹏 G9 安全气囊数据流

小鹏 G9 安全气囊系统数据流见表 10-7。

表 10-7 小鹏 G9 安全气囊系统数据流

诊断显示/测量项目	范围		测量单位
	最小值	最大值	
ECU Operating States（ECU 工作状态）	0	255	—
Crash Data Address（故障数据地址）	0	$2^{32}-1$	—
ECU's lifetime timer（ECU 的寿命计时器）	0	4294967295	s
ECU's key-on timer（ECU 钥匙打开计时器）	0	65534	s
Ignition Cycle Counter（点火循环计数器）	0	65534	s
SRS ECU Supply Voltage（SRS ECU 电源电压）	0	25.5	V
Driver Buckle Switch（驾驶员锁扣开关）	0	255	—
PBS_SBR Status（PBS_SBR 状态）	0	255	—
2RRBS_SBR Status（2RRBS_SBR 状态）	0	255	—
2RLBS_SBR Status（2RLBS_SBR 状态）	0	255	—

（续）

诊断显示/测量项目	范围		测量单位
	最小值	最大值	
2RCBS_SBR Status （2RCBS_SBR 状态）	0	255	—
Squib #1 Resistance Driver Airbag （引爆装置#1 电阻式驾驶员安全气囊）	0	655.35	—
Squib #2 Resistance Passenger Airbag （引爆装置#2 电阻式乘客安全气囊）	0	655.35	—
Squib #3 Resistance Driver Pretensioner （点火开关#3 电阻式驾驶员预紧器）	0	655.35	—
Squib #4 Resistance Passenger Pretensioner （4 号电爆管电阻乘客预紧器）	0	655.35	—
Squib #5 Resistsance Driver Side Airbag （引爆装置#5 阻力驾驶员侧安全气囊）	0	655.35	—
Squib #6 Resistance Passenger Side Airbag （6 号电爆管电阻乘客侧安全气囊）	0	655.35	—
Squib #7 Resistance Driver Head Curtain （7 号电爆管电阻式驾驶员头部气帘）	0	655.35	—
Squib #8 Resistance Passenger Head Curtain （8 号电爆管电阻乘客头部气帘）	0	655.35	—
Squib #9 Resistance Second Row Left Pretensioner （9 号电爆管电阻第二排左侧预紧器）	0	655.35	—
Squib #10 Resistance Second Row Right Pretensioner （10 号电爆管电阻第二排右侧预紧器）	0	655.35	—
Satellite 1 Serial Number Driver/Center Front Crash Sensor （1 序列号驾驶员/中央前碰撞传感器）	0	255	—
Satellite 2 Serial Number Passenger Front Side Crash Sensor （2 序列号乘客前侧碰撞传感器）	0	255	—
Satellite 3 Serial Number Drivers Front Side Crash Sensor （3 序列号驾驶员前侧碰撞传感器）	0	255	—
Satellite 4 Serial Number Passenger Front Crash Sensor （4 序列号乘客侧前碰撞传感器）	0	255	—

第七节　小鹏G9车身控制系统（BCM）数据流

小鹏G9车身控制系统数据流见表10-8。

表10-8　小鹏G9车身控制系统数据流

诊断显示/测量项目	范　围	
	最小值	最大值
IGN1	0X00	0X01
START	0X00	0X01
CAN	0X00	0X01
LIN	0X00	0X01
Reserve	0X00	0X01
H-Beam	0X00	0X01
Flash	0X00	0X01
Left Turn	0X00	0X01
Right Turn	0X00	0X01
Left Turn-FB	0X00	0X01
Right Turn-FB	0X00	0X01
Hazard	0X00	0X01
Reserve	0X00	0X01
H-Wiper	0X00	0X01
L-Wiper	0X00	0X01
Int-Wiper	0X00	0X01
F-Wiper PARK	0X00	0X01
F-WASH	0X00	0X01
liquid level SENSOR（液位传感器）	0X00	0X01
Reserve	0X00	0X01
CHAGGUN_AJAR	0X00	0X01
WIN-Prohibit	0X00	0X01
Lock	0X00	0X01
UN-Lock	0X00	0X01
FL-Lock	0X00	0X01
Reserve	0X00	0X01
FL Door-AJAR	0X00	0X01
FR Door-AJAR	0X00	0X01
RL Door-AJAR	0X00	0X01
RR Door-AJAR	0X00	0X01
HOOD-AJAR	0X00	0X01
FL-WIN	0X00	0XFF
FR-WIN	0X00	0XFF
RL-WIN	0X00	0XFF
RR-WIN	0X00	0XFF

（续）

诊断显示/测量项目	范　围	
	最小值	最大值
P-FR_WIN	0X00	0XFF
P-RL_WIN	0X00	0XFF
P-RR_WIN	0X00	0XFF
Reserve	0X00	0XFF
PHOTO_SENSOR（光传感器输入）	0X00	0XFF
PERSON DETECTION（人员检测）	0X00	0XFF
L_PARK_OUT	0X00	0XFF
R_PARK_OUT	0X00	0XFF
L_LowBeam_OUT（L_低波束输出）	0X00	0XFF
R_LowBeam_OUT（R_低波束输出）	0X00	0XFF
L_HighBeam_OUT（L_高波束输出）	0X00	0XFF
R_HighBeam_OUT（R_高波束输出）	0X00	0XFF
L_RearFog_OUT	0X00	0XFF
BACK_Light_OUT	0X00	0XFF
BSAVER_OUT	0X00	0XFF
L_TurnLight_OUT	0X00	0XFF
R_TurnLight_OUT	0X00	0XFF

第八节　小鹏 G9 整车控制器（VCU）数据流

小鹏 G9 电动化系统整车控制器数据流见表 10-9。

表 10-9　小鹏 G9 电动化系统整车控制器数据流

诊断显示/测量项目	范　围		测量单位
	最小值	最大值	
制动主缸压力	0	100	bar
制动踏板开关信号 1	0	1	—
制动踏板开关信号 2	0	1	—
加速踏板信号	0	100	%
DC 充电插接器温度	-40	125	℃
AC 充电插接器温度	-40	125	℃

（续）

诊断显示/测量项目	范　围		测量单位
	最小值	最大值	
大气压力传感器	0	255	kPa
真空度	-101.5	0	kPa
变速杆	0	255	—
巡航拨杆	0	255	—
高压互锁	0	1	—
供电电压	0	25.5	V
车辆上电状态	0	255	—
IPU 配置	0	1	—
巡航配置	0	1	—
动力蓄电池配置	0	255	—
车速	0	255	km/h
电机转速	-13000	13000	r/min
档位	0	4	—
电池电量	0	100	%
电机转矩	-300	300	N·m
直流母线电流	-1000	1000	A
直流母线电压	0	1000	V
里程	0	999999	km
钥匙电状态	0	2	—

第十一章 利用数据流进行故障诊断的案例分析

案例一

全新迈腾行驶时急加速不良，仪表 EPC 灯亮

故障现象：

一辆全新迈腾 B7L 1. 8 T 车型行驶时急加速不良，仪表 EPC 灯亮。

故障诊断：

该客户多次反映行驶时发动机有时加速不良，仪表 EPC 警告灯亮。进厂后用 VAS5052A 检测，发现发动机控制单元有故障码 00135 P0087——燃油油轨/系统压力过低静态。清除故障码，急加速行驶一段路程后，故障码再现，如图 11-1所示。

根据故障码判断导致该故障的可能有以下原因：

① 低压燃油管路。

② 电子燃油泵及滤清器。

③ 燃油泵控制器、供电及线路。

④ 燃油压力调节阀 N276 及线路。

⑤ 发动机控制单元。

按维修经验判断出现该故障码，燃油泵控制器、燃油泵及高压泵损坏的故障比较常见，首先更换了电子燃油泵和燃油泵控制器，接上 VAS5052A 试车，发现怠速、匀速行驶或缓慢加速均正常；急加速时故障出现，EPC 灯点亮，发动机抖动，最高转速达不到3000r/min。出现故障时读取发动机高压系统压力：01-08-140 组 3 区显示发现故障出现时高压压力只有 4bar㊀，正常车辆高压为50~150bar。检查低压燃油系统压力为 6bar 左右，排除低压燃油系统的故障，如图 11-2 所示。

一般高压泵燃油调节阀损坏，高压压力在 7bar 左右，该高压系统压力低于低压燃油系统压力。根据缸内直喷高压行程原理，燃油高压通过安装在燃油泵上的压力调节器 N276 来调节。在喷油过程中，发动机控制单元根据计算出的供油始点向燃油压力控制阀 N276 发送指令使其吸合，此时针阀克服针阀弹簧的作用力向前运动，进油阀在弹簧作用力下被关闭。随着泵活塞向上运动，在泵腔内建立起油压，当泵腔内的油压高于油轨内的油压时，出油阀强制开启，燃油便被泵入油轨内。在油轨内形成稳定的高压燃油压力由压力传感器识别并把

㊀ 1bar=100kPa。

信号传送给发动机控制单元，通过读取数据流 01-08-140 组 3 区显示的压力，我们可以分析高压是否正常建立。

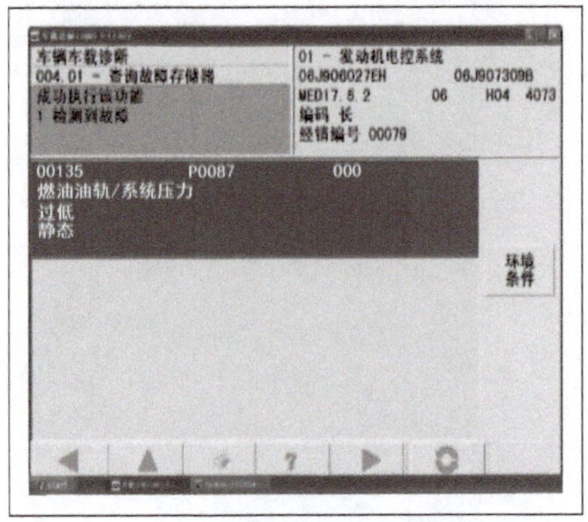

图 11-1 故障码显示

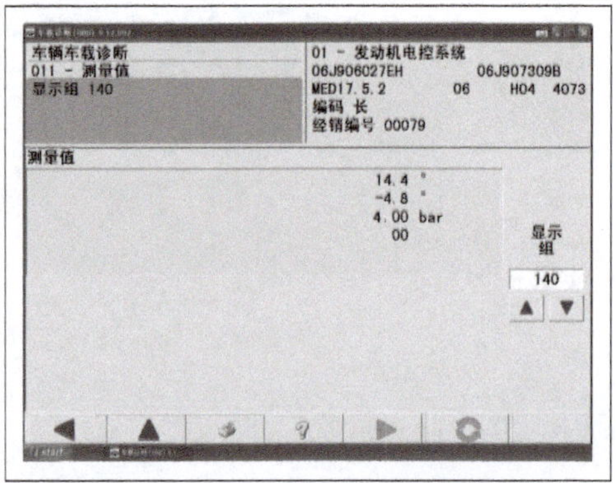

图 11-2 排除低压燃油系统的故障

基于以上对燃油高压建立过程的分析，导致燃油供给系统高压不能建立可能有以下原因：凸轮轴驱动装置损坏；高压泵及输油管堵塞故障；低压燃油系统过低；高压泵燃油调节阀及线路、发动机控制单元故障。正常车辆将燃油调压阀 N276 拔掉，高压油压在 7bar 左右，检查凸轮轴驱动凸轮正常，没有任何变形与异常磨损；该车出现故障时高压压力只有 4bar，低于低压燃油压力，怀疑高压泵进油口堵塞，更换高压泵后故障依旧；最后判断故障集中在高压泵输油管单向阀上，拆下高压泵输油管准备检查单向阀是否损坏时，发现在高压泵输入口处有一个圆锥形铁块，如图 11-3 所示。

取出铁块后检查单向阀工作正常，重新安装高压泵输油管后试车，故障排除，如图 11-4 所示。

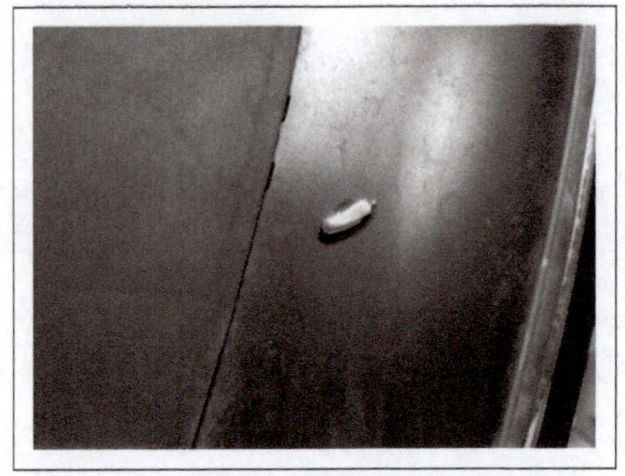

图 11-3 圆锥形铁块

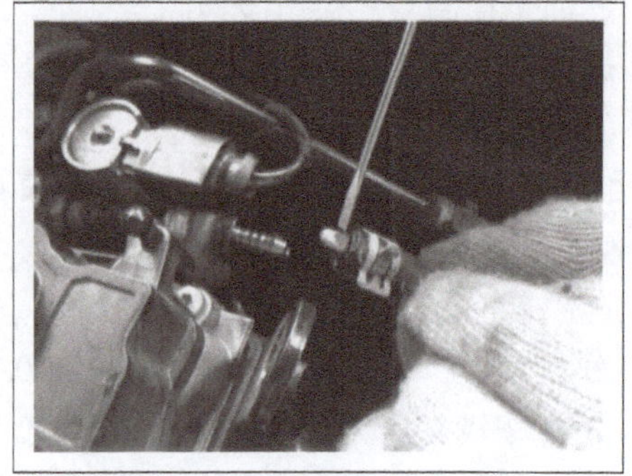

图 11-4 重新安装高压泵输油管

原因分析：

该车高压泵输油管内有异物，该异物尺寸远大于单向阀内部孔径，起初异物离高压泵进油口较远，且成不规则形状，不至于完全堵塞进油管，车辆虽供油不畅，尚能保持系统压力不至于使 EPC 灯亮。随着车辆不断使用，异物随着燃油流动方向缓慢移动位置，直到碰到高压泵进油口，加速时异物完全堵塞高压泵进油口，从而出现发动机加速不良、仪表 EPC 灯亮故障。

处理方法：

取出高压泵输油管内异物。

专用工具/设备：

VAS5052A、VAS6550。

案例点评及建议：

日常维修中，我们检查高压系统与低压系统压力时，容易忽视高压系统与低压系统相连接的部位，燃油表测量燃油压力显示的是燃油表到燃油泵之间的系统压力，如像该案例中高压泵输油管堵塞或者输油管内部的单向阀堵塞，均会造成燃油表测量显示压力正常但实际低压燃油系统不正常，导致高压泵无法输入燃油、高压泵无法建立高压的故障，从而误导我们对车辆故障的判断。

案例二

全新速腾发动机怠速抖动

故障现象：

一辆全新速腾轿车发动机怠速抖动，坐在车内能明显感觉车身振动。

故障诊断：

① 使用 VAS6150B 检测发动机，无故障记忆，如图 11-5 所示。

② 使用 VAS6150B 读取发动机失火数据流，四个气缸均没有失火情况，如图 11-6 所示。

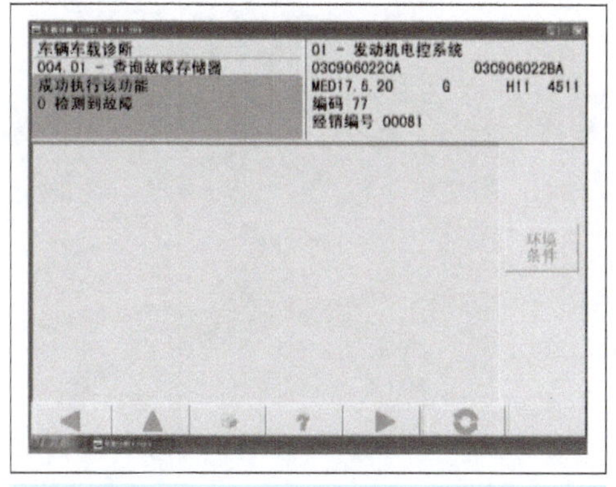

图 11-5　检测发动机无故障记忆

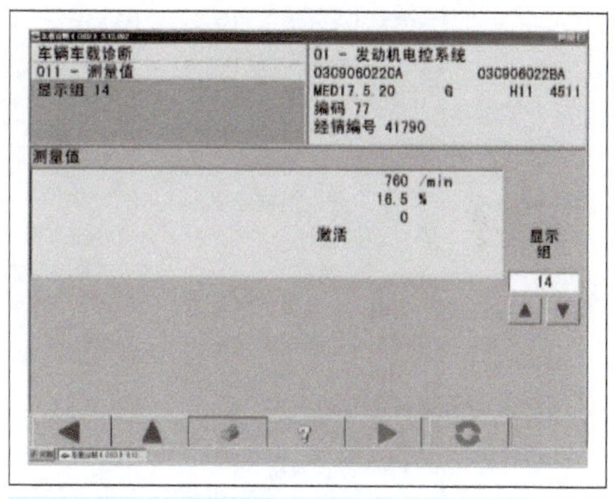

图 11-6　读取发动机失火数据流

③ 使用 VAS6150B 读取发动机负荷、进气量、喷油量、爆燃控制等数据。其中故障车辆数据如图 11-7、图 11-8 所示，正常车辆数据如图 11-9 所示。

通过数据对比发现故障车进气压力为 370mbar，正常车进气压力为 320mbar。

④ 对发动机进气管检查，没有发现有任何的漏气情况。

⑤ 检查炭罐电磁阀控制管路，电磁阀控制功能正常（70 组数据块分析），当电磁阀不工作时，电磁阀关闭无漏气现象，曲轴箱通风检查也未发现漏气情况。

⑥ 与正常车辆对换进气歧管总成，试车抖动依旧。

⑦ 测量发动机缸压：1 缸 12bar、2 缸 14bar、3 缸 14.5bar、4 缸 14bar。从测量数据分析 1 缸缸压比其他缸缸压低 2bar。使用内窥镜检查发动机缸内情况，缸内未发现气门烧蚀、活塞顶部损坏和气门口积炭、卡滞等异常情况。

测量值:

名称列:	数值:	标准值:	识别:
发动机转速	680/min		1.1
冷却液温度	87.0℃		1.2
氧传感器控制值	1.171875 %		1.3
基本设置的调节前提条件	11111111		1.4
发动机转速	680/min		2.1
发动机负荷	23.308270676691727%		2.2
平均喷射时间	0.765ms		2.3
进气歧管压力	370.0mbar		2.4
发动机转速	680/min		3.1
进气歧管压力	370.0mbar		3.2
节气门角度(电位计)	2.3529411764705883%		3.3
点火提前角(当前值)	0.0°OT		3.4
发动机转速	680/min		4.1
电压	14.194V	12V≤X≤15V	4.2
冷却液温度	87.0℃		4.3
进气温度	23.0℃		4.4

图 11-7　故障数据 1

测量值:

名称列:	数值:	标准值:	识别:
气缸1点火提前角延时	0.0kW		20.1
气缸2点火提前角延时	0.0kW		20.2
气缸3点火提前角延时	0.0kW		20.3
气缸4点火提前角延时	0.0kW		20.4
发动机转速	680/min		22.1
发动机负荷	22.55639097744361 %		22.2
气缸1点火提前角延时	0.0kW		22.3
气缸2点火提前角延时	0.0kW		22.4
发动机转速	680/min		23.1
发动机负荷	22.55639097744361 %		23.2
气缸3点火提前角延时	0.0kW		23.3
气缸4点火提前角延时	0.0kW		23.4
爆燃控制，气缸1爆燃传感器放大器	1.092V		26.1
爆燃控制，气缸2爆燃传感器放大器	1.092V		26.2
爆燃控制，气缸3爆燃传感器放大器	1.092V		26.3
爆燃控制，气缸4爆燃传感器放大器	1.4040000000000001 V		26.4

图 11-8　故障数据 2

拆卸发动机缸盖分析，使用汽油试验 1 缸，发现 1 缸渗漏汽油，进气门关闭不严。

原因分析：

由于发动机 1 缸进气门关闭不严、1 缸缸压稍低，导致发动机进气量偏高 50mbar，产生发动机怠速抖动故障。

处理方法：

由于车辆处于保修期内，决定更换发动机。

专用工具/设备：

VAS6150B、缸压表、内窥镜。

测量值:

名称列:	数值:	标准值:	识别:
发动机转速	680/min		1.1
冷却液温度	90.0℃		1.2
氧传感器控制值	1.953125 %		1.3
基本设置的调节前提条件	01111111		1.4
发动机转速	680/min		2.1
发动机负荷	18.796992481203006%		2.2
平均喷射时间	0.765ms		2.3
进气歧管压力	320.0mbar		2.4
发动机转速	680/min		3.1
进气歧管压力	320.0mbar		3.2
节气门角度(电位计)	3.1372549019607843%		3.3
点火提前角(当前值)	3.0°OT		3.4
发动机转速	680/min		4.1
电压	14.1V	12V≤X≤15V	4.2
冷却液温度	90.0℃		4.3
进气温度	24.0℃		4.4

图 11-9　正常数据

案例点评及建议：

发动机怠速抖动、没有故障记忆和失火情况，故障分析要充分掌握关键数据流，利用数据流分析可能的故障原因，做好基本检查。

案例三

全新速腾发动机加速不良，转速超过 2000r/min 故障灯亮

故障现象：

一输全新速腾轿车怠速运转正常，发动机转速超过 2000r/min 后发动机故障灯（排放故障灯）亮，加速不良。其发动机电控系统如图 11-10 所示。

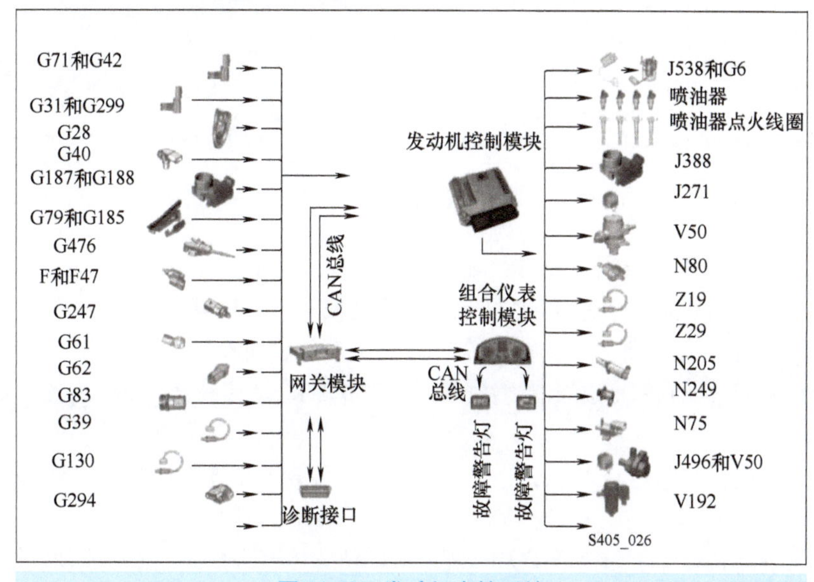

图 11-10　发动机电控系统

原因分析：

除上述电子元件外，还可能是相关机械元件的故障，如发动机正时、可变进气相位、进气歧管或进排气门漏气、增压器、曲轴箱通风系统、活性炭罐系统、机油压力等故障，还可能是燃油品质差等原因。

故障诊断：

① 用 VAS6150 检查车辆各控制单元，发现 01-发动机控制单元内有 3 个故障码（图 11-11）。

② 检查发动机数据流 14~16 组，发现 15 组第 2 区（2 缸）和第 3 区（3 缸）都有失火情况（图 11-12）。

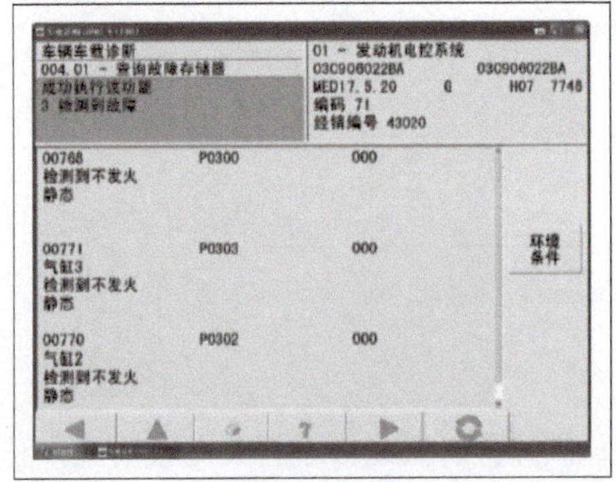

图 11-11　故障码信息

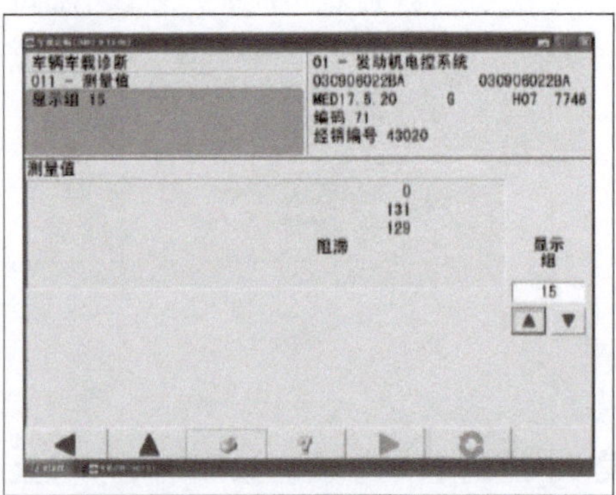

图 11-12　发现失火情况

③ 检查 91 组数据流 3、4 区凸轮轴调节正常（图 11-13）。

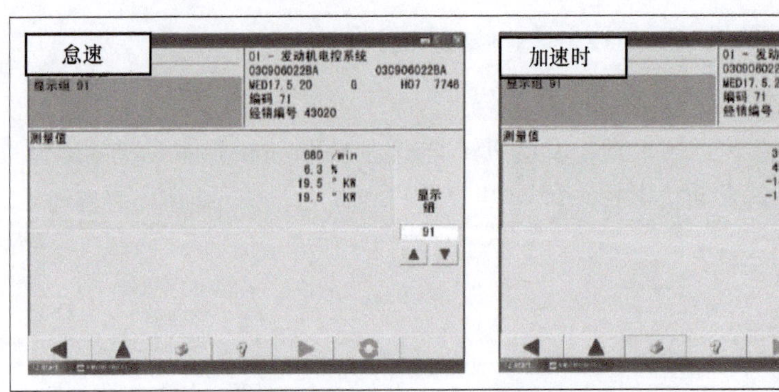

图 11-13　检查数据流

④ 检查高压燃油压力数据流正常（图 11-14）。

⑤ 检查发动机其他相关传感器数据流和相关机械元件，同样未见明显异常。

⑥ 将故障气缸点火线圈、火花塞、喷油器与正常气缸对换，故障依旧。

⑦ 用示波器检测凸轮轴位置传感器 G40 和曲轴位置传感器 G28 波形，如图 11-15、图 11-16所示。

⑧ 拆下曲轴位置传感器 G28 靶轮，与部件对比，发现两个靶轮明显不一样（图 11-17）。

处理方法：

刷新发动机控制单元，或更换与之相匹配的曲轴位置传感器 G28 靶轮或发动机控制单元。

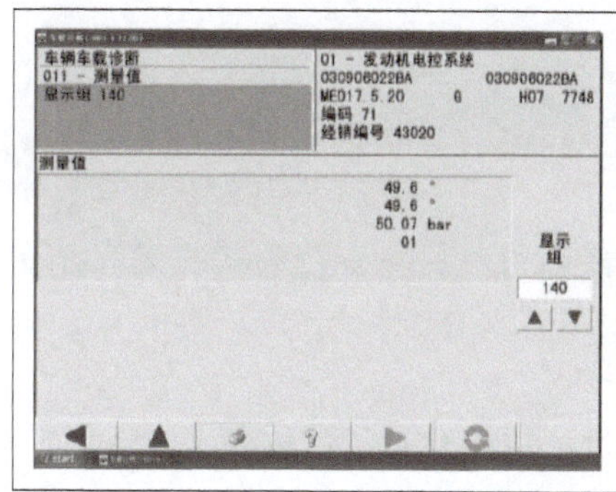

图 11-14　数据流正常

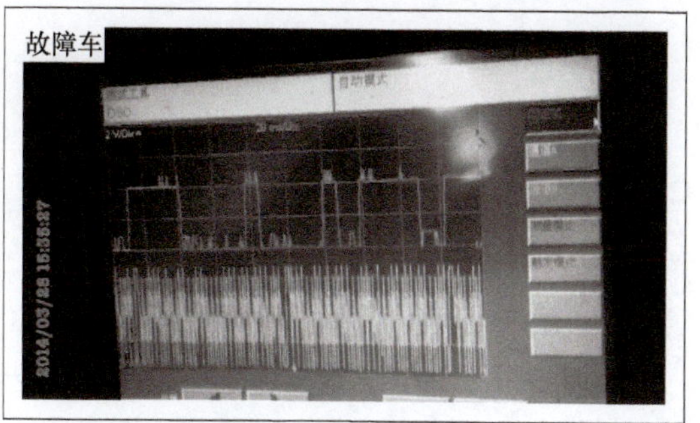

图 11-15　故障车波形

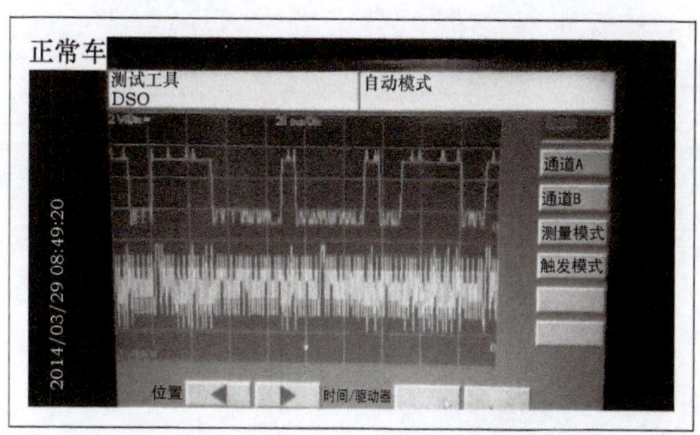

图 11-16　正常车波形

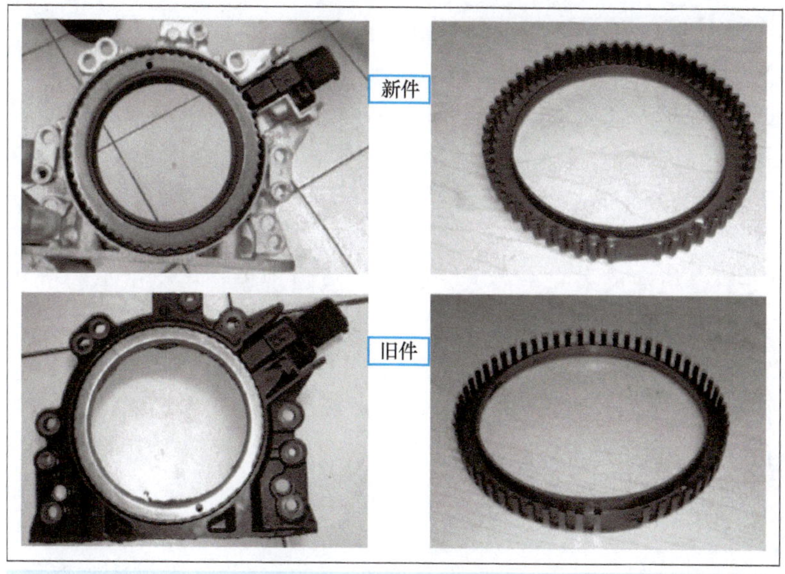

图 11-17　新旧靶轮对比

案例四

大众CC轿车发动机排气系统故障警告灯亮

故障现象：

一辆大众CC轿车在行驶过程中发动机排气系统故障灯亮，车辆行驶状况无明显变化。清除故障码后行驶一段时间故障再现。

故障诊断：

① VAS5052诊断，故障码如下：08583——系统过浓退出怠速，气缸列1，怠速下系统过稀，如图11-18所示。

② 读取发动机数据块，发现在怠速工况下，发动机系统显示组3中第2区数据为1.8g/s，如图11-19所示，此组意义为空气流量值。对比其他车辆在同样怠速不开空调情况下，正常数值应为30g/s左右。因故障车此值偏低，分析进气系统有漏气的地方。

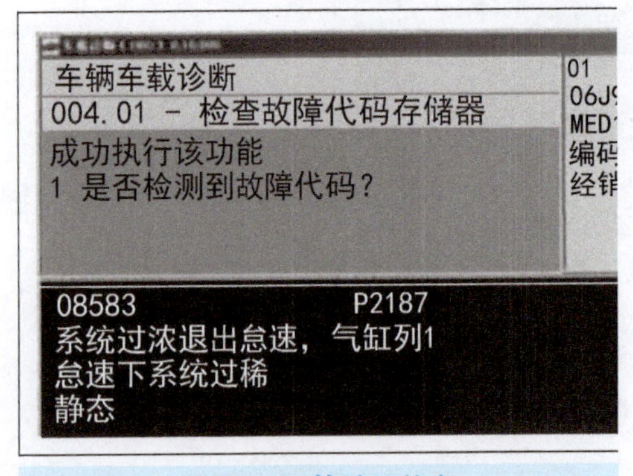

图11-18　故障码信息

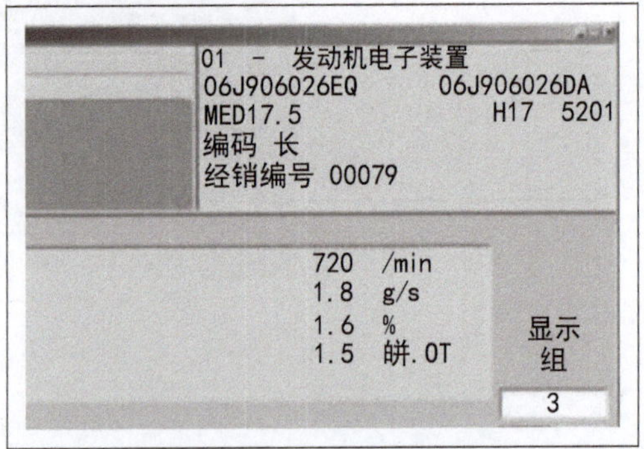

图11-19　读取数据块

③ 检查进气系统相关管路，包括节气门体、进气歧管、曲轴箱通风及相关连接管路，未发现有漏气的地方。但检查中发现，该车机油尺未完全插入，如图11-20所示。

④ 将机油尺完全插入后，再读取发动机系统显示组3中第2区数据为30g/s，恢复正常。

⑤ 为验证是否是机油尺未完全插入导致的该故障现象，将路试车的机油尺拔出一段，模仿用户车故障时的情况，进行路试一天后发现该路试车的发动机排气系统故障灯亮，VAS5052读取故障码为“08583——系统过浓退出怠速，气缸列1，怠速下系统过稀”，如图11-21所示，和用户车的故障码完全一样。此时读取发动机系统显示组3中第2区数据为2.0g/s，低于正常值，和用户车故障时相差不多。现可确认用户车因机油尺未完全插入，密封不严，导致出现此故障。

原因分析：

额外空气从未完全密封的机油尺处进入（图11-22），与从空气滤清器进入的空气相混合，导致进气量增大，使混合气浓度变稀。氧传感器检测尾气，发现混合气浓度变稀，通过减小节气门开度来降低进气量，导致发动机进气量为1.8g/s。

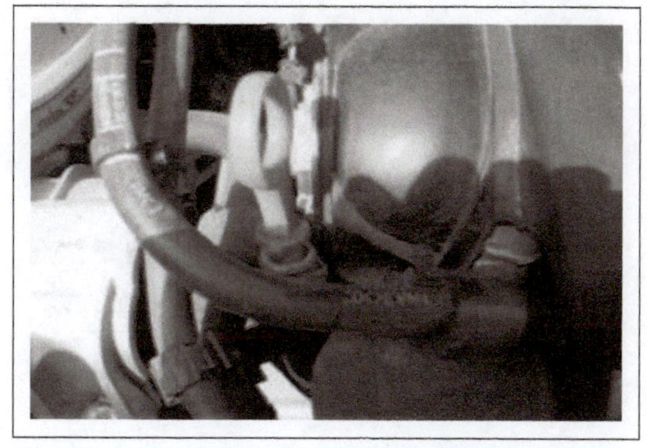

图 11-20　机油尺未完全插入

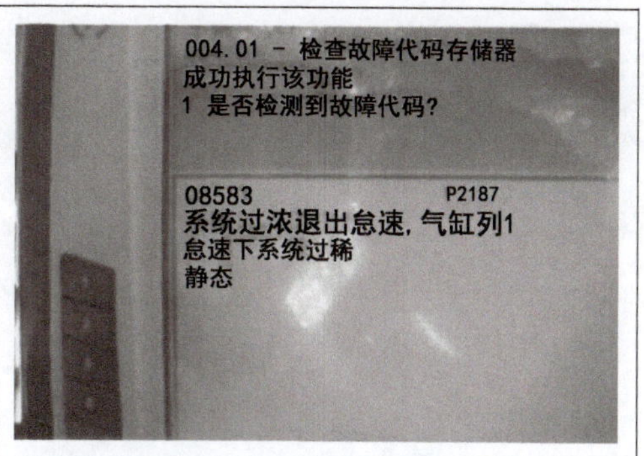

图 11-21　试车故障信息

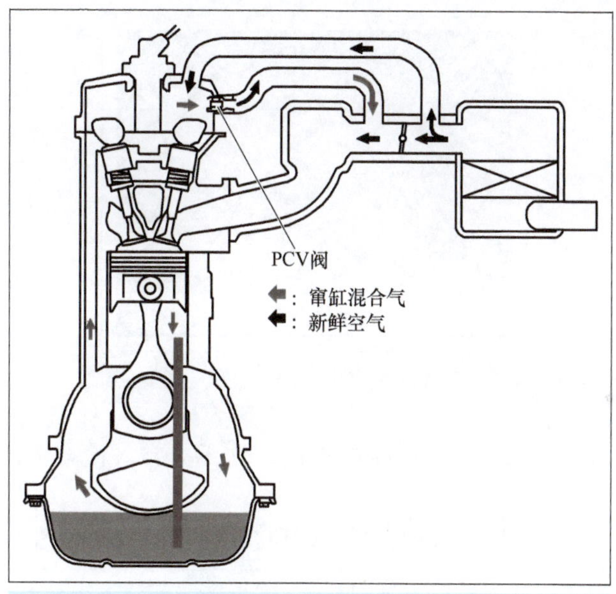

图 11-22　故障原因分析

案例五

大众 CC 轿车行驶中发动机熄火，无法起动

故障现象：

外出救援服务，确认该车辆确实起动困难，起动后立即熄火。

故障诊断：

① V. A. S 5052A 检测发动机控制单元有“00135——燃油油轨/系统压力，过低”的故障，清除后再次起动故障码再现，如图 11-23 所示。

② 起动时读取 140 组数据块高压燃油压力为 1.69bar（图 11-24）。

③ 使用 VAG1318 测量（高压泵之前）低压燃油压力为 1.7bar（图 11-25），燃油压力过低。正常车 VAG1318 测量值为 5.4~6.5bar。

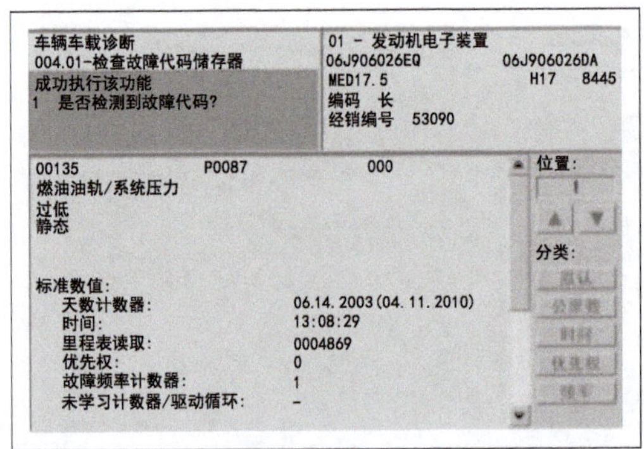

图 11-23　故障码信息

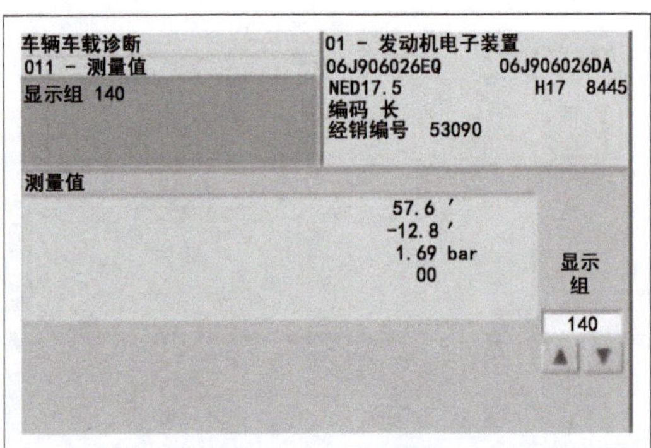

图 11-24　读取数据块

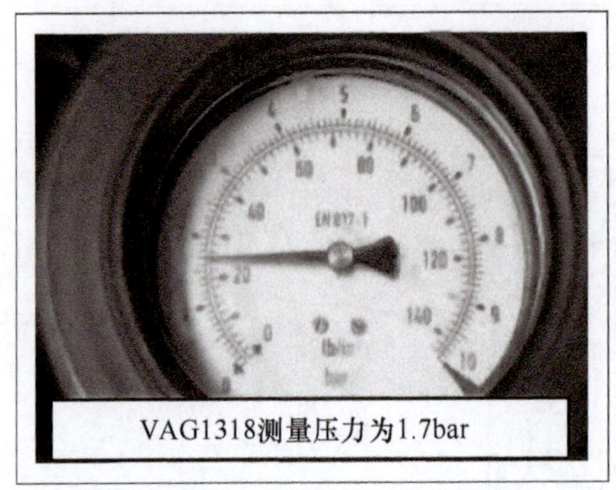

图 11-25　测量低压燃油压力

④ 检查 G247 及 N276 线路及 J538 供电电路，均无异常。检查燃油箱外部燃油输送管路，无泄漏。

⑤ 拆检燃油泵，发现燃油泵支座与波纹管管接头扣接松脱，如图 11-26 所示。

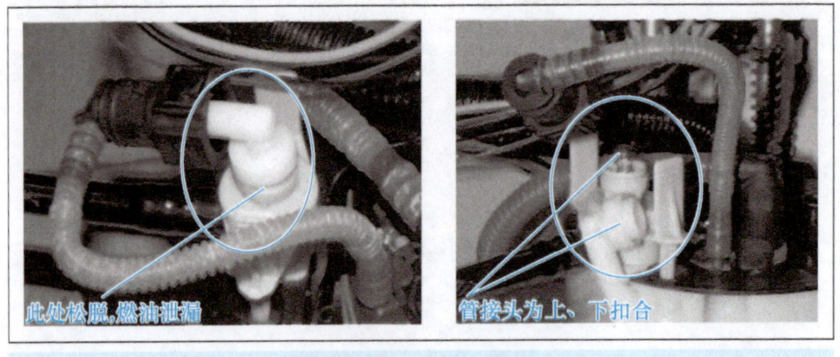

图 11-26　拆检燃油泵

处理措施：

将管接头重新扣合，发动机能顺利起动，燃油压力恢复正常。由于该管接头扣合处已疲劳，为了稳妥起见，更换燃油泵（L3C0 919 715），故障排除。

原因分析：

燃油泵管接头扣合不牢，车辆在颠簸路面行驶后出现松脱，导致燃油泵建立的油压泄

漏，输送至高压燃油泵及喷油器的喷射压力不足，进而引起发动机无法起动。

处理方法：

更换燃油泵总成。

专用工具/设备：

V. A. S 5052A、VAG1318、T10202。

案例点评及建议：

此问题在迈腾车上也出现过，要学会举一反三。另外，在给客户更换部件时，要注意操作安全。

案例六

全新高尔夫起停系统失效

故障现象：

全新高尔夫起停功能不能使用，起动发动机后满足起停条件，但自动起停系统状态显示“需要发动机运行”。反复起动发动机试车，一直显示“需要发动机运行”，起停功能失效，如图 11-27 所示。

图 11-27　系统显示

故障诊断：

1）首先明确全新高尔夫起停功能操作关闭和起动条件。

发动机关闭条件：

① 车辆停住（车速=0km/h）。

② 发动机转速低于 1200r/min。

③ 冷却液温度在 25~100℃之间。

④ 制动真空压力高于 550mbar。

⑤ 蓄电池能够提供发动机再次起动所需要的电能（最小 15A · h 和 60%的充电量），且蓄电池温度在-1~55℃之间。

⑥ 乘员对空调温度要求不是太高，出风口的目标温度和实际温度之差小于 8℃。

发动机起动条件：

① 驾驶人系安全带。

② 发动机舱盖关闭。

③ 驾驶室车门关闭。

④ 已踩下离合器踏板（手动变速器）且变速杆处于空档位置。

⑤ 已松开制动踏板（双离合器变速器）。

对于车辆起停系统发动机关闭条件进行检查，符合功能要求，但是系统一直显示“需要发动机运行”，实际发动机处于怠速运转状态，起停功能不能使用。

2）使用 VAS6150B 检查车辆系统故障存储状态，系统均无故障记忆。

3）分别读取发动机、J519 和 J533 数据流以及起停系统相关数据流，与正常车相比 J519 和 J533 没有异常，发动机数据流有异常情况：激活的用户的停止阻碍因素 2，正常车 0；用于发动机的停止障碍因素 16，正常车 0。故障车发动机相关数据流如图 11-28 所示，正常车发动机相关数据流如图 11-29 所示。

激活的用户的停止阻碍因素 [$1236]		01
[LO]_One To One UWORD	2	
[LO]_Bit 0	0	
[LO]_Bit 1	1	
[LO]_Bit 2	0	
[LO]_Bit 3	0	
[LO]_Bit 4	0	
[LO]_Bit 5	0	
[LO]_Bit 6	0	
[LO]_Bit 7	0	
[LO]_Bit 8	0	
[LO]_Bit 9	0	
[LO]_Bit 10	0	
[LO]_Bit 11	0	
[LO]_Bit 12	0	
[LO]_Bit 13	0	
[LO]_Bit 14	0	
[LO]_Bit 15	0	
	0	
用于发动机的停止障碍因素 [$1237]		01
[LO]_One To One UBYTE	16	
[LO]_Bit 0	0	
[LO]_Bit 1	0	
[LO]_Bit 2	0	
[LO]_Bit 3	0	
[LO]_Bit 4	1	
[LO]_Bit 5	0	
[LO]_Bit 6	0	
[LO]_Bit 7	0	
主站起动/停止功能的系统状态 [$1238]	1	01

图 11-28　故障车数据流

4）查询相关资料没有查到数值含义，替换发动机 ECU，匹配后起停功能依然不能使用。

5）维修陷入僵局，分别更换了发电机、蓄电池、J533、J519 等后，起停功能仍然不能使用。

6）综合分析怀疑可能是发动机某一个电器元件工作性能不良导致起停功能失效，故障点怀疑是发动机线束和节气门等。

7）清洗节气门，匹配后起停功能正常。

原因分析：

节气门积炭导致起停功能失效，节气门清洗前后节气门开度变化明显，激活的用户的停止阻碍因素和用于发动机的停止障碍因素数值变为 0。数据对比分析见表 11-1。

激活的用户的停止阻碍因素 [$ 1236]		01
[LO]_One To One UWORD	0	
[LO]_Bit 0	0	
[LO]_Bit 1	0	
[LO]_Bit 2	0	
[LO]_Bit 3	0	
[LO]_Bit 4	0	
[LO]_Bit 5	0	
[LO]_Bit 6	0	
[LO]_Bit 7	0	
[LO]_Bit 8	0	
[LO]_Bit 9	0	
[LO]_Bit 10	0	
[LO]_Bit 11	0	
[LO]_Bit 12	0	
[LO]_Bit 13	0	
[LO]_Bit 14	0	
[LO]_Bit 15	0	
用于发动机的停止障碍因素 [$ 1237]		01
[LO]_One To One UBYTE	0	
[LO]_Bit 0	0	
[LO]_Bit 1	0	
[LO]_Bit 2	0	
[LO]_Bit 3	0	
[LO]_Bit 4	0	
[LO]_Bit 5	0	
[LO]_Bit 6	0	
[LO]_Bit 7	0	
主站起动/停止功能的系统状态 [$ 1238]	1	01

图 11-29　正常车数据流

表 11-1　节气门清洗前后数据对比

节气门清洗前	参　数
节气门位置，标准化	1. 9607843%
外部空气温度	15℃
节气门位置 2	12. 156863%
加速踏板位置	14. 509804%
加速踏板位置 2	14. 509804%
节气门规定值	3. 137255%
节气门清洗后	参　数
节气门位置，标准化	0. 78431374%
外部空气温度	16℃
节气门位置 2	10. 980392%
加速踏板位置	14. 117647%
加速踏板位置 2	14. 509804%
节气门规定值	1. 9607843%

节气门清洗前后的发动机系统起停相关数据流截屏如图 11-30 所示。

数据分析：

激活的用户的停止阻碍因素：0—停止许可、1—空调器需要发动机运行、2—起动请求。用于发动机的停止障碍因素：0—停止许可、4—发动机转速高、16—起动请求或发动机

激活的用户的停止阻碍因素	2	激活的用户的停止阻碍因素	0
用于发动机的停止障碍因素	16	用于发动机的停止障碍因素	0
主站起动/停止功能的系统状态	3	主站起动/停止功能的系统状态	1
起动-停止相关传感器的故障状态	0	起动-停止相关传感器的故障状态	4
激活的用户的起动要求	0	激活的用户的起动要求	0
至发动机的起动请求	0	至发动机的起动请求	0
起动设备起动停止系统故障	0	起动设备起动停止系统故障	0
气缸列1排气凸轮轴，已激活运行状态	1	气缸列1排气凸轮轴，已激活运行状态	1
气缸列1进气凸轮轴，已激活运行状态	1	气缸列1进气凸轮轴，已激活运行状态	1
起动机控制，状态	2	起动机控制，状态	2
起动机控制，继电器1	0	起动机控制，继电器1	0
发动机手动起动的次数	1294	发动机手动起动的次数	1313
发动机自动起动的次数	887	发动机自动起动的次数	893
起动机控制，关闭条件1	1	起动机控制，关闭条件1	1
起动机控制，许可条件	524	起动机控制，许可条件	524
起动-停止开关状态	1	起动-停止开关状态	1
起动机控制：起动中断状态	1	起动机控制：起动中断状态	1
停用起动停止功能频率计数器	2489	停用起动停止功能频率计数器	2489

图 11-30　节气门清洗前后数据流对比

部件工作不良。

主站起动/停止功能的系统状态：0—停止许可、1—保护干预、2—起动请求、3—故障。

起动设备起动/停止系统故障：0—停止许可、2—故障。

起动-停止相关传感器的故障状态：0—功能打开（开关状态）、9—功能关闭（开关状态）、1—发动机舱盖打开、2—安全带未系、4—左前门未关。

处理方法：

清洗节气门并匹配。

专用工具/设备：

VAS6150B。

案例点评及建议：

1）发动机软件改进。

2）高尔夫起停功能操作方法：

配备手动变速器的轿车：

① 轿车处于静止状态时退出档位，并松开离合器踏板，发动机停止运转。

② 踩离合器踏板即可重新起动发动机。

配备自动变速器的轿车：

① 轿车处于静止状态时踩住制动踏板，发动机停止运转。

② 松开制动踏板或踩加速踏板即可重新起动发动机。

案例七

高尔夫 GTI 发动机排气故障灯亮

故障现象：

一辆高尔夫 GTI 轿车发动机排气故障灯亮，加速时发动机动力不足。

故障诊断：

1）使用 VAS6150B 检测发动机系统有故障存储：01089 P0441 000——油箱排气系统通过量不正确。详细情况如图 11-31 所示。

2）读取发动机32组数据流，发动机怠速及部分负荷数据均在10%以内无异常。32组数据流如图11-32所示。

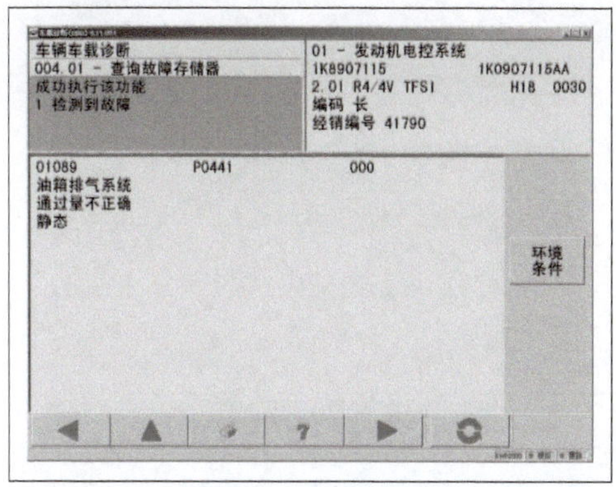

图11-31 故障信息

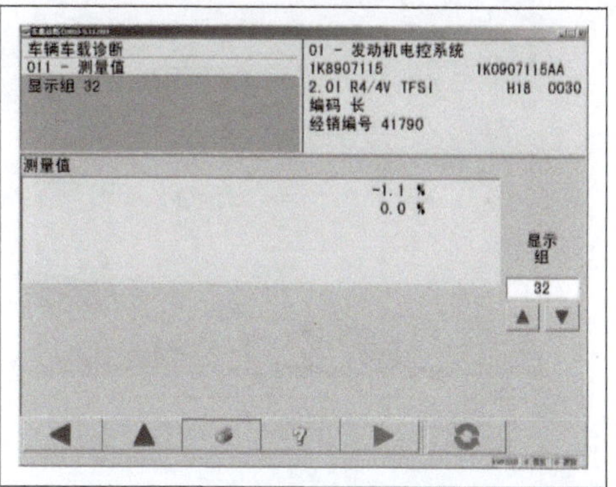

图11-32 读取发动机32组数据流

第一区规定值：-10.0%～10.0%（怠速时空燃比的自学习值）；第二区规定值：-10.0%～10.0%（部分负荷时空燃比的自学习值）。

3）读取发动机炭罐电磁阀数据流，如图11-33、图11-34所示。

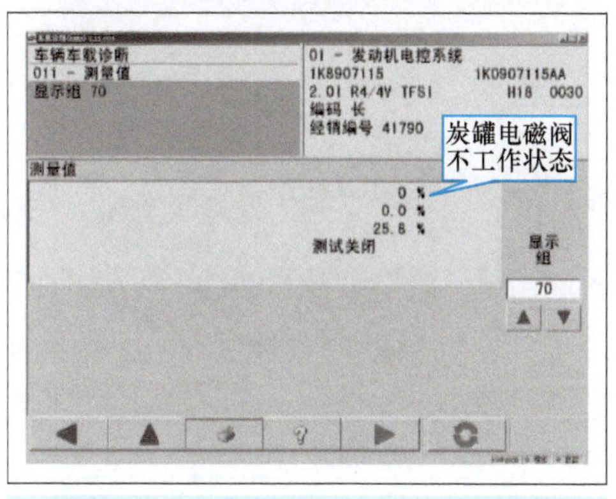

图11-33 炭罐电磁阀不工作状态数据流

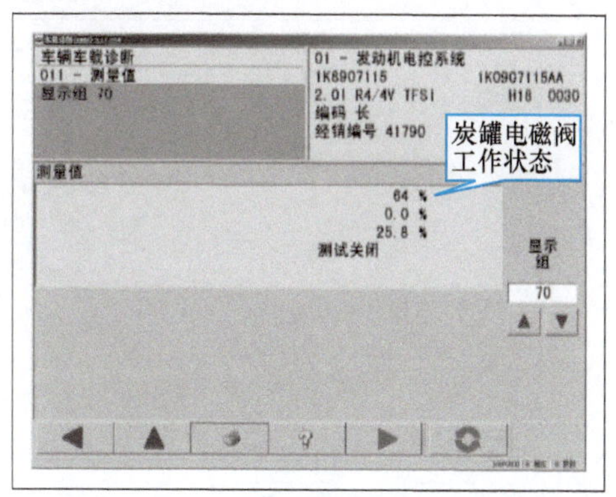

图11-34 炭罐电磁阀工作状态数据流

数据流显示情况与正常车相比没有明显差别；70组活性炭罐电磁阀数据分析（图11-35）：

① 第一区：炭罐电磁阀开度。

② 第二区：空燃比控制。

③ 第三区：诊断数值。

④ 第四区：基本设置状态下诊断结果。

4）基本设置检查燃油箱通风系统：TVV不正常，如图11-36所示；再次读取数据流查看状态，如图11-37所示。

5）炭罐电磁阀检测，当70组第一区数据块有占空比时，炭罐电磁阀可以正常开启，当数据显示0%时，炭罐电磁阀可以正常关闭。

6）按照第二区数据块判断炭罐汽油也没有达到饱和状态，决定更换炭罐电磁阀。车辆行驶一段时间观察，结果故障再现。

7）检查炭罐电磁阀管道没有发现有漏气情况，之前有车辆出现油气分离器轻微漏气也会产生一样的故障码，更换油气分离器故障依旧再现。

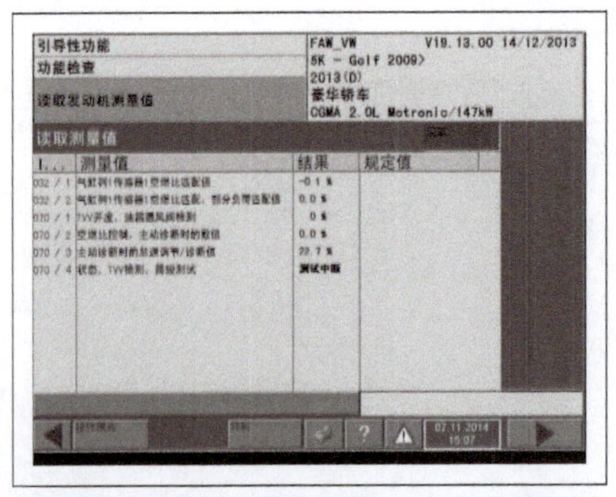

图 11-35　炭罐电磁阀数据分析

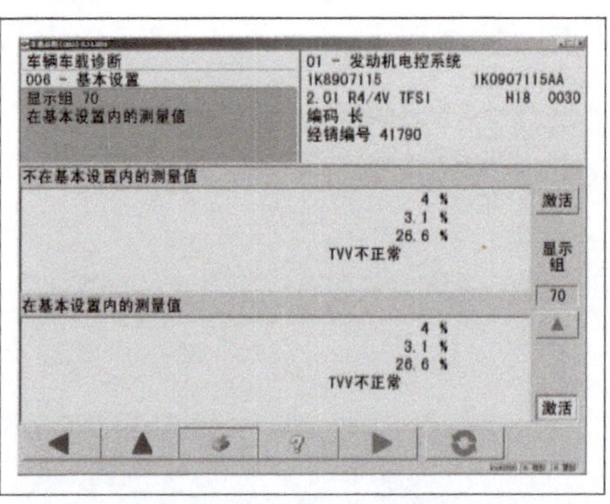

图 11-36　基本设置检查

8）订购活性炭罐，更换后故障排除。

原因分析：

对换下的活性炭罐进行检查发现，活性炭罐通气管与大气通气管之间阻力较大，明显通风小，汽油蒸气吸附过多，汽油味较大，与70组二区数据流相比不匹配（数据流显示炭罐正常状态），如图11-38所示。

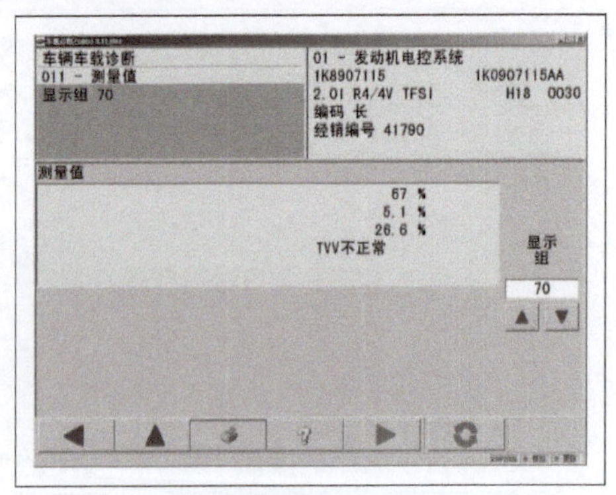

图 11-37　读取数据流

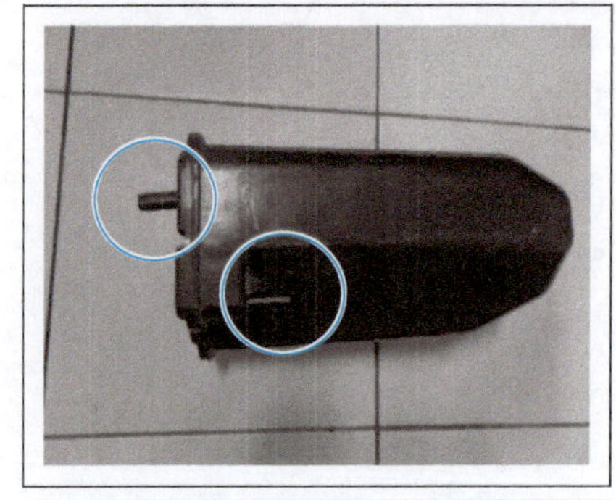

图 11-38　换下的活性炭罐

炭罐电磁阀燃油通气管工作原理：带涡轮增压器的发动机还需要安装一个双止回阀，进气压力过低（例如怠速运转）时，蒸气会进入进气歧管。如果进气歧管内有增压压力，则蒸气被吸入涡轮增压器的进气侧，止回阀防止空气被压向活性炭罐方向。

燃油箱燃油蒸气通向控制原理如图11-39所示。其中，大负荷通往涡轮增压器，小负荷通往进气管，如图11-40所示。

处理方法：

更换炭罐，在基本设置中激活，如图11-41所示。

专用工具/设备：

VAS6150B。

案例点评及建议：

熟练掌握发动机重要数据流，充分利用数据流对发动机故障进行故障判断。能够导致“01089 P0441 000——油箱排气系统通过量不正确”故障可能有如下原因：

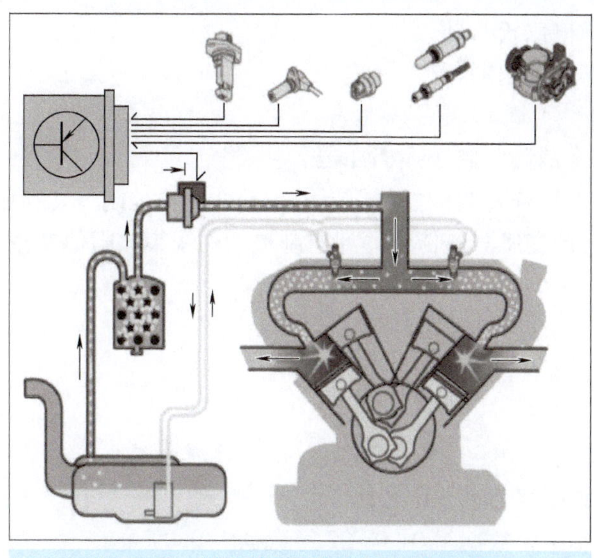

图 11-39　燃油箱燃油蒸气通向控制原理

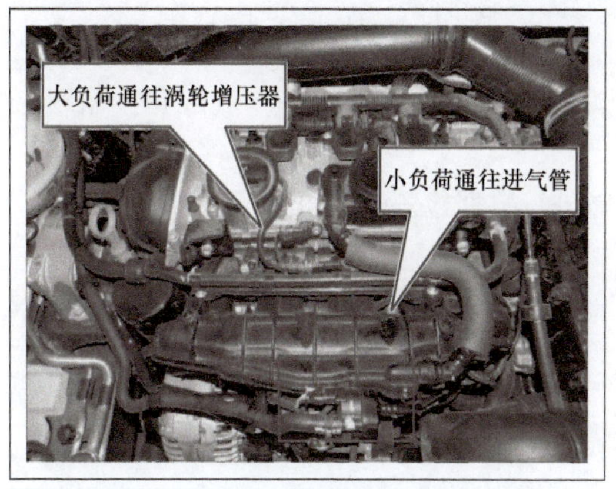

图 11-40　燃油蒸气通路

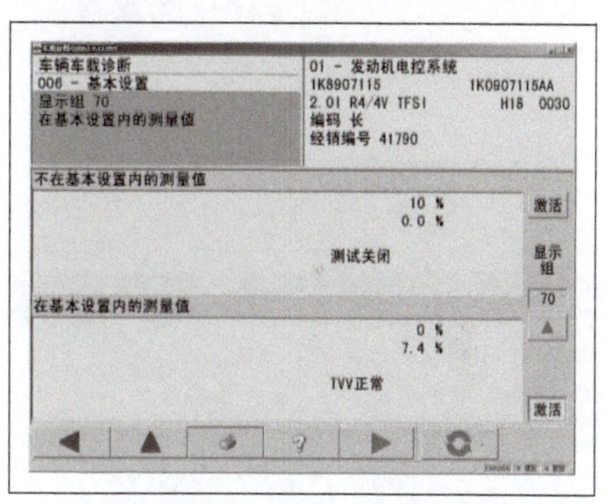

图 11-41　在基本设置中激活

① 活性炭罐系统机械部分及电控部分。

② 节气门脏。

③ 油气分离器轻微漏气。

④ 燃油箱。

案例八

迈腾 09G 自动变速器变矩器锁止离合器抖动

故障现象：

装备 09G 自动变速器的迈腾轿车行驶速度达到 50～80km/h 时，车辆间歇抖动。

故障诊断：

（1）客户抱怨

车辆在行驶过程中，从 50km/h 匀速加速至 80km/h 换档期间有明显的“耸车”现象，车辆在制动降档时故障也比较明显。

（2）经销商诊断描述/维修措施

1）该车保养正常。

2）经销商分析该车故障，属于换档冲击。

3）使用 VAS5052A 检查发动机控制单元、自动变速器控制单元存储器均未发现故障码。使用 VAS5052A 测量自动变速器各传感器到控制单元的线束，阻值在正常范围（0Ω）。运用引导性功能：

① 发动机控制单元与进气歧管翻板匹配。

② 节气门控制单元匹配。

③ 匹配强制降档开关。

④ 使用 T10173 调整多功能开关 F125。

⑤ 读取变速器各数据组都在范围之内。

⑥ 读取发动机控制单元数据组 01-08-32 组数据为 0.0%。

4）试更换变速器控制单元（09G 927 750 GN）和滑阀箱（09G 325 039 D），故障未排除。对变速器进行动态匹配，共计做了 3 次，故障没有排除。

（3）现场技术支持故障诊断过程

1）首先，用 VAS5052A 进行网关列表检测，结果正常，没有任何故障码，如图 11-42 所示。

2）询问车辆维修历史，并运用引导性功能进行数据检测分析，如图 11-43 所示。

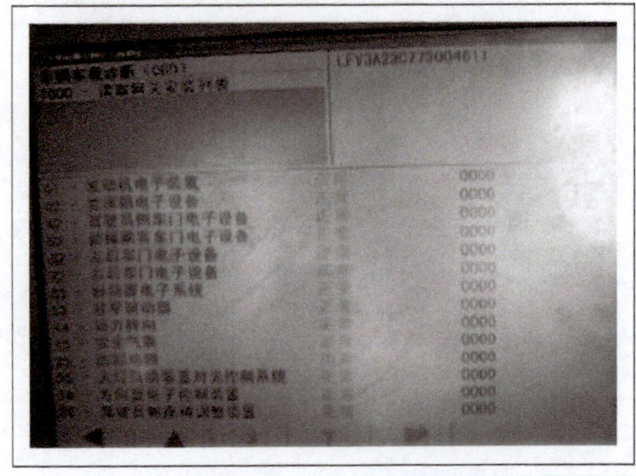

图 11-42　没有故障码

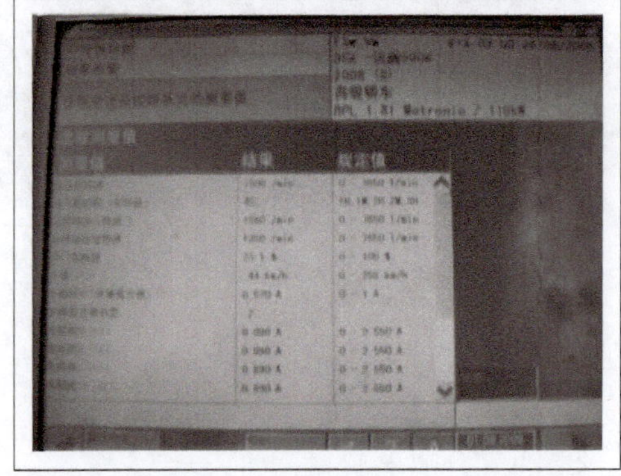

图 11-43　数据检测分析

仔细分析上述检测方法，发现该检测方法存在问题：运用引导性功能，数据反应滞后，不能正确检测到故障出现时的瞬间响应数据。即当故障出现时，由于数据变化滞后，在屏幕上显示数据正常，而当数据显示异常时，车辆运行正常。

因此，这种瞬间的间歇性故障，不能用引导性功能进行数据检测分析。

3）对数据流分析：其中关键数据是进入 02-08-004 和 02-08-006 数据组观测第三区和第四区。

经过反复观察分析，该故障出现时，02-08-004 数据组的第四区实际档位是 4S 或 5S，即只有在 4S 或 5S 时才会出现故障。

02-08-004 数据组第四区显示在 4S 或 5S 档位时，观测 02-08-006 数据组第四区（变矩器锁止离合器滑脱数）。当出现故障时，滑脱数有时出现 100～500r/min，有时出现80～190r/min，该数据滑脱数变化急剧。而正常的变矩器锁止离合器滑脱数应是渐变的，这是问题的关键所在。

在故障出现的瞬间，观察发动机转速表指针也会随着滑脱数的变化而上下跳动。根据以上分析可知：故障是在 4S 和 5S 状态，由变矩器锁止离合器引起的。

4）分析过程：在现场分析诊断过程中，有人认为不是变矩器的问题，依据是发动机的动力是经过变矩器传到变速器，如果是变矩器的问题，那么应该在各个档位上都会有抖动，而现在故障现象是只有在 4 档和 5 档才感觉到抖动，因此，肯定不是变矩器的问题。这种分析判断是不全面的，是对变矩器动态控制过程不清楚。

发动机的动力经过变矩器传到变速器，这毫无疑问是正确的，但是进一步分析变矩器的动态控制过程，便会得知问题的原因。

从理论上讲，09G 自动变速器的前进 1～6 档，每个档位都有 H、S、M 三个状态，从数据组上我们可以看出，1 档有 1H、1S、1M 状态，2 档有 2H、2S、2M 状态。其中，H 是指变矩器液力耦合状态，即变矩器锁止离合器完全打开；S 指变矩器锁止离合器控制状态，即变矩器锁止离合器由 N91 电磁阀占空比控制锁止的过渡过程；M 指变矩器锁止离合器锁止关闭状态，即变矩器锁止离合器完全接合。

从实际控制过程看，虽然理论上每个档位都有 H、S、M 三个状态，但在车辆正常运行过程中，H、S、M 三个状态不是在每个档位都实际出现的。在车辆正常行驶过程中，我们在数据流上读不到 1S、1M 和 2S、2M。因为此时车辆是在起步状态，负荷非常大，从发动机传到变矩器泵轮的转速和涡轮的转速相差太大，即滑脱数太大，自动变速器 ECU 不会发出控制锁止离合器锁止的指令，所以实际运行过程中读不到 1、2 档的 S 和 M 状态。同理 3 档也是负荷较大的状态，在正常行驶情况下，也读不到 S 和 M 状态，在特殊试车情况下，3 档可能出现 S 和 M 状态。这就是为什么该车正常驾驶过程中 1、2、3 档感觉不到抖动故障发生。

当车辆运行到 4 档和 5 档时，此时车速越来越快，负荷相对起步状态大大减小，泵轮转速和涡轮转速的滑脱数相对减少，此时，自动变速器 ECU 发出控制锁止离合器锁止的指令，以占空比信号控制 N91 电磁阀逐渐加大滑阀箱锁止离合器油路的油压，从而实现锁止的过渡过程。在 4S 和 5S 状态过渡过程较长，以实现平顺性，避免冲击。该车故障现象，正是发生在 4S 和 5S 状态。

当车辆运行到 6 档时，车辆已高速运行，在数据流上可以看出，当升至 6 档，由 6H 状态，迅速进入 6M 锁止离合器关闭状态，6S 状态一闪而过，即变矩器锁止离合器的占空比控制锁止的过渡过程非常短暂。这也是在 6 档上几乎感觉不到抖动现象的原因。

5）诊断结果：通过以上综合分析，确认是变矩器锁止离合器导致故障发生。

处理方法：

更换变矩器、自动变速器油、滤网、油底壳垫。

专用工具/设备：

VAS5052A。

案例点评及建议：

该故障检测诊断的关键因素如下：

① 正常驾驶车辆检测分析。

② 在故障出现的瞬间，观察发动机转速表指针上下跳动。

③ 运用5052A（5052），进入02-08-004和02-08-006数据组进行数据检测分析，重点观测第三和第四区。

④ 02-08-004数据组第四区显示在4S或5S档位时，观测02-11-006数据组第四区，发现故障时，滑脱数有时出现100~500r/min，有时出现80~190r/min的滑脱数。

案例九

速腾1.6L自动变速器变速杆无法移动

故障现象：

一辆速腾1.6L轿车的仪表档位显示全红，钥匙无法拔出，变速杆置于P位时，变速杆旁指示灯显示“R”，如图11-44所示。

图11-44 仪表及指示灯状态

故障诊断：

1）首先使用VAS5052A进行检测，变速器有1个故障码：18253——读取转向柱电子系统控制单元-J527-的故障代码存储器静态，如图11-45所示。

2）再读取16-转向柱电子装备控制单元，有1个故障码：02413——选档杆停车位置锁止开关-F319-不可靠信号静态，如图11-46所示。

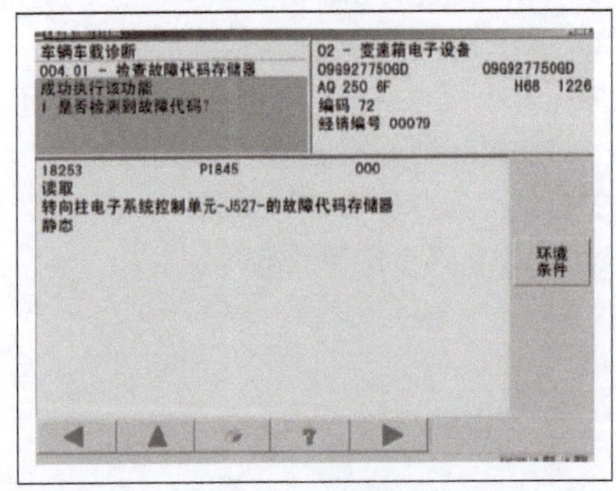

图11-45 读取故障码

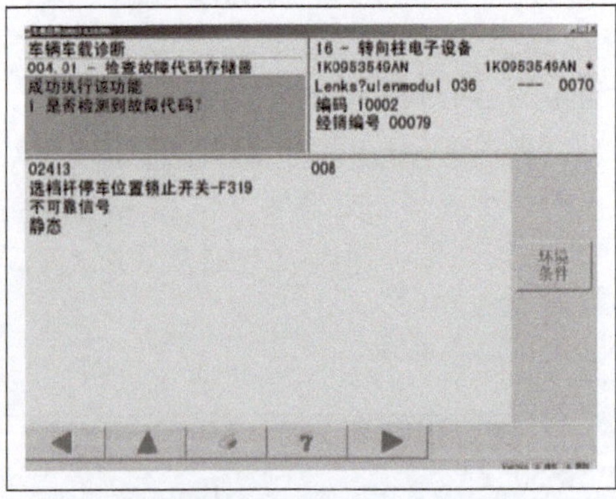

图11-46 故障码信息

3）读取转向柱电子装备控制单元数据流：当变速杆置于 P 位时，转向柱电子装备控制单元显示“变速杆上的 P 位锁止开关识别”（图 11-47），说明 P 位开关 F319 与实际 P 位相符。为了进一步排除故障点，移动变速杆，用 VAS5052A 读取，发现转向柱电子装备控制单元收到的信号与实际档位相符，说明 F189 通过 CAN 总线传递给 J527 的信号被正常接收。

4）进入 02-变速器系统读取数据流（图 11-48）。当变速杆置于 P 位时，VAS5052A 显示“所选档位（实际值）R”，说明变速器接到的档位信号为 R 位，与变速杆实际位置“P”不符。

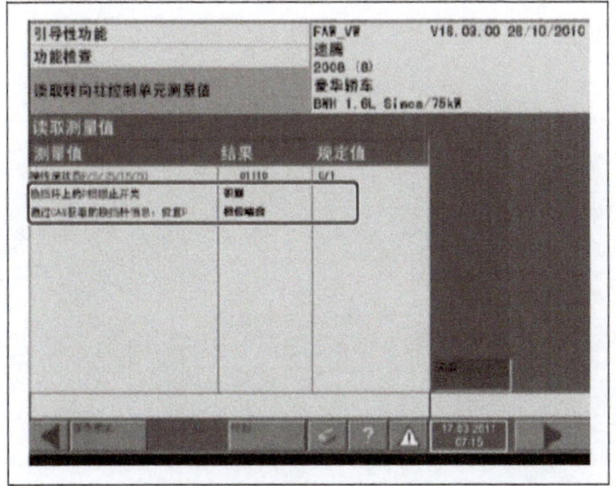

图 11-47　读取转向柱控制单元测量值

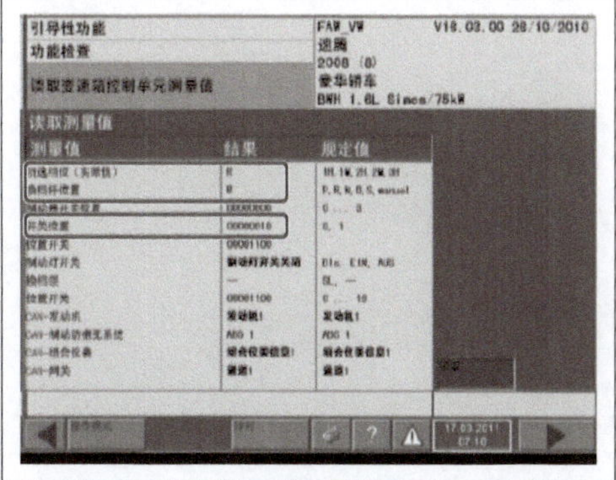

图 11-48　读取变速器系统数据

5）经过以上检测综合分析：

① 变速器接收到的档位信号来自 F125 多功能开关。

② 转向柱电子装备控制单元接收的档位信号来自 F189。

③ 经过以上检测证实，转向柱电子装备控制单元接收的档位信号与实际相符，初步分析可能故障为 F125 多功能开关损坏所致。

6）重点对 F125 多功能开关进行检测，发现换档拉索未固定，造成变速杆移至 P 位时，F125 开关无法随变速杆到达指定的位置，如图 11-49 所示。

原因分析：

换档拉索未固定，移动变速杆时，多功能开关 F125 未能随变速杆到达指定位置，造成 F125 开关信号与 F189 的档位信号不符。

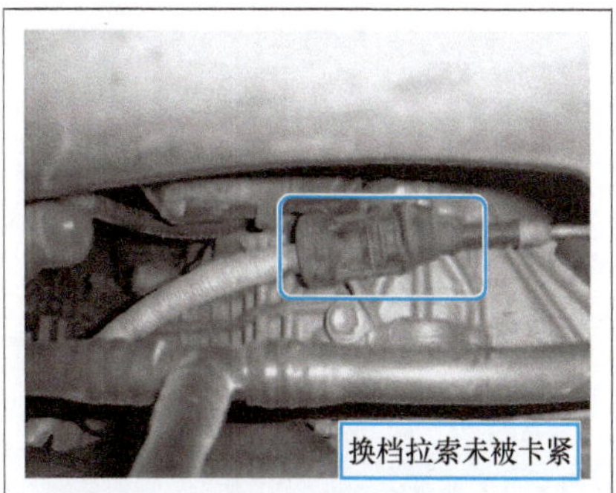

图 11-49　换档拉索未固定

处理方法：

重新固定换档拉索后故障排除。

专用工具/设备：

VAS5052A。

案例点评及建议：

变速器控制单元接收 F125 多功能开关信号，转向柱电子装备控制单元通过 CAN 总线接收 F189 的信号。为了安全考虑，当变速器多功能开关 F125 位于 R 位时（也是手动换档阀位于 R 位），变速杆指示灯显示 R，同时起动机无法运转，钥匙无法拔出。

参 考 文 献

[1] 鲁植雄，刘奕贯. 汽车电喷发动机波形分析图解[M]. 南京：江苏科学技术出版社，2006.
[2] 鲁植雄. 汽车动态数据流测试分析 200 Q&A[M]. 北京：人民交通出版社，2005.
[3] 宋所秀，刘超，杜彦蕊. 怎样检测汽车传感器[M]. 北京：中国电力出版社，2007.
[4] 尹力会. 最新汽车数据流手册[M]. 沈阳：辽宁科学技术出版社，2007.